Gernot Wilhelm

DAS ARCHIV DES ŠILWA-TEŠŠUP

Gernot Wilhelm (Hrsg.)

DAS ARCHIV DES ŠILWA-TEŠŠUP

Heft 6

Gernot Wilhelm

Rechtsurkunden und Briefe

2024
Harrassowitz Verlag · Wiesbaden

Bibliografische Information der Deutschen Nationalbibliothek
Die Deutsche Nationalbibliothek verzeichnet diese Publikation in der Deutschen Nationalbibliografie; detaillierte bibliografische Daten sind im Internet über https://dnb.de abrufbar.

Bibliographic information published by the Deutsche Nationalbibliothek
The Deutsche Nationalbibliothek lists this publication in the Deutsche Nationalbibliografie; detailed bibliographic data are available in the Internet at https://dnb.de.

Informationen zum Verlagsprogramm finden Sie unter
https://www.harrassowitz-verlag.de

Gedruckt auf alterungsbeständigem Papier.
Druck und Verarbeitung: Memminger MedienCentrum AG
Printed in Germany

ISBN 978-3-447-12155-2

INHALTSVERZEICHNIS

KONKORDANZEN

AdŠ	Editions- oder Museumsnummer
548	HSS IX 24
549	HSS XIII 417
550	HSS XIII 363
551	HSS IX 18
552	HSS XIV 618
553	HSS IX 33
554	HSS IX 35
555	HSS IX 34
556	HSS IX 15
557	HSS IX 28
558	HSS IX 13
559	HSS XIX 54
560	HSS IX 17
561	HSS IX 47
562	HSS IX 16
563	HSS XIII 456
564	HSS XIV 565
565	HSS IX 149
566	HSS IX 36
567	HSS IX 154
568	EN 9/1 463
569	HSS XIII 449
570	HSS IX 39
571	HSS IX 40
572	HSS IX 9
	+ EN 10/2 115
573	EN 9/1 399
574	HSS IX 139
575	HSS IX 140
576	entfällt
577	HSS IX 143
578	HSS IX 11
	+ EN 10/1 50
579	HSS XIII 441
580	EN 10/1 16
581	HSS IX 148
	+unnum.Frg.=
	Sumer 32, Nr. 10
582	EN 11/2 102
583	EN 10/2 94
584	HSS IX 142
	+ EN 9/1 406
585	EN 9/1 415
586	HSS IX 8
587	HSS IX 12
587a	EN 11/2 91
588	HSS IX 141
589	HSS IX 7
590	HSS XIII 422
591	HSS IX 10
592	HSS IX 5
593	HSS IX 6
594	HSS IX 4
595	HSS XV 255
596	EN 10/2 68
597	HSS XIII 108
598	HSS XVI 439
599	HSS IX 26
600	EN 9/1 317
601	HSS IX 25
602	HSS V 66
603	HSS IX 145
604	HSS XIII 161
605	HSS XIV 619
606	EN 9/1 25
607	HSS XIX 39
608	HSS IX 20
609	HSS IX 19
610	HSS IX 22
	+ EN 10/1 27
611	EN 9/1 243
612	EN 9/1 265
613	EN 9/1 149
614	EN 9/1 148
	+ EN 10/1 29
615	EN 9/3 271
616	HSS IX 30
617	HSS IX 29
618	HSS XVI 252
619	HSS IX 42
620	HSS IX 152
621	HSS IX 14
622	HSS IX 21
623	HSS XIV 568
624	HSS XIII 321
625	HSS IX 31
626	HSS IX 144
627	HSS XIII 372
628	HSS XIII 370
629	HSS XIX 129
630	AASOR XVI 70
631	HSS XIII 200
632	HSS XIX 76
633	HSS XIX 94
634	HSS XIX 135
635	HSS XIX 37
636	HSS XIX 136
637	HSS XIX 17
638	HSS XIX 40
639	HSS XIX 6
640	HSS XIX 35
	+ EN 9/3 482
641	HSS XIII 171
642	HSS XIII 357
643	HSS XIV 644
644	EN 9/3 89
644a	EN 9/3 232

Edition	AdŠ	Edition	AdŠ	Edition	AdŠ
HSS V 66	602	HSS IX 139	574	HSS XIX 35	640
HSS IX 4	594	HSS IX 140	575	HSS XIX 37	635
HSS IX 5	592	HSS IX 141	588	HSS XIX 39	607
HSS IX 6	593	HSS IX 142	583	HSS XIX 40	638
HSS IX 7	589	HSS IX 143	577	HSS XIX 54	559
HSS IX 8	586	HSS IX 144	626	HSS XIX 76	632
HSS IX 9	572	HSS IX 145	603	HSS XIX 94	633
HSS IX 10	591	HSS IX 148	581	HSS XIX 106	606b
HSS IX 11	578	HSS IX 149	565	HSS XIX 129	629
HSS IX 12	587	HSS IX 152	620	HSS XIX 135	634
HSS IX 13	558	HSS IX 154	567	HSS XIX 136	636
HSS IX 14	621	HSS XIII 108	597	AASOR XVI 70	630
HSS IX 15	556	HSS XIII 161	604	EN 9/1 25	606
HSS IX 16	562	HSS XIII 171	641	EN 9/1 148	614
HSS IX 17	560	HSS XIII 200	631	EN 9/1 149	613
HSS IX 18	551	HSS XIII 321	624	EN 9/1 243	611
HSS IX 19	609	HSS XIII 357	642	EN 9/1 265	612
HSS IX 20	608	HSS XIII 363	550	EN 9/1 317	600
HSS IX 21	622	HSS XIII 370	628	EN 9/1 399	573
HSS IX 22	610	HSS XIII 372	627	EN 9/1 406	584
HSS IX 24	548	HSS XIII 417	549	EN 9/1 415	585
HSS IX 25	601	HSS XIII 422	590	EN 9/1 463	568
HSS IX 26	599	HSS XIII 441	579	EN 9/3 89	644
HSS IX 28	557	HSS XIII 449	569	EN 9/3 271	615
HSS IX 29	617	HSS XIII 456	563	EN 9/3 482	640
HSS IX 30	616	HSS XIV 565	564	EN 10/1 16	580
HSS IX 31	625	HSS XIV 568	623	EN 10/1 27	610
HSS IX 33	553	HSS XIV 618	552	EN 10/1 29	614
HSS IX 35	554	HSS XIV 619	605	EN 10/1 50	578
HSS IX 36	566	HSS XIV 644	643	EN 10/2 68	596
HSS IX 39	570	HSS XV 255	595	EN 10/2 94	583
HSS IX 40	571	HSS XVI 252	618	EN 10/2 115	572
HSS IX 42	619	HSS XVI 439	598	EN 11/2 91	587a
HSS IX 43	555	HSS XIX 6	639	EN 11/2 102	582
HSS IX 47	561	HSS XIX 17	637	Sumer 32, Nr. 10	581

Museums-Nr.	Edition	AdŠ
IM 50768	HSS IX 17	560
IM 50769	HSS IX 16	562
IM 50770	HSS IX 12	587
IM 50771	HSS IX 21	622
IM 50772	HSS IX 20	608
IM 50773	HSS IX 25	601
IM 50782	HSS IX 11	578
IM 50787	HSS IX 15	556
IM 50788	HSS IX 8	586
IM 50789	HSS IX 7	589
IM 50795	HSS IX 18	551
IM 50799	HSS IX 19	609
IM 50805	HSS IX 148 + Sumer 32, Nr. 10	581
IM 50806	HSS IX 145	603
IM 50808	HSS IX 5	592
IM 50809	HSS IX 141	588
IM 50812	HSS IX 152	620
IM 50813	HSS IX 144	626
IM 50814	HSS IX 140	575
IM 50815	HSS IX 142	584
IM 50816	HSS IX 149	565
IM 50818	HSS IX 139	574
IM 50820	HSS IX 6	593
IM 50821	HSS IX 154	567
IM 50823	HSS IX 47	561
IM 50831	HSS IX 36	566
IM 50832	HSS IX 31	625
IM 50834	HSS IX 22	610
IM 50835	HSS IX 10	591
IM 50838	HSS IX 143	577
IM 50839	HSS IX 9	572
IM 50842	HSS IX 24	548
IM 50843	HSS IX 29	617
IM 50845	HSS IX 34	555
IM 95042	HSS XIX 136	636
IM 95055	HSS XIX 135	634
IM 95056	HSS XIX 129	629
IM 96238	HSS XIX 76	632

Museums-Nr.	Edition	AdŠ
SMN 10	HSS IX 154	567
SMN 95	HSS IX 42	619
SMN 97	HSS IX 31	625
SMN 108	HSS XIII 108	597
SMN 130	HSS IX 19	609
SMN 131	HSS IX 8	586
SMN 133	HSS IX 35	554
SMN 136	HSS IX 13	558
SMN 144	HSS IX 18	551
SMN 147	HSS IX 149	565
SMN 154	HSS IX 4	594
SMN 161	HSS XIII 161	604
SMN 170	HSS IX 15	556
SMN 171	HSS XIII 171	641
SMN 182	HSS IX 6	593
SMN 200	HSS XIII 200	631
SMN 217	HSS IX 12	587
SMN 222	HSS IX 28	557
SMN 239	HSS IX 29	617
SMN 293	HSS IX 139	574
SMN 303	HSS IX 11	578
SMN 307	HSS IX 11	578
SMN 321	HSS XIII 321	624
SMN 351	HSS IX 143	577
SMN 357	HSS XIII 357	642
SMN 363	HSS XIII 363 = Nuziana II, p. 128-130	550
SMN 370	HSS XIII 370	628
SMN 372	HSS XIII 372	627
SMN 375	HSS IX 141	588
SMN 377	HSS IX 39	570
SMN 417	HSS XIII 417 = Nuziana II, p. 126	549
SMN 422	HSS XIII 422	590
SMN 441	HSS XIII 441	579
SMN 449	HSS XIII 449	569
SMN 456	HSS XIII 456	563
SMN 481	HSS IX 34	555
SMN 528	HSS IX 10	591

Museums-Nr.	Edition	AdŠ	Museums-Nr.	Edition	AdŠ
SMN 565	HSS XIV 565	564	SMN 1089	EN 9/3 271	615
SMN 568	HSS XIV 568	623	SMN 1094	HSS XIX 6	639
SMN 571	HSS IX 36	566	SMN 1097	HSS IX 40	571
SMN 577	HSS IX 5	592	SMN 1100	HSS XIX 39	607
SMN 618	HSS XIV 618	552	SMN 1113	HSS IX 142	583
SMN 619	HSS XIV 619	605	SMN 1147	HSS XIX 94	633
SMN 628	HSS IX 16	562	SMN 1158	EN 9/3 89	644
SMN 644	HSS XIV 644	643	SMN 1161	HSS XIX 40	638
SMN 645	HSS IX 17	560	SMN 1164	–	627
SMN 655	HSS XIX 37	635	SMN 1176	EN 9/3 232	644a
SMN 678	HSS IX 33	553	SMN 1194	HSS IX 47	561
SMN 686	EN 9/1 463	568	SMN 1268	HSS IX 140	575
SMN 697	HSS XIX 135	634	SMN 1366	HSS V 66	602
SMN 699	EN 9/1 415	585	SMN 1441	HSS XIX 54	559
SMN 700	HSS XV 255	595	SMN 1450	EN 9/1 399	573
SMN 723	EN 9/1 25	606	SMN 1527a	EN 9/1 149	613
SMN 731	HSS XIX 35	640	SMN 1527b	EN 10/1 16	580
SMN 738	HSS IX 7	589	SMN 1570	EN 10/2 68	596
SMN 741	HSS IX 14	621	SMN 1585	EN 10/1 26	606a
SMN 743	HSS IX 24	548	SMN 1586	EN 10/1 27	610
SMN 805	HSS XVI 252	618	SMN 1588*	EN 10/1 29	614
SMN 856	HSS XVI 439	598	SMN 1592	EN 9/1 149	613
SMN 869	HSS IX 144	626	SMN 1597	–	613
SMN 876	HSS XIX 129	629	SMN 1598	EN 9/1 265	612
SMN 879	EN 9/1 317	600	SMN 1626	EN 10/1 50	578
SMN 909	HSS XIX 76	632	SMN 1635	EN 9/1 148	614
SMN 913	HSS IX 152	620	SMN 1656	EN 9/1 406	584
SMN 925	HSS IX 30	616	SMN 1678	EN 10/2 94	583
SMN 940	AASOR XVI 70	630	SMN 1682	EN 9/1 243	611
SMN 968	HSS XIX 136	636	SMN 1723	HSS XIX 106	606b
SMN 984	HSS IX 145	603	SMN 1732	EN 10/2 115	572
SMN 992	HSS IX 21	622	SMN 1849(?)	EN 9/1 243	611
SMN 997	EN 9/3 482	640	SMN 2860	EN 10/1 16	580
SMN 1028	HSS IX 25	601	ERL 54	EN 10/1 29	614
SMN 1038	HSS IX 20	608	ERL 85	EN 10/1 26	606a
SMN 1044	HSS IX 22	610	NTF M 8B	–	579
SMN 1054	HSS IX 26	599	NTF M 29A	EN 11/2 91	587a
SMN 1072	HSS XIX 17	637	NTF P 113	–	606b
SMN 1081	HSS IX 9	572	NTF P 141	EN 11/2 102	582
SMN 1085	HSS IX 148	581			

FUNDORTE:

A11 610
616
644a
A13 570
603
622
632
636
A14 585
591
592
598
607
615
618
620
621
629
630
631
634
638
639
A23 559
563
564
566
571
575
578
579
581
584
588(?)
595
596
605
617
619
624
625
643
A26 548
549
551
552
554
555
556
557
558
560(?)
562
565
567
569
572
573
574
577
579
586
587
588(?)
590
593
594
598
602(?)
604
606
609
628
640
641
642
644
A30 560(?)
635
A33 600

ABKÜRZUNGEN

AAN	Elena Cassin & Jean-Jaques Glassner, Anthroponymie et Anthropologie de Nuzi, Volume 1: Les Anthroponymes, Malibu 1977
AASOR	The Annual of the American Schools of Oriental Research
AlT	D. J. Wiseman, The Alalakh Tablets (Occasionel Publications of the British Institute of Archaeology at Ankara No. 2), London 1953
AOAT	Alter Orient und Altes Testament
AoF	Altorientalische Forschungen
BaghM	Baghdader Mitteilungen
Eothen	Eothen. Collana di studi sulle civiltà dell'Oriente antico
GAG	Grundriss der akkadischen Grammatik (Analecta Orientalia 33/47), Rom 1969
HSAO	Heidelberger Studien zum Alten Orient
HSS	Harvard Semitic Series (seit 1968 ~ Studies)
JCS	Journal of Cuneiform Studies
JEOL	Jaarbericht ... van het Vooraziatisch-Egyptisch Genootschap "Ex oriente lux"
JESHO	Journal of the Economic and Social History of the Orient
JNES	Journal of Near Eastern Studies
NPN	Ignace J. Gelb, Pierre M. Purves, Allan A. MacRae, Nuzi Personal Names (Oriental Institute Publications 57), Chicago 1943
OLZ	Orientalistische Literaturzeitung
Or	Orientalia nova series
OrAnt	Oriens Antiquus
RlA	Reallexikon der Assyriologie und Vorderasiatischen Archäologie, 1-15, 1932-2018
SCCNH	Studies on the Civilization and Culture of Nuzi and the Hurrians
SMEA	Studi Micenei ed Egeo-Anatolici
UF	Ugarit-Forschungen
ZA	Zeitschrift für Assyriologie
ZDMG	Zeitschrift der Deutschen Morgenländischen Gesellschaft
ZVS	Zeitschrift für Vergleichende Sprachwissenschaft

KURZTITEL

Abrahami & Lion, Job Categories	Abrahami, Philippe & Lion, Brigitte, Aspects of Job Categories and Household Workforce Management in Nuzi Documentation, in: What's in a Name? Terminology related to the Work Force and Job Categories in the Ancient Near East, ed. Agnès Garcia-Ventura (AOAT 440), Münster 2018, 329-353.
Abrahami/Lion, 61 RAI	——, Quelques contrats de commandes d'étoffes à Nuzi, in: Text and Image (Proceedings of the 61e Rencontre Assyriologique Internationale, Geneva and Bern, 22-26 June 2015), edd. Pascal Attinger, Antoine Cavigneaux, Catherine Mittermayer, Mirko Novák, e.a., Peeters, Leuven etc. 2018, 21-31.
Al-Rawi, Studies	Al-Rawi, Farouk N. H., Studies in the Commercial Life of an Administrative Area of Eastern Assyria in the 15th Century B.C., Based on Published and Unpublished Cuneiform Texts. A thesis submitted to the University of Wales for the degree of Ph.D., 1977.
Andrews, Exchange	Andrews, Stephen J., The šupe’’ultu "Exchange" Transaction at Nuzi. Hebrew Union College, Cincinnati, Ohio, PhD Dissertation, 1994.
Balkan, Kassitenstudien	Balkan, Kemal, Kassitenstudien, 1. Die Sprache der Kassiten (AOS 37), American Oriental Society, 1954.
Breneman, Marriage	J. Mervin Breneman, Nuzi Marriage Tablets. Brandeis University, Ph.D. Dissertation, 1971.
Brinkman & Donbaz, OrAnt 16	John A. Brinkman & Veysel Donbaz, A Nuzi-Type *tidennūtu* Tablet Involving Real Estate, OrAnt 16 (1977) 99-104, tavv. V-VII.
Bush, Hurrian	Frederic William Bush, A Grammar of the Hurrian Language. Brandeis University, Ph.D. Dissertation, 1964.
Campbell, Mood	Dennis R.M. Campbell, Mood and Modality in Hurrian (Languages of the Ancient Near East 5), Winona Lake, Indiana 2015.
Carnahan e.a., JCS 46	John W. Carnahan, Kent G. Hillard, and Anne D. Kilmer, Nuzi Texts, JCS 46 (1994) 105-122.
Cassin, Caution	Elena Cassin, La caution à Nuzi, RA 34 (1937) 154-168.
Cassin, Heur et malheur	——, Heur et malheur du *ḫazannu* (Nuzi). In: Les pouvoirs locaux en Mésopotamie et dans les regions adjacentes. Colloque organisé par l'Institut des Hautes Études de Belgique 28 et 29 janvier 1980, Bruxelles 1982, 98-117.
Cassin, L'Adoption	——, L'Adoption à Nuzi, Paris 1938.
Cassin, Palais	——, Le palais de Nuzi et la royauté d'Arrapḫa, in: Le palais et la royauté (Archéologie et Civilisation), (XIXe Rencontre Assyriologique internationale), ed. Paul Garelli, Paris 1974, 373-392.
Cassin, RA 56	——, Tablettes inédites de Nuzi, RA 56 (1962) 57-80.
Cassin, RA 57	——, Nouvelles données sur les relations familiales à Nuzi, RA 57 (1963) 113-119.

Cassin, Symboles	——, Symboles de cession immobilière dans l'ancien droit mésopotamien, L'Année sociologique, IIIe série 1952, 1955, 107-161.
Chiera & Speiser, JAOS 47	Edward Chiera & Ephraim A. Speiser, JAOS 47 (1927) 36-60.
Chow, Kings and Queens	Wilson Wing-Kin Chow, Kings and Queens of Nuzi. Dissertation Brandeis University, 1973.
Cross, Movable Property	Dorothy Cross, Movable Property in the Nuzi Documents (AOS 10), New Haven, Connecticut 1937.
Deller, Or 56	Karlheinz Deller, II. Nuzi, pp. 189-195, in: K. Deller, in: W.R. Mayer, W. Sommerfeld, Akkadische Lexikographie: CAD N, Or 56 (1987) 176-218.
Deller, WdO 9	——, Buchbesprechung: Barry L. Eichler, Indenture at Nuzi, in: WdO 9 (1978) 297-305.
Deller & Fadhil, Mesopotamia 7	Karlheinz Deller & Abdulillah Fadhil, NIN.DINGIR.RA / *ēntu* in Texten aus Nuzi und Kurruḫanni, Mesopotamia 7 (1972), 193-213, Abb. 14-18.
Démare-Lafont, Vêtements	Sophie Démare-Lafont, Droit comparé dans les sociétés du Proche-Orient. Les usages juridiques du vêtements au Proche-Orient ancien, Annuaire de l'Ecole Pratique des Hautes Études, Section de Sciences Historiques et Philologiques 139 (2008) 11-16.
Diakonoff, HuU	Igor M. Diakonoff, Hurrisch und Urartäisch (Münchener Studien zur Sprachwissenschaft, Beiheft 6, Neue Folge), München 1971.
Dietrich & Loretz, UF 36	Manfried Dietrich & Oswald Loretz, Alalaḫ-Texte der Schicht VII (I). Historische und juristische Dokumente, UF 36 (2004) 43-150.
Donbaz, SCCNH 2	Veysel Donbaz, Two Documents from the Divers Collections in Istanbul, in: General Studies and Excavations at Nuzi 9/1, ed. D. I. Owen and M. A. Morrison (SCCNH 2), Winona Lake, Indiana, 1987, 69-75.
Donbaz & Kalaç	Veysel Donbaz & Mustafa Kalaç, Two Tablets from Nuzi Housed in Istanbul, ZA 71 (1982) 205-214.
Dosch, HSAO 5	Gudrun Dosch, Zur Struktur der Gesellschaft des Königreichs Arrapḫe (HSAO 5), Heidelberg 1993.
Dosch, Room 34	——, Die Texte aus Room 34 des Archivs von Nuzi. [unveröffentliche] Magister-Arbeit, Heidelberg 1976.
Dosch, SCCNH 2	——, Ein neues Nuzi-Graphem für den Ausdruck *abbutta muššuru* und neue Gedanken zu den Strafklauseln, in: General Studies and Excavations at Nuzi 9/1, ed. D.I. Owen and M.A. Morrison (SCCNH 2), Winona Lake, Indiana, 1987, 77-87.
Dosch, Streitwagenfahrer	——, Zur Struktur der Gesellschaft des Königreichs Arrapḫe: Texte über die Streitwagenfahrer (*rākib narkabti*), in: General Studies and Excavations at Nuzi 18, ed. G. Wilhelm (SCCNH 18), Betheda, MD, 2009, 71-228.

Dosch & Deller, SCCNH 1 .... ——, & Karlheinz Deller, Die Familie Kizzuk. Sieben Kassitengenerationen in Temtena und Šuriniwe, in: Studies in the Civilization and Culture of Nuzi and the Hurrians in Honor of Ernest R. Lacheman on his Seventy-Fifth Birthday, April 29, 1981, ed. M. A. Morrison and D. I. Owen, [SCCNH 1], Winona Lake, Indiana, 1981, 91-113.

Draffkorn, Hurrians .... Anne Draffkorn, Hurrians and Hurrian at Alalaḫ: An Ethno-Linguistic Analysis, Dissertation University of Pennsylvania, 1959.

Eichler, Indenture .... Barry L. Eichler, Indenture at Nuzi. The Personel tidennūtu Contract and its Mesopotamian Analogues (Yale Near Eastern Researches 5), New Haven and London 1973.

Eichler, Sistership .... ——, Another Look at the Nuzi Sistership Contracts, in: Ancient Near Eastern Studies in Memory of. J. J. Finkelstein, Connecticut Academy of Arts and Sciences, Memoir 19, Connecticut Academy of Arts and Sciences, 1977, 45-59.

Fadhil, Rechtsurkunden .... Abdulillah Fadhil, Rechtsurkunden und administrative Texte aus Kurruḫanni. Magister-Arbeit der Hohen Fakultät für Orientalistik und Altertumswissenschaft der Universität Heidelberg vorgelegt, 1972.

Fadhil, Topographie .... ——, Studien zur Topographie und Prosopographie der Provinzstädte des Königreichs Arrapḫe (Baghdader Forschungen, 6), Mainz 1983.

Fincke, Beiträge 1995 .... Jeanette C. Fincke, Beiträge zum Lexikon des Hurritischen von Nuzi, in: Edith Porada Memorial Volume ed. D. I. Owen and G. Wilhelm (SCCNH 7), Bethesda, MD, 1995, 5-21.

Fincke, Beiträge 1998 .... ——, Beiträge zum Lexikon des Hurritischen von Nuzi, Teil 2, in: General Studies and Excavations at Nuzi 10/2, ed. D. I. Owen and G. Wilhelm (SCCNH 9), Bethesda, MD, 1998, 41-48.

Fincke, Professions .... ——, The Tradition of Professions within Families at Nuzi, in: Tradition and Innovation in the Ancient Near East (Proceedings of the 57th Rencontre Assyriologique Internationale at Rome, 4-8 July 2011), ed. A. Archi, Winona Lake, Ind., 2015, 555-566.

Fincke, RAI Barcelona .... ——, A Hurro-Akkadian Expression for Changing One's Testimony Attested in Nuzi Trial Records, in: Time and History in the Ancient Near East. (Proceedings of the 56th Rencontre Assyriologique Internationale at Barcelona, 26-30 July 2010), ed. L. Feliu, J. Llop, A. Millet Albà and J. Sanmartín, Winona Lake, Ind., 2013, 471-479.

Fincke, RAI Rome .... ——, The Tradition of Professions within Families at Nuzi, in: Traditions and Innovation in the Ancient Near East. (Proceedings of the 57th Rencontre Assyriologique Internationale at Rome, 4-8 July 2011), ed. Alfonso Archi in coll. with A. Bramanti, Winona Lake, Ind., 2015, 555-566.

Fincke, RGTC 10 .... ——, Die Orts- und Gewässernamen der Nuzi-Texte (Beihefte zum Tübinger Atlas des Vorderen Orients, Reihe B (Geisteswissenschaften) Nr. 7/10: Répertoire Géographique des Textes Cunéiformes, Band 10, Wiesbaden 1993.

Fincke, SCCNH 7 .... ——, Beiträge zum Lexikon des Hurritischen von Nuzi, in: Edith Porada Memorial Volume, ed. D. I. Owen and G. Wilhelm (SCCNH 7), Bethesda, MD, 1995, 5-21.

Fincke, SCCNH 9	——, NTF P2(1) and „Clay Bulla" no. 748 Joined to EN 9/2, 157, in: General Studies and Excavations at Nuzi 10/2 (SCCNH 9)8, Bethesda, MD, 1998, 193-194.
Fincke, SCCNH 10	——, SMN 2797 Joined to HSS 19, 30, in: Nuzi at Seventy-Five, ed. D. I. Owen and G. Wilhelm (SCCNH 10), Bethesda, MD, 1999, 430-432.
Fincke, SCCNH 19	——, Adoption of Women at Nuzi, in: The Nuzi Workshop at the 55th Rencontre assyriologique internationale (July 2009, Paris), ed. Ph. Abrahami and B. Lion (SCCNH 19), Bethesda, MD, 2012, 119-140.
Fincke, Grundbesitz	——, Zum Verkauf von Grundbesitz in Nuzi, in: Festschrift für Gernot Wilhelm anläßlich seines 65. Geburtstages am 28. Januar 2010, ed. Jeanette C. Fincke, Dresden 2010, 125-141.
Fischer, NGN	Loren R. Fisher, Nuzi Geographical Names, Brandeis University, Ph.D. Dissertation, 1959.
Gadd, RA 23	Cyril J. Gadd, Tablets from Kirkuk, RA 23 (1926) 49-161.
Gavin, SCCNH 1	Carney E. S. Gavin, The Nuzi Collections in the Harvard Semitic Museum, in: Studies on the Civilization and Culture of Nuzi and the Hurrians in Honor of Ernest R. Lacheman, ed. M. A. Morrison and D. I. Owen [SCCNH 1], Winona Lake, IN, 1981, 137-153.
Giorgieri, Beiträge	Mauro Giorgieri, Beiträge zu den hurritischen Texten aus Boğazköy, in: Silva Anatolica. Anatolian Studies Presented to Maceiej Popko on the Occasion of His 65th Birthday, ed. p. Taracha, Warsaw 2002, 109-117.
Goetze, Nuzu Akkadian	Albrecht Goetze, Some Observations on Nuzu Akkadian, Language 14 (1938) 134-143.
Gordon, AnOr 12	Cyrus H. Gordon, Nuzi Tablets Relating to Women, Miscellanea Orientalia Dedicata Antonio Deimel Annos LXX Completi (Analecta Orientalia 12), Roma 1935, 162-184.
Gordon, Theft	——, Nuzi Tablets Relating to Theft, Or n.s. 5 (1936) 305-330.
Gordon, Dialect	——, The Dialect of the Nuzu Tablets, Or n.s. 7 (1938) 32-63, 215-232.
Hayden, Court Procedure	Roy Edmund Hayden, Court Procedure at Nuzi, Brandeis University, Ph.D., 1962.
Jankowska, JESHO 12	Ninel Jankowska, Communal Self-Government and the King of the State of Arrapḫa, JESHO 12 (1969) 233-282.
Jankowska, Oikumene	——, The Role of the Extended Family in the Economic Life of the Kingdom of Arrapḫe, Oikumene 5 (1986) 33-42.
Jankowska, OLZ 76	——, [Rez. zu] Zaccagnini, Carlo: The Rural Landscape of the Land of Arrapḫe, Roma 1979, in: OLZ 76 (1981) 351-356.
Justel, D., NABU 2010/4	Daniel Justel, New proposals of family relationship at Nuzi based on HSS 19 134 and 19 86, NABU 2010 n° 4, 83, p. 94-95.
Justel, J., ZDMG 161	Josué J. Justel, A New Expression for Adoption from Nuzi and Ekalte. Some Remarks on the Role of Adoption during the Late Bronze Age, ZDMG 161 (2011) 1-15.
Justel, J., Or 88	——, On the term *utēna* in Nuzi, Or n.s. 88 (2019) 274-284.
Justel, J., RA 113	——, Un nouveau contrat de « vraie » adoption provenant de Nuzi, RA 113 (2019) 151-158.
Justel, J., *sasinnu*	——, On the *sasinnu* in Nuzi, NABU 2016/3, no. 71, 118-120.
Kammenhuber, Arier	Annelies Kammenhuber, Die Arier im Vorderen Orient, Heidelberg 1968.

Kendall, Warfare .... Timothy Kendall, Warfare and Military Matters in the Nuzi Tablets, Dissertation Brandeis University 1975.

Koliński, *dimātu* .... Rafał Koliński, Mesopotamian *dimātu* of the Second Millennium BC (BAR International Series 1004), Oxford 2001.

Koliński, SCCNH 12 .... —, Tell al-Fakhar: A *dimtu*-Settlement or the City of Kurruḫanni, in: General Studies and Excavations at Nuzi 10/3, ed. D. I. Owen and G. Wilhelm (SCCNH 12), Bethesda, MD, 2002, 3-39.

Koschaker, ZA 48 .... Paul Koschaker, Drei Rechtsurkunden aus Arrapḫa, ZA 48 (1944) 161-221.

Koschaker, Fratriarchat .... ——, Fratriarchat, Hausgemeinschaft und Mutterrecht in Keilschriftrechten; Arrapḫa, ZA 41 (1933) 13-45.

Koschaker, Randnotizen .... ——, Randnotizen zu neueren keilschriftlichen Rechtsurkunden, ZA 43 (1936) 196-232.

Koschaker, NKRA .... ——, Neue keilschriftliche Rechtsurkunden aus der El-Amarna-Zeit. Abhandlungen der philologisch-historischen Klasse der Sächsischen Akademie der Wissenschaften XXXIX, V, Leipzig 1928.

Kronasser, Die Sprache 4 .... Heinz Kronasser, Hurrisch *makanni*- "Geschenk", Die Sprache 4 (1958) 127.

Kwong, Family Life .... Andrew Ping-Chiu Kwong, A Portrait of Nuzi Family Life: The Archives of Katiri and Unnuteia. Brandeis University, Ph.D., 1976.

Lacheman, Evidences .... Ernest R. Lacheman, Appendix D: Epigraphic Evidences of the Material Culture of the Nuzians, in: Richard F. S. Starr, Nuzi. Report on the Excavations at Yorgan Tepa near Kirkuk, Iraq, conducted by Harvard University in Conjunction with the American Schools of Oriental Research and the University Museum of Philadephia, 1927–1931, Vol. I: Text, Cambridge, MA, 1939, 528-544.

Lacheman, JAOS 57 .... ——, SU = Šiqlu, JAOS 57 (1937) 181-184.

Lacheman, Šudutu .... ——, The Word *šudutu* in the Nuzi Tablets, in: Труды двадцать пятого международного конгресса востоковедов, Москва 9-16 августа 1960, том 1, Москва 1962, 233-238.

Lacheman, Palais .... ——, Le palais et la royauté de la ville de Nuzi: Les rapports entre les données archéologiques et les données épigraphiques, in: Le palais et la royauté (Archéologie et Civilisation), Paris 1974, 359-371.

Lacheman, PNKA .... ——, Personal Names from the Kingdom of Arrapḫa (ungedrucktes Typoskript).

Lacheman, Sumer 32 .... ——, Tablets from Arraphe and Nuzi in the Iraq Museum, Sumer 32, 1976, 113-148.

Lacheman & Owen, SCCNH 1 Ernest R. Lacheman & David I. Owen, Texts from Arrapḫa and from Nuzi in the Yale Babylonian Collection, in: Studies in the Civilization and Culture of Nuzi and the Hurrians in Honor of Ernest R. Lacheman on his Seventy-Fifth Birthday, April 29, 1981, ed. M. A. Morrison and D. I. Owen, [SCCNH 1], Winona Lake, Indiana, 1981, 377-432.

Laroche, Glossaire .... Emmanuel Laroche, Glossaire de la langue hourrite, Paris 1980.

Lemche, Andurārum	Niels Peter Lemche, Andurārum and Mīšarum: Comments on the Problem of Social Edicts and their Application in the Ancient Near East, JNES 38 (1979) 11-22.
H. Lewy, Or 10	Hildegard Lewy, Gleanings from a New Volume of Nuzi Texts, Or 10 n. s., 1941, 201-222.
H. Lewy, Or 11	—, The Nuzian Feudal System, OrNS 11 (1942) 1-40, 209-250, 297-349.
H. Lewy, Or 28	—, Miscellanea Nuziana [I], OrNS 28 (1959) 1-25.
H. Lewy, Titennûtu	—, The Titennûtu Texts from Nuzi, Or 10 n. s., 1941, 313-336.
Lion, Adoption d'hommes	Brigitte Lion, Les adoptions d'hommes à Nuzi (XIVe s. av. J.-C.), in: Revue historique de droit français et étranger 82/4, 2004, 537-576.
Lion, textes judiciaires	—, Les textes judiciaires du royaume d'Arrapḫa, in: Rendre la justice en Mésopotamie. Archives judiciaires du Proche-Orient ancien (IIIe-Ier millénaires avant J.-C.), ed. Francis Joannès, Saint-Denis 2000, 141-162.
Lion & Stein, Temple Precinct	Brigitte Lion & Diana Stein, The Tablets from the Temple Precinct at Nuzi (HSS 65), Bethesda, MD, 2016.
Löhnert, Royal Authority	Anne Löhnert, Aspects of Royal Authority and Local Competence: A Perspective from Nuzi, in: Tradition and Innovation in the Ancient Near East (Proceedings of the 57th Rencontre Assyriologique Internationale at Rome, 4-8 July 2011), ed. Alfonso Archi, Winona Lake, Indiana, 2015, 335-344.
Löhnert, RlA 15	—, Zizza, RlA 15, 2016-2018, 338.
Maidman, Legal Tablets	Maynard P. Maidman, Some Late Bronze Age Legal Tablets from the British Museum: Problems of Content and Meaning, in: Law, Politics and Society in the Ancient Mediterranean World, ed. by B. Halpern and D. W. Hobson, Sheffield 1993, 42-89.
Maidman, Nuzi Family	—, A Socioeconomic Analysis of a Nuzi Family Archive, Pt I-II, University of Pennsylvania, Ph.D. Dissertation 1976.
Maidman, "Privatization"	—, "Privatization" and Private Property at Nuzi: The Limits of Evidence, in: Privatization in the Ancient Near East and Classical World. A Colloquium held at New York University, November 17-18, 1994 (Volume I in a Series by The International Scholars Conference on Ancient Near Eastern Economics), Cambridge, MA, 1996, 153-176.
Maidman, SCCNH 6	—, Two hundred Nuzi texts from the Oriental Institute of the University of Chicago (SCCNH 6, ed. D. I. Owen), Bethesda, MD, 1994.
Maidman, WAW 18	—, Nuzi Texts and Their Uses as Historical Evidence (Writings from the Ancient World 18), Atlanta 2010.
Malul, Symbolism	Meir Malul, Studies in Mesopotamian Legal Symbolism (AOAT 221), Kevelaer/ Neukichen-Vluyn 1988, 322-342.
de Martino & Giorgieri, LHL 1	Stefano de Martino & Mauro Giorgieri, Literatur zum hurritischen Lexikon, Band 1: A, Firenze 2008.
Mayer, Mittelassyrisch	Walter Mayer, Untersuchungen zur Grammatik des Mittelassyrischen (AOAT-S2), Kevelaer / Neukirchen-Vluyn 1971.

Mayer, Palast .... ——, Nuzi-Studien I. Die Archive des Palastes und die Prosopographie der Berufe (AOAT 205/1), Kevelaer / Neukirchen-Vluyn 1978.

Mayrhofer, Indo-Arier .... Manfred Mayrhofer, Die Indo-Arier im Alten Vorderasien, Wiesbaden 1966.

Messerschmidt, Mitanni .... Leopold Messerschmidt, Mitanni-Studien (Mitteilungen der Vorderasiatischen Gesellschaft 1899, 4), Berlin 1899.

Millard, SCCNH 1 .... A. R. Millard, Strays from a 'Nuzi' Archive with an appendic: Two 'Nuzi' Texts in the Wellcome Institute for the History of Medicine, in: Studies on the Civilization and Culture of Nuzi and the Hurrians in Honor of Ernest R. Lacheman [SCCNH 1], ed. M. A. Morrison and D. I. Owen, Winona Lake, IN, 433-441.

Morrison, SCCNH 4 .... Martha A. Morrison, The Eastern Archives of Nuzi, in: SCCNH 4, ed. D. I. Owen and M. A. Morrison, Winona Lake, IN, 1993, 1-130.

Morrison, Šilwa-tešup .... ——, Šilwa-Tešup: Portrait of a Hurrian Prince. Brandeis University, Ph.D. Dissertation, 1974.

Morrison, JCS 31 .... ——, The Family of Šilwa-Tešub mâr šarri, JCS 31 (1979) 3-29.

Mönninghoff, Wohngebiete .. Hannah Mönninghoff, Eine sozialtopographische Analyse der Wohngebiete von Nuzi, AoF 41 (2014) 223-257.

Müller G., HSAO 7 .... Gerfrid G. W. Müller, Studien zur Siedlungsgeographie und Bevölkerung des Mittleren Osttigrisgebietes (Heidelberger Studien zum Alten Orient 7), Heidelberg 1994.

Müller G., SANTAG 4 .... ——, Londoner Nuzi-Texte (SANTAG 4), Wiesbaden 1998.

Müller G., SCCNH 8 .... ——, Bemerkungen zu Nuzi-Texten aus dem P. A. Hearst Museum/Berkeley, in: Richard F. S. Starr Memorial Volume, ed. D. I. Owen and G. Wilhelm, (SCCNH 8), Bethesda, MD, 1996, 309-318.

Müller G., UF 27 .... ——, Zur Bedeutung von hurro-akkadisch *ḫašaḫušenni*, UF 27 (1995 [erschienen Okt. 1996]), 371-380.

Müller M., Erlässe .... Manfred Müller, Die Erlässe und Instruktionen aus dem Lande Arrapḫa. Ein Beitrag zur Rechtsgeschichte des Alten Vorderen Orients. Inauguraldissertation Leipzig 1968 (maschinenschriftlich).

Niedorf, Alalaḫ .... Christian Niedorf, Die mittelbabylonischen Rechtsurkunden aus Alalaḫ (Schicht IV) (AOAT 352) Münster 2008.

Owen, SCCNH 1 .... Text Fragments from Arrapḫa in the Kelsey Museum of Art and Archaeology, The University of Michigan, in: Studies on the Civilization and Culture of Nuzi and the Hurrians in Honor of Ernest R. Lacheman [SCCNH 1], ed. M. A. Morrison and D. I. Owen, Winona Lake, IN, 455-468.

Paradise, Inheritance .... Jonathan S. Paradise, Inheritance Practices. University of Pennsylvania, Ph.D. Dissertation, 1972.

Purves, JNES 4 .... Pierre M. Purves, Commentary on Nuzi Real Estate Property in the Light of Recent Studies, JNES 4 (1945) 68-86.

Rainey, El Amarna .... Anson F. Rainey, The El-Amarna Correspondence. A New Edition of the Cuneiform Letters from the Site of El-Amarna based on Collations of all Extant Tablets (HdO I 110) I-II, Leiden / Boston 2015.

Richter, BGH .... Thomas Richter, Bibliographisches Glossar des Hurritischen, Wiesbaden 2012.

Richter, SCCNH 7 .... ——, Die Tenne in den Texten aus Nuzi, in: Edith Porada Memorial Volume, ed. D. I. Owen and G. Wilhelm, (SCCNH 7), Betheda, MD, 1995, 69-79.

Richter, VhM .... ——, Vorarbeiten zu einem hurritischen Namenbuch. Erster Teil: Personennamen altbabylonischer Überlieferung vom Mittleren Euphrat und aus dem nördlichen Mesopotamien, Wiesbaden 2016.

Saarisalo, Slaves .... Aapeli Saarisalo, New Kirkuk Documents Relating to Slaves (Studia Orientalia 5/III), Helsinki 1934.

Salah, Rationenlisten .... Saqer Salah, Die mittelassyrischen Personen- und Rationenlisten aus Tall Šēḫ Ḥamad / Dūr-Katlimmu. Berichte der Ausgrabung Tall Šēḫ Ḥamad / Dūr-Katlimmu, ed. H. Kühne, Band 18, Texte 6, Wiesbaden 2014.

Salvini, RA 82 .... Mirjo Salvini, Un texte hourrite nommant Zimrilim, RA 82 (1988) 59-69.

Sassmannshausen, Herolde .... Leonhard Sassmannshausen, Funktion und Stellung der Herolde (NIGIR/*nāgiru*) im Alten Orient, Baghdader Mitteilungen 26 (1995) 85-194.

Scheftelowitz, Kossäer .... Isidor I. Scheftelowitz, Die Sprache der Kossäer, ZVS 38 (1905) 260-277.

Schneider-Ludorff, SCCNH 12 Helga Schneider-Ludorff, Mit einem „Sonnensymbol" auf die Weide? Bemerkungen zu den Eigentumsmarkierungen von Tieren, SCCNH 12 (2002), 151-157.

Schwemer, Wettergottgestalten Daniel Schwemer, Die Wettergottgestalten Mesopotamiens und Nordsyriens im Zeitalter der Keilschriftkulturen. Materialien und Studien nach den schriftlichen Quellen, Wiesbaden 2001.

Shaffer, *kitru* .... Aaron Shaffer, *kitru/kiterru*: New Documentation for a Nuzi Legal Term, in: Studies Presented to A. Leo Oppenheim, Chicago 1964, 181-194.

Skaist, Family Law .... Aaron Skaist, Studies in Ancient Mesopotamian Family Law Pertaining to Marriage and Divorce. University of Pennsylvania, Ph.D. Dissertation, 1963.

Speiser, AASOR 10 .... Ephraim A. Speiser, New Kirkuk Documents Relating to Family Laws (AASOR 10), New Haven 1930.

Speiser, JCS 17 .... ——, A Significant New Will from Nuzi, JCS 17 (1963) 65-71.

Speleers, Recueil .... Louis Speleers, Recueil des inscriptions de l'Asie Antérieure des Musées Royaux du Cinquantenaire à Bruxelles. Textes sumériens, babyloniens et assyriens, Bruxelles 1925.

Stamm, Namengebung .... Johann J. Stamm, Die akkadische Namengebung (MVAeG 44), Leipzig 1939.

Starr, Nuzi I .... Richard F. S. Starr, Nuzi. Report on the Excavations at Yorgan Tepa Near Kirkuk 1927-1931, Iraq, Conducted by Harvard University in Conjunction with the American Schools of Oriental Research and the University Museum of Philadelphia Volume II, Plates and Plans. Cambridge, Massachusetts, 1937.

Starr Nuzi II .... ——, Nuzi. Report on the Excavations at Yorgan Tepa Near Kirkuk 1927-1931, Iraq, Conducted by Harvard University in

	Conjunction with the American Schools of Oriental Research and the University Museum of Philadelphia, Volume I, Text, Cambridge, Massachusetts, 1939.
Starr, Letters	—, Letters from the Field, 1927-1930. With a Preface by D. I. Owen, in: Richard F. S. Starr Memorial Volume., ed. David I. Owen & G. Wilhelm. (SCCNH 8), Bethesda, MD, 1996, 9-125.
Trémouille, ^{d}Ḫebat	Marie-Claude Trémouille, ^{d}Ḫebat. Une divinité syro-anatolienne (Eothen 7), Firenze 1997.
von Dassow, SCCNH 17	Eva von Dassow, State and Society in the late Bronze Age. Alalaḫ under the Mittani Empire (SCCNH 17), Bethesda, MD, 2008.
von Dassow, SCCNH 18	—, Sealed Troop Rosters from the City of Arrapḫe, in: General Studies and Excavations at Nuzi 11/2 in Honor of David I. Owen on the Occasion of his 65th Birthday October 28, 2005, ed. G. Wilhelm (SCCNH 18), Bethesda, MD, 2009, 605-636.
von Dassow, Texts from Nuzi	—, Texts from Nuzi, in: The Context of Scripture IV, Supplements, ed. K. Lawson Younger, Jr., Leiden / Boston 2017, 119-129.
von Soden, JEOL 18	Wolfram von Soden, Vedisch *magham* „Geschenk" – neuarabisch *maǧǧānīja* „Gebührenfreiheit. Der Weg einer Wortsippe, JEOL 18 (1964) 399-344.
von Soden, Fs. Baumgartner	—, Kleine Beiträge zum Ugaritischen und Hebräischen, in: Hebräische Wortforschung. Festschrift zum 80. Geburtstag von Walter Baumgartner. Supplements to Vetus Testamentum vol. XVI, Leiden 1967, 291-300.
Waetzoldt, Leinen	Hartmut Waetzoldt, Leinen, in: RlA 6 (1980-1983), 583-594.
Weeks, Real Estate	Noel Kenneth Weeks, The Real Estate Interests of a Nuzi Family. Ph.D. Dissertation, Brandeis University, 1972.
Wegner, AoF 30	Ilse Wegner, Zum Namen des Udibšarri, AoF 30 (2003) 341-344.
Wegner, Haus	—„ „Haus" und „Hof" im Hurritischen, in: Kulturgeschichten. Altorientalistische Studien für Volkert Haas zum 65. Geburtstag, ed. Th. Richter, D. Prechel und J. Klinger, Saarbrücken 2001, 441-447.
Wegner, Hurritisch	—, Hurritisch. Eine Einführung. 2., überarbeitete Auflage, Wiesbaden 2007.
Wegner, Xenia 21	—, Grammatikalische und lexikalische Untersuchungen hurritischer Beschwörungsformeln aus Boğazköy, in: Hurriter und Hurritisch, ed. Volkert Haas (Xenia. Konstanzer althistorische Vorträge und Forschungen 21), Konstanz 1988, 145-155.
Wilcke, ZA 66	Claus Wilcke, Assyrische Testamente, ZA 66 (1977) 196- 233.
Wilhelm, BaghM 7	Gernot Wilhelm, Goldstandard in Nuzi, BaghM 7 (1974) 205-208.
Wilhelm, Beiträge	—, Kleine Beiträge zum Hurritischen (StBoT 64), Wiesbaden 2018.
Wilhelm, FS Haas	—, Hurritisch *naipti* "Weidung", "Weide" oder eine bestimmte Art von Weide, in: Kulturgeschichten. Altorientalistische Studien für Volkert Haas zum 65. Geburtstag, ed. Thomas

Richter, Doris Prechel & Jörg Klinger, Saarbrücken 2001, 449-453. Auch in: Wilhelm, Beiträge, 439-444.

Wilhelm, Gallenomina .... ——, Ein Fragment mit hurritischen Gallenomina und der Beginn der hurritischen Überlieferung in Ḫattuša, in: Kulturlandschaft Syrien. Zentrum und Peripherie. Festschrift für Jan-Waalke Meyer, ed. Jörg Becker, Ralph Hempelmann und Ellen Rehm (AOAT 371), Münster 2010, 623-635. Auch in: Wilhelm, Beiträge, 623-635.

Wilhelm, Hurro-Akkadisch .... ——, Untersuchungen zum Ḫurro-Akkadischen von Nuzi (AOAT 8), Kevelaer & Neukirchen-Vluyn 1970.

Wilhelm, Hurrian .... ——, Hurrian, in: The Cambridge Encyclopedia of the World's Ancient Languages, ed. Roger D. Woodard, Cambridge University Press 2004, 95-118.

Wilhelm, Iraq 53 .... ——, A Hurrian Letter from Tell Brak, Iraq 53 (1991) 159-168. Auch in: Wilhelm, Beiträge, 159-173.

Wilhelm, Kumme und *Kumar ——, Kumme und *Kumar: Zur hurritischen Ortsnamenbildung, in: Beiträge zur Altorientalischen Archäologie und Altertumskunde. Festschrift für Barthel Hrouda zum 65. Geburtstag, ed. P. Calmeyer, K. Hecker, L. Jakob-Rost, C.B.F. Walker, Wiesbaden 1994, 315-319. Auch in: Wilhelm, Beiträge, 250-254.

Wilhelm, Namengebung .... ——, Name, Namengebung, D. Bei den Hurritern In: RlA 9 (1998-2001) 121-127. Auch in: Wilhelm, Beiträge, 383-391.

Wilhelm, Or 59 .... ——, „Verhafte ihn", in: Gedenkschrift Einar von Schuler, ed. M. Marazzi und G. Wilhelm, Or 59 (1990) 101-332, 306-311.

Wilhelm, Šamuḫa .... ——, Die hurritischen Texte aus Šamuḫa, in: Keilschrifttafeln aus Kayalıpınar 1. Textfunde aus den Jahren 1999-1917, ed. Elisabeth Rieken (Documenta Antiqua Asiae Minoris 1), Mainz 2019, 197-209.

Wilhelm, SMEA 29 .... ——, Notizen zum hurritischen Wörterbuch, SMEA 29 (1992) 245-253. Auch in: Wilhelm, Beiträge, 218-221.

Wilhelm, Suffixaufnahme ...... ——, Suffixaufnahme in Hurrian and Urartian, in: Double Case. Agreement by Suffixaufnahme, ed. F. Plank, New York / Oxford, 113 -135. Auch in: Wilhelm, Beiträge, 295-316.

Wilhelm, TUAT 1 .... ——, Texte aus Nuzi, in: Texte aus der Umwelt des Alten Testaments. Neue Folge, ed. B. Janowski und G. Wilhelm. Band 1: Texte zum Rechts- und Wirtschaftsleben, Gütersloh 2004, 58-65.

Wilhelm, TUAT 3 .... ——, Briefe aus Nuzi, in: Texte aus der Umwelt des Alten Testaments. Neue Folge, ed. B. Janowski und G. Wilhelm. Band 3: Briefe, Gütersloh 2006, 102-105.

Wilhelm, Variety .... ——, Synchronic Variety and Diachronic Change in Hurrian, Mesopotamia 52 (2017) 75-81.

Wilhelm, Xenia 21 .... ——, Gedanken zur Frühgeschichte der Hurriter und zum hurritisch-urartäischen Sprachvergleich in: Hurriter und Hurritisch, ed. V. Haas (Xenia. Konstanzer althistorische Vorträge und Forschungen 21), Konstanz 1988, 43-67.

Young, AOAT 22 .... Gordon Douglas Young, Nuzi Texts in the Free Library of Philadelphia (AOAT 22), 1973, 223-233, Pl. II*, III*.

Zaccagnini, Accounting	Carlo Zaccagnini, *Ištēnūtu, tapālu* and *ṣimittu*. Accounting and Material Culture in the Near East (im Druck), 500-544.
Zaccagnini, AoF 15	——, On Prices and Wages at Nuzi, AoF 15 (1988) 45-52.
Zaccagnini, Assur 3/1	——, The *tallu* Measure of Capacity at Nuzi, Assur, 2/1 (1979) 29-34.
Zaccagnini, CHANE 9	——, Nuzi, in: Security for Debt in Ancient Near Eastern Law, ed. R. Westbrook & R. Jasnow (CHANE 9), Leiden / Boston, Köln 2001, 223-236.
Zaccagnini, Debt	——, Debt and Debt Remission at Nuzi, in: Debt and Economic Renewal in the Ancient Near East, ed. Michael Hudson & Marc Van De Mieroop, Bethesda, MD, 2002, 175-196.
Zaccagnini, HdO 72/1	——, Nuzi, in: A History of Ancient Near Eastern Law, ed. R. Westbrook (HdO 72/1), Leiden 2003, 565-617.
Zaccagnini, Iraq 39	——, The Merchant at Nuzi, Iraq 39 (1977) 171-189.
Zaccagnini, Land Tenure	——, Land Tenure and Transfer of Land at Nuzi (XV–XIV Century B.C.), in: Land Tenure and Social Transformation in the Middle East, ed. T. Khalidi, (1984), Beirut 1984, 79-94.
Zaccagnini, Pfand	——, Pfand (Pledge). Nuzi, in: RlA 10 5.-6. Lfg. (2004), 449-451.
Zaccagnini, Pferde	——, Pferde und Streitwagen in Nuzi, Bemerkungen zur Technologie, in: Jahresbericht des Instituts für Vorgeschichte der Universität Frankfurt a. M. 1977, München 1978, 21- 38.
Zaccagnini, Proprietà	——, Proprietà fondiaria e dipendenza rurale nella Mesopotamia settentrionale (XV-XIV secolo a.C.), Studi storici 25 (1984) 697-723.
Zaccagnini, Rural Landscape	——, The Rural Landscape of the Land of Arrapḫe (Quaderni di Geografia storica), Roma 1979.
Zaccagnini, SCCNH 1	——, A Note on Nuzi Textiles, in: Studies on the Civilization and Culture of Nuzi and the Hurrians in Honor of Ernest R. Lacheman on his Seventy-Fifth Birthday April 29, 1981, ed. M.A. Morrison & D.I. Owen, Winona Lake, Ind., 1981, 349-361.
Ziegler, Population féminine	Nele Ziegler, La population féminine des palais d'après les archives royales de Mari: le harem de Zimrî-Lîm, in: Florilegium marianum IV (Mémoires de N.A.B.U. 5), Paris 1999.

VORWORT

Drei Jahrzehnte sind vergangen, seit die letzten Hefte der Edition des „Archiv des Šilwateššup" erschienen sind: 1992 AdŠ 4 mit der Edition der Darlehensurkunden und verwandten Texten und im folgenden Jahr AdŠ 8 und 9, die Dissertation von Diana L. Stein, in der die Siegelabrollungen auf den Tafeln des AdŠ in Photographien und hervorragenden Abzeichnungen sowie mit ikonographischen, prosopographischen und sonstigen Informationen ediert sind. Zur Unterstützung des Projekts von Dr. Stein arbeitete ich an allen Tafeln, die für die damals noch nicht erschienenen Hefte AdŠ 5, 6 und 7 vorgesehen waren, und legte die Reihenfolge der betreffenden Tafeln fest.

Während eines vierwöchigen Aufenthalts in Cambridge, Mass. (13. August – 9. September 2000) konnte ich im Semitic Museum* der Harvard University die schon zuvor hergestellten provisorischen Transkriptionen der für AdŠ 6 vorgesehenen Tafeln ein letztes Mal kollationieren.

Für die Genehmigung zur Kollation der Tafeln bin ich dem damaligen Direktor des Museums, Professor Lawrence E. Stager (gest. 2017) verbunden. Ebenso schulde ich dem damaligen Kurator der Tafelsammlung, Professor Piotr Steinkeller, Dank, und zwar insbesondere auch dafür, dass er mir für die Zeit seiner Abwesenheit sein Dienstzimmer einschließlich Schlüssel anvertraute und mir damit Gelegenheit gab, außerhalb der Öffnungszeiten des Museums die Transkriptionen, Übersetzungen und Kommentare abschließend zu überprüfen und für die Druckfassung zu formatieren. Auch für eine Kollation, die er auf meine Bitte hin vornahm, bin ich ihm dankbar. Joseph A. Green erwies sich wieder als kompetenter und geduldiger Kurator der archäologischen Sammlungen; auch ihm gebührt mein Dank für vielfältige Unterstützung.

Die im Iraq Museum, Baghdad, befindlichen Tafeln, die in AdŠ 6 aufgenommen sind, konnte ich schon im September/Oktober 1983 und 1985 in Baghdad kollationieren; hier bin ich dem damaligen Präsidenten der Antikenverwaltung, Dr. Muayad Saʿid Damerji, und der damaligen Direktorin des Iraq Museums, Dr. Bahija Khalil Ismail (gest. 2019) zu Dank verpflichtet.

Ein herzlicher Dank gilt Dr. Jeanette Fincke und Barbara Spering M.A., die meine Transkriptionen kritisch durchgesehen haben.

Für die Bereitstellung von Mitteln für die Reise- und Aufenthaltskosten danke ich der Deutschen Forschungsgemeinschaft.

Dass ich die Weiterarbeit an der Edition des Archivs des Šilwa-teššup zugunsten akademischer Ämter und anderer wichtiger Projekte lange zurückstellen musste, kann niemand mehr bedauern als ich selbst.

*Seit 2020: Harvard Museum of the Ancient Near East (HMANE).

EINLEITUNG

Heft 6 der Edition des Archivs des Šilwa-teššup enthält überwiegend Bearbeitungen von Rechtsurkunden. Abweichend von den zuvor erschienenen Heften 2, 3 und 4 ist im vorliegenden Heft das Inhaltsverzeichnis pp. 5-14 regestenmäßig gestaltet, so dass damit eine rasche, aber auch substanzielle Übersicht über die vielfältigen Sachverhalte gegeben ist.

Von den 100 in diesem Heft edierten Texten beziehen sich 52 auf Rechtsgeschäfte, in denen Šilwa-teššup als Partei genannt ist. Die zahlenmäßig häufigste Textgattung sind die Prozessprotokolle (17 Fälle; AdŠ 572-591). Da es dabei oft um Kleinkriminalität wie Diebstahl und Einbruch geht, erscheinen zumeist zuständige Verwalter als Kläger; nur in vier Fällen tritt Šilwa-teššup selbst als Ankläger vor Gericht auf (AdŠ 572-575).

Auch sonst erfolgte die persönliche Intervention Šilwa-teššups wohl zumeist durch Anweisungen an sein Verwaltungspersonal. Von den sieben erhaltenen Briefen (AdŠ 592-598) sind zwei im Auftrag des Königs jeweils von einem Hofbeamten an einen Verwalter Šilwa-teššups gerichtet (AdŠ 592-593) und zwei(?) weitere von Tatip-tilla, dem ältesten Sohn Šilwa-teššups (AdŠ 597, 598). Drei Briefe stammen von Urḫa-tarme, der in Šilwa-teššups Verwaltung eine hohe Position inne hat (AdŠ 595-597; s. Heft 3, p. 93). Nur ein einziger Brief stammt von Šilwa-teššup selbst; er ist an seinen Verwalter Purn-apu gerichtet und lässt auf eine Verärgerung des Absenders schließen, dessen Anweisungen nicht umgehend befolgt wurden (AdŠ 594).

Urkunden, die Informationen über Šilwa-teššups Familie liefern, sind im vorliegenden Heft nur in geringer Zahl vorhanden. Hier ist vor allem der Ehevertrag (*tuppi riksi*) zu nennen, demzufolge Šilwa-teššup seine Schwester Šuwar-ḫepa dem Zike S. Muš-teja zur Ehe gab (AdŠ 548). Die Auflistung von Häusern und landwirtschaftlichen Nutzflächen im Besitz der Šuwar-ḫepa (AdŠ 549) ist wohl im Zusammenhang mit der Heirat erfolgt.

Fünf Urkunden beziehen sich auf Geschäfte der Hauptfrau Šilwa-teššups, Šašure, und der Nebenfrau Našmun-naja sowie der Sklavin Ḫinzuraja (AdŠ 599-603). Sie zeigen, dass nicht nur die Hauptfrau, sondern auch eine Nebenfrau und eine Sklavin zumindest bedingt geschäftsfähig waren. Ḫinzuraja erscheint regelmäßig in den Rationenlisten (AdŠ 8: 12, 14: 45, 16: 45, 17: 20 und sonst).

Der Verwalter Purn-apu (AdŠ 604, 605) ist schon in den ältesten – von ihm gesiegelten – Rationenlisten bezeugt (AdŠ 7, 70); für sein Siegel und weitere Belege s. D. Stein, AdŠ Heft 9, p. 84-86. Der meistbezeugte Verwalter in Diensten Šilwa-teššups ist Paiteššup (AdŠ 606-618). Sein Status ist nicht genau zu bestimmen: In AdŠ 610: 2f. wird er als ÌR (*wardu*, „Sklave“) Šilwa-teššups bezeichnet, in AdŠ 611: 10 und 614: 7 als „Sohn des Ḫanaja“. Er schließt mehrere *mārūtu*- und *titennūtu*-Geschäfte ab (AdŠ 606, 606a, 608-613).

Folgende Bezeichnungen von Urkunden sind in dem vorliegenden Heft vertreten:

lišān-šu („Erklärung") AdŠ 556, 558, 566, 614, 621, 623, 624, 632(?), 634, 636;
ṭuppi riksi (Ehevertrag): AdŠ 548;
ṭuppi šupe'ulti (Tauschvertrag): AdŠ 551, 552, 626, 627, 640;
ṭuppi mārūti (Adoption an Sohnes statt): AdŠ 602, 604, 606, 607, 608, 609, 610, 622, 635, 638;
ṭuppi mārtūti (Adoption an Tochters statt): AdŠ 603, 633;
ṭuppi mārtūti u kallatūti (Adoption an Tochters und Schwiegertochters statt): AdŠ 615;
ṭuppi šīmti (Testament) 637, 639;
ṭuppi titennūti (Darlehen mit Nutzungspfand) AdŠ 605, 611, 612, 644a;
ṭuppi taḫsilti(!) 631;
umma (Sprechurkunde) AdŠ 554, 555, 559, 606b, 616, 617, 619, 620, 625, 628.

Abfassungsorte nach Verschriftungsvermerk:

Nuzi/u, *bāb ekalli*: AdŠ 551, 606b
Nuzi, KÁ.GAL: AdŠ 608
Nuzi, KÁ.GAL (*ša*) Tiššae: AdŠ 566, 601, 607, 610, 613
Nuzi, KÁ KÁ.GAL (*ša*) Tiššae: AdŠ 609
KÁ.GAL (*ša*) Tiššae: AdŠ 603, 634
Nuzi, KÁ.GAL Zizza(e): AdŠ 622
Zizza(e), KÁ.GAL *ša*: AdŠ 606
Ṣilliawe: AdŠ 605
Tašenniwe, KÁ.GAL: AdŠ 626
URU.DINGIR(.MEŠ): AdŠ 554, 604
URU.DINGIR.MEŠ *ašar* KÁ.GAL *eqi*: AdŠ 623
Zizza, *abulli ša*: AdŠ 620, 632
[ ], KÁ.GAL: 635
URU[ ], 636

URKUNDEN DES ŠILWA-TEŠŠUP

I. Familienrechtliche Urkunde

Nr. 548

tuppi riksi; Ehevertrag Šilwa-teššups mit Zike, Sohn des Mušteja; Šilwa-teššup gibt seine Schwester Šuwar-ḫepa dem Zike zur Ehe.

SMN 743; IM 50842; HSS IX 24; A 26; 88 x 104 x 34; koll.; Textzustand 1983.

Vs. 1 *tup-pí ri-ik-sí ša* ^{m}*Ši-il-*WA*-te-šup*
2 DUMU LUGAL *it-ti* ^{m}*Zi-ge* DUMU *Mu-uš-te-ia*
3 *i+na be-ri-šu-nu ri-ik-sà ir-ku-sú*
4 ^{m}*Ši-il-*WA*-te-šup a-ḫa-as-sú*
5 ^{f}*Šu-wa-ar-ḫé-pa a-na aš-šu-ti a-na*
6 ^{m}*Zi-ge it-ta-din a-dì-i*
7 ^{f}*Šu-wa-ar-ḫé-pa bal-ṭú ù* ^{m}*Zi-ge*
8 *aš-ša-ta ša-ni-ta la i-iḫ-ḫa-az*
9 *e-sé-er-ta la i-is-sé-er*
10 *um-ma* ^{m}*Zi-ge-ma šum-ma* ^{f}*Šu-wa-ar-ḫé-pa*
11 DUMU.MEŠ *ú-ul-la-ad ù* DUMU-*šu* GAL *ša*
12 ^{f}*Šu-wa-ar-ḫé-pa ki-me-e* DUMU-*ia* GAL
13 ḪA.LA *i-leq-qè ù šu-ú 2-šu-ma* ḪA.LA
14 *i-leq-qè ù* DUMU.MEŠ-*šu re-ḫu-ti*
15 *ša* ^{f}*Šu-wa-ar-ḫé-pa it-ti* DUMU.MEŠ
16 ^{m}*Zi-ge re-ḫu-ti ki-ma* GÌ[R].MEŠ-*š*[*u-n*]*u*[1]*-ma*
17 ḪA.LA *i-leq-qú-ú i+na* DUMU.MEŠ-*šu ša*
18 ^{f}*Šu-wa-ar-ḫé-pa* ^{m}*Zi-ge n*[*e*[2]-
19 *iš-tu* UGU-*šu-nu la i-leq-q*[*è*
20 **šu-*⸢*ut*?*-taḫ/túḫ-ḫu*⸣*[3] *la ú-up-pa-as-s*[*ú-nu-ti*]
21 [x x (x x)]x[4] *a-na ma-a*[*m-ma*
22 [*la i+na-*a*]*n-di*[*n**[5][

---

1 Nach Kollation.

2  Eine Lesung *a*[*m-* entfällt, da keine der wenigen mit *amC-* anlautenden Vokabeln zum Kontext passt. Unter den mit *ne-* anlautenden Wörtern kommt am ehesten *nēmelum* „Gewinn" infrage. Dies wäre dann wohl in der Weise zu interpretieren, dass Šilwa-teššup erwartet, dass seine Enkel ebenso wie er selber (s. AdŠ 567, unten p. 91) Gewinn aus Kommissionsgeschäften erzielen werden, auf den ihr Vater Zike keinen Anspruch erheben darf.

3 *...*: 

4 

5 *...*: 

		(mindestens 10 Zeilen zerstört)	
	23	[ ] x[6] [	
	24	[ ] *ta* [	
	25	x x LÚ x[	
	26	*ù* DUMU.MEŠ-*šu-ma* *⸢*i*⸣?-x*[7][	
	27	*šum-ma* ^{f}*Šu-wa-ar-ḫ*[*é-pa ukteššissu/i*](?)	
	28	10 MA.NA KÙ.BABBAR 10 MA.NA GU[ŠKIN *a-na*]	
	29	^{m}*Ši-il-*WA*-te-šup* SA$_5$-*l*[*a*]	
	30	IG[I] *Ur-ḫi-te-šup*	DUMU *Ḫu-ti*
	31	IGI *Nu-ul-te-šup*	DUMU *Pu-ra-sa*
	32	IGI *Ur-ḫi-til-la*	DUMU *Eḫ-li-te-šup*
	33	IGI *Ši-mi-ka-tal*	DUMU *Zu-ia*
	34	IGI *Ut-ta-za-aḫ*	DUMU *Tup-ki-til-la*
	35	IGI *Te-ḫi-ip-til-la*	DUMU *Ḫa-šu-ar*
	36	IGI *Zi-ge*	DUMU *Šur-ki-til-la*
	37	ŠU ^{m}*Še-ḫé-el-te-šup*	DUMU *Tam*?*-ma-*⸢*ru*⸣?*-ge*
	38	IGI *Ḫa-ši-ip-til-la*	DUMU *Mi-na-aš-šúk*
Rs.	39	NA$_4$ ^{m}*Ut-ta-za-aḫ*	(Siegel Nr. 308)
	40	(Siegel Nr. 307)	NA$_4$ ^{m}*Nu-ul-te-šup*
	41	NA$_4$ ^{m}*Ur-ḫi-te-šup*	NA$_4$ ^{m}*Ši-mi-ka-tal*
o.Rd.		(Siegel Nr. 296)	(Siegel Nr. 309)
		(*šum-ma* ^{m}...............*-te-šup* .... rad.)	
l.Rd.	42	[(Siegel Nr. 310) N]A$_4$ ^{m}*Ur-ḫi-til-la*	NA$_4$ ^{m}*Te-ḫi-ip-til-la*
	43	[NA$_4$ ^{m}*Še-ḫé-el-te-š*]*up* (Siegel Nr. 311)	(Siegel Nr. 312)

1-2 Ehevertrag des Šilwa-teššup, Sohnes des Königs.

2-3 (Er) und Zike, der Sohn des Muš-teja, haben miteinander einen Ehevertrag abgeschlossen.

4-6 Šilwa-teššup hat seine Schwester Šuwar-ḫepa dem Zike zur Ehe gegeben.

6-9 Solange Šuwar-ḫepa lebt, darf Zike keine andere Ehefrau heiraten (und) keine Nebenfrau nehmen.

10-14 Folgendermaßen (sprach) Zike: „Wenn Šuwar-ḫepa Söhne gebiert, wird der älteste Sohn der Šuwar-ḫepa wie mein ältester Sohn ein Erbteil nehmen, und (zwar) wird er zweimal ein Erbteil nehmen.“

14-17 Und die übrigen Söhne der Šuwar-ḫepa werden zusammen mit den Söhnen des Zike in der Reihenfolge ihres Alters ein Erbteil nehmen.

17-20 Unter den Söhnen der Šuwar-ḫepa darf Zike nicht Ge[winn(?)] von ihnen nehme[n, und] er darf s[ie] nicht ... behandeln.

21 [...] wird er niemandem geb[en.] (Größere Lücke)

26 Und seine Söhne [...] er(?) [...]

6 

7 *...*: 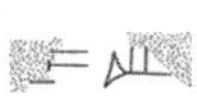

27-29 Falls [er] Šuwar-ḫ[epa verstößt], muss er dem Šilwa-teššup 10 Minen Silber (und) 10 Minen Go[ld] zahl[en].
30 Zeuge: Urḫi-teššup, Sohn des Ḫuti,
31 Zeuge: Nul-teššup, Sohn des Purasa,
32 Zeuge: Urḫi-tilla, Sohn des Eḫli-teššup,
33 Zeuge: Šimika-atal, Sohn des Zuja,
34 Zeuge: Utta-zaḫ, Sohn des Tupki-tilla,
35 Zeuge: Teḫip-tilla, Sohn des Ḫašuar,
36 Zeuge: Zige, Sohn des Šurki-tilla.
37 Hand des Šeḫel-teššup, Sohnes des Tammaruke(?).
38 Zeuge: Ḫašip-tilla, Sohn des Mina-ššuk.
39 Siegel des Utta-zaḫ,
40 Siegel des Nul-teššup,
41 Siegel des Urḫi-teššup, Siegel des Šimika-atal,
42 Siegel des Urḫi-tilla, Teḫip-tilla,
43 [Siegel des Šeḫel-tešš]up.

Übers.: Morrison, Šilwa-Tešup, 42-43a(=„35"); ed.: Breneman, Marriage Tablets, 40-42; Gordon, AnOr 12, 171f..

2, 6, 7, 10,16, 18: Zike, Sohn des Mušteja, ist sonst selten bezeugt. Der von ihm gesiegelten, in Raum C 19 gefundenen Tafel HSS XIV 91 zufolge übergibt er Gerste an den Königssohn Ḫut-teššup. Aus demselben Raum stammt die Liste über Gerstenausgaben HSS XV 264, die in l. 15 Zike, Sohn des Mušteja, nennt. Weitere Belege bietet die Liste über Personen mit oder ohne Pferde(gespanne) HSS XV 35: 15 aus Raum 120 des Palastes von Nuzi und die Liste über Gerstenrationen HSS XVI 191: 32. In den genannten Listen befinden sich Namen hochrangiger Personen aus der Zeit der 4./5. Generation, der auch Šilwa-teššup angehört: Urḫi-teššup S. Šurkip-šarri (HSS XV 35: 9), Arik-kurwe S. Šar-teššup (ibid l. 10), Akip-tašenni S. Ḫut-tirwe (ibid. 13), Teḫip-tilla S. Ḫutia (ibid. 17) Zil-teššup S. Paikka (HSS XVI 191: 11), Ipšaḫalu S. Zil-teššup (ibid. l. 6), Teḫip-apu *asû* (ibid. l. 16); für dieselben Personen in den Listen der *rākib narkabti* s. Dosch, SCCNH 18, 185-217. Ob der Vater des Zike mit dem Richter Mušteja S. Pilmašše (s. Dosch, SCCNH 18, 131, l. 20 mit Anm.) identisch ist, muss offenbleiben.

5: Zu Frauennamen, die – sicherlich nach mittanischem Vorbild – mit dem Namen der Göttin Ḫebat gebildet sind, s. AdŠ 3, Nr. 82, p. 49. Diese fragmentarische Liste bietet wohl die früheste Erwähnung der Schwester Šilwa-teššups, Šuwar-ḫepa, da sie hier zusammen mit den Nebenfrauen ihres Bruders als Empfängerin einer Wollration erscheint, also noch keinen eigenen Haushalt besitzt. Da dieselbe Liste auch Tatip-tilla, den ältesten (überlebenden) Sohn des Šilwa-teššup, samt seiner Ehefrau Ittirianti nennt, darf man schließen, dass der Altersunterschied zwischen Šilwa-teššup und seiner Schwester erheblich war. Da es zunächst dem Vater zukam, seine Tochter zu verheiraten, ist anzunehmen, dass der Vater von Šilwa-teššup und Šuwar-ḫepa, König Ḫišmi-teššup(?), zur Zeit des vorliegenden *tuppi riksi* bereits verstorben war und Šilwa-teššup daher die Vormundschaft für seine Schwester übernommen hatte (s. Morrison, JCS 31, 14). Allerdings impliziert dies, dass Šilwa-teššups ältester Bruder, dem sowohl die Thronfolge als auch die Vormundschaft für seine Schwester(n) zustand, gleichfalls bereits gestorben war.

Die zeitlich nächste Erwähnung der Šuwar-ḫepa liegt wohl in AdŠ 141 vor, einer Urkunde, die sich auf den Haushalt des Šilwa-teššup in Zizza bezieht. In ll. 20-22 wird die Übergabe von 24 ANŠE Gerste an Šuwar-ḫepa zur Verteilung (an ihr Personal) notiert. Da hier ausdrücklich der Monat Sabûtu (September/Oktober) genannt wird, mit dem das Rechnungsjahr nach Abschluss der Erntearbeiten beginnt, ist anzunehmen, dass diese Gerstenmenge für ein ganzes Kalenderjahr bestimmt ist. Da weiterhin anzunehmen ist, dass das Personal der Šuwar-ḫepa vor allem aus Sklavinnen bestand, ergibt sich rechnerisch ein Monatsvolumen von 2 ANŠE = 20 BÁN, was für die übliche Verpflegung von 10 Sklavinnen mit monatlich 2 BÁN Gerste ausreicht. Die letzte Urkunde, die über den Immobilienbesitz der Šuwar-ḫepa informiert, ist AdŠ 549 (unten p. 41). Hier ist wieder Zizza – wohl als ihr Wohnort und als Verwaltungszentrum ihrer verstreuten Agrarflächen – genannt.

20: Das aAk. bezeugte *šutuḫḫu*, hapax legomenon unklarer Bedeutung (s. CAD Š/III, 411), kann außer Betracht bleiben. *šutta/uḫḫu* darf wohl vielmehr als hurr. Wort auf *-a/oḫḫe* mit akkad. Nominativendung *-u* (in Nuzi oft auch für den Akkusativ) interpretiert werden. In der Beschwörung Mari hurr. 3: 25 ist *šu-da-ḫi-né-we/a* (unbekannter Bedeutung) belegt. Vgl. noch *zu-ta-aḫ-e-ma* in ChS I, Erg. 1, S. 7, Rs. IV 13, was als *sudaḫḫe* normalisiert werden kann. Ob ein Zusammenhang besteht, bleibt ganz ungewiss. Ein Stamm *šutt-* ist nur selten bezeugt, die Bedeutung ist unbekannt.

21ff.: Welche Bestimmungen in den folgenden ganz oder weitgehend zerstörten 16 Zeilen getroffen wurden, kann nicht rekonstruiert werden. Für eine Übersicht solcher Bestimmungen s. Breneman, Marriage, 18-29.

27-29: Für das Perfekt D von *kašādu* cf. *ukteššidu-ma* Gadd 29: 29; *ukteššis-su-mi* TCL IX 41: 9. Üblicherweise binden sich beide Parteien an eine Konventionalstrafe bei Vertragsbruch. Im vorliegenden Fall verpflichtet sich aber nur der Bräutigam zu einer Strafzahlung im Falle der Verstoßung der Šuwar-ḫepa, wobei die vereinbarte Strafzahlung von 10 Minen Silber und 10 Minen Gold das Zehnfache der üblichen Zahlungsverpflichtung bei Vertragsbruch beträgt. Ob auch Šilwa-teššup strafbewehrte Verpflichtungen auf sich nimmt, ist nicht zu erkennen.

30-36: Einige Zeugen sind in der einen oder anderen Weise von Šilwa-teššup abhängig:

30, 41: So ist Urḫi-teššup S. Ḫuti Šilwa-teššups Schuldner in der Darlehensurkunde AdŠ 233 (AdŠ Heft 4, p. 86) sowie Zeuge in dem Prozess, den Šilwa-teššup gegen Enna-mati S. Purnaššuka führte; s. AdŠ 572: 37 (unten p. 98).

33, 41: Šimika-atal S. Zuja (l. 33) ist der Bruder von Enna-mati, dem Verwalter des Šilwa-teššup in Zujawe (zu diesem s. Nr. 625: 10 f., unten p. 223, sowie unten Nr. 561: 13, unten p. 83). Šimika-atal nimmt nach der von ihm gesiegelten Liste von Ḫanigalbatäern HSS XVI 388 (s. Fincke, RGTC 10, 23) Aufgaben in der (Militär-?) Verwaltung wahr.

38: Ḫašip-tilla S. Minaššuk ist nach AdŠ 521: 8 (AdŠ Heft 5) Mitglied der zehnköpfigen Leibwache des Šilwa-teššup und nach AdŠ 240 (AdŠ Heft 4, p. 94) Schuldner desselben.

Andere Zeugen sind durch die sog. *rākib narkabti*-Listen (s. Dosch, SCCNH 18) als hochrangige Mitglieder der Gesellschaft von Arrapḫe der 4./5. Generation identifiziert. Dies gilt für:

31, 40 Nul-teššup S. Purasa, s. HSS XVI 332: 16; s. Dosch, SCCNH 18, 129,

32, 42: Urḫi-tilla S. Eḫli-teššup, s. Dosch, SCCNH 18, 215,

35, 42: Teḫip-tilla S. Ḫašuar, s. Dosch, SCCNH 18, 211.

36: Zike S. Šurki-tilla ist ein Mitglied der begüterten Familie des Teḫip-tilla S. Puḫi-šenni in der 4. Generation und Nachbar Šilwa-teššups in der östlichen Unterstadt[8] von Nuzi.

37: Der Name des Vaters des Schreibers Šeḫel-teššup ist ohne Parallele. Gordon, AnOr 12, 171 liest *Tam-ma-*[*r*]*u*$^{?}$*-gi*, NPN 128 UD*-ma-...-ge*, Lacheman, PNKA, Š 246.15 utma...ke. Für die Lesung von Gordon spricht, dass ein Stamm *tamm-* in der Berufsbezeichnung unbekannter Bedeutung *tammakku* (*tam-ma-ak-ku-ú* HSS XIII 208, 13) belegt ist (s. Richter, BGH 335). Es scheint nicht ausgeschlossen, dass das dritte Zeichen des Namens auch -[*a*]*r*$^{?}$- sein könnte (J.

8 Da die erhaltenen Wohneinheiten nördlich des *kerḫu* von Nuzi (von den Ausgräbern „suburban dwellings" genannt) nicht durch Freiräume getrennt, sondern Wand an Wand gebaut sind, muss man auf das Bemühen um eine maximale Nutzung des Raumes schließen. Die Bebauung hat sich (in Resten) allerdings nur dort erhalten, wo es nach der Zerstörung zu einer "Tell-Bildung" kam, während sonst wohl eine weitgehende oder totale Erosion der Gebäudereste erfolgte. Daher hält Verf. den Terminus „Unterstadt" für berechtigt. (Anders Mönninghoff, Wohngebiete, 226 n. 13.)

Fincke mündl.). In jedem Falle ergibt sich aus -[*r*]*u*?-/-[*a*]*r*?- die auf die Wurzel folgende Wurzelerweiterung -*ar*- iterativ-habitativer Bedeutung. Bei der letzten Silbe könnte es sich um das Nominalbildungssuffix -*g/ki* handeln.
39: Der Zeuge Utta-zaḫ S. Tupki-tilla (l. 34) ist sonst nicht bezeugt.
Auffälligerweise ist die Tafel nicht von dem Vertragspartner des Šilwa-teššup, Zike, gesiegelt, falls nicht die Siegelung auf dem heute nicht mehr erhaltenen unteren Rand der Tafel erfolgte.

II. Urkunden über Immobilien

Nr. 549

Inventar von Häusern und landwirtschaftlichen Nutzflächen im Besitz der Schwester des Šilwa-teššup, Šuwar-ḫepa(t).

SMN 417; HSS XIII 417 = Nuziana II, p. 126; A 26; 98 x 59 x 26; koll.; Textzustand 1986.

Vs.	1	É.MEŠ *i+n*[*a*] ŠÀ-*bi* ⸢URU *Zi*⸣-*iz-za* ⸢*i*⸣+*na*
	2	*e-re-*⸢*eb*⸣ *ma-an-gal-li a-na* GÙB-*la*
	3	*ša-nu-tu*$_4$ ⸢É⸣.MEŠ *i+na bá-ab* ^{d}10 *te-eš-me-tu*$_4$ *i+na* ŠÀ-*bi* URU-*ma*
	4	*ša-aš-*⸢*šu*⸣-*tu*$_4$ É.MEŠ *i+na bá-ab*
	5	^{m}*Zi-*[*l*]*i-ia* DUMU *Ar-na-pu*
	6	É.MEŠ *ku-up-pa-tu*$_4$ *i+*⸢*na*⸣ *ṣé-ri-ti*
	7	*i+na* GÙB KASKAL *ša* URU *A-be-na-aš*
	8	4 GIŠ.⸢APIN⸣ *ma-ag-ra-at-tu*$_4$ *i+na* ZAG KASKAL *ša* URU *A-be-na-aš*
	9	*i+n*[*a*] ⸢*e*⸣*-le-en* É.MEŠ *ku-up-pá-ti ša* ^{m}*Tu*!*-ru*!*-up-li*
	10	3 GIŠ.APIN *ḫa-wa-al-ḫu zu-*⸢*uḫ*⸣[9]*-ru-uš-šu*
	11	⸢40⸣ ANŠE A.ŠÀ *i+na e-le-en* AN.ZA.GÀR *ša* ^{m}*Ar-ša-li*
	12	1 GIŠ.KIRI$_6$ *i+na e-le-en* GIŠ.KIRI$_6$
u.Rd.	13	*ša* ^{m}*Wi-*⸢*ir-ra*⸣*-aḫ-ḫé* DUMU LUGAL
	14	[*an-nu*]*-tu*$_4$ *š*[*a*[10] x x x x x]
Rs.	15	[1 *m*]*a-*[*a*]*t* ⸢10⸣[+30] ⸢ANŠE A⸣.Š[À.MEŠ]
	16	[1] *ma-a*[*g*]*-ra-at-tu*$_4$ *ḫa-al-wu-ú*
	17	*ù mi-ši-il a-ra-am-mi*
	18	*an-nu-*⸢*tu*$_4$⸣ *ša* AN.ZA.GÀR *Dám-ḫu-ra-ṣí-we*
	19	1 ANŠE *ḫa-wa-al-ḫu i+na* URU *Pa-la-a+a ša* *^{f}*Ta*!*-d*[*u*]-⸢*e*⸣ *ú**[11]*-ki-il-lu*
	20	ŠU.NIGIN 1 *ma-at* 80 ANŠE A.ŠÀ *me-re-šu*
	21	*an-nu-tu*$_4$ *ša* ^{f}*Šu-wa-ar-ḫé-bat*

(Siegel Nr. 313) (Siegel Nr. 302)

o.Rd.	22	NA$_4$ ^{m}*I-ri-i*[*r-ti*]*l-la*	NA$_4$ ^{m}*Ú-nap-t*[*a*]-⸢*e*⸣

---

9 

10 

11 *...*: 

(Siegel Nr. 296)
23 NA4 ^{m}[*Ḫ*]*u-ti*

1-2 Ein Anwesen innerhalb der Stadt Zizza, am Eingang des *mangallu* zur Linken.
3 Ein anderes Anwesen im Stadtquartier der Ištar Tešmētu, innerhalb derselben Stadt.
4-5 Ein drittes Anwesen im Stadtquartier des Zilia, Sohnes des Arn-apu.
6-7 *kuppatu*-Häuser im offenen Land, links der Straße nach Apenaš.
8-9 4 *awiḫaru* Dreschplatz, rechts der Straße nach Apenaš, östlich der *kuppatu*-Häuser des Turupla.
10 3 *awiḫaru* umfriedete Wiese.
11 40 ANŠE Feld östlich der *dimtu* des Ar-šali.
12-13 Ein Garten östlich des Gartens des Wirraḫḫe, Sohnes des Königs.
14 Diese gehören zu [...]
15-17 ⸢140⸣ ANŠE Feld, [ein] umfriedeter Dreschplatz und ein halbes *arammu*.
18 Diese gehören zur *dimtu* Dam-ḫurāṣiwe.
19 1 ANŠE umfriedetes (Gelände) in Palaja, welches Tadue in Besitz hatte.
20 Insgesamt 180 ANŠE Ackerland.
21 Diese gehören der Šuwar-ḫeba(t).
22 Siegel des Irir-tilla, Siegel des Unap-tae,
23 Siegel des Ḫuti.

Übers.: Morrison, Šilwa-Tešup, 184-185; ed.: Breneman, Marriage Tablets, 40-42.

2: *mangallu* ist ein durch ein Tor zu betretendes Quartier innerhalb einer Stadt. JEN 183: 9 zufolge liegt es in der Stadt Turša innerhalb der Oberstadt (*kerḫu*); s. Fadhil, Topographie, 207, mit Verweis auf CAD M/1, 210. Morrison, Šilwa-Tešup, 184, übersetzt ohne Kommentar „wood".
3-5: Die Innenstadt von Zizza war diesen Stellen zufolge in Stadtquartiere (*bābu*) gegliedert, von denen eines nach der Ištar *tešmētu* „Ištar (der) Versöhnung" (s. CAD T 293), ein anderes nach einem sonst nicht bezeugten Zilia S. Arnapu benannt war.
6-9: *kuppātu* ist eine Bezeichnung für landwirtschaftlich (Viehhaltung) genutzte Gebäude(komplexe) außerhalb von Städten; s. Zaccagnini, Rural Landscape 45f. Für den Nachweis des entsprechenden Singulars *kuppu* sowie für Versuche der sprachlichen Ableitung s. Maidman, A Nuzi Family, 376, n. 479. Für ältere Lit. s. Weeks, Real Estate, 42; Paradise, Inheritance, 89. Für Angaben zur Größe von umfriedeten *kuppātu*-Komplexen s. AdŠ 550: 49-58 (unten p. 46f.; Umfang 134, 223 bzw. 215(?) Ellen). Die Straße von Zizza nach Apena(š) ist auch im folgenden Text (Nr. 550) l. 21 und 27 belegt; s. u. a. Fadhil, Topographie 35, Fincke, RGTC 10, 30, Müller, HSAO 7, 13.
8: Purves, JNES 4, 81, n. 59, zitiert die Stelle versehentlich als Beleg für eine 8 *awiḫaru* (≈ 8800 m^2) umfassende Fläche, was für einen Dreschplatz „much too large" sei. Sowohl die Autographie in Nuziana II 126 als auch die Umschrift in HSS XIII bieten jedoch „4", nicht „8". Auch die Angabe, die Tafel JENu 1028 biete „2 *imêr*'s as the extent of a *makrattu*", ist falsch, die Kopie der Tafel JEN 842: 4 und 15 weist – teilweise beschädigt, aber sicher zu lesen – „2 ^{giš}APIN", nicht „2 ANŠE" auf. Allerdings nennt Purves mit JENu 734 (jetzt JEN VII, 740: 7) einen unzweifelhaften Beleg für eine *magrattu* von 8 *awiḫaru,* was bei Annahme der Entsprechungen 1 ANŠE = 10 *awiḫaru* ≈ 1,8 ha zu einer Fläche von ca. 14400 m^2, also ebenfalls zu einer Fläche führt, die größer ist, als für einen Dreschplatz zu erwarten ist. Zu *magrattu* s. Maidman, Nuzi Family, 382, n. 502, Zaccagnini, Rural Landscape, 118 sowie insbesondere Richter, SCCNH 7, 69-79, jeweils mit früherer Lit. Die Bedeutung „Tenne", „Dreschplatz" wird von den genannten Autoren trotz der teilweise exorbitanten Dimensionen akzeptiert. Für ein Argument zur Stützung des Bedeutungsansatzes s. auch AdŠ 3, p. 108 zu Nr. 115, l. 22 sq. Die Existenz von „Gemeinschaftstennen

mit mehreren Dreschplätzen" (Richter, l.c. 75) erklärt nicht die Größe der in Individualbesitz befindlichen, 8 *awiḫaru* umfassenden *magrattu* in JEN 740. Wahrscheinlicher ist es, dass *magrattu* verkürzend ein Feld mit einer Tenne bezeichnet. Für die ausdrückliche Bezeichnung einer *magrattu* als „Feld" s. Maidman, Nuzi Family, 382, n. 506 (JEN 200: 6 und 578: 4). Dies würde uns auch der Frage entheben, wie die Fläche einer sicherlich zum Einsatz eines Dreschschlittens kreisförmig angelegten Tenne berechnet wurde.

9: Die Emendation stützt sich auf Belege für den Personennamen *Du-ru-up-li/la*; zu weiteren Schreibungen des Namens s. Millard, SCCNH 1, 438; Fadhil, Topographie, 252 (SMN 3595 ist inzwischen ediert als EN 9/1, 5, s. Lion, Temple Precinct, 182-186). Eine Emendation zu *Šar-ru-ub-li* (so Lacheman in HSS XIII 417: 9 und PNKA Š 158) ist dagegen ohne Parallele.

10: Für ll. 6-13 s. Wilhelm, SMEA 29, 247-248 (auch: Beiträge, 219-220) mit Lesung und Bestimmung von *zuḫruššu* (hurr. *suġr(i)=o=šše*) als Ableitung von hurr. *suġri* „Gras" mit der Bedeutung „Wiese". *ḫa-wa-al-ḫu* (s. auch l. **19**) ist ein akkadisiertes Adjektiv auf *-ġe* von der Wurzel *ḫalv-* mit Metathese. Die Bedeutung ist „umfrieden", wie zuerst P. Koschaker, ZA 48 [N.F. 14] 178f., im Wesentlichen richtig gesehen hat („umzäunen(?)"). Allerdings dürfte CAD Ḫ 57 das Material der Umfriedung mit der Übersetzung „surrounded by a stone wall" richtig bezeichnet haben. Das Adjektiv liegt in mehreren Varianten vor; außer *ḫa-wa-al-ḫu* (auch Gen. *-ḫi* z.B. JEN 3, 6) *ḫa-[al]-wa-ḫi*, *ḫa-la-aḫ-wu*; s. von Dassow, BASOR 399 [2012] 85; *ḫal-wa-al-wu* Tablet Serota 3; s. auch zu l. **16**. Auch in verbaler Konstruktion erscheint die Wurzel nicht nur als *ḫalv-* (ZA 48 2: 15), sondern auch als *ḫav-* (TCL 9, 12: 21; 22; *ḫa-al-um-ma* TCL 9 12: 11 ist wohl ein Schreiberversehen für intendiertes *ḫa-al-<wu->um-ma*).

11: Die *dimtu* Ar-šali ist – abgesehen von einem fragmentarischen und daher unsicheren Beleg (s. Fincke, RGTC 10, 47) – nur hier bezeugt, ihre Lage kann daher nicht bestimmt werden. Ein Zusammenhang mit der Stadt Aršalippe ist mit Fadhil, Topographie, 31, nicht zu erkennen.

13: Der Königssohn Wirraḫḫe erscheint als Zeuge in der Kaufadoption des Königssohnes Ewa-rakali (AdŠ 645: 25); nach HSS XIII 85 nimmt er von dem Palastverwalter Erwe-šarri 2000 Pfeile entgegen.

16: CAD M/1, 46, liest am Anfang der Zeile ⌜*eqlu*⌝, wofür jedoch der Raum nicht ausreicht und von dem nach Nuziana II, p. 126 und Kollation keine Spur zu sehen ist; zu *eqlu magrattu* s. oben sub **8**. Die sonst nicht bezeugte und schwer zu erklärende Form *ḫa-al-wu-ú* (zur Wurzel *ḫalv-* s. zu l. **10**) steht sicherlich attributiv zu dem vorausgehenden *magrattu*.

17: *arammu* ist nach Gadd 65: 6-8 ein Ort, an dem Ziegel gestrichen werden können und der daher wohl mit CAD A/2, 227 als „Deich" gedeutet werden kann. Ob dies auch für den vorliegenden Fall zutrifft, ist dem Kontext nicht zu entnehmen.

18: Eine *dimtu* Dām-ḫurāṣiwe ist nur hier bezeugt. Der zugrundeliegende Personenname ist in Nuzi als Frauenname mehrfach belegt (AdŠ 180: 9, HSS XIII 66: 2; 165: 7, lies *Dám-ḫu*-KÙ.SI22; HSS XIV 137: 17: ᶠ*Dám-ḫu-ra-ṣí*). Die Schreibung In Mari und Alalaḫ VII ist regelmäßig ᶠ*Dam*-KÙ.SI22, s. Ziegler, Population féminine, 267 s.v.; Dietrich & Loretz, UF 36 (2004) 62f., 20.02: 3, 7, 9, 15, 19. Die Markierung als Männernamen in HSS XIII 66: 1 ist sicherlich ein Versehen.

Ob die *dimtu* Dām-ḫurāṣiwe mit der häufiger bezeugten Stadt (URU) desselben Namens zu identifizieren ist, kann nicht mit Sicherheit entschieden werden. Dass nach AdŠ 21 und 255 „damḫuraṣäische" Sklaven (URU Dam-ḫurāṣi=p(<ve)=ḫe=na) zum Gut des Šilwa-teššup gehören und hier der Ortsname mit URU determiniert ist, spricht für die Identität. Müller, HSOA 7, 209, hält die Identifikation für plausibel. Koliński, *dimātu*, 151-154 bietet eine Liste von 216 *dimātu*, von denen 39 (ohne unsichere) auch als URU bezeichnet werden. In einer Untersuchung von ausgewählten Fällen (pp. 11-15) kommt er zu dem Ergebnis, dass es sich in drei Fällen um jeweils distinkte Siedlungen handelt und dass bei den Siedlungen, die sowohl als *dimtu* als auch als URU bezeichnet werden, entgegen der Annahme von Fadhil, Topographie, 88; 136, keine zeitliche Differenz im Sinne der Entwicklung einer *dimtu* zu einem *ālu* nachweisbar ist.

19: In Palaja besaß bereits die Mutter Šilwa-teššups Felder, Gärten, Baumpflanzungen und Häuser, und es ist anzunehmen, dass der Grundbesitz des Šilwa-teššup und der Šuwarḫepa(t) in Palaja ererbt ist. Zu Palaja s. Fadhil, Topographie, 123f. Der Name Tadue ist anderweitig anscheinend nicht belegt, doch fügt er sich gut in die große Gruppe kurzer von der Wurzel *tād-* „lieben" gebildeter Namen (Tataja, Tateja, Tatuja, Tati, Tātu, Tatuki, Tatummi, Tatuni).

21: Die Schreibung des Namens Šuwar-ḫepat (mit auslautendem *-t*) ist ungewöhnlich. In allen anderen Belegen lautet der Name auf *-pa* aus (s. oben Nr. 548 n. 5), wie dies auch sonst bei Personennamen mit dem Namen der Göttin Ḫebat in zweiter Position zumeist der Fall ist; s. Trémouille, ᵈḪebat, 234-237. Steht der Name der Göttin in Anfangsposition, bleibt *-t* jedoch erhalten, so dass der Schwund des *-t* in Endposition von Personennamen synchron-phonologisch zu erklären ist. Der Name der Göttin außerhalb der Namengebung behält stets den auslautenden Dental (zu graphischen Varianten sowie zur Etymologie des Namens s. Trémouille, ᵈḪebat, 228-232).

22-23: Die Urkunde ist von drei Personen gesiegelt, ohne dass ihre Funktion als Zeugen im Text ausdrücklich genannt ist. Irir-tilla könnte mit Iriri-tilla, Sohn des Šešwe, identisch sein, der in dem Protokoll eines Prozesses, den Šilwa-teššup gegen Šurki-tilla, Sohn des Akip-tašenni, führte, als Richter erscheint (AdŠ 575: 22). Da dieser in der *lišān-šu*-Urkunde JEN 123 aus der Zeit Teḫip-tillas und seiner (erwachsenen) Söhne als Zeuge genannt ist, muss die vorliegende Urkunde in der Laufzeit des Archivs des Šilwa-teššup eine recht frühe Position einnehmen. Dies wird auch durch die Nennung des Ḫuti als eines weiteren Zeugen bestätigt. Dieser ist der Vater des Zeugen Urḫi-teššup in dem Ehevertrag betreffs der Verheiratung der Šuwar-ḫepa (AdŠ 548: 30). Die Identität ist durch die Verwendung desselben Siegels (Nr. 296) gesichert. Es ist demnach wahrscheinlich, dass die vorliegende Urkunde erheblich älter ist als der Ehevertrag und möglicherweise nicht lange nach der Geburt der Šuwar-ḫepa ausgestellt wurde. Unap-tae ist durch das von ihm benutzte Siegel Nr. 203 mit Unap-tae S. Šukria zu identifizieren, der als Richter gut bezeugt ist (s. JEN 361: 47; 390: 38; AdŠ 589: 27, unten p. 138). Das Siegel weist den Namen Itḫišta auf, bei dem es sich wahrscheinlich um den Vater des Šukria und Großvater des Unap-tae handelt; s. HSS 14, 107: 13 mit Nennung des Šukria S. Itḫišta. Für weitere Belege s. D. Stein, AdŠ Heft 9, p. 290f.

Nr. 550

Liste von Ackerflächen im Gesamtumfang von 62 ANŠE und Gebäuden, darunter die *dimtu* Šelwuḫu, die dem Šurki-tilla, Sohn des Akip-tašenni, genommen und dem Šilwa-teššup gegeben wurden.

SMN 363; HSS XIII 363 = Nuziana II, p. 128-130; "C 2"[12]; 119 x 183 x 45; 2000 nicht auffindbar, koll. nach einem Gipsabguss im damaligen Besitz von D. I. Owen; Textzustand nach EP und Abguss.

---

12 Wie die Fundortangabe „C 2" zeigt, wurde die Tafel in der 2. Grabungskampagne (1927/28) entdeckt. „C" ist die alte Fundortbezeichnung für den Palast, „2" bezeichnet den Raum. In dem im Dezember 1928 erstellten „ground plan" (s. Starr, Letters, 54, und Starr, Nuzi II, Plan No. 3) hat dieser Raum die Bezeichnung „L 2" erhalten. Der kleine gepflasterte Raum „M 2" kann außer Betracht bleiben, da er im Gegensatz zu „L 2" („a large number of inscribed clay tablets"), „devoid of objects" war; s. Starr, Nuzi I, 152 und 136. In derselben Grabungskampagne wurde die Ausgrabung der westlichen Unterstadthäuser abgeschlossen, anschließend wurde das Haus des Šilwa-teššup freigelegt und gleichzeitig die Ausgrabung des Palastes begonnen. An allen drei Stellen wurden in großer Zahl Textfunde gemacht, so dass es nicht verwundern kann, dass es in einigen Fällen zu falschen Zuordnungen kam (s. z.B. AdŠ 2, p, 12, 4, p. 240). Das darf auch für die vorliegende Urkunde angenommen werden, da sie auf einer Rechtsentscheidung zugunsten Šilwa-teššups beruht und deshalb in seinem Archiv aufbewahrt worden sein muss.

Vs. 1 22 ANŠE ⸢A⸣.ŠÀ ⸢*i*⸣+[*na e-le-en*(?) A]N.⸢ZA.GÀR⸣ *Še-el-wu-ḫu* ⸢*i*⸣+[*na šu-pa-al*(?) A.ŠÀ][13]

2 *ša* ^{m}*I-ri-ri-*[*til-la* <*i+na*>[14]] *qí-in-na-at ma-ag-ra-at-ti ša* [^{m}*Šur-ki-til-la*]

3 *i+na šu-ta-an* A.ŠÀ *ša* ^{m}*Šur-ki-til-la-ma*[15]

---

4 1 ANŠE A.ŠÀ *i+na šu-*⸢*ta*⸣-[*a*]*n* A.ŠÀ *ša* ^{m}*Šur-ki-til-la i+na šu-pa-al* A.ŠÀ

5 *ša* ^{m}*Šúk-ra-a-pu aš-la-ki i+na e-le-en* A.ŠÀ *ša* ^{m}*Al-ki-til-la*

6 *i+na iš-ta-na-an* A.ŠÀ *ša* ^{m}*Ur-ḫa-a*[16]*-pu*

---

7 3 ANŠE A.ŠÀ *i+na šu-ta-a-an* A.ŠÀ *ša* ^{m}*Šur-ki-til-la i+na*

8 *e-le-en* A.ŠÀ *ša* ^{m}*Wa-an-ti-iš-še i+na iš-ta-na-an* A.ŠÀ

9 *ša* ^{m}*Ku-uš-ši ina šu-pa-al* A.ŠÀ *ša* ^{m}*Ḫa-ši-pa-a*[17]*-pu*

---

10 1 ANŠE 7 GIŠ.APIN A.ŠÀ *i+na šu-pa-al* A.ŠÀ *ša* ^{m}*Ku-uš-ši i+na*

11 *iš-ta-na-an* A.ŠÀ *ša* ^{m}*Tar-mi-te-šup ina e-le-en* A.ŠÀ *ša* ^{m}*Ḫa-ši-ip-til-la*

12 *i+na šu-ta-a-an* A.ŠÀ *ša* ^{m}*Ur-ḫa-a-pu*

---

13 1 ANŠE 3 [GI]Š.[APIN] ⸢A⸣.ŠÀ <*i+na*> *e-le-en* A.[Š]À *ša* ^{m}*Ku-uš-ši i+na*

14 *šu-pa-al* A.ŠÀ ⸢*ša* ^{m}*Zi*⸣*-li-pa-a-pu ina šu-ta-na-an ù iš-ta-na-an* A.ŠÀ *ša* ^{m}*Ku-uš-ši*

---

15 9 GIŠ.APIN A.ŠÀ *i+na šu-pa-al* A.ŠÀ *ša* ^{m}*Ku-uš-ši i+na*

16 *šu-ta-a-an* A.ŠÀ *ša* ^{m}*Tar-mi-te-šup i+na iš-ta-na-an* A.ŠÀ *ša* ^{m}*Ni-ki-ia*

17 *i+na e-le-en* A.ŠÀ *ša* ^{m}*Šur-k*[*i*]*-til-la-ma*

---

18 1 ANŠE 1 GIŠ.APIN A.ŠÀ <*i+na*> *e-le-en* A.ŠÀ *ša* ^{m}*Šur-ki-til-la i+na*

19 *šu-pa-al* A.ŠÀ *ša* ^{m}*Ni-ki-ia ina iš-ta-na-an* A.ŠÀ *ša* ^{m}*Gi*$_{5}$*-mi-il-li-a-bu*

20 *i+na šu-ta-na-an* A.ŠÀ *ša* ^{m}*Zi-ge*

---

21 7 ANŠE A.ŠÀ <*i+na*> *iš-ta-na-an* KASKAL-*ni ša* URU *A-bi-na-aš i+na*

22 *e-le-en* A.ŠÀ *ša* ^{m}*Šur-ki-til-la i+na šu-ta-an* A.ŠÀ *ša* ^{m}*E-ge-e-*⸢*a*⸣

23 *i+na šu-pa-al* A.ŠÀ *ša* ^{m}*I-ri-ri-til-la*

---

13 Die Ergänzungen der Himmelsrichtungen in dieser Zeile folgen einem Vorschlag von Rafał Koliński (Brief vom 29.10.1999) auf der Grundlage von Überlegungen zur Rekonstruktion des Katasterplans der Felder in der *dimtu* Šelwuḫu.

14 Der Raum reicht für die in HSS XIII 363 gebotene Ergänzung nicht aus. Da bei den Angaben von Himmelsrichtungen in diesem Text *ina* häufig fehlt (ll. 13, 18, 21, 29, 31, 33, 45), ist die Annahme, dass dies hier auch bei *qinnat* „hinter" der Fall ist, wahrscheinlicher als die Annahme des seltenen Kurznamens Iriri, zumal Iriri-tilla noch zwei weitere Male als Feldnachbar des Šurki-tilla genannt wird (ll. 23, 40).

15 So nach Kollation des Abgusses.

16 Die Autographie in Nuziana II bietet ZA, die Transkription in HSS XIII 363 zeigt (wie auch der Abguss) richtig A.

17 Die Autographie in Nuziana II bietet MIN, der Abguss richtig A.

24 ⸢2⸣ ANŠE A.ŠÀ *i+na e-le-*⸢*en*⸣ A.ŠÀ *ša* m*Šur-ki-til-la i+na šu-pa-al* A.ŠÀ *ša* m⸢*A*⸣*-ta-a+a*

25 *i+na šu-ta-na-an* A.ŠÀ *ša* m*I-la-ab-ri*

---

26 7 ANŠE A.ŠÀ *i+na šu-ta-na-an* A.ŠÀ *ša* m*Šur-ki-til-la i+na*

27 [*i*]*š-ta-na-an* KASKAL-*ni ša* ⸢URU⸣ *A-bi-na-aš ma-ḫi-iṣ*

28 *i+na šu-pa-al* A.⸢ŠÀ⸣ *ša* m*A-ta-a+a ina e-le-en* A.ŠÀ *ša* m*Ḫa-na-a+a*

---

29 9 GIŠ.APIN A.ŠÀ <*i+na*> [*i*]*š-*⸢*ta*⸣*-na-an* A.ŠÀ *ša* m*Ḫa-pu-qa*

30 *ina šu-pa-al* A.Š[À] *ša* m*A-ri-be-en-ni*

---

31 3 ANŠE 3 GIŠ.APIN A.ŠÀ <*i+na*> *šu-ta-na-an* A.ŠÀ ⸢*ša*⸣ m*Šur-*[*ki-til-l*]*a*

32 *ina šu-pa-al* A.ŠÀ *ša* m*Ni-ki-ia i+na iš-ta-na-an* [A.ŠÀ **š*]*a* m*Ar**[18]*-te-šup*

---

33 2 ANŠE A.ŠÀ <*i+na*> *iš-ta-na-an* A.ŠÀ *ša* m*Šur-ki-til-l*[*a ina š*]*u-pa-al*

34 AN.ZA.GÀR *Še-el-wu-ḫu i+na šu-pa-al* A.ŠÀ *ša* m*Ḫa-*[*iš*?*-te-š*]*up*

---

35 1 ANŠE 2 GIŠ.APIN A.ŠÀ *i+na š*[*u-pa-al* A].ŠÀ *ša* m[x x] *i+na*

36 *šu-ta-na-an* A.ŠÀ *ša* m[x x x] ⸢*i+na*⸣ [*iš-ta-na-a*]*n* A.ŠÀ *ša* m*It-ḫi-pa-a-pu*

---

37 4[19] ANŠE 2 GIŠ.APIN [A.Š]À ⸢*i*⸣*+*[*n*]*a iš-t*[*a-na-an* A.ŠÀ *š*]*a* m*Šur-ki-til-la*

38 *i+na e-le-en* A.ŠÀ *ša* m*Ša-qa-ra-a*[*k-ti i+na šu-t*]*a-an* A.ŠÀ

39 *ša* m*Ar-te-šup i+*⸢*na*⸣ *šu-pa-al* A.ŠÀ *ša* m*A*[*r-te*]*-šup-ma*

---

40 1 ANŠE ⸢A⸣.[Š]À *i+na bi-ri-it* A.ŠÀ.MEŠ *ša* [m*I-ri*]*-ri-til-la*

41 ⸢*i*⸣*+*[*n*]*a*[20] [x x x] A.ŠÀ *ša* m*Šur-ki-til-la-m*[*a*]

---

u.Rd. 42 [1] ⸢ANŠE⸣ [x GIŠ.A]PIN *ma-la ku-ma-ni* A.ŠÀ *i+na iš-*[*ta-n*]*a-an* A.ŠÀ *ša*

43 m*Šur-ki-til-*[*l*]*a ina šu-ta-a-an* A.ŠÀ *ša* m*Tar-mi-te-šup ina e-le-en*

44 A.⸢ŠÀ *ša*⸣ m*Še-en-na-an-ni*

---

45 3 GIŠ.APIN A.ŠÀ <*i+na*> *šu-pa-al* A.ŠÀ *ša* m*Ḫu-bi-ta ina iš-ta-na-an* A.ŠÀ *ša*

46 m*Šúk-ri-ia ina šu-pa-al* A.ŠÀ *ša* m*Šur-ki-til-la*

Rs. 47 AN.ZA.GÀR *kè-er-ḫi*!(Text: *ru*) *Še-el-wu-ḫu i+na pa-ni šu-ta-ni*

48 2 *ma-ti* 16 *ina am-ma-ti li-wi-is-sú a-na ḫu-up-pal-lì*

---

49 1-*nu-tu*$_4$ É.MEŠ *ku-up-pa-tù i+na šu-ta-an* AN.ZA.GÀR *kè-er-ḫi Še-el-wu-ḫu*

50 1 *ma-at* 34[21] *i+na am-ma-ti li-wi-is-sú a-na ḫu-up-pal-lì*

---

18 So nach Abguss gegen Nuziana II, 128.

19 So nach Abguss gegen Nuziana II, 128.

20 So nach Abguss.

21 So nach Abguss gegen Nuziana II, 129.

51 ⸢*i+na*⸣ *šu-pa-al* É.MEŠ *ša* ^{m}*Tar-mi-te-šup i+na šu-pa-al* É.MEŠ *ša* ^{m}*Šur-ki-til-la*

---

52 1-*nu-tu*$_4$ É.MEŠ *ku-up-pa-tu*$_4$ *i+na e-le-en* AN.ZA.GÀR *kè*[22]*-er-ḫi Še-el-wu-ḫu*

53 2 *ma-ti* 23 *i+na* ⸢*am*⸣*-ma-ti li-wi-is-s*[*ú*] *a-na ḫu-up-pal-lì*

---

54 1-*n*[*u*]-*tu*$_4$ É.MEŠ *ku-up-p*[*a-t*]*u*$_4$ *i+na e-le-*[*en*] ⸢É⸣.MEŠ *ša* ^{m}*Tar-mi-te-šup*

55 *i+na iš-ta-na-an a*[23]-*t*[*ap-p*]*í Ni-re-eš-ši*

---

56 1-*n*[*u-t*]*u*$_4$ É.MEŠ *ku-up-p*[*a-t*]*ù i+na e-le-en ma-ag-ra-at-ti ša* ^{m}*Šur-ki-til-la*

57 [*i+na š*]*u-pa-al* KASKAL-*ni* [*š*]*a* URU *Ar-wa ina iš-ta-na-an ḫi-ri-ti*

58 [2(?) *m*]*a-ti* 15 *i+na* [*am*]-*ma-ti li-wi-is-sú-nu a-na ḫu-up-pal-lì*

---

59 [GI]Š.KI[RI$_6$][24] [*ḫa*]-**wa-al-ḫu**(über Rasur) [*i+n*]*a šu-pa-al* AN.ZA.GÀR *i+na e-le-en ma-ag-ra-at-ti*

60 [*i+na iš*]-*ta-na-an* ⸢*a*⸣[25]-[*tap-p*]*í Ni-re-eš-ši* 2 *ma-ti* 51 [*i+n*]*a*

61 [*am-ma*]-**ti li-wi-is-sú a-n*[*a*] *ḫu-up-pal-li**(über Rasur)

---

62 7 ⸢*ma*⸣-⸢*ti*⸣ 20 *i+n*[*a*] *am-*[*m*]*a-ti* >*i+na ḫu-up-pal-li*< *li-wi-is-sú i+na ḫu-up-pal-li ša ma-ag-ra-at-ti*

---

63 ŠU.NÍGIN 1 *šu-ši* 2 ANŠE A.⸢ŠÀ⸣.MEŠ *a-wi-ru* ⸢AN⸣.[Z]A.G[ÀR *k*]*è-er-ḫu* 4 *ta-pa-lu* É.MEŠ *ku-up-p*[*a*]-*tù*

64 *ma-ag-ra-at-tù ḫa-wa-al-ḫu an-nu-t*[*u*$_4$] ⸢*šu*⸣-[*n*]*u ša a-šar* ^{m}⸢*Šur*⸣*-ki-til-la* DUMU *A-kip-ta-še-en-ni il-qú-ma ù*

65 *a-na* ^{m}*Ši-il-*WA-*te-*⸢*šup*⸣ DUMU LUGAL *id-d*[*i-n*]*u*

(eine Zeile unbeschrieben)

66 ^{m}*Ḫu-ti-ia* DUMU *Ku-*⸢*uš*⸣*-ši-*⸢*ia*⸣ *DUMU *ši-ip-ru š*[*a*]*(ü.R.) LUG[AL] [^{m}]⸢*Ip-ša-a+a* DUMU⸣[26] *E*[*l-ḫi-i*]*p-til-*⸢*la*⸣

(zwei Zeilen unbeschrieben)

67 ^{m}*Ik-ki-iz-za* DUMU *Ni-iḫ-ri-ia* ^{m}*Ta-e* [DUMU *U*]*r-ḫi-***ia* 2*(ü.R.) *LÚ *za**[27]*-zu-uk-ku-ú ša* URU *Zi-iz-za*

68 ^{m}*Tu-ra-ar-te-šup* DUMU *Ú-na-a+a* ^{m}*Ge-*[*el-g*]*e* DUMU *Ḫu-lu-uq-qa* ^{m}*Ar-ta-še-en-ni* DUMU *In-ni-ge*

22 GI ist gegen Nuziana II, 129, nach Abguss vollständig erhalten.

23 Nach Abguss gegen Nuziana II, 129, über Rasur.

24 Nach der Wiedergabe der Zeichenreste in Nuziana II, 129. HSS XIII 363: 59 bietet ⸢A.ŠÀ⸣. Die Aufzählung von Feldern endet jedoch mit l. 46, und die Größenangabe der Felder erfolgt nicht nach Ellen (*ammatu*).

25 So nach Abguss.

26 So nach Abguss; in Nuziana II, 129, als voll erhalten wiedergegeben.

27 So nach Abguss gegen EP kein MEŠ, gegen Nuziana II, 129 nicht A, sondern ZA.

69 ^{m}*Zi-ge* DUMU *Tar-*⸢*mi*⸣*-ia* ^{m}*Ḫa-*[*n*]*a-a+a* DUMU ⸢*It*⸣*-*[*ḫa-a-pu*][28] ^{m}*Ḫa-ši-pu-gur* DUMU *Ge-er-zi* ^{m}*Ša-qa-ra-ak-ti* DUMU *Qa-pu-qa*

70 ^{m}*Te-*⸢*ḫi-ia*⸣ DUMU *Ta-a+a* ^{m}*Qa-*⸢*i*⸣*-te-šup* DUMU *Ka*[29]-x[x ^{m}*Du*]*r-mar-ti* DUMU *Bi-il-la-ti* ^{m}*Ar-ša-du<-ia>* DUMU *Ku-ut-ta-aš*

71 ^{m}*Še-qa-ru* DUMU *Z*[*i-q*]*a-du* ⸢^{m}⸣*Te-et-ti* DUMU [*Ḫ*]*a-ni-ku* ^{m}*Ki-pa-le-en-ni* DUMU *Im-me-ri*

72 16 LÚ.MEŠ *an-nu-tu*$_4$ *ša* URU *Zi-iz-za*

73 ^{m}*Te-ḫi-ia* DUMU *Ma-am-ma-a+a* ^{m}*Ḫa-na-a+a* DUMU x[x x] ⸢2⸣ LÚ.MEŠ *an-nu-tu*[30] *za-zu-ku ša* URU *Nu-zi*

---

74 ŠU ⸢^{m}⸣*Ar-te-šup* DUB.SAR DUMU *Tu-ra-ri*

75 ^{m}⸢*Ḫa*⸣*-na-aq-qa* D[UM]U *Ka*$_4$*-lu-mi ù* ^{m}*Te-ḫi-*⸢*ia*⸣

76 ÌR *ša* ^{m}*Šur-k*[*i*]*-til-la* ^{m}*Šur-ki-til-la*

77 *ki-i pu-ḫi-šu* [*i*]*š-pur-šu-nu-ti-ma ù*

78 A.Š[À.M]EŠ *ù* ⸢É.MEŠ⸣ *ḫa-wa-al-ḫé ma-<ag->ra-tù*

79 [*ú-z*]*i-i-*⸢*zu*⸣ *an-nu-tu*$_4$ [L]Ú.MEŠ *mu-šel*$_4$*-m*[*u*] A.ŠÀ.MEŠ

80 [A.ŠÀ.MEŠ *ù*][31] É.MEŠ ⸢AN⸣.ZA.GÀR *ḫa-wa-al-ḫi ma-ag-r*[*a-a*]*t-ti*

(Siegel Nr. 237)

81 NA$_4$ ^{m}*Ḫa-na-a+a* (Siegel Nr. 314)[33] — ⸢NA$_4$⸣ ^{m}⸢*Ḫu-ti*⸣*-ia*[32] (Siegel Nr. 316)

82 NA$_4$ ^{m}*Ip-ša-a+a* (Siegel Nr. 14) — NA$_4$ ^{m}*Ta-e* (Siegel Nr. 315)

83 NA$_4$ ^{m}*Ik-ki-iz-za*

o. Rd. 84 (Siegel Nr. 315) (Siegel Nr. 317) NA$_4$ ^{m}*Ḫa-n*[*a-a+a*]

85 NA$_4$ ^{m}*Zi-g*[*e*] (Siegel Nr. 319) — NA$_4$ ^{m}*Še-qa-ru* (Siegel Nr. 320) — (Siegel Nr. 318)

86 NA$_4$ ^{m}*Ḫa-na-aq-q*[*a* — NA$_4$ ^{m}*Ḫ*]*a-*⸢*ši-pu*⸣*-gur*

l. Rd. 87 NA$_4$ ^{m}*Ar-te-šup* DUB.SAR (Siegel Nr. 321) (Siegel Nr. 322)

88 (Siegel Nr. 320) (Siegel Nr. 323) — NA$_4$ ^{m}*Ar-ta-še-en-ni* (Siegel Nr. 316) — NA$_4$ ^{m}*Te-et-ti*

→88 NA$_4$ ^{m}*Ki-pa-le-en-ni* — NA$_4$ ^{m}*Te-ḫ*[*i*]*-ia*

89 DUMU *Ma-am-ma-a+a*

(Siegel Nr. 324) (Siegel Nr. 318)

90 *NA$_4$ ^{m}*Qa-*⸢*i-te*⸣*-šup* (Siegel Nr. 325) — NA$_4$ ^{m}*Dur-mar**[34]*-ti*

r. Rd.[35]

91 NA$_4$ ^{m}[*T*]*u-ra-<ar->te-šup*

---

28 Die Ergänzung folgt EP und beruht auf dem Vergleich mit AdŠ 560: 22. Allerdings verwendet Ḫanaja dort das Siegel Nr. 383, während er hier (l. 85) mit dem Siegel Nr. 318 siegelt; s. D. Stein, AdŠ 9, pp. 300f. und 336.

29 So nach Nuziana II, 129; im Abguss weitgehend zerstört.

30 So nach Abguss gegen Nuziana II, 129.

31 Überschrieben durch die Siegel Nr. 237 und Beischrift.

32 Auf der Vs. rechts, auf der Höhe von l. 78.

33 Diese und das Siegel Nr. 14 samt Beischriften sind um 90° im Uhrzeigersinn gedreht.

34 *...*: über Rasur.

35 Zwischen den Zeilenenden von Vs. 6-11.

1-3 22 ANŠE Feld [östlich(?) der *dim*]*tu* Šelwuḫu [westlich (?) des Feldes] des Iriri-[tilla], hinter dem Dreschplatz des [Šurki-tilla], südlich des Feldes desselben Šurki-tilla.

4-6 1 ANŠE Feld südlich des Feldes des Šurki-tilla, westlich des Feldes des Wäschers Šukr-apu, östlich des Feldes des Alki-tilla, nördlich des Feldes des Urḫa-apu.

7-9 3 ANŠE Feld südlich des Feldes des Šurki-tilla, östlich des Feldes des Wantišše, nördlich des Feldes des Kušši, westlich des Feldes des Ḫašip-apu.

10-12 1 ANŠE 7 *awiḫaru* Feld westlich des Feldes des Kušši, nördlich des Feldes des Tarmi-teššup, östlich des Feldes des Ḫašip-tilla, südlich des Feldes des Urḫa-apu.

13-14 1 ANŠE 3 *awiḫaru* Feld östlich des Feldes des Kušši, westlich des Feldes des Zilip-apu, südlich und nördlich des Feldes des Kušši.

15-17 9 *awiḫaru* Feld westlich des Feldes des Kušši, südlich des Feldes des Tarmi-teššup, nördlich des Feldes des Nikia, östlich des Feldes des Šurki-tilla selbst.

18-20 1 ANŠE 1 *awiḫaru* Feld östlich des Feldes des Šurki-tilla, westlich des Feldes des Nikia, nördlich des Feldes des Gimillī-abu, südlich des Feldes des Zike.

21-23 7 ANŠE Feld nördlich der Straße von Apenaš, östlich des Feldes des Šurki-tilla, südlich des Feldes des Egea, westlich des Feldes des Iriri-tilla.

24-25 2 ANŠE Feld östlich des Feldes des Šurki-tilla, westlich des Feldes des Ataja, südlich des Feldes des Ila-abri.

26-28 7 ANŠE Feld südlich des Feldes des Šurki-tilla, nördlich an die Straße von Apenaš anstoßend, westlich des Feldes des Ataja, östlich des Feldes des Ḫanaja.

29-30 9 *awiḫaru* Feld nördlich des Feldes des Ḫapuka, westlich des Feldes des Arip-enni.

31-32 3 ANŠE 3 *awiḫaru* Feld südlich des Feldes des Šur[ki-till]a, westlich des Feldes des Nikia, nördlich des [Feldes des] Ar-teššup.

33-34 2 ANŠE Feld nördlich des Feldes des Šurki-till[a, we]stlich der *dimtu* Šelwuḫu, nördlich des Feldes des Ḫa[iš]-teššup.

35-36 1 ANŠE 2 *awiḫaru* Feld w[estlich des Feldes des ...], südlich des Feldes des [...], [nör]dlich des Feldes des Itḫip-apu.

37-39 4 ANŠE 2 *awiḫaru* [Feld] nö[rdlich des Feldes d]es Šurki-tilla, östlich des Feldes des Šakara[kti, sü]dlich des Feldes des Ar-teššup, westlich des Feldes desselben A[r-te]ššup.

40-41 1 ANŠE Feld zwischen den Feldern des [Iri]ri-tilla, [...lich] des Feldes Šurki-tillas selbst.

42-44 [1] ANŠE [4 *awi*]*ḫaru* 1 *kumanu* Feld nördlich des Feldes des Šurki-til[la], südlich des Feldes des Tarmi-teššup, östlich des Feldes des Šennanni.

45-46 3 ANŠE Feld westlich des Feldes des Ḫupita, nördlich des Feldes des Šukria, westlich des Feldes des Šurki-tilla.

47-48 Das ummauerte(?) *dimtu*-Gebäude Šelwuḫu, auf der Vorderseite im Süden sind 216 Ellen sein Umfang bei der Umfriedung.

49-51 1 *kuppatu*-Gebäudekomplex, südlich des ummauerten(?) *dimtu*-Gebäudes Šelwuḫu, 134 Ellen ist sein Umfang bei der Umfriedung, westlich des Anwesens des Tarmi-teššup, südlich des Anwesens des Šurki-tilla.

52-53 1 *kuppatu*-Gebäudekomplex östlich des *dimtu*-Gebäudes Šelwuḫu, 223 Ellen ist sein Umfang bei der Umfriedung.

54-55 1 *kuppatu*-Gebäudekomplex östlich des Anwesens des Tarmi-teššup, nördlich des Kanals Nirešši.

56-58 1 *kuppatu*-Gebäudekomplex östlich des Dreschplatzes des Šurki-tilla, westlich der Straße von Arwa, nördlich des Grabens, [2]15 Ellen ist sein Umfang bei der Umfriedung.

59-61 Ein umfriedeter Garten, westlich des *dimtu*-Gebäudes, östlich des Dreschplatzes, [nördlich des Ka]nals Nirešši, 251 Ellen ist sein Umfang bei der Umfriedung.

62 720 Ellen ist sein Umfang bei der Umfriedung des Dreschplatzes.

63-65 Insgesamt 62 ANŠE Feld, *awiru*(-Besitz) der ummauerten(?) [*dimtu*], 4 Einheiten von *kuppatu*-Gebäudekomplexen, ein umfriedeter Dreschplatz, diese sind die (Immobilien), welche man dem Šurki-tilla, dem Sohn des Akiptašenni, genommen und dann dem Šilwa-teššup, dem Sohn des Königs, gegeben hat.

66 Ḫutia, Sohn des Kuššia, Bote des Königs, Ipšaja, Sohn des Elḫip-tilla.

67 Ikkizza, Sohn des Niḫria, Tae, [Sohn des Ur]ḫia, die beiden Katasterbeamten$^{?}$ (*zazukku*) von Zizza,

68 Turar-teššup, Sohn des Unaja, Ke[lk]e, Sohn des Ḫulukka, Ar-tašenni, Sohn des Innike,

69 Zike, Sohn des Tarmia, Ḫanaja, Sohn des It[ḫ-apu], Ḫašip-ukur, Sohn des Kirzi, Šagarakti, Sohn des Kapuka,

70 Teḫia, Sohn des Taja, Kai-teššup, Sohn des Ka[...], [D]urmarti, Sohn des Pillatu, Ar-šatu<ja>, Sohn des Kuttaš,

71 Šekaru, Sohn des Zikatu, Tetti, Sohn des Ḫaniku, Kipal-enni, Sohn des Immeri,

72 Diese 16 Männer (sind) aus Zizza.

73 Teḫia, Sohn des Mammaja, Ḫanaja, Sohn des [...], diese beiden Männer (sind die) Katasterbeamten$^{?}$ (*zazukku*) von Nuzi.

74 Hand des Schreibers Ar-teššup, Sohnes des Turari.

75-79 Ḫanakka, den Sohn des Kalūmī, und Teḫia, den Diener des Šurki-tilla, hat Šurki-tilla als seine Stellvertreter geschickt, und sie haben die Felder und Häuser, die Umfriedung, den Dreschplatz zugeteilt.

79-80 Diese Männer sind die Vermesser der Felder, Häuser, des *dimtu*-Gebäudes, der Umfriedung, des Dreschplatzes.

81 Siegel des Ḫanaja, Siegel des Ḫutia,

82 Siegel des Ipšaja, Siegel des Tae,

83 Siegel des Ikkizza,

84 Siegel des Ḫanaja,

85 Siegel des Zike, Siegel des Šekaru,

86 Siegel des Ḫanakka, Siegel des Ḫašip-ukur,

87 Siegel des Schreibers Ar-teššup,

88-89 Siegel des Ar-tašenni, Siegel des Tetti, Siegel des Kipal-enni, Siegel des Teḫia, Sohnes des Mammaja,

90 Siegel des Kai-teššup, Siegel des Tur-marti,

91 Siegel des Turar-teššup.

Ed.: Cassin, Palais, 383f.; Fadhil, Topographie, 144-150; Fincke, RGTC 10, 249f.; Jankowska, JESHO 12, 243f.; OLZ 76, 353; Oikumene 5, 38f.; Koliński, *dimātu*, 8-10, 14, 17, 19f.; SCCNH 12, 23-25; Lacheman, Palais, 361; Mayer, Palast, 137f.; Morrison, Šilwa-Tešup, 168-170 (Übersetzung); Müller, HSAO 7, 98f., 196, 204, 206, 208; Zaccagnini, Rural Landscape, 51, 59f., 172; Proprietà fondiaria, 703 n. 20.

Zeile	ANŠE	*awiḫaru*	*kumānu*	relative Lage	Feldnachbarn
1-3	22	-	-	[ö.?] AN.ZA.GÀR Šelwuḫe	
				[w.?] [Feld]	Iriri-tilla
				hinter *maqrattu*	Šurki-tilla
				S. Feld	Šurki-tilla
4-6	1	-	-	S Feld	Šurki-tilla
				W Feld	Sukr-apu *ašlaku*
				O Feld	Alki-tilla
				N Feld	Urḫ-apu
7-9	3	-	-	S Feld	Šurki-tilla
				O Feld	Wantišše
				N Feld	Kušši
				W Feld	Ḫašip-apu
10-12	1	7	-	W Feld	Kušši
				N Feld	Tarmi-teššup
				O Feld	Ḫašip-tilla
				S Feld	Urḫ-apu
13-14	1	3	-	O Feld	Kušši
				W Feld	Zilip-apu
				S Feld	Kušši
				N Feld	Kušši
15-17	-	9	-	W Feld	Kušši
				S Feld	Tarmi-teššup
				N Feld	Nikia
				O Feld	Šurki-tilla-*ma*
18-20	1	1	-	O Feld	Šurki-tilla
				W Feld	Nikia
				N Feld	Gimilli-addu
				S Feld	Zike
21-23	7	-	-	N KASKAL-*ni ša* URU Abinaš	
				O Feld	Šurki-tilla
				S Feld	Ekea
				W Feld	Iriri-tilla
24-25	2	-	-	O Feld	Šurki-tilla
				W Feld	Ataja
				S Feld	Ila-abri
26-28	7	-	-	S Feld	Šurki-tilla
				N KASKAL-*ni ša* URU Abinaš	
				W Feld *maḫiṣ*	Ataja
				O Feld	Ḫanaja
29-30	-	9	-	N Feld	Ḫapuka
				W Feld	Arip-enni
31-32	3	3	-	S Feld	Šurki-tilla
				W Feld	Nikia
				N Feld	Ar-teššup
33-34	2	-	-	N Feld	Šurki-tilla
				W AN.ZA.GÀR Šelwuḫu	
				W Feld	Ḫa[iš?-tešš]up

Zeile	*ANŠE*	*awiḫaru*	*kumānu*	*relative Lage*		*Feldnachbarn*
35-36	1	2	-	W	Feld	[ ]
				S	Feld	[ ]
				N	Feld	Itḫip-apu
37-39	4	2	-	N	Feld	Šurki-tilla
				O	Feld	Šakarakti
				S	Feld	Ar-teššup
				W	Feld	Ar-teššup-*ma*
40-41	1	-	-	zwischen den Feldern von		Iriri-tilla
				[ ]	Feld	Šurki-tilla-*ma*
42-44	1	[x] (<10)	*mala*	N	Feld	Šurki-tilla
				S	Feld	Tarmi-teššup
				O	Feld	Šennanni
45-46	-	3	-	W	Feld	Ḫubita
				N	Feld	Šukria
				W	Feld	Šurki-tilla

1: Der auf einen gleichlautenden Personennamen (s. AdŠ 553:20) zurückgehende Ortsname Šelwuḫu (auch Šelwuḫuwe, AdŠ Nr. 139: 14?, 174: 39) ist nur in Dokumenten aus dem AdŠ belegt. Im vorliegenden Text, ll. 1 und 34, sowie mit dem Zusatz *kerḫu* (hurr. *kerǧe* „Oberstadt(umwallung)“ ll. 47, 49, 52 wird der Ort als AN.ZA.GÀR (*dimtu*) bezeichnet. Dasselbe ist der Fall in einigen weiteren Texten (AdŠ Nr. 5: 39, 46: 16; 139: 13f.(?), 173: 9, 260: 10, 551: 7). In zahlreichen weiteren Belegen ist der Ortsname als URU (*ālu*) determiniert (AdŠ Nr. 24: 45, 32: 96, 45: 9, 59: 8, 174: 39). Eine diachrone Verteilung der Bezeichnungen *dimtu* und *ālu* zeichnet sich nicht klar ab; zwar gehört AdŠ Nr. 5 (*dimtu*) zu den älteren Listen, aber die Listen AdŠ Nr. 24 und 45 (*ālu*) sind ebenfalls alt. Die Annahme, dass Šelwuḫu sich von einer *dimtu* zu einem *ālu* entwickelt habe (Fadhil, Topographie, 144; anders Müller, HSAO 7, 98, und Koliński, *dimātu*, 14f.), kann daher für die Laufzeit des AdŠ nicht nachgewiesen werden.
Für die Bestimmung der geographischen Lage von Šelwuḫu liefert der Text einige Indizien: Die Beteiligung von Landvermessern und Zeugen aus Zizza (ll. 67-72) spricht für eine Nähe zu dieser Stadt. Zweimal wird die Straße nach Abena (ll. 21 und 27) einmal die nach Arwa (l. 57) genannt. Zu diesen Orten s. Fadhil, Topographie, 11-27, 58-63; Fincke, RGTC 10, 28-31, 54-56; Müller, HSAO 7, 12-14, 31f.
2: Šurki-tilla, nach l. 64 Sohn des Akip-tašenni, ist in dem sehr fragmentarischen Prozessprotokoll Nr. 575 Prozessgegner des Šilwa-teššup. Es bleibt offen, ob es dieser oder ein anderer Prozess war, der für Šurki-tilla zu dem Verlust von zahlreichen Feldern und landwirtschaftlichen Gebäuden führte. Šurki-tilla fungiert als Zeuge in dem Prozess um die *dimtu* des Kizzuk JEN 321: 61 sowie bei einem weiteren Rechtsstreit (AASOR 16, 73: 37; 83: 10f.).
1-46: Auflistung von 18 Feldern des Šurki-tilla, die nach ihrer Fläche und Lage bestimmt sind. Von diesen 18 Feldern haben 3 eine Fläche von weniger als 1 ANŠE, 10 eine Fläche von 1-3 ANŠE, je 2 eine Fläche von 3-5 bzw. 7-8 ANŠE. Nur ein Feld hat die ganz aus diesem Rahmen fallende Größe von 22 ANŠE (l. 1). Die Lage der Felder wird durch die Nennung der Feldnachbarn unter Angabe der Himmelsrichtungen bestimmt. In zwei Fällen wird die Lage an einer Straße (l. 21, 27) angegeben, in zwei anderen Fällen die Lage neben einem Gebäude bzw. einer Siedlung (ll. 1, 34). 14 der 18 Felder grenzen an ein anderes Feld des Šurki-tilla. Insgesamt werden 28 Feldnachbarn namentlich genannt, davon die folgenden mehrfach:

Ar-teššup	(ll. 32, 39)	Kušši	(ll. 9, 10, 13, 14, 15)
Urḫ-apu	(ll. 6, 11)	Tarmi-teššup	(ll. 11, 16, 43)
Nikia	(ll. 16, 19, 32)		

Die arithmetische Summe der Angaben zu Grundstücksgrößen in ll. 1-46 beträgt 57 ANŠE, 39 *awiḫaru*, 1 *kumanu*; dazu kommen nach l. 43 minimal 1, maximal 9 *awiḫaru*. In ANŠE umgerechnet sind dies 60,95, zuzüglich 1-9 *awiḫaru*. Bei Annahme der Höchstzahl (9 *awiḫaru*) ergeben sich 61,85 ANŠE, also etwas weniger als die in l. 63 gebotene Summenangabe 62 ANŠE. Da die Feldnachbarn nur mit ihrem eigenen Namen, nicht auch mit dem ihres jeweiligen Vaters genannt sind, können sie nicht mit Sicherheit prosopographiert werden. Insgesamt handelt es sich um 26 Feldbesitzer, so dass hier in Hinsicht auf die Besitzverhältnisse eine Streulage vorliegt, die auf eine Vorgeschichte von Erbteilungen und Eigentumstransfers inter vivos verweist.

47-58: Gebäude, beginnend mit der umwallten *dimtu* Šelwuḫu. Die Angabe des Umfangs (216 Ellen, was ein Quadrat von ca. 27 m Seitenlänge ergäbe) zeigt, dass es sich hier nicht um eine Siedlung, sondern nur um das *dimtu*-Gebäude mit Umwallung handeln kann. Die Angabe in l. 47 *ina pani šutāni* bezeichnet Fadhil, Topographie, p. 144, als das „eigentliche Interpretationsproblem" des Textes, ohne genauer darauf einzugehen. Handelt es sich etwa um eine (sprachlich unkorrekte) Angabe zur Position der Frontseite des Gebäudes? Es folgen Angaben zu vier *kuppātu*-Hauskomplexen (*ištēnūtu* É.MEŠ *kuppātu*). Die ersten beiden schließen südlich bzw. östlich an die *dimtu* an. In der Summierung l. 64 werden sie als 4 *tāpalu* zusammengefasst, s. dazu Zaccagnini, Accounting, 1.7.2. Der Umfang der *kuppātu*-Hauskomplexe beträgt 134, 223, bzw. 215(?) Ellen. In l. 54f. fehlt diese Angabe.

Für die Bestätigung und eingehende Begründung der schon von Speiser, AASOR 10, 55, angesetzten Bedeutung von *kuppātu* (pl. von *kuppu*) als „stable" s. Zaccagnini, Rural Landscape, 45f. mit Hinweis auf ältere Lit. Jankowska, OLZ 76, 353, lehnt diese Deutung ab und schlägt die Bedeutung „sheds, utility buildings" vor. Die beträchtlichen Dimensionen der *kuppātu*-Hauskomplexe spricht gegen diesen Vorschlag. Es ist aber gut möglich, dass die *kuppātu* nicht nur als (Winter-)Aufenthaltsort für Rinder und Schafe, sondern auch zur Speicherung von Winterfutter und Arbeitsgeräten dienten.

48, 50, 53, 58, 61, 62: *ḫuppalli* Gen. nach *ana* und *ina*, Nom./Akk. *ḫuppalla*. Cassin, L'adoption, 214, Anm. zu n. 38, l. 7-8, übersetzt „périmètre" und leitet das Wort von der akkad. Wurzel *ḫbl* ab. Koschaker, ZA 48, 184f. mit Anm. 41, äußert hiergegen Bedenken, da die „Kumulierung mit *limītu* 'Umfang' bedenklich macht"; er enthält sich einer Etymologie, zitiert aber von Soden für die Auffassung, dass *ḫuppalla* „wahrscheinlich ein hurritisches Wort, etwa in der Bedeutung 'im Ganzen'" sei. CAD Ḫ 213 übersetzt „fence", „enclosure", AHw. I, 356 „Einzäunung", jeweils mit Belegen. Da Holz im Raum von Arrapḫe wertvoll ist, wird man eher mit Mauern aus (ungebrannten) Lehmziegeln als mit einem Zaun rechnen müssen. Daher wird hier (in Anlehnung an CAD) die neutralere Bezeichnung „Umfriedung" gewählt. Zaccagnini, Rural Landscape, 106, bietet eine Liste von Immobilien, die von einem *ḫ*. umgeben sein können, und schließt daraus überzeugend, dass die Bedeutung „fenced" nicht überall zutreffen kann; er will nicht ausschließen, dass es sich auch um einfache Marker zur Umfangsmessung handelt.

Die Belege im Archiv des Šilwa-teššup sind die folgenden: Häuser: AdŠ 550: 50, 53, 58; 622: 8; 666[= HSS XIII 215]: 8, 682[= HSS XIV 111]: 3, Gärten: 552: 7, 623: 8, Dreschplatz: 550: 62, *dimtu*: 550: 48; dazu nennt Zaccagnini aus anderen Archiven Belege für unbebaute Grundstücke sowie für ein *nakkatu*-Grundstück (HSS XIX 98). Die Wörterbücher geben für *ḫuppalli/a* hurritische Herkunft an. Bisher fehlt es aber an einer Analyse auf dem Hintergrund der hurritischen Wortbildung und Grammatik. Eine Wurzel *ḫupp-* ist anderweitig nur wenig belegt und semantisch nicht bestimmt, s. Richter, BGH, 166 und 169. Ein *ḫuppi* genanntes, nicht genauer zu bestimmendes Objekt wird in einer vielfach wiederholten Formel aus dem Kult der Göttin Ḫebat angesprochen: ... *namni natḫi* („Bett") *ḫuppi kinidi* ...; für Belege s. Hurritische Opferlisten aus hethitischen Festbeschreibungen, ed. Wegner ChS, I. Abt., Band 3-3, Teil III, p. 30. Das Hurritische kennt eine nur selten bezeugte Wurzelerweiterung *-al-* (s. Wilhelm, Hurrian, 102, B); da aber alle Belege für *ḫuppalli/a* (auch die auf *-a* auslautenden) *-all-* aufweisen, verbietet es sich, die Formen auf *-a* als hurr. Pluralia nach dem Muster **ḫupp=al(=i)=la<na* zu erklären. Eine plausible Bestimmung steht demnach noch aus.

59-61: Der westlich der *dimtu* gelegene Garten ist in der Summierung der Liegenschaften in ll. 63f. – wohl versehentlich – nicht genannt.

63: Für *awīri* als Bezeichnung für eine bestimmte Art von Feld s. CAD A/2, 523, wo außer der vorliegenden Stelle noch JEN 101, 3 genannt wird. Die plene-Schreibung *a-wi-i-ru* an der letztgenannten Stelle verbietet die Identifikation dieses Wortes mit dem seit 1934 (C.-G. von Brandenstein, KUB 27, p.III f.) bekannten hurr. Wort *avari* „Feld". Dass bei diesem der Vokal der zweiten Silbe /a/ ist, geht aus den Formen mit assimiliertem Relator *-ne-* (*a-wa-ar-re-*), sowie aus der (seltenen) Schreibung mit *-wa$_a$-* (KBo 27.132, 5´) hervor. An den bei E. Laroche, GLH, p. 66, ll. 1-4 für *awari* (*avari*) zitierten Stellen ist das Wort stets mit *-wa-*, nicht mit *-wa$_a$-*, geschrieben. Die in CAD für die Bestimmung von *awīru* als „Feld" angeführte Gleichung in der sumer.-hurr. Fassung von Ḫḫ II aus Ugarit kann mit Laroche GLH, 1980, p. 65, *a-**wa**-ri-we* gelesen und damit in Übereinstimmung mit den Belegen aus Boğazköy gebracht werden. Für weitere Literatur zu *avari* s. St. de Martino und M. Giorgieri, Literatur zum hurritischen Lexikon, Band 1: A, 2008, 150f., zu *aviri* s. Richter, BGH, 34.

63-65: Zu Šurki-tillas Verlust umfangreicher Agrarflächen zugunsten Šilwa-teššups s. bereits AdŠ Heft 2, p. 179, und insbesondere A. Fadhil, Topographie, 143-150. Die von N.B. Jankowska, JESHO 12, 243f., vertretene Auffassung, Šurki-tilla habe als Haupt einer „impoverished family commune" die *dimtu* und die aufgeführten Liegenschaften unter die Patronage Šilwa-teššups gebracht, basiert auf ihrem von den Quellen nicht gestützten Konzept von gemeinsam wirtschaftenden Familienkommunen und steht im Widerspruch zu der Formulierung in ll. 64f.

66: Ḫutia, Sohn des Kuššia, der hier als Bote des Königs fungiert, tritt nach AdŠ 586: 1 und 587: 1 als Vertreter Šilwa-teššubs vor Gericht auf. In mehreren Urkunden des Archivs wird er als Zeuge genannt (AdŠ 551: 44, 560: 19, 604: 45) und nimmt weitere Aufgaben wahr, s. bereits Anm. zu AdŠ 248.

67, 73: *zazuk*(*k*)*u*: CAD S, p. 196, bucht die Belege aus Nuzi unter *sassukku* A mit Variante *sussukku*, bestimmt dies als „an official" und verweist auf *šassukku* und *zazakku*. Maidman, WAW 18, 152, bezeichnet ihn (im Anschluss an Mayer, Palast, 137f.) als „bookkeeper"; s. auch idem, SCCNH 6, 163-166. CAD Š/II, 195, sub *šassukku*: „land registrar, recorder", CAD Z, 75f. sub *zazakku*: „a high administrative official", AHw III p. 1517: „Katasterdirektor", Fadhil, Topographie, 231: „Vorsitzender des Stadtrats". Unter den in den Wörterbüchern gebotenen mB Belegen ist BBSt No. 11 i 12 von besonderem Interesse, weil hier von einer Feldvermessung durch einen *šakin ṭēmi*, einen *ḫazannu* und einen *zazakku* die Rede ist. Dabei darf man annehmen, dass der Gouverneur und der Bürgermeister die Vermessungen beaufsichtigt haben, während der *zazukku* sie durchgeführt hat. Auch in der Urkunde über eine „Kaufadoption" JEN 603 (s. Maidman, l.c.) steht der *zazukku* am Anfang der Zeugenliste, und die Beteiligung eines „Landvermessers" an einem Grundstückstransfer ist plausibel. Zwar fungieren bei Grundstücktransfers in der Regel als *mušelw/m/bû* bezeichnete Personen als Feldvermesser, doch handelt es sich hierbei sicherlich um ortskundige Vertrauenspersonen, nicht um professionelle Landvermesser. Eine neuzeitliche Parallele bietet das Land Bayern, das seit dem 13. Jh. die sog. „Feldgeschworenen" kennt, die in neuerer Zeit ihr Ehrenamt neben den Beamten der staatlichen Vermessungsämter ausüben. Der *zazuk*(*k*)*u* wird nicht immer mit seiner Berufsbezeichnung genannt. So ist der häufig bezeugte Apuška, S. des Itḫip-šarri, in JEN 603: 32, am Anfang der Zeugenliste stehend, als *zazuk*(*k*)*u* bezeichnet. In JEN 101 wird er aber ohne Berufsbezeichnung am Anfang der Zeugenliste nach dem Schreiber, in JEN 281: 35 (s. auch JEN 955: 22) und in JEN 415: 37 am Ende der Zeugenliste vor dem Schreiber, ebenfalls ohne Berufsbezeichnung, genannt. Man darf daraus schließen, dass öfter als ausdrücklich vermerkt, bei einem Grundbesitzerwechsel ein professioneller Landvermesser beteiligt war.

67: Die beiden Landvermesser aus Zizza, Ikkizza, Sohn des Niḫria, und Tae, Sohn des Urḫia, sind nur hier belegt.

68-71: 14 Männer aus Zizza, die sicherlich als Zeugen fungieren, obwohl sie nicht ausdrücklich so genannt sind. Sie sind größtenteils nicht Feldnachbarn des Šurki-tilla. Nur Zike, Sohn des Tarmia (l. 69) und Šakarakti, Sohn des Kapuka, (l. 69) könnten mit den gleichnamigen Feldbe-

sitzern (ll. 20 und 38) identisch sein. Kelke, Sohn des Ḫulukka, (l. 68) ist ein Kleinviehhirte im Dienste Šilwa-teššups (AdŠ 291, 292, 336). Ḫanaja, Sohn des Itḫ-apu, (l. 69) ist als Zeuge in AdŠ 560 ll. 22 und 31 genannt. Die Mehrzahl der Zeugen sind anderweitig jedoch nicht belegt.
69: Kapuka, Vater des Šakarakti, ist auch in der Darlehensurkunde AdŠ 246: 9 bezeugt. Hier lautet sein Name jedoch mit ḪA an. Es handelt sich zweifellos um denselben Namen. Da der Name sonst nicht bezeugt und die sprachliche Zugehörigkeit unbestimmt ist, kann nicht entschieden werden, welche Variante des unterschiedlichen, jedoch wohl homorganen Anlauts als die korrektere gelten darf.
72: Die beiden Landvermesser aus Zizza (l. 67) und die Zeugen aus Zizza (ll. 68-71) werden zusammen gezählt.
74: Der Schreiber Ar-teššup, Sohn des Turari, hat auch die Urkunde Nr. 551 geschrieben, in der es um ein Feld bei der *dimtu* Šelwuḫu geht. Auf räumliche Nähe von Šelwuḫu und Zizza lässt die Mitwirkung von Katasterbeamten und Zeugen aus Zizza (ll. 67-72) schließen; s. dazu bereits Fadhil, l.c.
75: Ḫanakka, Sohn des Kalūmī, ist anderweitig nicht belegt.

Nr. 551

tuppi šupe'ulti, Feldertausch; Ḫupita, Sohn des Matteja, und Taika, Sohn des Ḫašiptilla, übereignen Šilwa-teššup ein Feld bei der *dimtu* Šelwuḫu und erhalten ein Feld in der *dimtu* Kunatue sowie einen Wertausgleich.

SMN 144; IM 50795; HSS IX 18; A 26; 72 x 126 x 36; koll.; Textzustand 1983.

Vs.	1	[*tup-p*]*í šu-pé-ul-ti ša* ^{m}*Ḫu-bi-ta*
	2	[DUM]U *Ma-at-te-e-a ša* ^{m}*Ta-i-qa*
	3	DUMU *Ḫa-ši-ip-til-la ù ša*
	4	^{m}*Ši-il*-WA-*te-šup* DUMU LUGAL
	5	*i+na bi-ri-šu-nu* A.ŠÀ *ki-ma* A.ŠÀ
	6	*uš-pé-i-lu* 3 ANŠE A.ŠÀ *mi-ṣí-ir*[36]*-šu-ma ú-ka*$_4$*-al*
	7	*i+na šu-ta-a-an* AN.ZA.GÀR *Še-el-wu-ḫu*
	8	*e-le-en* A.ŠÀ *ša* ^{m}*Ši-il*-WA-*te-šup*
	9	*ù ša* ^{m}*Šur-ki-til-la iš-ta-na-an*
	10	*a-tap-pí ša* ^{m}*I-ri-ri-til-la*
	11	*šu-pa-al* A.ŠÀ *ša* ^{m}*Tar-mi-te-šup*
	12	*an-nu-ú* A.ŠÀ ^{m}*Ḫu-bi-*⸢*ta*⸣ *ù*
	13	^{m}*Ta-i-ka a-na* ^{m}*Ši-*⸢*il*⸣-WA-*te-šup*
	14	*it-ta-ad-nu šum-ma* A.ŠÀ *ša-a-šu*
	15	*pí-ir-qa ir-ta-ši* ^{m}*Ḫu-bi-te ù*
	16	^{m}*Ta-i-qa* A.ŠÀ *ša-a-šu-ma ú-za-ak-ku-ma*
	17	*ù a-na* ^{m}*Ši-il*-WA-*te-šup i+na-*⸢*an-dì*⸣*-nu*

36 EP fälschlich *ru*.

	18	ù ᵐŠi-il- WA-te-šup ip-l[i-š]u-nu
	19	mi-in-dá-at A.ŠÀ-šú-nu i+na AN.ZA.G[ÀR K]u-[n]a-du-e[37]
	20	im-ta-dá-ad-ma su-ta-a-an [ša]
	21	A.⸢ŠÀ ša⸣ ᵐḪu-ti-⸢ip⸣-ú-ra[38]-aš-š[e]
	22	⸢e⸣-le-en A.ŠÀ ša ᵐIp-ša-ḫa-[lu]
	23	iš-ta-na-an A. ŠÀ ša ᵐKu-la-ḫu-[bi]
	24	ù 2 UDU.MEŠ 3 ANŠE ŠE.MEŠ
	25	8 MA.NA AN.NA.MEŠ ú-ta-ra
	26	i+na UGU-ḫi A.ŠÀ a-na ᵐḪu-bi-[ta]
	27	ù a-na ᵐTa-i-qa it-ta-din
	28	i-ta-pal-⸢šu⸣-nu-ti EME.MEŠ-šu-nu-ma
	29	ša ᵐḪu-bi-ta ù ša ᵐTa-i-qa
u.Rd.	30	iq-t[a-bu/bi-ú][39] A.ŠÀ [ ][40]
	31	2 UDU.MEŠ 3 [ANŠE ŠE.MEŠ]
	32	8 [MA.NA AN.NA.MEŠ
	33	[
Rs.	34	[ ]*x ù ⸢ni⸣-i-nu*[41]
	35	3 [ANŠE A.ŠÀ ša-a]-šu mi-ṣí-ir[42]-šu-ma
	36	ú-[ka$_4$]-al ⸢a⸣-[na ᵐ]Ši-il-WA-te-šup
	37	⸢ni⸣-[ta]-⸢din ša i⸣+na bi-ri-šu-nu
	38	KI.B[AL-t]u$_4$ [1 MA.NA KÙ.BABBAR 1 M]A.NA KÙ.SI$_{22}$
	39	[ú]-ma-a[l-la]
	40	[tup]-pu ar-ki š[u-d]u-⸢ti⸣ pa-n[a] KÁ.GAL
	41	[ša] bá-ab É.G[AL]-lì š[a] URU Nu-zu <ša-ṭì-ir>
	42	NA$_4$ ᵐIp-ša-ḫa-lu
		———— (Siegel Nr. 326) ————
	43	IGI Ur-ḫi-te-šup DUMU Šur-kip-LUGAL
	44	IGI Ḫu-ti-ia DUMU Ku-uš-ši-ia
	45	IGI Ḫa-⸢ši-ia DUMU Al⸣-ki-te-šup
	46	IGI ⸢Ur-ḫi-te-šup⸣ DUMU Ḫa-šu-a-ar
	47	[I]GI Ḫu-ti-pa-⸢a⸣-pu [DUMU T]ar-mi-til-la
	48	IGI Ḫu-ti-ia DUMU [T]u-li-ia
	49	IGI Še-ḫé-el-te-šup DUMU I-ru-ia

37 Zur Lesung s. Fadhil, Topographie, 1983, 146b.

38 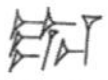

39 Nach Kollation sind die beiden Zeichen nach t[a nicht erhalten. EP bietet keilschriftlich -ta-bi-ú unter Schraffur. Da EP auch sonst nicht selten keilschriftliche Ergänzungen in den Text setzt, ist die Lesung zweifelhaft. Wenn die Form, wie auch sonst üblich, i[q-ta-bu-ú] lautet, entfällt ein Beleg für fehlende Kontraktion bei babylonischen Pluralformen von Verba tertiae infirmae; s. Wilhelm, Hurro-Akkadisch, 46.

40 EP bietet ša ᵐḪu-la-ḫu-bi unter Schraffur; dabei handelt es sich aber wohl wie in zahlreichen anderen Fällen in HSS IX um eine Ergänzung.

41 *...*:  ù 

42 EP fälschlich ru.

50 IGI *A-kip-ta-še-en-*[*n*]*i* DUMU *A-kap-dug-ge*
51 ŠU ^{m}*Ar-te-šup* DU[B.S]AR DUMU *Tu-ra-ri*
52 IGI *Ip-ša-ḫ*[*a*]*-lu* DUMU *Ir-ri-ge*
(Siegel Nr. 327) (Siegel Nr. 328)
53 ⸢NA4 ^{m}⸣[*Ḫ*]*u-ti-pa-a-pu* NA4 ^{m}*Ḫu-ti-ia* DUMU *Tu-li-ia*
(Siegel Nr. 329) (Siegel Nr. 330)
54 [N]A4 ^{m}*Še*[43]*-ḫé-el-te-šup* NA4 ^{m}*Ḫu-bi-ta* EN A.ŠÀ
Vs. (rechts, senkrecht zur Schriftrichtung zwischen ll. 43 und 49)
(Siegel)
55 NA4 ^{m}*Ur-ḫi-te-šup*
o.Rd. 56 [N]A4 ^{m}DUB.SA[R-*r*]*i*
(Siegel Nr. 320) (Siegel Nr. 331)
57 ^{m}*Ta-i-qa* EN A.ŠÀ
l.Rd. 58 N[A4] ⸢m⸣*[*Ḫu-ti-ia*]*[44] ⸢NA4 ^{m}*Ur-ḫi*⸣-[*te*]*-šup* NA4 ^{m}⸢*Ḫa-ši*⸣*-ia*
(Siegel Nr. 332) (Siegel Nr. 333) (Siegel Nr. 334)
59[DUMU *Ḫ*]*a-*[*š*]*u-a-ar*

1-6 Tauschurkunde des Inhalts, dass Ḫupita, der Sohn des Mat-teja, Taika, der Sohn des Ḫašip-tilla, und Šilwa-teššup, der Sohn des Königs, untereinander Feld gegen Feld getauscht haben.

6-14 3 ANŠE umfasst die Grenze des Feldes, südlich der *dimtu* Šelwuḫu, östlich des Feldes des Šilwa-teššup und des Šurki-tilla, nördlich des Kanals des Iriri-tilla, westlich des Feldes des Tarmi-teššup -, dieses Feld haben Ḫupita und Taika dem Šilwa-teššup gegeben.

14-17 Falls dieses Feld vindiziert werden sollte, werden Ḫupita und Taika dieses Feld (von Ansprüchen) freimachen und dem Šilwa-teššup geben.

18-23 Und Šilwa-teššup hat als ihr Tauschäquivalent das Maß ihres Feldes in der *dimtu* Kunadue vermessen, und (zwar:) südlich des Feldes des Ḫutip-urašše, östlich des Feldes des Ipšaḫalu, nördlich des Feldes des Kulaḫupi,

24-28 und 2 Schafe, 3 ANŠE Gerste, 8 Minen Zinn hat er zusätzlich als Ausgleichszahlung zu dem Feld dem Ḫupita und dem Taika gegeben und hat sie (damit) (hinsichtlich ihrer Ansprüche) befriedigt.

28-30 Erklärung des Ḫupita und des Taika, sie haben gesagt:

30-34 „Ein Feld [und?] 2 Schafe, 3 [ANŠE Gerste], 8 [Minen Zinn haben wir in Empfang genommen, und wir sind (hinsichtlich unserer Ansprüche) befriedigt.]

34-37 Und wir haben [die]ses Feld – 3 [ANŠE] umfasst sein Gebiet – dem Šilwa-teššup gegeben."

37-39 Wer von ihnen den Vertrag bricht, muss [eine Mine Silber (und) eine M]ine Gold zahlen.

40-41 Die Tafel ist nach der Information vor dem Torgebäude des Palasteingangs von Nuzi <geschrieben>.

---

43 Fehlt versehentlich in EP.

44 In EP noch erhalten.

42 Siegel des Ipša-ḫalu.
43 Zeuge: Urḫi-teššup, Sohn des Šurkip-šarri,
44 Zeuge: Ḫutia, Sohn des Kuššia,
45 Zeuge: Ḫašia, Sohn des Alki-teššup,
46 Zeuge: Urḫi-teššup, Sohn des Ḫašuar,
47 Zeuge: Ḫutip-apu, [Sohn des T]armi-tilla,
48 Zeuge: Ḫutia, Sohn des Tulia,
49 Zeuge: Šeḫel-teššup, Sohn des Iruja,
50 Zeuge: Akip-tašenni, Sohn des Akap-tukke,
51 Hand des Schreibers Ar-teššup, Sohnes des Turari,
52 Zeuge: Ipša-ḫalu, Sohn des Irrike.
53 Siegel des Ḫutip-apu, Siegel des Ḫutia, Sohnes des Tulia,
54 Siegel des Šeḫel-teššup, Siegel des Ḫupita, des (Mit-)Besitzers des Feldes,
55 Siegel des Urḫi-teššup,
56 Siegel des Schreibers.
57 Siegel des Taika, des (Mit-)Besitzers des Feldes,
58-59 Siegel des [Ḫutia], Siegel des Urḫi-teššup, Sohnes des Ḫašuar, Siegel des Ḫašia.

Übers.: Morrison, Šilwa-Tešup, 31-33. Ed.: Andrews, Exchange, Part 2, 38-40.

1-6: Zur Übersetzung s. AHw III 1118, sub *ša* 9a und cf. z. B. JEN 280; 1-4; 282: 1-4. Ḫupita S. Matteja ist sicherlich identisch mit dem in AdŠ 550: 45 ohne Vatersnamen genannten Ḫupita. Ein Taika mit dem Vatersnamen Ḫašip-tilla ist anderweitig nicht bezeugt.
6: S. auch Z. 35f. AHw II 659b zitiert diese Stellen sowie JEN 300: 3 und HSS V 55: 10 für *miṣru* in der Bedeutung „Gebiet, Bereich von Grundstücken" mit Hinweis auf *kullu* in der Bedeutung „(Grundstück) innehaben" bzw. „Nießbrauch haben".
6-14: Der Feldertausch dient offenkundig der Arrondierung von Šilwa-teššups Feldbesitz in der *dimtu* Šelwuḫu. Zu diesem Ort s. AdŠ 550, Anm. zu l. 1 und ll. 47-58 (oben p. 52f.).
8-9: Ob die Formulierung „Feld des Šilwa-teššup und des Šurki-tilla", wirklich auf einen „gemeinschaftlichen Feldbesitz" verweist (so Fadhil, Topographie, 146), ist zweifelhaft, da die Angabe sich auf zwei benachbarte Felder beziehen kann.
14-17: In mit *šumma* eingeleiteten Bedingungssätzen steht in der Protasis in der Regel eine Präsens- oder eine Perfektform, ausnahmsweise auch das Präteritum, in der Apodosis eine Präsensform; **Präsens:** AdŠ 548: 10-13: *ullad—ileqqe*; 554: 22-25: *išassi—umalla*; 555: 32-34: *ibašši—umalla*; 557: 16-20: *ipaṭṭur—umalla*; 602: 12-17: *ipallaḫ-šu*—[SUM]; 606b: 19-21: *išemme—inandin*; 608: 22-23: *irabbi—anakkis*; 623: 12-13: *uptaqqar—nuzaqqā-ma* ... *ninandin*; **Perfekt:** AdŠ 551: 14-17: *irtaši—uzakkû-ma* ... *inandinū*; 601: 14-17: *irtaši—uzakkā-ma* ... *inandin*; 604: 25-27: *irtašû—uzakkā-šunūti-ma*; 609: 19-22: *irtaši—uzakkā-ma* ... *inandin*; 622: 13-16: *irtasû—uzakkā-ma* ... *inandin*; 632: 12-14: *irtaši—uzakka;* **Präteritum:** AdŠ 552: 18-21: *irši—uzakkû-ma* ... *inandinū*; 22-24: *irši—uzakkā-ma* ... *inaddin*. Bei der Verteilung von Präsens und Perfekt in der Protasis ist auffällig, dass im Falle von Perfektformen in der Protasis das Objekt in der Apodosis regelmäßig *pirqu* „Vindikation" ist. Steht jedoch in der Protasis eine Präsensform, ist das Objekt, soweit vorhanden, variabel (z.B. AdŠ 548: DUMU.MEŠ; 554: É.MEŠ; 555: *mimmû-šu*), jedoch nie *pirqu*. Für das Perfekt in der Protasis bietet GAG § 161f die Erklärung, dass es „die Bedingung als potential oder hypothetisch" bezeichne. Dies trifft auch auf die *pirqu*-Klausel zu. Mit der Übersetzung „Falls ... vindiziert werden sollte" soll dieser Sachverhalt verdeutlicht werden.
25: Für *utari/a* s. zuerst Koschaker, OLZ 38 (1936) 152 mit der Übersetzung „Zuschlag zum Zwecke des Wertausgleichs beim Tausch". Schon Koschaker nahm an, dass das Wort hurritisch

(„subaräisch") ist. Für die Forschungsgeschichte s. Andrews, Exchange, Part 2, 154-159, für Belege 161; CAD U/W, 333b; s. auch AdŠ 553: 2, 8 (unten p. 63). Gleichbedeutend ist akk. *iplētu*, *eplu* sowie hurr. *uti/a,* von dem *utari/a* mit der Wurzelerweiterung *-ar-* abgeleitet ist. Da der Dental in allen Belegen unverdoppelt ist, muss die Wurzel als *o/ud-* angesetzt werden. Vereinzelt ist auch die Schreibung mit DI bezeugt, s. JEN 236: 15 und 239: 16. Die Bedeutung der Wurzel ist nicht bekannt. Für *o/ud-* in dem Namen Udip-šarri hat Wegner, AoF 30, 341-344, eine Bedeutung „schützen" erwogen, wobei sie die lexikalische Gleichung (akk.) *naṣāru* = (hurr.) *udrummi* heranzog und *udr-* auf **ud=ur-* zurückführte. Dies ist möglich, bleibt aber ungewiss. Auch ist eine semantische Verbindung zu der Bezeichnung einer Wertausgleichszahlung nicht evident.

Der unterschiedliche vokalische Auslaut von *uti/a* und *utari/a* ist bisher anscheinend nicht erklärt worden. Ausgangspunkt muss die Beobachtung sein, dass den Belegen auf *-i* stets eine Präposition vorausgeht: ***uti***: ***ina*** JEN 281: 9, ***ana***: 114: 13, 133: 10, 223: 11, 225: 9, 236: 15, 238: 12; 239: 15f., 252: 15, 254: 17, 265: 23, 269: 12; 277: 15, 373: 8, 697: 13, 818: 17, EN 9/3 76: 11, Gadd 40: 10, 21: 8, ***kīma:*** JEN 243: 14, 275: 12, 287: 16. ***uta***: keine Präposition geht voraus: JEN 247: 8, 272: 16, HSS IX 144: 20; anders JEN 617: 6 *ana uta;* ***uti*** am Satzanfang als Akkusativobjekt zu *irteḫ*: JEN 121: 6. ***utari***: ***ana***: JEN 224: 18, 288: 10, 811: 16 (erg.), ***utara***: keine Präposition geht voraus: JEN 806: 18; HSS IX 18 = AdŠ 551: 25, HSS IX 33 = AdŠ 553: 2, mit ***ana***: JEN 485: 6, 617: 6, HSS IX 33 = AdŠ 553: 8. Wegen JEN 121: 6 ist *uti* als hurr. Absolutiv anzusetzen. *uti* nach akk. Präposition ist aber wohl als akkadische Genitivform zu betrachten, die nur formal mit dem hurr. Absolutiv zusammenfällt. Die Formen auf *-a* sind jedoch nicht akkadisch zu erklären, wohl aber hurritisch. *-a* ist die Endung des Essivs (zu diesem s. Wilhelm StBoT 64, 429, n. 2), so dass die betreffenden Stellen mit „als Ausgleichszahlung" zu übersetzt sind.

utena, das formal ein Plural zu *uti* ist, ist mit CAD U/W, p. 334 ein „topographical feature", das zwar kontextuell nicht genauer zu bestimmen ist, aber jedenfalls semantisch von *uti/a* und *utari/a* zu trennen ist; s. zuletzt Justel, Or 88, 274-284.

40f.: Der Ausstellungsort der Urkunde, „vor dem Torgebäude des Palasteingangs von Nuzi" verweist auf die Bedeutung des Prozesses. Die meisten in diesem Heft edierten Urkunden, die eine Angabe des Ausstellungsorts enthalten, wurden im Tiššae-Tor von Nuzi ausgestellt: AdŠ 601: 21 (unten p. 156), 607: 33 (unten p. 181), 609: 33 (unten p. 186), 610: 30f. (unten p. 190), 613: 34 (unten p. 197), 634: 19 (unten p. 240), 644a: 39 (unten p. 262).

Für die Schreibung *ti*-SA-*e* s. AdŠ 566, Anm. zu l. 23 (unten p. 90).

Drei Urkunden wurden im Zizzae-Tor geschrieben: 606: 32f. (unten p. 174), 622: 32 (p. 215), 632: 18f. (p. 236).

Zu diesen Toren und zu den Torwächtern s. Fincke, RGTC 10, 296f., 206, 362 sowie Fincke, RAI Rome, 2015, 564. Nr. 623 wurde in Āl ilāni am *eqi*-Tor, Nrn. 626 und 644a in Tašenniwe geschrieben.

Das auslautende *-e* in Tiššae und Zizzae ist nicht, wie früher angenommen, ein Allomorph des Genitivsuffixes *-we*, sondern der lange verkannte hurr. Direktiv auf *-e*; zu diesem s. erstmals Thureau-Dangin, *Syria* 12, 260 („suffix de direction", entspricht sum. -š è und akk. *ana*). Wilhelm, *Iraq* 53, 163f. n. 20, bezeichnet *ed*(*i*)=*ī*=*ē* Mit. i 91, 98, ii 64, iv 19, 25, 28 als „another case- or adverbial-ending" und stützt den Ansatz durch eine weitere Form dieser Art: *ā*(*i*)=*ī*=*ē* (vor sein Angesicht" Mit. iii 28, 29, iv 49f.) Weitere Direktive auf *-e* sind *ašḫu=e* "nach oben" und *turi=e* "nach unten". Die Tornamen sind also zu übersetzten: „das nach Tišša bzw. Zizza (führende) Tor".

43, 50: Urḫi-teššup S. Šurkip-šarri und Akip-tašenni S. Akap-tukke wohnen nach HSS XV 37: 2f., 7 im Palast (s. Dosch, Streitwagenfahrer, p. 140; weitere Belege für Akip-tašenni p. 186).

44: Ḫutia S. Kuššia tritt in Nr. 550: 66 als Bote des Königs (*mār šipri ša šarri*) auf. Er vertritt mehrfach Šilwa-teššup vor Gericht (AdŠ 586, 587) und fungiert in AdŠ 555, 560 und 604 als Zeuge. Urkunden von ihm, seinem Bruder Tarmia sowie seinem Sohn Kel-teššup wurden in

den Räumen T 11 und T 12 des sogenannten „Haus des Šurkitilla" gefunden; s. Dosch-Deller SCCNH 1, 92f. mit n. 2; Fadhil, Topographie, 8b.
45: Ḫašia S. Alki-teššup, cf. AdŠ 228 (Darlehen), 554 (gegenseitige Schenkung von Häusern), 640 (Häusertausch).
46: Urḫi-teššup S. Ḫašuar gehört nach AdŠ 256: 17 zum Personal Šilwa-teššups.
47: Ḫutip-apu S. Tarmi-tilla ist in dem Fragment einer großen Personalliste AdŠ 536: 4 (EN 11/1 3) genannt. In der Prozessurkunde JEN 321 erscheint er l. 71 unter den Richtern.
48: Ḫutia S. Tulia ist in einer Liste von 15 Männern, die kein Pferd haben, bezeugt (HSS XV 31: 2). Für einen (wahrscheinlichen) weiteren Beleg s. G. Müller, SANTAG 4, p. 226f., Nr 145: 3'.
49: Šeḫel-teššup und sein Vater Iruja stehen nach HSS XIII 241 in geschäftlicher Beziehung zu Takku S. Ennamati, Enkel des Teḫip-tilla S. Puḫi-šenni. In der Liste AO 15543: 5 (Cassin, RA 56, 65) erscheint Šeḫel-teššup in einer Gruppe von *rākib narkabti* und in AdŠ 612: 39" als Zeuge.
51: S. oben zu Nr. 550: 74.
52: Ipšaḫalu S. Irrike ist sonst nicht belegt.

Nr. 552

Urkunde über einen Tausch von Gärten. Die vier Geschäftspartner (*aḫḫū*) Tupkenatal, Sohn des Akip-tašenni, Tai-šenni, Sohn des Tauka, Ar-šuaḫ, Sohn des Ḫanaja, und Ḫaniaḫḫe, Sohn des Isuppa, übereignen Šilwa-teššup einen Baumgarten in Tašenniwe und erhalten einen gleich großen Garten am selben Ort.

SMN 618; HSS XIV 618; A 26; 80 x 106 x 34; koll.; Textzustand 2000.

Vs. 1 [*tu*]*p-pí šu-pè-ul-ti ša* ^{m}*Tup-ge-na-a-tal* DUMU *A-kip-ta-še-ni*
2 [*ša* ^{m}*Ta*]*-i-š*[*e-n*]*i* DUMU *Ta-ú-qa* <*ša*> ^{m}*Ar-šu*(über Rasur)*-aḫ*$_4$ DUMU *Ḫa-na-a+a*
3 [*ù š*]*a* <^{m}>*Ḫa-*⸢*ni*⸣*-aḫ*$_4$*-ḫe* DUMU *I-su-up-pa* 4 ŠEŠ.MEŠ *an-nu-ú*
4 [*it-ti*] ^{m}*Ši-il-*WA*-te-šup*
5 [*ina be-r*]*i-šu-nu* GIŠ.KIRI$_6$ *ki-ma* GIŠ.KIRI$_6$ *uš-pè-i-lu*
6 [*ù* 1 GIŠ.K]IRI$_6$ *ina* URU *Ta-še-ni-we* 4 ⸢*ma*⸣*-ti* 18 ⸢*i*⸣*+*[*n*]*a am-ma-ti*
7 [*ḫu-up-pal*]*-la li-mi-is-sú i+na s*[*u-t*]*a-nu* GIŠ.KI[RI$_6$]
8 [*ša* ^{m}x x]*x x*[45] *i+na e-le-nu* GIŠ.KIRI$_6$ *ša* ^{m}*El-ḫi-ip-*⸢*ta*⸣*-še-ni*
9 [*i+na* x x x[46] GIŠ.K]IRI$_6$ *ša* [^{m}]*Pur-ni-ia* ^{m}*Tup-g*[*e*]*-na-tal*
10 [^{m}*Ta-i-še-ni* ^{m}*Ar-šu-aḫ*$_4$] *ù* ^{m}*Ḫa-ni-a-aḫ*$_4$*-ḫe* 4 ŠEŠ.MEŠ
11 [*a*]*-na* [^{m}*Ši-i*]*l-*⸢WA⸣*-*[*t*]*e-*⸢*šup*⸣ DUMU LUGAL *it-ta-din-šu-nu-ti*
12 ⸢*ù*⸣ ^{m}[*Š*]*i-il-*WA*-te-šup* GIŠ.KIRI$_6$ *iš-tu ina* URU *Ta-še-ni-we*
13 4 *m*[*a-t*]*i* 18 *i+na am-ma-ti ḫu-up-pal-la li-mi-is-sú*
14 *i+na* ⸢*e*⸣*-le-nu* *GIŠ.KIRI$_6$*(über Rasur) *ša* ^{m}*Tar-mi-ia i+na šu-pa-al* GIŠ.KIRI$_6$ *ša* ^{m}*A-ri-ip-še-ri-*⸢*iš*⸣
15 *i+na il-ta-an* GIŠ.KIRI$_6$ *ša* ^{m}*Tup-ge-na-a-tal ù*
16 ^{m}*Ši-il-*WA*-te-šup a-na* <^{m}>*Tup-ge-na-a-tal a-na* ^{m}*Ta-i-še-ni*

---

45 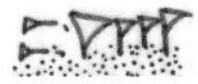
46 *šupal* oder *iltān*.

17 *a-na* ^{m}*Ar-*⸢*šu-aḫ*$_4$⸣ *ù a-na* ^{m}*Ḫa-ni-aḫ*$_4$*-ḫe a-na* 4 ŠEŠ.MEŠ SUM-*din*
18 *šum-ma* GIŠ.KIRI$_6$ *ša* ^{m}*Tup-ge-na-a-tal pí-ir-qa ir-ši*
19 GIŠ.KIRI$_6$ *ša-a-šu* ^{m}*Tup-ge-na-tal* ^{m}*Ta-i-še-*⸢*ni*⸣ ^{m}*Ar-šu-aḫ*$_4$
20 *ù* ^{m}*Ḫa-ni-a-aḫ*$_4$*-ḫe* 4 ŠEŠ.MEŠ *ú-za-ak-ka*$_4$*-ma*
21 *a-na* ^{m}*Ši-il-*WA*-te-šup i-na-din-nu* (ca. 4 cm lange Rasur)
22 *šum-ma* GIŠ.KIRI$_6$ *ša* ^{m}*Ši-il-*WA*-te-šup* (Rasur: ...WA-*te-šup*)
23 *pí-ir-qa ir-ši* ^{m}*Ši-il-*WA*-te-šup* GIŠ.KIRI$_6$
24 *ša-a-šu ú-za-ak-ka*$_4$*-ma a-na* 4 ŠEŠ.MEŠ *i-na-din*
u.Rd. 25 *ma-an-nu ša* KI.BAL*-tu* ⸢GIŠ⸣.KIRI$_6$ *ù*
26 GIŠ.KIRI$_6$ *i-ša-ad-dá-ad*
Rs. 27 IGI *Ta-am-pu-uš-*⸢*ki*⸣*-pa* DUMU *Ni-nu-a-tal*
28 IGI *Ka-su-*⸢*un*⸣*-ta* DUMU *G*[*e-l*]*i-ia*
29 IGI *Tar-*⸢*mi-til*⸣*-la* DUMU *Ni-*⸢*ir-ḫi*⸣*-til-la*
30 IGI *Pal-te-e-a* DUMU *Ka-ak-ki*
31 IGI *Ḫa-na-ni-i-ú* DUMU *Wa-an-ti-ip-*LUGAL
32 IGI *Ša-tu-še-ni* ⸢DUMU⸣ *A-wi-iš-tu-ni*
33 ŠU(über Rasur) ^{m}*Eḫ-li-te-šup* DUMU *Tar-mi-ia* DUB.SAR
34 *an-nu-tu*$_4$ LÚ.MEŠ GIŠ.KIRI$_6$ *ki-ma* ⸢GIŠ⸣.KIRI$_6$ *mu-šel*$_6$*-wu*

	(Siegel Nr. 335)	(Siegel Nr. 336)
35	[NA$_4$ ^{m}*Tar-mi-til-la*]	NA$_4$ ^{m}*Ka-su-un-ta*
	(Siegel Nr. 336)	(Siegel Nr. 337)
36	[NA$_4$ ^{m}*Pal-te*]*-e-a*	NA$_4$ ^{m}*Ta-am-pu-uš-ki-pa*
	(Siegel Nr. 336)	(Siegel Nr. 337)
37	NA$_4$ ^{m}*Ta-i-še-ni*	NA$_4$ ^{m}*Šá-tu-še-ni*
	(Siegel Nr. 336)	(Siegel Nr. 336)
38	NA$_4$ ^{m}*Ḫa-ni-aḫ*$_4$*-ḫe*	NA$_4$ ^{m}⸢*Ar*⸣*-šu-aḫ*$_4$
o.Rd. 39	NA$_4$ ^{m}*Tup-ge-na-tal*	(Siegel Nr. 336)
40	(Siegel Nr. 338)	NA$_4$ ^{m}*Ḫa-na-ni-i-ú*
l.Rd. 41	*tup-pí ina* EGIR *šu-du*$_4$*-ti* [ ][47]	
42	*ša*$_{10}$*-ṭì-ir*	NA$_4$ D[UB.SAR]
		(Siegel Nr. 339)

1-4 Tauschurkunde des Tupken-atal, Sohnes des Akip-tašenni, des Tai-šenni, Sohnes des Tauka, <des> Ar-šuaḫ, Sohnes des Ḫanaja, [und de]s Ḫaniaḫḫe, Sohnes des Isuppa.

3-5 Diese vier Geschäftspartner („Brüder“) haben mit Šilwa-teššup Garten gegen Garten getauscht.

6-11 [Einen Gar]ten in Tašenniwe – 418 Ellen ist der Umfang der Umfriedung –, südlich des Gartens des [...], östlich des Gartens des Elḫip-tašenni, [... des Ga]rtens des Purnia haben Tupken-atal, [Tai-šenni, Ar-šuaḫ] und Ḫaniaḫḫe, die vier Geschäftspartner, dem Šilwa-teššup gegeben.

47 Es fehlt wohl nichts.

12-17 Und Šilwa-teššup hat einen Garten aus (seinem Gartengebiet(?)) in Tašenniwe – 418 Ellen ist der Umfang der Umfriedung, östlich des Gartens des Tarmia, westlich des Gartens des Arip-šeriš, nördlich des Gartens des Tupken-atal –, Šilwa-teššup hat (ihn) Tupken-atal, Tai-šenni, Ar-šuaḫ und Ḫaniaḫḫe, den vier Geschäftspartnern, gegeben.

18-21 Falls der Garten des Tupken-atal vindiziert werden sollte, werden[!] Tupken-atal, Tai-šenni, Ar-šuaḫ und Ḫaniaḫḫe diesen Garten (von Ansprüchen) freimachen und dem Šilwa-teššup übergeben.

22-24 Falls der Garten des Šilwa-teššup vindiziert werden sollte, wird Šilwa-teššup diesen Garten (von Ansprüchen) freimachen und den vier Geschäftspartnern geben.

25-26 Wer den Vertrag bricht, muss einen weiteren Garten hingeben (wörtl.: „ein Garten zieht einen Garten nach“).

27 Zeuge: Tampuškipa, Sohn des Ninu-atal,

28 Zeuge: Kasunta, Sohn des Kelia,

29 Zeuge: Tarmi-tilla, Sohn des Nirḫi-tilla,

30 Zeuge: Pal-teja, Sohn des Kakki,

31 Zeuge: Ḫananīu, Sohn des Wantip-šarri,

32 Zeuge: Šatu-šenni, Sohn des Awištuni,

33 Hand des Schreibers Eḫli-teššup, Sohn des Tarmia.

34 Diese Männer haben[!] Garten für Garten vermessen.

35 [Siegel des Tarmi-tilla], Siegel des Kasunta,

36 [Siegel des Pal-te]ja, Siegel des Tampuškipa,

37 Siegel des Tai-šenni, Siegel des Šatu-šenni,

38 Siegel des Ḫaniaḫḫe, Siegel des Ar-šuaḫ,

39 Siegel des Tupken-atal,

40 Siegel des Ḫananīu.

41-42 Die Tafel ist nach der Information geschrieben.

42 Siegel des Schreibers.

Übers.: Morrison, Šilwa-Tešup, 224-225. Ed.: Andrews, Exchange, 54-56.

1-3: Tupken-atal S. Akip-tašenni ist in AdŠ 629: 14 bezeugt, seine drei Partner sind sonst nicht belegt. Zur rechtlichen Institution *aḫḫūtu* (wörtl. „Bruderschaft“) s. vorläufig Dosch, Streitwagenfahrer, 92-114 mit Lit.; s. auch Zaccagnini, HdO 72/1, 595.

11: *ittadin-šunūti*: Subjektbezug des Personalsuffixes; s. Wilhelm, AOAT 9, 61, 1a (korr. dort versehentliches „Objektbezug“).

13: Zu *ḫupalla* s. zu Nr. 550: 48ff. (oben p. 53).

15: Wenn der Garten des Tupken-atal, der an den Garten des Šilwa-teššup angrenzt, derselbe ist, der Gegenstand des Tauschgeschäfts ist, müsste in l. 8 der Name des Šilwa-teššup erscheinen, wofür der Raum aber nicht ausreicht.

25f.: Zu *šadādu* „to entail“ mit Zitat der vorliegenden Stelle (ohne Übers.) cf. CAD Š/I, p. 29 sub *šadādu* 4f.

27-29: Die vier Zeugen Tampuš-kipa S. Ninu-atal, Kasunta S. Kelia, Tarmi-tilla S. Nirḫi-tilla und Ḫananiu S. Wantip-šarri sind anderweitig nicht bezeugt. Wahrscheinlich handelt es sich hier um die von den vier „Brüdern“ bestellten Zeugen.

30-32: Die beiden Zeugen Pal-teja S. Kakki, und Šatu-šenni S. Awištuni sind als Empfänger von Getreidedarlehen Šilwa-teššups bekannt (AdŠ 225: 2; AdŠ 208: 4; 213: 1, 17; 220: 2, 18, 21), sie

sind daher sicherlich von diesem als Zeugen bestellt. Die Tilgung ihrer Darlehen hat in URU Tašenniwe zu erfolgen, dem Ort, bei oder in dem die getauschten Gärten liegen.
33: Der Schreiber Eḫli-teššup S. Tarmia ist sonst nicht belegt.
35-40: Es siegeln zunächst die Zeugen, dann die Vertragspartner Šilwa-teššups (jeweils mit einem Nachtrag auf dem oberen Rand). Auffällig ist das Ausmaß der Siegel-Leihe (Nr. 336).

Nr. 553

Quittung; 4 Männer bestätigen vor Zeugen den Empfang einer Gerstenmenge aus Ṣilliawe als Ausgleichszahlung (*utara*) für Felder in Nuzi.

SMN 678; HSS IX 33; A 23; 67 x 83 x 28; koll.; Textzustand 2000.

Vs.	1	6 A[N]ŠE ŠE.MEŠ *ša* ^{m}*Ši-i*[*l*]-WA-*te-šup*	
	2	*ú-ta-ra-a a-na* A.ŠÀ.MEŠ *ša* URU *Nu-zu-e*	
	3	^{m}*Pu-ḫi-še-en-ni* DUMU *En-šúk-ru*	
	4	[^{m}]*Du-ra-ri* DUMU *En-šúk-ru*	
	5	[^{m}]*Pa-i-te-e* DUMU *En-šúk-ru*	
	6	*ù* ^{m}*Ḫu-ti-ia* DUMU *Ur-ḫi-ia*	
	7	*iš-tu* URU *Ṣíl-lí-a-we*	
	8	*a-šar* ^{m}*Ši-il*-<WA>[48]-*te-šup a-na ú-ta-ra-a a-na* 7 ANŠE A.ŠÀ.MEŠ	
	9	*il-te-qè-ú ma-an-nu-ú-mé-e ša*	
	10	*i-na bi-ri-šu-nu ša i-bal-la-*ka_4*-*tu_4	
	11	1 MA.NA KÙ.BABBAR.MEŠ 1 MA.NA KÙ.SI_{22}.MEŠ	
	12	*ú-ma-al-la-a*	
		(Siegel Nr. 340)	(Siegel Nr. 340)
	13	NA_4 *Pu-ḫi-še-en-ni*	NA_4 *Du-ra-ri*
	14	DUMU *En-šúk-rù*	DUMU *En-šúk-rù*
u.Rd.		(Siegel Nr. 341)	(Siegel Nr. 342)
	15	NA_4 *Ḫu-ti-ia*	NA_4 *P*[*a*]-*i-te-*[*e*]
Rs.	16	DUMU *Ur-ḫi-i*[*a*]	[DUMU *E*]*n*-[*šú*]*k*-[*r*]*ù*
		(Siegel Nr. 343)	
	17	[IGI][49] NA_4 ^{m}*Šu-gur-te-šup* DUMU *Wi-ir-ri-ìš-ta-an-ni*	
		(Siegel Nr. 344)	
	18	IGI NA_4 ^{m}*Wi-ir-ra-*$aḫ_4$*-ḫe* DUMU *Ge-li-ia*	
		(Siegel Nr. 345)	
	19	[IGI] NA_4 ^{m}*E-ni-ia* DUMU *Ku-duq-qa-a*	
		(Siegel Nr. 22)	
	20	[IGI NA_4 ^{m}*Še*]-*el-wu-ḫu*	
	21[50]	[DUMU ^{d}IŠKUR-*šar*]-*rù*	

48 Gegen Kopie nach Koll.
49 Nach Koll. gegen Kopie ausreichend Raum.
50 Nach Koll. gegen Kopie neue Zeile.

o.Rd. (Siegel Nr. 346)

22 [IGI NA4 ^{m}*Ut-ḫáp-t*]*a-e*˺ [DUM]U *Ša-aš-ta-e*

l.Rd. (Siegel Nr. 29)

23 [IGI NA4 ^{m}*Še-ḫal-te-š*] *up* DUB.SAR-*rù*

1-9 6 ANŠE Gerste des Šilwa-teššup als Ausgleichszahlung für Felder von Nuzi haben Puḫi-šenni, der Sohn des Enšukru, Turari, der Sohn des Enšukru, Paite, der Sohn des Enšukru, und Ḫutia, der Sohn des Urḫia, aus Ṣilliawe von Šilwa-teššup als Ausgleichszahlung für 7 ANŠE Feld entgegengenommen.

9-12 Wer auch immer unter ihnen (den Vertrag) bricht, muss 1 Mine Silber (und) 1 Mine Gold zahlen.

13-14 Siegel des Puḫi-šenni, Sohnes des En-šukru,
Siegel des Turari, Sohnes des En-šukru,

15-16 Siegel des Ḫutia, Sohnes des Urḫia,
Siegel des Pai-te, Sohnes des En-šukru,

17 Zeuge, Siegel des Šukur-teššup, Sohnes des Wirrištanni,

18 Zeuge, Siegel des Wirraḫḫe, Sohnes des Kelia,

19 Zeuge, Siegel des Enia, Sohnes des Kudukka,

20-21 [Zeuge, Siegel des Š]elwuḫu,[Sohnes des Adad-šar]ru,

22 [Zeuge, Siegel des Utḫap-t]ae, Sohnes des Šaštae,

23 [Zeuge, Siegel] des Schreibers [Šeḫal-tešš]up.

Übers.: Morrison, Šilwa-Tešup, 43(!)f. Ed.: Andrews, Exchange, 41; Fadhil, Topographie, 338.

2, 8: für *utara* s. oben zu Nr. 551: 25. Der Übergabe von Gerste als Ausgleichszahlung liegt wohl ein Tausch von Feldern zugrunde, bei dem Šilwa-teššup Felder erhielt, die um 7 ANŠE größer waren als die Feldfläche, die die Söhne des Enšukru und Ḫutia von Šilwa-teššup erhielten. Als Empfänger von Gerstendarlehen des Šilwa-teššup ist Ḫutia nicht bezeugt (anders Müller, HSAO 7, 154).

3-5: Puḫi-šenni S. Enšukru ist dem mit Ilanu S. Tajuki geschlossenen Werkvertrag HSS V 95 zufolge ein Weber. Als Zeuge fungiert er in der Sprechurkunde des Akap-šenni S. Eḫel-teššup HSS XIX 91. Seine beiden (wohl jüngeren) Brüder und Ḫutia S. Urḫia sind anderweitig nicht belegt.

7: *ištu Ṣilliawe* bezieht sich auf die Herkunft der Gerste, nicht auf die der Männer; so schon zögernd Fadhil, Topographie, 338b. Zu Ṣilliawe s. zuletzt Fadhil, Topographie, 332-341; Fincke, RGTC 10, 350-353; Müller, HSAO 7, 153-f.

17: Šukri-teššup S. Wirrištanni wird in der Liste über Verluste von militärischer Ausrüstung HSS XV 12 (s. Dosch, Streitwagenfahrer, Nr. 64: 40, p. 164f.) aufgeführt. In YBC 5128 (Lacheman & Owen, SCCNH 1, p. 405) erklärt er vor Zeugen seine Anerkenntnis einer Schuld von 3 ANŠE Gerste und verspricht die Rückzahlung zu einem bestimmten Termin. In dem *tuppi tamgurti* Gadd 1: 27 tritt er als Zeuge auf.

17-23: Für die Zusammenziehung der Zeugenliste mit den entsprechenden Siegelbeischriften cf. AdŠ Nr. 561: 12-19, 621: 24-26, 625: 10-14; EN 10/1, 55, 8'; 10/2, 127, 1'.

18: Wirraḫḫe S. Kelia ist ein Verwalter Šilwa-teššups. In der von ihm gesiegelten Quittung AdŠ 514 bestätigt er die Entnahme von 90 Rohrpfeilen Šilwa-teššups aus dem Magazin und den Empfang von 10 guten Bögen.

19: Enia S. Kutukka erscheint in den Regesten von Getreidedarlehensurkunden AdŠ 250: 12 und 253: 84 als Schuldner Šilwa-teššups (Emmer- bzw. Gerstendarlehen).

20: Šelwuḫu S. Adad-šarru ist ebenfalls mehrfach als Schuldner Šilwa-teššups bezeugt: AdŠ 251: 16, 56 und 66 (verzinsliche Gerstendarlehen).
22: Utḫap-tae S. Šaštae ist Zeuge in der *titennūtu*-Urkunde Šilwa-teššups AdŠ Nr. 557: 22 (unten p. 74).
23: Für den Schreiber Šeḫal-teššup (ohne Vatersnamen) s. bereits AdŠ Heft 4, p. 116, letzter Absatz.

Nr. 554

Häuserkauf in Form eines Geschenkaustauschs (*magannūtu*); Ḫašia, Sohn des Alki-teššup, übereignet Šilwa-teššup ein an einen Hauskomplex des letzteren angrenzendes Haus in Āl ilāni und erhält ein nicht genauer bezeichnetes „Geschenk" (*magannu*).

SMN 133; HSS IX 35; A 26; 65 x 89 x 30; koll.; Textzustand 2000.

Vs.	1	*um-ma* ^{m}[*Ḫ*]*a-ši-ia-ma*
	2	DUMU *Al-ki-te-šup* *⸢*a-ni-na*⸣*[51]
	3	É.MEŠ *ša* ŠÀ URU.DINGIR
	4	*ša il-ta-na*[52]*-an ù ša šu-pa-al*
	5	É.MEŠ *ša* ^{m}*Ši-il*-WA-*te-šup* DUMU LUGAL
	6	*ša su-ta-na-an* É.MEŠ
	7	*ša* ^{m}*Wa-an-ti-ia* DUMU *Al-ki-til-la*
	8	*ša* AN.TA KASKAL *ša Nu-ul-ta-aḫ-ḫé*
	9	*ša a-na pu-ḫu-qa-ri*
	10	*ša a-šar* ^{m}*Ur-ḫi-til-l*[*a*]
	11	DUMU *Aš-tar-til-la š*[*a*] *el*$^{!}$*-qú-ú*
	12	*ù i+na-an-na* ⸢*a-na*⸣*-ku* É.MEŠ *ša-a-šu-nu*
	13	*it-ti* ⸢*tup*⸣*-pí-šu-nu-ma*
	14	*a-na ma-ka-an-nu-ti*
	15	*a-na* ^{m}*Ši-il*-WA-*te-šup* DUMU LUGAL
	16	*at-ta-din-šu-nu-ti*
	17	⸢*ù*⸣ *a-na-ku ma-qa-an-nu-ia*
u.Rd.	18	*a-šar* ^{m}*Ši-il*-WA-*te-šup*
	19	*el-te-qè i-lik-šu-nu*
	20	*ša* É.MEŠ ^{m}*Ši-il*-<WA>[53]*-te-šup-ma*
Rs.	21	**na-ši* ^{m}*Ḫa-ši-ia**(über Rasur)
	22	*la na-ši šum-ma* ^{m}*Ḫa-ši-ia*
	23	*i+na* EGIR É.MEŠ *i-ša-as-sí*
	24	*ù* É.MEŠ ^{m}*Ḫa-ši-ia a-na* 10*-šu*
	25	*ú-ma-al-la a-na* ^{m}*Ši-il*-WA-*te-šup*
	26	*i+na-an-din šum-ma* É.MEŠ

51 *...*: 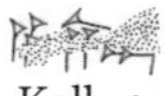
52 Nach Koll. gegen Kopie.
53 Nach Koll. gegen Kopie.

	27	*pá-qí-ra-na* TU[K-š]*i ù* ^{m}*Ši-il*-WA-*te-šup*	
	28	**ú-za-ak-ka*$_4$*(über Rasur) [*t*]*up-pí ina* EGIR (Rasur)	
	29	*šu-du*$_4$*-ti eš-ši ina* URU.DINGIR	
	30	*ša-ṭì-ir*	
	31	NA$_4$ ^{m}*A-ri-iq-qa-ni*	(Siegel Nr. 348)
	32	(Siegel Nr. 347)	⸢NA$_4$⸣ [*Muš*]*-te-šup*
	33	DUMU *Še-ḫu-ur-*⸢*ni*⸣ *ši-bu*	DUMU *Na-i-te-šup*
	34	NA$_4$ ^{m}*Ši-ip*[54]*-ki-te-šup*	NA$_4$ ^{m}*Ur-ḫi-ia*
		(Siegel Nr. 349)	(Siegel Nr. 350)
	35	DUMU *Šúk-ri-ia*	DUMU *Muš-te-i*[*a*][55]
o.Rd.	36	NA$_4$ *Ši-bi-iš*-LUGAL	NA$_4$ ^{m}*Ni-ik-r*[*i-i*]*a*
	37	(Siegel Nr. 351)	DUMU *Šur-kip*-LUG[A]L
	38	DUMU *Ut-ḫ*[*áp-t*]*a-e*	(Siegel Nr. 352)
l.Rd.	39	NA$_4$ ^{m}*Ša-ar-til-la*	NA$_4$ ^{m}*Ḫa-*[*š*]*i-ia*
		(Siegel Nr. 353)	(Siegel Nr. 334)
	40	[D]UB.SAR DUMU DINGIR-*ia*	EN É.MEŠ

1-2 Folgendermaßen (sprach) Ḫašia, der Sohn des Alki-teššup:

2-16 "Das Anwesen (in) der Innenstadt von Āl ilāni nördlich und westlich des Anwesens des Šilwa-teššup, Sohnes des Königs, südlich des Anwesens des Wantia, Sohnes des Alki-tilla, östlich der Straße von Nultaḫḫe, welches ich früher im Tausch von Urḫi-tilla, dem Sohn des Aštar-tilla, entgegengenommen habe –, dieses Anwesen habe ich jetzt zusammen mit seiner/n (Eigentums-)Urkunde(n) als Geschenk dem Šilwa-teššup, dem Sohn des Königs, gegeben.

17-19 Und ich habe mein Geschenk von Šilwa-teššup entgegengenommen."

19-22 Die *ilku*-Verpflichtung des Anwesens trägt Šilwa-teššup, und Ḫašia trägt (sie) nicht.

22-26 Wenn Ḫašia wegen des Anwesens klagt, muss Ḫašia das Zehnfache (des Wertes) des Anwesens zahlen und dem Šilwa-teššup geben.

26-28 Falls das Anwesen vindiziert werden sollte, wird Šilwa-teššup (es von Ansprüchen) freimachen.

28-30 Die Tafel ist nach der neuen Information in Āl ilāni geschrieben.

31, 33 Siegel des Zeugen Arik-kani, Sohnes des Šeḫurni,

32, 33 Siegel des [Muš]-teššup, Sohnes des Nai-teššup,

34, 35 Siegel des Šipki-teššup, Sohnes des Šukria,

34, 35 Siegel des Urḫia, Sohnes des Muš-teja,

36, 38 Siegel des Šibiš-šarri, Sohnes des Utḫap-tae,

36, 37 Siegel des Nikria, Sohnes des Šurkip-šarri,

39, 40 Siegel des Schreibers Šar-tilla, Sohnes des Iluja,

39, 40 Siegel des Ḫašia, des Besitzers des Anwesens.

---

54 Nach Koll. gegen Kopie.

55 

Übers.: Morrison, Šilwa-Tešup, 46f. Ed.: Andrews, Exchange, 42f; Maidman, WAW 18, 182-185; von Dassow, Texts from Nuzi, 121-122.

1: Zu Ḫašia S. Alki-teššup s. AdŠ 551, Komm. zu l. 45 (oben p. 60).
3-8: Das hier genannte Grundstück, das im Westen an die Nultaḫḫe-Straße und im Süden und Osten an Hausgrundstücke Šilwa-teššups grenzt, gehörte ursprünglich Urḫi-tilla S. Aštar-tilla (zu diesem s. AdŠ 584, Anm. l. 2, unten p. 125). Urḫi-tilla überließ es (großenteils) in einem Tauschgeschäft dem Ḫašia S. Alki-tilla (AdŠ 640). Anscheinend behielt Urḫi-tilla einen (kleineren?) Teil des Grundstücks für sich und übergab diesen (später?) im Rahmen eines *mārūtu*-Vertrages dem Verwalter des Šilwa-teššup, Purn-apu (AdŠ 604, unten pp. 166-169).
7: Wantia S. Alki-tilla erscheint als Zeuge in dem *tuppi tamgurti* des Enna-mati S. Teḫip-tilla JEN 468: 36 sowie in dem *tuppi mārūti* JEN 59: 31.
8: Die M/Nultaḫḫe-Straße ist nur hier und in AdŠ 604: 9 bezeugt; s. Fincke, RGTC 10, 190 (korr. [*e*]-*qí* zu [*sú*]-*qí*). In AdŠ 640: 10 ist der Name sehr wahrscheinlich zu ergänzen. M/Nultaḫḫe ist ein sonst nicht bezeugter Personenname. *nul*- und *mul*- erscheinen z. B. als erstes Element in den Personennamen Mul-teššup (Lion & Stein, Temple Precinct, 374a) und Nul-teššup NPN 108a. Eine Personenidentität von M. und N. liegt aber nicht vor. Ein *n*/*m*-Wechsel wurde von Bush 1965, p. 94 sub 4.7 behauptet, doch beruht dies auf einer funktionalen Gleichsetzung der beiden hurr. Wurzelerweiterungen *-am* und *-an*, die aber in der neueren Forschung nicht akzeptiert wird. Da es im Falle von M/Nultaḫḫe unzweifelhaft ist, dass ein und derselbe Name gemeint ist, liegt hier ein *n/m*-Wechsel vor. Eine Parallele dazu bietet der Name M/Nuš-apu (NPN 99a).
14: *magannūtu* "Schenkung", für Belege s. CAD M/1, 32, zur Bedeutung s. Koschaker, Fratriarchat, 26 n. 2, und Koschaker, Randnotizen, 209; von *magannu* "Geschenk"; diese Wortdeutung geht zurück auf Messerschmidt, Mitanni, 25, nach dem Kontext von *ma-ka-a-an-ni-* (*magānni*) Mit. II 54. Ein Zusammenhang mit ai. *maghá-* ist erstmals von Scheftelowitz, ZVS 38 (1905) 272, hergestellt worden; dazu s. Kronasser, Die Sprache 4, 127; von Soden, JEOL 18; Mayrhofer, Indo-Arier, 17, 19; gegen die ai. Ableitung: Diakonoff, HuU, 77f., n. 76, mit Berufung auf Kammenhuber, Arier, die jedoch ibid. p. 227 *maganni* „zu den sichersten (indo-)arischen Lehnwörtern im Hurrischen" zählt. Zu den *magannūtu*-Verträgen s. Maidman, Nuzi Family, 130f. mit weiterer Lit. p. 334f., Anm. 196-198; Zaccagnini, HdO 72/1, 604f.
19: Zu *ilku* (Nominalform von *'lk*, "gehen") s. AdŠ 608: 28, 609: 22, 622: 22, 623: 11, 626: 21, 23, 627: 29 (alle Nom. statt Akk.); *ilka* 635: 13, 640: 23, 25; *ilki-šu* 610: 19; *ilik-šunu* 554: 19. *ilku* ist eine Leistung, die im Rahmen des Rechtsgeschäfts der sog. "Immobilien-Adoption" ("real estate adoption"; Urkundentitel: *tuppi mārūti*) vereinbart werden kann. Letztere ist eine Rechtsfigur, die den Transfer von Immobilien unter Lebenden in der Begrifflichkeit von Verwandtschaftsverhältnissen kodiert. Der "Adoptant" überschreibt seinem "Adoptivsohn" eine Immobilie als "Erbteil" (ḪA.LA / *zittu*) und erhält von diesem ein "Geschenk" (NÍG.BA / *qīštu*). Zu Funktion und Ausgestaltung des *ilku* sind unterschiedliche Interpretationen vertreten worden. Für die umfangreiche einschlägige Forschungsliteratur bis 1976 s. Maidman, Nuzi Family, I 95-123, Anmerkungen: II 312-327; für spätere Literatur s. Zaccagnini, Land Tenure, 91; idem, Proprietà, 714-723; idem, HdO 72/1, 597-599; Fincke, Grundbesitz, 133 n. 26, 137; Maidman, WAW 18, 163-127 mit Anmerkungen 252-254.
28f.: Zu *šūdûtu* „Information" und *šūdûtu eššu* s. AdŠ 603, Anm. zu l. 31 (unten p. 164f.).
31-34: Arik-kani S. Šeḫurni, der ausdrücklich als Zeuge (*šību*) bezeichnet wird, ist anderweitig nicht bekannt. Auch Muš-teššup S. Nai-teššup, Urḫia S. Muš-teja und Nikria S. Šurkip-šarri sind nur hier bezeugt. Da die Urkunde sich auf eine Immobilie in Āl ilāni bezieht und dort geschrieben wurde, ist anzunehmen, dass die Zeugen dort ansässig waren. ----313-316.
34: Šipki-teššup S. Šukria ist Zeuge in der Sprechurkunde EN 9/2 157++: 29 (s. J. Fincke, SCCNH 9, 193f.) aus dem Archiv des Muš-apu S. Purna-zini; für dieses Archiv s. Fadhil, Topographie, 280f.,

36: Šipiš-šarri S. Uthap-tae ist Zeuge in dem Heiratsvertrag Gadd 16: 35.
39: Der Schreiber Šar-tilla S. Iluja hat drei weitere Urkunden für Šilwa-teššup bzw. für dessen Verwalter Purn-apu geschrieben (AdŠ 589 [ohne Ortsangabe], 604 [Āl ilāni], 605 [Ṣilliawe]). Für andere Auftraggeber hat er eine Urkunde in Āl ilāni (Gadd 33), eine andere in Tašenniwe (Gadd 50) sowie drei weitere in Nuzi (EN 9/1, 193, 198, EN 9/3, 288) geschrieben.

Nr. 555

Erklärung (*umma*) des Ḫanaja, des Sklaven und Verwalters zweier in Ḫanigalbat lebender Männer, derzufolge er aus Altersgründen fünf Männer aus Paḫḫarrewe/Paḫḫarrašwe als seine Stellvertreter bei der Rechnungslegung betreffs der Felder seiner Herren bestellt hat. Šilwa-teššup, der an diesen Feldern einen Rechtstitel erworben hat, garantiert dem Ḫanaja seinen persönlichen Besitz und legt der ihm unterstehenden Dorfgemeinschaft Paḫḫarrewe/Paḫḫarrašwe eine Regresspflicht im Falle eines Verlustes auf.

SMN 481; IM 50845; HSS IX 34; A 26; 69 x 101 x 33; nicht koll., Textzustand nach EP und einem Photo von D. L. Stein (1983), Siegelbeischriften nach AdŠ 9, p. 50.

Hülle:	1	*tup-pu* A.ŠÀ.MEŠ-*ti*
	2	*ša* URU *A-*⸢*qa-a+a*⸣[(-)
		(Siegel Nr. 354)
Tafel:		
Vs.	1	*um-ma* ^{m}*Ḫa-na-a+a-ma*
	2	LÚ.ÌR *ša* ^{m}*Be-en-ti*
	3	*ù ša* ^{m}*A-pu-uš-ka ša* KUR *Ḫa-lì*<*-gal-bat*>
	4	A.ŠÀ.MEŠ *ša* URU *A-ka-a+a* >ŠE.MEŠ<(?)
	5	*a-na* ^{m}*Ši-il-*WA*-te-šup* DUMU LUGAL
	6	*it-ta-ad-nu um-ma* ^{m}*Ḫa-na-a+a-ma*
	7	*ù a-na* A.ŠÀ.MEŠ *ša-a-šu*
	8	*ṭe*$_4$*-e-ma a-ša-ak-ka*$_4$*-an-mi*
	9	*ù i+na-an-na a-na-ku al-ti-ib*
	10	*ki-ma pu-ḫi-ia*
	11	^{m}*Pu-ḫi-še-en-ni* DUMU *Ša-ad-du-ia*
	12	^{m}*A-bi-*DINGIR DUMU EN-ŠEŠ-*šu*
	13	^{m}*Šal-li-ia* DUMU *Pu-ú-ia*
	14	^{m}*Ša-ar-te* DUMU *A-ki-ia*
	15	^{m}*A-wi-i-lu* DUMU *Nu-ri-ia*
	16	5 LÚ.MEŠ *an-nu-ti*
u.Rd.	17	*ša* URU *Pa-ḫa-ar-re-we*
	18	*ù a-na ša-ma-al-lu-ti*
	19	*a-na* ŠU ^{m}*Ḫa-na-a+a*
Rs.	20	*it-ta-din*(über Rasur) *ù* A.ŠÀ.MEŠ

21 *ša-a-šu ṭe*$_4$*-e-ma* (Rasur)
22 *i-ša-ak-ka*$_4$*-nu*
23 *um-ma* ^{m}*Ši-il-*WA*-te-šup* DUMU LUGAL
24 *mi-nu-um-me-e ša* É*-šu*
25 *ša* ^{m}*Ḫa-na-a+a* GUD.MEŠ*-šú*
26 UDU.MEŠ*-šu ka-lu-um-ma-ni-šu-ma*
27 *ša* ^{m}*Ḫa-na-a+a*
28 *ù a-na* ŠU*-ti*(über Rasur)
29 5 LÚ.MEŠ *an-nu-ti na-din*
30 *šum-ma mi-im-mu-šu*
31 *ša* ^{m}*Ḫa-na-a+a ša i-ḫal-li-qú*
32 *i-bá-aš-ši*
33 *ù* URU(über Rasur) *Pa-ḫa-ar-ra-aš-we*
34 *ú-ma-al-la*
(Siegel Nr. 13)
35 NA$_4$ ^{m}*Ši-il-*WA*-te-šup*
36 DUMU LUGAL
(Siegel Nr. 354)
37 NA$_4$ ^{m}*Ḫa-na-a+a* ÌR *ša* ^{m}*Be-en-ti*
38 *ù ša* ^{m}*A-pu-uš-qa*

Hülle: Tafel der Felder von Akaja[(...)].

Tafel:

1-3 Folgendermaßen (sprach) Ḫanaja, der Sklave des Penti und des Apuška aus Ḫali<galbat>:

4-6 "Felder des Ortes Akaja haben sie (sc. Penti und Apuška) dem Šilwa-teššup, dem Sohn des Königs, gegeben."

6 Folgendermaßen (sprach) Ḫanaja:

7-8 "Über diese Felder erstatte ich (üblicherweise) Bericht.

9 Aber ich bin nun alt geworden,

10-20 als meine Stellvertreter hat er (sc. Šilwa-teššup) (deshalb) Puḫi-šenni, den Sohn des Šattuja, Abī-ilu, den Sohn des Bēl-aḫḫē-šu, Šallia, den Sohn des Puja, Šarte, den Sohn des Akia, (und) Awīlu, den Sohn des Nūria, diese fünf Männer aus Paḫḫarrewe, zur Unterstützung dem Ḫanaja übergeben,

20-22 und über diese Felder werden sie Bericht erstatten."

23 Folgendermaßen (sprach) Šilwa-teššup, der Sohn des Königs:

24-29 "Was auch immer zum Haus des Ḫanaja gehört, seine Rinder, sein Kleinvieh, die ganze bewegliche Habe des Ḫanaja, die ist diesen fünf Männern übergeben.

30-34 Wenn es geschieht, dass Habe des Ḫanaja verloren geht, dann wird (die Dorfgemeinschaft) Paḫḫarrašwe (sie) bezahlen."

35-36 Siegel des Šilwa-teššup, Sohnes des Königs.

37-38 Siegel des Ḫanaja, des Sklaven des Penti und des Apuška.

Übers.: Morrison, Šilwa-Tešup, 44-46. Ed.: Fadhil, Topographie, 9; Jankowska, Oikumene 5, 41; Saarisalo, Slaves, 28-30.

1-3: In Ermangelung von Vatersnamen können für die drei hier genannten Personen keine weiteren Belege namhaft gemacht werden. Der Name Penti ist nur selten belegt. Der Penti des vorliegenden Textes wohnt zwar ebenso wie sein Miteigner Apuška in Ḫaligalbat, stammt aber aus dem Raum von Paḫḫarrašwe, wo die beiden über den Grundbesitz in Akaja verfügen, um dessen Verwaltung es in dem Text geht. Die beiden weiteren Belege beziehen sich auf einen Schuldner des Šilwa-teššup (AdŠ 252: 5, 253: 100), Da die betreffenden beiden Listen über Getreidedarlehen auch Kiltamuli, den *ḫazannu* von Paḫḫarrašwe, aufführen, beschränkt sich die Verwendung des Namens Penti bisher auf diesen Ort und seine unmittelbare Umgebung.

3: Die Emendation geht auf Saarisalo, Slaves, 28 n. 3 zurück.

4: Der Ortsname Akaja(-) ist auf der Hülle l. 2 am Ende abgebrochen. Ob hier nach l. 4 ŠE.MEŠ zu ergänzen ist, hängt davon ab, ob ŠE.MEŠ als Suffix *-še*.MEŠ, als Logogramm für *še'u* „Gerste" oder als Schreiberversehen zu werten ist. Saarisalo setzt den Ortsnamen als Akajaše an, äußert sich aber nicht zu dem Pluraldeterminativ. Morrison nimmt an, dass hier ŠE.MEŠ als Logogramm zu lesen und dies mit „(for?) grain" zu übersetzen sei. Sprachlich und sachlich ist es jedoch wenig überzeugend; dass die Felder dem Getreideanbau dienten, bedurfte keines expliziten Hinweises, zumal es in dem Text nicht um Felderträge geht. Der Versuch von Wilhelm, AOAT 9, 63, n. 6, MEŠ als eine Wiedergabe von hurr. *-na* zu interpretieren und dies zusammen mit dem vorausgehenden *-še-* im Rückgriff auf eine hurr. Konstruktion zu erklären, beruht auf der Annahme einer stark verkürzten Schreibung Akaja=**ve=*na=až=e=na* „(die Felder) der Leute von Akaja". Diese Deutung ist zu Recht auf Skepsis gestoßen. Fisher, NGN, p. 10f., Nr. 21, Fadhil, Topographie, 9, und Fincke, RGTC 10, 2, setzen den Ortsnamen als Akaja ohne zusätzliches Suffix, gleichlautend mit dem häufig belegten Personennamen Akaja, an. Zu Ortsnamen dieses Typs s. Fincke, RGTC 10, XIX, 3.1.b mit n. 35. Allerdings bieten die drei Autoren keine Erklärung für ŠE.MEŠ.

1-6: In seiner ersten mit *umma* eingeleiteten Aussage erklärt Ḫanaja, Sklave von Penti und Apuška, dass letztere ihre Felder in Akaja dem Šilwa-teššup „gegeben haben" (*ittadnū* [Perfekt]).

6-22: In einer weiteren *umma*-Aussage erklärt er, dass er bezüglich dieser Felder „weisungsberechtigt" sei (*ṭēma ašakkan*), Šilwa-teššup ihm aber auf Grund seines Alters fünf Männer als Assistenten beigegeben habe, die (künftig) bezüglich der Felder „weisungsberechtigt" sind (*ṭēma išakkanū* [Präsens-Futur]).

11-15: Die fünf zur Unterstützung des Ḫanaja bestimmten Männer sind zumeist als Schuldner des Šilwa-teššup bezeugt, in zwei Fällen ist eine Zugehörigkeit zu Paḫḫarrašwe nachzuweisen. Puḫi-šenni S. Šattuja ist wahrscheinlich ein Bruder des Akija S. Šattuja, der als Schuldner Šilwa-teššups in der Liste von Schuldnern aus Paḫḫarrašwe AdŠ 250: 3; 81 erscheint. Abī-ilu S. Bēl-aḫḫē-šu ist anderweitig nicht genannt. Sein Vater ist wahrscheinlich mit dem gut bezeugten gleichnamigen Rinderhirten des Šilwa-teššup identisch. (Für die assyrische Form von dessen Namen cf. EN.ŠEŠ-*ḫ*[*é-š*]*u*, AdŠ 442 = HSS XIII 330: 12.)

Šallia S. Puja erscheint als Schuldner Šilwa-teššups in der Liste von Schuldnern aus Ṣilliawe AdŠ 251: 12 sowie in AdŠ 253: 82.

Šarte S. Akia ist anderweitig nicht belegt.

Awilu S. Nureja ist Schuldner aus Paḫḫarrašwe, s. AdŠ 250: 5, 251: 110, 253: 2.

17: Der Name *paḫ(ḫ)ar(i)=re(<ne)=ve* „(Ort) des Töpfers" bezieht sich auf denselben Ort, der sonst meist die Pluralform *paḫ(ḫ)ar(i)=r(a)(<na)=aš=fe* „(Ort) der Töpfer" (l. 33) aufweist. Der Brief eines Königs von Mittani HSS IX 1 (AdŠ 685) bezieht sich auf denselben Ort, weist aber die für das „Westhurritische" charakteristische Endung des Gen. pl. *=až=e* < *=aš=fe* auf (s. dazu Wilhelm, Variety, 79f.). Für Belege s. Fincke, RGTC 10, 211; s. auch Anm. zu AdŠ 3, Nr. 167.

23-34: In einer weiteren Erklärung überträgt Šilwa-teššup das Hausgut und Vieh des Ḫanaja dessen fünf Assistenten und legt dem Ort Paḫḫarrašwe eine Verpflichtung zum Schadensersatz für den Fall eines Verlustes auf.
30-32: Zu der Konstruktion mit *bašû* s. Wilhelm, Or 59, 309 n. 15.
35-38: Die Urkunde ist von Šilwa-teššup und Ḫanaja gesiegelt. Auch hier wird Ḫanaja als Sklave von Penti und Apuška bezeichnet. Dies beweist, dass es sich bei der Übergabe der Felder an Šilwa-teššup (l. 5f.) nicht um einen Eigentumstransfer handelt, sondern um die Begründung einer Treuhänderschaft. Als Treuhänder für die im Ausland lebenden Eigentümer stellt Šilwa-teššup dem von den Eigentümern eingesetzten Verwalter Ḫanaja zu dessen Entlastung Helfer zur Seite und trägt dafür Sorge, dass Ḫanajas Besitz nicht geschmälert wird.

III. Urkunden über Darlehen mit Gestellung einer Person als Nutzungspfand (*titennūtu*)

Nr. 556

Erklärung (*lišān-šu*) des Enna-mati, Sohnes des Puḫi-šenni, derzufolge er von Šilwa-teššup ein Darlehen in Höhe von 3 ANŠE Gerste empfangen und seinen Sohn als Nutzungspfand gestellt hat.

SMN 170; IM 50787; HSS IX 15; A 26; 89 x 67 x 29; koll; Textzustand 1983.

Vs.	1	EME-*šu ša* ^{m}[*E*]*n-n*[*a-ma-ti* DUMU *Pu-ḫi-še-en-ni*][56]
	2	⸢*a*⸣-*na pa-ni ši-bu-*⸢*ti*⸣ [*iq-t*]*a-*[*bi* 3 ANŠE ŠE.MEŠ]
	3	*a-na* UR$_5$.RA *a-šar* ^{m}*Ši-il-*WA-*te-*[*šup* DU]MU LUG[AL]
	4	*el-te-qè i+na-an-na a-na-ku* ^{m}*Ḫu-t*[*i-i*]*a*
	5	DUMU-*ia ki-ma* 3 ANŠE ŠE *a-na ti-te-en-nu-ti*
	6	*a-na* ^{m}*Ši-il-*WA-*te-šup at-ta-din*
	7	*e-nu-ma* 3 ANŠE ŠE *a-na* ^{m}*Ši-il-*WA-⸢*te-šup*⸣
	8	*ú-ta-ar-ma* ^{m}*Ḫu-ti-ia* DUMU-*ia e-*⸢*leq*⸣-*qè*
		(2 Zeilen unbeschrieben)
	9	IGI *Ku-un-nu-na-a+a* DUMU *Ip-šá-a+a*
	10	IGI *En-na-ma-ti* DUMU *Zu-ia*
u.Rd.	11	⸢IGI⸣ *Wa-an-*⸢*ti-ia* DUMU *Ú*⸣-*i-ra*
	12	IGI *Šúk-ri-te-šup* [DU]MU *A-kip-še-en-ni*
Rs.	13	IGI *El-ḫi-ip-til-la* DUB.SAR DUMU
	14	*Wu-ur-ru-ku-un-ni*

[57]

(Siegel Nr. 355) (Siegel Nr. 356)

56 Ergänzung nach l. 17.
57 Die Rs. ist unterhalb dieser Linie durch zwei senkrechte Linien in drei gleich große Felder aufgeteilt, auf die aber nur die Siegel des Šukri-teššup und des Wantia Rücksicht nehmen.

	15	[N]A4 ^{m}*Šúk-ri-te-šup*	NA4 ^{m}*Ku-un-nu-na-a+a*
	16		NA4 ^{m}*En-na-ma-ti*
		(Siegel Nr. 357)	(Siegel Nr. 358)
	17	NA4 ^{m}*Wa-an-ti-ia*	DUMU *Pu-ḫi-*[*še-e*]*n-ni*
o.Rd.	18	[N]A4 ^{m}*El-ḫi-ip-til-la* DU[B.SAR]	
		(Siegel Nr. 356)	
l.Rd.	19	NA4 ^{m}*En-na-ma-ti*	
		(Siegel Nr. 28)	

1-2	Erklärung des Enn[a-mati, Sohnes des Puḫi-šenni]; vor Zeugen hat er erklärt:
2-4	"[3 ANŠE Gerste] habe ich auf Borg von Šilwa-teššup, dem Sohn des Königs, entgegengenommen.
4-6	Nunmehr habe ich für die 3 ANŠE Gerste meinen Sohn Ḫutia dem Šilwa-teššup zur *titennūtu* gegeben.
7-8	Sobald ich dem Šilwa-teššup 3 ANŠE Gerste zurückgebe, darf ich meinen Sohn Ḫutia (wieder zurück)nehmen."
9	Zeuge: Kunnunaja, Sohn des Ipšaja,
10	Zeuge: Enna-mati, Sohn des Zuja,
11	Zeuge: Wantia, Sohn des Ụira,
12	Zeuge: Šukri-teššup, Sohn des Akip-šenni,
13-14	Zeuge: Elḫip-tilla, Schreiber, Sohn des Wurrukunni.
15	Siegel des Šukri-teššup, Siegel des Kunnunaja,
16-17	Siegel des Enna-mati, Sohnes des Puḫi-šenni,
17	Siegel des Wantia,
18	Siegel des Schreibers Elḫip-tilla,
19	Siegel des Enna-mati.

Übers.: Morrison, Šilwa-Tešup, 28-29. Ed.: Eichler, Indenture, 109; H. Lewy, Titennûtu, 332f.

1, 4: Enna-mati S. Puḫi-šenni erscheint in AdŠ 250: 19 als Mitglied einer Gruppe von vier Solidarschuldnern, die von Šilwa-teššup je 1 ANŠE als verzinsliches Darlehen entgegennehmen. Sein Sohn Ḫutia S. Enna-mati ist – sicherlich nach Ende seiner Arbeitsverpflichtung als *titennu* – ebenfalls als Schuldner des Šilwa-teššup bezeugt (AdŠ 236: 21).

5: *titennūtu* ist die Bezeichnung eines Geschäfts, bei dem ein Darlehen durch ein Nutzungspfand gesichert und verzinst wird. Das Pfand kann eine Sache (zumeist ein Feld) oder eine Person (*titennu* genannt, z. B. ein Sohn des Darlehensnehmer) sein. Im ersten Fall ist der Feldertrag, im zweiten Fall die Arbeitsleistung des *titennu* das Zinsäquivalent. Zur Forschungsgeschichte und zur Personen-*titennūtu* s. Eichler, Indenture; für neuere Lit. s. Zaccagnini, Pfand, idem, HdO 72/1, 609f., idem, CHANE 9, 228-234.

9: Kunnunnaja S. Ipšaja ist auch Zeuge in dem Kaufvertrag AdŠ 560: 23, 26. Möglicherweise ist er identisch mit einem in Tašenniwe wohnenden Schuldner des Šilwa-teššup (AdŠ 214: 4).

10: Enna-mati S. Zuja ist ein Verwalter des Šilwa-teššup. Der Name Zuja findet sich auch in dem Namen des Ortes URU Zuja-we, wo Šilwa-teššup Getreidespeicher (und daher wahrscheinlich auch Agrarflächen) besitzt. Nach AdŠ 169: 23-29 ist Enna-mati der dortige Verwalter; s. auch unten AdŠ 561, Anm. zu l. 19 (p. 84).

Enna-mati tritt als Kläger in einem Prozess gegen zwei Männer auf, die er des Einbruchs in ein Vorratsgebäude des Šilwa-teššup und Diebstahls von Emmer beschuldigt (AdŠ 585). In mehreren Rechtsgeschäften des Šilwa-teššup fungiert er als Zeuge (AdŠ 561: 19, 625: 10f., 642: 24). S. noch AdŠ 153: 19-22 mit Anm. Dass er aber auch eigene Geschäfte zusammen mit anderen, darunter auch Sklaven des Šilwa-teššup, unternahm, zeigt AdŠ 236.
11, 12: Wantia S. Ụira und Šukri-teššup S. Akip-šenni sind anderweitig nicht bezeugt.
13f.: Der Schreiber Elḫip-tilla S. Wurrikunni hat auch AdŠ 584, 623 und 717 (HSS XIII 114) sowie die nicht zum AdŠ gehörigen Tafeln EN 9/1 40 und Gadd 30 geschrieben.

Nr. 557

Kupi-šarri, Sohn des Milkuja, empfängt ein Darlehen in Höhe von 3 ANŠE Gerste und gestellt sich selbst als Nutzungspfand zur Bearbeitung der Gärten des Šilwa-teššup in Palaja.

SMN 222; HSS IX 28; A 26; 64 x 87 x 27; koll.; Textzustand 1996.

Vs.	1	3 ANŠE ŠE *ša* ^{m}*Du-ra-*⸢*ar*⸣*-te-šup*
	2	DUMU *A-*{1}*kip-ta-še-en-ni*
	3	*a-na ti-te-en-nu-ti*
	4	^{m}*Ku-bi-*LUGAL DUMU *Mil-ku-ia*
	5	*il-te-e-qè-e*
	6	*ki-i-mu* 3 ANŠE ŠE.MEŠ
	7	GIŠ.KIRI$_{6}$.MEŠ *ša* URU *Pa-la-a+a*
	8	*ša* ^{m}*Ši-*⸢*il*⸣-WA-*te-šup* DUMU LUGAL
	9	*a-na* 10 MU.MEŠ-*ti ú-ka*$_{4}$*-al-lu*
	10	*e-nu-ma* 10 M[U.M]EŠ-*ti*
	11	*im-ta-la ù* ^{m}*Ku-bi-*LUGAL
	12	3 ANŠE ŠE *a+na*
	13	^{m}*Du-ra-ar-te-šup*
	14	*ú-ta-*[*a*]*r-ma*
	15	*ù ú-uṣ-ṣí*
	16	*šum-ma* ^{m}*Ku-bi-*LUGAL
	17	*ina* 1 UD-*mi ina* GIŠ.KIRI$_{6}$.MEŠ
u.Rd.	18	*i-pá-ṭur* 1 MA.NA URUDU
	19	*ú-ri-ḫul-ši*
Rs.	20	*a-na* 1 UD-*mi ú-ma-la*
	21	IGI *Pu-ḫi-še-en-ni* DUMU *Šur-ki-til-la*
	22	IGI *Ut-ḫáp-ta-e* DUMU *Ša-aš-ta-e*
	23	IGI *Ta-e-na* DUMU *A-ri-pa-a-pu*
	24	IGI *E-ni-iš-ta-e* DUMU *Ut-ḫi*
	25	IGI *Du-ra-ri* DUMU *Pu-ḫi-a*
	26	IGI *Tup-ku-ra-aš-še* DUMU *Tub-bi-te-šup*

	27	IGI *A-bi-*DINGIR DUMU *Pu-ḫi-še-ni*		
	28	IGI *Qa-an-qa* DUMU *A-ki-a*		
	29	ŠU *Ḫa-ši-ia* DUB.SAR		
		(Siegel Nr. 359)	(Siegel Nr. 360)	
	30	NA$_4$ ⌜*Ku*⌝[58]*-bi-*LUGAL	NA$_4$ *Tup-ku-ra-aš-še*	
		(Siegel Nr. 361)	(Siegel Nr. 361)	
	31	NA$_4$ *Qa-an-qa*	NA$_4$ *Ta-e-na*	
		(Siegel Nr. 362)		
	32!	NA$_4$ *Pu-ḫi-še-en-ni*		
o.Rd.		(Siegel Nr. 363)		
	33!	NA$_4$ *E-ni-iš-ta-e*		
l.Rd.		(Siegel Nr. 364)	(Siegel Nr. 365)	(Siegel Nr. 363)
	34!	NA$_4$ *Du-ra-ri*	NA$_4$ *A-bi-*DINGIR	NA$_4$ ^{m}*Ut-ḫáp-ta-e*

1-5 3 ANŠE Gerste des Turar-teššup, Sohnes des Akip-tašenni, hat Kupi-šarri, Sohn des Milkuja, zur *titennūtu* entgegengenommen.
6-9 Für die 3 ANŠE Gerste wird er die Gärten von Palaja des Šilwa-teššup, Sohnes des Königs, auf 10 Jahre pflegen.
10-15 Sobald die 10 Jahre abgelaufen sind, wird Kupi-šarri 3 ANŠE Gerste zurückgeben und (aus seinem Dienstverhältnis) austreten.
16-20 Wenn Kupi-šarri einen Tag in den Gärten versäumt, muss er für einen Tag eine Mine Kupfer als Arbeitsausfallentschädigung zahlen.
21 Zeuge: Puḫi-šenni, Sohn des Šurki-tilla,
22 Zeuge: Utḫap-tae, Sohn des Šaš-tae,
23 Zeuge: Taena, Sohn des Arip-apu,
24 Zeuge: Eniš-tae, Sohn des Utḫi,
25 Zeuge: Turari, Sohn des Puḫia,
26 Zeuge: Tupk-urašše, Sohn des Tuppi-teššup,
27 Zeuge: Abī-ilu, Sohn des Puḫi-šenni,
28 Zeuge: Kanka, Sohn des Akia.
29 Hand des Schreibers Ḫašia.
30 Siegel des Kupi-šarri, Siegel des Tupk-urašše,
31 Siegel des Kanka, Siegel des Taena,
32 Siegel des Puḫi-šenni,
33 Siegel des Eniš-tae,
34 Siegel des Turari, Siegel des Abī-ilu, Siegel des Utḫap-tae.

Übers.: Morrison, Šilwa-Tešup, "39-40" = 43e-f. Ed.: Eichler, Indenture, 124; H. Lewy, Titennûtu, 332f.

1, 13: Turar-teššup, Sohn des Akip-tašenni, gehört zu der vorletzten Generation der Familie des Teḫip-tilla S. Puḫi-šenni (für einen Stammbaum s. Maidman, Nuzi Family, 54). Von seinem älteren Bruder Wur-teššup liegen mehrere Urkunden vor, die nach dem Urteil von Maidman,

58 Gegen Kopie.

p. 296, auf eine Verarmung („total impoverishment") und Abhängigkeit von seinem Cousin Tarmi-tilla S. Šurki-tilla aus einem älteren Zweig der Familie hinweisen. Die *lišānu*-Urkunde JEN 115 illustriert die wirtschaftliche Lage der beiden Brüder: Sie besitzen einen Sklaven, den sie gemeinsam an Tarmi-tilla verkaufen. In der großen Liste von Darlehen AdŠ 251 steht Turar-teššup S. Akip-tašenni vor Verwaltern des Šilwa-teššup (Purn-apu, Maršan, Warim-mušni) als Empfänger von 3 ANŠE Gerste und 1 ANŠE Weizen an erster Stelle. Dies und insbesondere auch die vorliegende Urkunde zeigt, dass Turar-teššup als Verwalter im Dienst des Šilwa-teššup steht. Einen weiteren Beleg hierfür liefert AdŠ 568: 3.

3: Pace Fadhil, Topographie, 137, handelt es sich hier um einen normalen Personen-*titennūtu*-Vertrag, bei dem die Arbeitsleistung des *titennu* (hier die von Kupi-šarri zu leistende Gartenarbeit) als Zinsäquivalent dient.

4: Kupi-šarri S. Milkuja ist anderweitig nicht bezeugt.

7: Grundbesitz des Šilwa-teššup in Palaja ist auch sonst bezeugt; cf. AdŠ 1, Nr. 5, 37: 3; Nr. 174: 32f. und sonst. Wahrscheinlich hat Šilwa-teššup ihn von seiner Mutter Amminnaja geerbt; s. Fadhil, Topographie, 137f.; Fincke, RGTC 10, 215f.; Müller, HSAO 7, 208f.

9: Mit Eichler, Indenture, 124, Anm. b zu Nr. 28 ist *kullu* hier abweichend von dem Gebrauch in anderen *titennūtu*-Urkunden nicht „den Nießbrauch haben", sondern „(den Garten) pflegen" („to maintain") zu übersetzen.

18: Zu *i-pá-ṭur* s. CAD P, 297a und U/W, 225a.

19: Das hurritische Wort *uriḫulši* bezeichnet eine Kompensation für eine vereinbarte, aber nicht geleistete Arbeit; s. AHw III 1430, CAD U/W, 225; Eichler, Indenture, 22-25 (mit Forschungsgeschichte), für neuere Lit. s. Zaccagnini, AoF 15, 45-52.

Seit der ersten Behandlung des Begriffs durch Chiera & Speiser, JAOS 47, 46f., wurde er ohne eingehende Diskussion als ein konsonantisch auslautender Stamm (*uriḫul*) angesetzt, der im Nom. und Akk. regelmäßig mit dem Possessivsuffix der 3. Ps. sg. m. oder f. (*-šu*, *-ša*) konstruiert sei, im Genitiv aber unter Verdopplung des *-l-* vokalisch auslaute. Im Gegensatz zu den Nom. und Akk.-Formen weisen die Genitivformen nur ausnahmsweise ein Possessivsuffix auf: *ú-ri-ḫul-*lì-šu-nu* JEN 273: 19, sonst regelmäßig *ú-ri-ḫul-*lì*. Die letzteren Formen stehen z. T. nach einer Präposition (*kīma*: HSS V 40, *qadu*: JEN 273:19) und können daher als akkad. Genitive betrachtet werden, in anderen Fällen ist die Bestimmung als Genitiv möglich, aber nicht zwingend (z.B. 1 MA.NA URUDU *ú-ri-ḫul-*lì* AASOR 16, 62: 17f., aber auch 1 MA.NA URUDU *ú-ri-ḫul-šá* HSS XIII 418: 32). Die konsonantisch auslautende Form (*uriḫul*) ist nur zweimal bezeugt (EN 9/1, 165: 32, JEN 361: 35), in beiden Fällen am Ende der Zeile, so dass hier ein Bruch, ein Schreiberversehen oder ein Kopistenfehler nicht ausgeschlossen ist.

Im Akkadischen der Nuzi-Texte wird das Possessivsuffix der 3. Ps. sg. f. (*-ša*) meist durch das der 3. Ps. sg. m. (*-šu*) ersetzt; s. Gordon, Dialect, 39. Aus der fast vollständigen Belegsammlung in CAD U/W, 225 (sub "*uriḫullu*") ergibt sich jedoch die folgende Verteilung: *-šu*: 6, *-ša*: 11. Diese Verteilung spricht gegen die Auffassung, es handele sich hier um Possessivsuffixe. Hinzu kommt, dass bei den 11 Belegen von *-ša* nur in 2 Fällen ein Bezug auf eine weibliche Person vorläge. Aus diesen Gründen ist das Lexem als *uriḫulš*+Vokal anzusetzen, und zwar *-u* als akkadisierte Form und *-a* als hurritischer Essiv ("als"). Die bisher als *lì* (LIM) transkribierte, fünfmal bezeugte Endung kann nun *-ši* gelesen werden; dabei kann *-i* sowohl für den akkadischen Genitiv stehen wie für den hurritischen Absolutiv.

uriḫulšu/a/i hat demnach eine ähnliche Struktur wie das hapax legomenon unbekannter Bedeutung *uruḫulše* (zu diesem s. Maidman, Legal Tablets, 82 und CAD U/W, 270). In beiden Fällen handelt es sich um ein hurr. Nomen auf *=ži/e*; eine gesicherte Segmentierung (etwa *ur=iġ=ol=*[?] bzw. *ur=oġ=ol=*[?]) und plausible semantische Ableitung von *ur-* "vorkommen, existieren"oder *ūr-* "wünschen" ist noch nicht möglich; für Lit. s. Richter, BGH, 459-502, Wilhelm, Beiträge, 579.

21-24, 26-28: Diese Zeugen sind anderweitig nicht belegt.
25: Turari S. Puḫia ist Zeuge in den Urkunden AdŠ 566: 26, 39; 609: 40, 57; 610: 32, 40; 636: 17, 21; 637: 37, 42. Nach HSS XIX 50: 12 ist er der ältere Bruder von Ḫutia, der von Šeḫal-teššup S. Teḫup-šenni als Sohn und Erbe adoptiert wird, dies aber mit der Einschränkung, dass er nur die Position eines jüngeren Bruders (*terdennu*) hat, falls die Ehefrau des Šeḫal-teššup einen Sohn gebiert.
29: Der Schreiber Ḫašia hat auch die Urkunde AdŠ 638 geschrieben.

Nr. 558

Erklärung (*lišān-šu*) des Alki-tilla und des Zunnaja, der Söhne des Kainnuja, derzufolge sie sich als Nutzungspfand für einen ihrem Vater geliehenen jugendlichen Diener dem Šilwa-teššup übergeben haben.

SMN 136; HSS IX 13; A 26: 72 x 115 x 32; koll.; Textzustand 1986.

Vs.	1	EME-*šu ša* ^{m}*Al-*⸢*ki*⸣*-til-la*
	2	*ù* EME-*šu ša* [^{m}*Z*]*u-un-na-a+a*
	3	DUMU<.MEŠ>-*šu ša* ^{m}*Qa-i*[*n*]*-nu-ia*
	4	*a-na pa-ni ši-bu-ti*
	5	*iq-ta-a-bi* 1 *ṣú-ḫa-ru* >*ú*< 2 *am-ma-ti* ÌR-*du*
	6	(Rasur)
	7	*a-bi-ni* ^{m}*Qa-in-nu-ia*
	8	*a-šar* ^{m}*Ši-il-*WA-⸢*te*⸣*-šup* DUMU LUGAL
	9	*il*$_{5}$-⸢*te*⸣*-qè ù i+na-an-na ni-i-nu ki-i ṣú-ḫa-ri*
	10	*i+na* É-*ti ša* ^{m}*Ši-il-*WA-*te-*<*šup a-na*> *ti-te-nu-ti uš-te-ri-ib*
	11	(*aš-bu* rad.) *ù im-ma-ti-me*
	12	2 *am-ma-ti ṣú-ḫa-ru*
	13	*a-na* ^{m}*Ši-il-*WA-*te-šup*
	14	^{m}*Al-ki-til-la ù* ^{m}*Zu-un-na-a+a*
	15	*ú-ta-ar-šu ù ra-ma-an-šu-nu*
	16	*i+na* É-*ti ša* ^{m}*Ši-il-*WA-*te-šup*
	17	*ú-še-eṣ-ṣú-ú* KIN.MEŠ-*šu-nu*
	18	*ša* ^{m}*Al-ki-til-la*
	19	*ù ša* ^{m}*Zu-un-na-a+a aš-la-aš-ge-em*
	20	*ma-an-ni*
	21	IGI ⸢*Ta-a+a-ú-ki*⸣ DUMU *Zi-qa-a+a*
	22	IGI *Nu-*⸢*ul*⸣-[*te-š*]*up* DUMU *Ut-ḫáp-ta-e*
	23	IGI *Ša-*⸢*an-šá-pu*⸣ [D]UMU *Ge-el-ge*
u.Rd.	24	IGI *Eḫ-li-pa-p*[*u*] DUMU *Ur-ḫi-te-šup*
Rs.	25	IGI *Ta-e* DUMU ⸢*A*⸣*-bi-bi-tù*
	26	IGI *Ni-ik-ri-ia* DUMU *Tar-mu-*LUGAL
	27	IGI *Aš-ta-*RI DUMU *Pa-pa-an-te*
	28	IGI *Ḫu-ti-ip-til-la* DUMU *Ta-ú-qa*
	29	IGI *Tar-mi-ia* DUMU *Ḫa-ni-ú*

	30	IGI *Ip-šá-ḫa-lu* DUMU *Al-pu-ia*	
		(Siegel Nr. 366)	(Siegel Nr. 367)
	31	NA$_4$ ^{m}*Aš-ta-*RI	NA$_4$ ^{m}*Ta-a+a-ú-ki*
		(Siegel Nr. 367)	(Siegel Nr. 368)
	32	NA$_4$ ^{m}*Ḫu-ti-ip-til-la*	NA$_4$ ^{m}*Ša-an-ša-pu*
		(Siegel Nr. 369)	(Siegel Nr. 370)
	33	NA$_4$ ^{m}*Ta-e*	NA$_4$ ^{m}*Nu-ul-te-šup*
		(Siegel Nr. 371)	(Siegel Nr. 372)
	34	NA$_4$ ^{m}*Eḫ-li-pa-pu*	NA$_4$ ^{m}*Tar-mi-ia*
		(Siegel Nr. 373)	
	35	NA$_4$ ^{m}*Ip-šá-ḫa-lu*	
l.Rd.		(Siegel Nr. 374)	
	36	NA$_4$ ^{m}*Ni-ik-ri-ia* DUB.SAR-*rù*	

1-5 Erklärung des Alki-tilla und Erklärung des Zunnaja, der Söhne$^{!}$ des Kainnuja; vor Zeugen haben sie$^{!}$ (Text: hat er) erklärt:

5-9 "Einen Jungen von zwei Ellen (Größe) hat unser Vater Kainnuja von Šilwa-teššup, dem Sohn des Königs, als Sklaven entgegengenommen,

9-10 und nunmehr hat er uns als junge Diener in das Haus des Šilwa-teš<šup zur> *titennūtu* eintreten lassen."

11-17 Und sobald Alki-tilla und Zunnaja dem Šilwa-teššup einen zwei Ellen (großen) Jungen zurückgeben, dürfen sie selbst sich aus dem Haus des Šilwa-teššup hinausbegeben.

17-20 Die Arbeit des Alki-tilla und des Zunnaja ist (die) des Wäschers.

21 Zeuge: Tajuki, Sohn des Zikaja,

22 Zeuge: Nul-teššup, Sohn des Utḫap-tae,

23 Zeuge: Šanšapu, Sohn des Kelke,

24 Zeuge: Eḫlip-apu, Sohn des Urḫi-teššup,

25 Zeuge: Tae, Sohn des Abi-bitu,

26 Zeuge: Nikria, Sohn des Tarmu-šarri,

27 Zeuge: AštaRI, Sohn des Papante,

28 Zeuge: Ḫutip-tilla, Sohn des Tauka,

29 Zeuge: Tarmia, Sohn des Ḫaniu,

30 Zeuge: Ipša-ḫalu, Sohn des Alpuia.

31 Siegel des AštaRI, Siegel des Tajuki,

32 Siegel des Ḫutip-tilla, Siegel des Šanšapu,

33 Siegel des Tae, Siegel des Nul-teššup,

34 Siegel des Eḫlip-apu, Siegel des Tarmia,

35 Siegel des Ipša-ḫalu,

36 Siegel des Schreibers Nikria.

Übers.: Morrison, Šilwa-Tešup, 25-27. Ed.: Saarisalo, Slaves, 10; Eichler, Indenture 123.

1-3: Kainnuja und sein Sohn Alki-tilla sind sonst nicht bezeugt. Der zweite Sohn Zunnaja ist sicherlich identisch mit dem gleichnamigen *titennu*, der nach AdŠ 519: 19 als *nakkušše* zum Haushalt des Šilwa-teššup in Zizza gehört.

3, 7: Da Kainnuja, der Vater von Alki-tilla und Zunnaja, nicht selbst als Partei auftritt, darf angenommen werden, dass er zu diesem Zeitpunkt nicht mehr geschäftsfähig, vielleicht nicht mehr am Leben ist. Da der jugendliche Diener, den Kainnuja früher von Šilwa-teššup übernommen hatte, nicht zur Lösung der Verbindlichkeiten dem Šilwa-teššup zurückgegeben wird, ist zu vermuten, dass er gestorben oder geflohen ist, oder aber, dass eine verbindliche Laufzeit für seine Arbeit im Hause des Kainnuja vereinbart wurde. Es fragt sich, welche Sicherheit und welchen Gegenwert der Vater, Kainnuja, dem Šilwa-teššup gegeben hatte. Wahrscheinlich war es seine eigene Arbeitskraft, so dass bei seinem Tod die Gestellung eines neuen *titennu* nötig wurde. Da beide Söhne in diese Funktion eintreten, ist anzunehmen, dass sie noch verhältnismäßig jung sind und noch nicht einzeln in der Lage sind, die vertragsgemäßen Leistungen zu erbringen.

15: *utâr-šu*: richtig *utarrū-šu.*

18: Diese Zeile fehlt in HSS IX 13.

19 sq.: Die Form *ašlašk-* hat eine Parallele in HSS XIV 620 (AdŠ 505, 24), wo der Essiv-Destinativ auf *-a* vorliegt: (Textilien) *a-na aš-la-aš-*⸢*ka-a*⸣ *la ep-šu* "sie sind nicht für den Wäscher geeignet". Die Zugehörigkeit zu dem auch in Nuzi bezeugten *ašlāku* "Wäscher" (so bereits CAD A, II, 446b) ist evident, die Erklärung des /*š*/ in der zweiten Silbe jedoch schwierig. Möglicherweise ist das Wort unter Rückgriff auf die hurritische Wurzelerweiterung *-ašk-* etymologisiert worden. Erklärungsbedürftig ist auch die Schreibung der Mimation mit einem V*m*-Zeichen. Die Verwendung des Zeichens GI, das in Nuzi (und Mittani) auf den Vokal /*e*/ beschränkt ist, deutet auf den Genitiv auf *-e* und damit auf assyrischen Einfluss. Falls man das *ma-an-ni* der folgenden Zeile unter Annahme eines Wortumbruchs hinzuzieht, ergibt sich eine grammatisch nicht zu erklärende Form. Wahrscheinlicher ist daher, dass in *ma-an-ni* das hurritische Existenzverb *mann=i* "ist“ vorliegt, das auch als Pronomen der 3. Ps. Sg. dient (cf. akk. *šū* in Nominalsätzen). – Für ältere Diskussion der Stelle s. Zaccagnini, Rural Landscape, 97.

21: Tajjuki S. Zikaja ist nach AdŠ 604 (ll. 39, 43, 57) wohnhaft in Āl ilāni und fungiert dort als Zeuge eines von Purn-apu, Verwalter des Šilwa-teššup, geschlossenen Vertrages.

23, 24: Šanš-apu S. Kelke (AdŠ 193: 1) und Eḫlip-apu S. Urḫi-teššup (AdŠ 193: 5) sind Empfänger von verzinslichen Gerstendarlehen aus Šilwa-teššups Speichern in Āl ilāni. Eḫlip-apu erscheint öfter als Zeuge in Dokumenten von Angehörigen des Gutes Šilwa-teššups, so in dem *tuppi mārūti* AdŠ 622: 37, das im Zizzae-Tor von Nuzi für den Rinderhirten Šilwa-teššups, Kuba-sa, geschrieben wurde, und in dem Testament des Arip-papni, Sklave des Šilwa-teššup, (AdŠ 637: 35, 42). Zusammen mit einem Schreiber siegelt er eine Erklärung des Hirten Aštar-tilla S. Turari (AdŠ 599: 15). AdŠ 107: 33 zufolge nimmt er 1 ANŠE Gerste entgegen.

22, 25, 27, 29, 30: Diese Zeugen sind anderweitig nicht belegt.

28: Ḫutip-tilla S. Tauka ist ein Kleinviehhirte, s. HSS XIII 371 (AdŠ 398): 8, 15.

26, 36: Für den Schreiber Nikria S. Tarmu-šarri liegen keine weiteren Belege vor.

Auffälligerweise ist die Tafel nicht von Alki-tilla und Zunnaja gesiegelt. Ist unter den Zeugen eventuell ein Verwandter der beiden, der für sie die rechtliche Vertretung zu übernehmen berechtigt war?

IV. Urkunden betreffs Sklaven und Sklavinnen

Nr. 559

Erklärung (*umma*), derzufolge der Aussteller der Urkunde seinen Sohn(?) dem Šilwa-teššup für die Dauer der Lebenszeit Šilwa-teššups als Sklaven übergeben hat.

SMN 1441; HSS XIX 54; A 23; 85 x 104 x 33; koll.; Textzustand 2000.

Vs.	1	[*um-ma* ... x[59]*-p*]*u*$^{?}$[60]*-ma*	
	2	[x x x x (x) **ša* ^{m}*[61]]*Ḫa-ši-ia*	
	3	[x]x[x x x x] ⸢*ù*⸣ *a-na* ÌR-⸢*dì*⸣	
	4	[*a-na* ^{m}]*Ši-*⸢*il*⸣-WA-⸢*te*⸣*-šup* DU[M]U L[U]GA[L]	
	5	[*at*]*-ta-*⸢*din*⸣*-mi*	
	6	⸢*a-dì-i*⸣ [^{m}*Š*]*i-il-*WA-⸢*te*⸣*-šu*[*p*]	
	7	*bal*[*-ṭu*$_4$][59] ⸢*ù*⸣ [^{m}]*Ḫa-ši-ia*	
	8	⸢*i*⸣*-pal-la-a*[*ḫ-šu*] ⸢*e*⸣*-nu-ma*	
	9	^{m}*Ši-il-*W[A*-te-šu*]*p i-ma-at*	
	10	^{m}⸢*Ḫa*⸣*-ši-ia* [*a-šar*] ⸢*ḫa*⸣*-dì i-la-ak*	
	11	*ma-an-nu ša* KI.BAL-[*k*]*a*$_4$*-tu*$_4$	
	12	2 MA.NA KÙ.BABBAR.MEŠ 2 M[A.N]A KÙ.SI$_{22}$.MEŠ	
	13	*ú-ma-al-la*	
	14	IGI *Ur-ḫi-ia* DUMU[	
	15	IGI **M*[*u*]-x[*[62]	
	16	IGI [	
		(Rest zerstört)	
Rs.		(Anfang zerstört)	
	17	[x[63]	
		(Siegel Nr. 375)	[(Siegel)]
	18	NA$_4$ ^{m}[ ]	NA$_4$ ^{m}[
		(Siegel Nr. 376)	
	19	NA$_4$ ^{m}*Ur-ḫi-ia*	(Siegel Nr. 377)
	20	(Siegel Nr. 378)	NA$_4$ ^{m}x[64]*-mi-te-en-ni*
	21	NA$_4$ ^{m}*Šúk-ri-ia*	
		(Eine Zeile radiert)	

59 In EP noch teilweise erhalten.

60 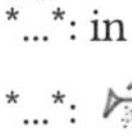

61 *...*: in EP noch erhalten.

62 *...*: 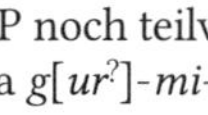

63 In EP noch teilweise erhalten.

64 Etwa *g*[*ur*$^{?}$]*-mi-še*$^{!}$*-en-ni* (?); cf. *Gur-mi-še-en-ni* HSS IX 27: 24 (A 34).

(Siegel Nr. 377)
22 [NA$_4$]-*en-ni*
(Siegel Nr. 379)[65]
23 [*NA$_4$ ^{m}*Te-i*]*š**[66]-*ta-e*
l.Rd. (Siegel Nr. 377)
24 [NA$_4$ *Be-lam*]-*mu-šal*-[*l*]*im*

1 [Folgendermaßen PN, Sohn$^{?}$ des ...p]u$^{?}$:
2-5 "[...] Ḫašia [...], und als Sklaven habe [ich] (ihn) [dem] Šilwa-teššup, dem Sohn des Königs, gegeben."
6-8 Solange Šilwa-teššup lebt, wird Ḫašia ihm dienen.
8-10 Sobald Šilwa-teššup stirbt, darf Ḫašia gehen, [wohin] es ihm beliebt.
11-13 Wer (den Vertrag) bricht, muss 2 Minen Silber (und) 2 Minen Gold zahlen.
14 Zeuge: Urḫia, Sohn des[...],
15 Zeuge: Mu..[...],
16 Zeuge: [...],
17 [...].
18 Siegel des [...], Siegel des [...],
19 Siegel des Urḫia,
20 Siegel des Kurmi-šenni$^{!?}$,
21 Siegel des Šukria,
22 [Siegel des ...]-enni,
23 Siegel des Ti]š-tae,
24 [Siegel des Belam]-mušallim.

2: Ḫašia, der nach diesem Vertrag Šilwa-teššup bis zu dessen Tod dienen soll, ist vielleicht mit dem in AdŠ 34: 30 genannten Ḫašia identisch, der eine für den Sesamölkelterer Eteš-šenni bestimmte Gerstenration in Empfang nimmt.
18-23: Für die Zeugen können wegen des Fehlens der Vatersnamen keine weiteren Belege namhaft gemacht werden. Auch die Siegel, von denen Nr. 377 für drei verschiedene Personen verwendet wird, helfen dafür nicht weiter (cf. Stein, AdŠ 9, p. 332).
24: Bēl-(Ul)am(me)-mušallim (zum Namen s. Deller, Or 45, 44) ist wegen der Position seines Namens nach der Zeugenliste wahrscheinlich mit jenem Bēl-(Ul)am(me)-mušallim identisch, der schon in der Zeit als Schreiber tätig war, in der der Vater des Šilwa-teššup, Ḫišmi-teššup, noch nicht König, sondern noch DUMU LUGAL war; s. AdŠ 674: 26 (HSS XIII 467), 677: 20 (HSS IX 95), 679: 9 (HSS IX 93). Auch hier wird nie der Name des Vaters des Bēl-(Ul)am(me)-mušallim genannt.

Nr. 560

Ṷama, Sohn des Ḫaiš-teššup, aus Ḫaligalbat, kauft von Šilwa-teššup drei Sklavinnen und entrichtet einen Teil des Kaufpreises in Form von zwei Sklavinnen, einem Rind

65 Siegel und Beischrift 90° zur Schriftrichtung rechts neben Siegel Nr. 377 und Beischrift (Šukria).
66 *...*: in EP noch vollständig erhalten.

und einem Esel; den Rest des Kaufpreises, eine hochwertige Sklavin, bleibt er in Form eines verbürgten Darlehens schuldig.

SMN 645; IM 50768; HSS IX 17; A 26? (so Edition), A 30? (so der der Tafel beiliegende Zettel); 62 x 73 x 26; koll.; Textzustand 1983.

Vs.	1	3 ⸢MUNUS⸣.MEŠ *ša* ^{m}*Ši-il*-WA-*te-šup* DUMU LUGAL	
	2	*ù* ^{m}*Ú-a-ma* DUMU *Ḫa-iš-te-šup ša* KUR *Ḫa-lì-gal-bat*	
	3	*il-te-qè-šu-nu-ti ù*	
	4	^{m}*Ú-a-ma* 2 MUNUS.MEŠ 1 GUD 1 ANŠE *a-na*	
	5	^{m}*Ši-il*-WA-*te-šup it-ta-din-šu-n*[*u-t*]*i*	
	6	*ù* 1 MUNUS SIG$_5$.GA *na-sí-iq-t*[*u*$_4$]	
	7	*i+na* UGU-*ḫi* ^{m}*Ú-a-ma ir-te-e*[*ḫ*]	
	8	*šum-ma* 1 MUNUS SIG$_5$.GA *na-sí-iq-t*[*u*$_4$]	
	9	*ù šum-ma* 10 GÍN(„SU") KÙ.SI$_{22}$ SIG$_5$.G[A]	
	10	*a-na* ^{m}*Ši-il*-WA-*te-šup i+na-an-din*	
	11	*ù* ^{m}*Ma-zi-ia* DUMU *A-bu*-DÙG.GA	
	12	*a-na* ^{m}*Ú-a-ma ma-ḫi*-⸢*iṣ*⸣ *pu-ti-šu*	
	13	*šum-ma* MUNUS.MEŠ *ša* ^{m}*Ú-a-ma id-dì-nu*	
	14	*pá-qí-ra-na* TUK-*šu*	
	15	⸢^{m}*Ú*⸣-*a-ma ú-za-ak-ka*$_4$-*šu-nu-ma*	
u.Rd.	16	*a-na* ^{m}*Ši-il*-WA-*te-šup i+na-an-din-šu-nu*	
	17	[*š*]*a* KI.BAL-*tu*$_4$ 3 MUNUS.MEŠ SA$_5$-*la*	
Rs.	18	IGI *Ḫu-ut-te-šup* DUMU *Ar-rap-ḫa-tal*	
	19	IGI *Ḫu-ti-ia* DUMU *Ku-uš-ši-ia*	
	20	IGI *Ḫu-ti-ip-a-pu* DUMU *Ur-ḫi-te-šup*	
	21	IGI *Ta-i-qa* DUMU *Ḫa-na-a+a*	
	22	IGI *Ḫa-na-a+a* DUMU *It-ḫa-a-pu*	
	23	IGI *Ku-un-nu-un-na-a+a* DUMU *Ip-šá-a+a*	
	24	IGI *Tu-ra-ri* DUB.SAR DUMU *Ta-a+a*	
		(Siegel Nr. 380)	(Siegel Nr. 237)
	25	NA$_4$.KIŠIB *Ḫu-ut-te-šup*	NA$_4$.KIŠIB *Ḫu-t*[*i-ia*]
		(Siegel Nr. 381)	(Siegel Nr. 382)
	26	NA$_4$.KIŠIB *Tu-ra-ri*	NA$_4$ *Ku-un-nu-na-a+a*
o.Rd.		(Siegel Nr. 131)	(Siegel Nr. 383)
	27	[N]A$_4$ *Ḫu-ti-ip-a-pu*	NA$_4$ *Ta-i-qa*
l.Rd.	28	[NA$_4$.KIŠI]B *Ḫa-na-a+a*	NA$_4$.KIŠIB *Ú-a-ma*
		(Siegel Nr. 383)	(Siegel Nr. 384)

1-3 Drei Frauen des Šilwa-teššup, Sohnes des Königs, hat Ṷama, der Sohn des Ḫaiš-teššup, aus dem Lande Ḫaligalbat, entgegengenommen, und

3-5 Ṷama hat zwei Frauen, ein Rind (und) einen Esel dem Šilwa-teššup gegeben.

6-7 Und eine gute, auserlesene Frau bleibt Ṷama schuldig.

8-10 Er wird entweder eine gute, auserlesene Frau oder zehn Sekel gutes Gold dem Šilwa-teššup geben.
11-12 Und Mazia, der Sohn des Abbūt-ṭābi, ist Bürge für U̯ama.
13-16 Falls jemand die Frauen, die U̯ama gab, vindizieren sollte, wird U̯ama sie von Ansprüchen freimachen und sie dem Šilwa-teššup geben.
17 Wer (den Vertrag) bricht, muss drei Frauen geben („zahlen").
18 Zeuge: Ḫut-teššup, Sohn des Arrapḫ(e)-atal,
19 Zeuge: Ḫutia, Sohn des Kuššia,
20 Zeuge: Ḫutip-apu, Sohn des Urḫi-teššup,
21 Zeuge: Taika, Sohn des Ḫanaja,
22 Zeuge: Ḫanaja, Sohn des Itḫ-apu,
23 Zeuge: Kunnunnaja, Sohn des Ipšaja,
24 Zeuge: Schreiber Turari, Sohn des Taja.
25 Siegel des Ḫut-teššup, Siegel des Ḫutia,
26 Siegel des Turari, Siegel des Kunnunaja,
27 Siegel des Ḫutip-apu, Siegel des Taika,
28 Siegel des Ḫanaja, Siegel des U̯ama.

Übers. Morrison, Šilwa-Tešup, 29-31. Ed.: Cassin, caution, 159-160; Saarisalo, Slaves, 13-14.

1-10: Zur genaueren Bestimmung des Vertrags („contrat de vente ... rédigé sous forme d'un contrat de crédit?") s. Zaccagnini, Assur 2/1, 11 mit n. 39; idem, Nuzi, 227.

4, 7, 12, 15: Der Name U̯ama (unbekannter sprachlicher Herkunft) ist auch in dem Protokoll eines von Enna-mati, Sohn des Teḫip-tilla, angestrengten Prozesses als Name eines Zeugen belegt (JEN 351: 17).

6: Welche Qualität hier (und in l. 8) mit SIG5.GA (*damiqtu* „gut") bezeichnet werden soll, ist nicht offenkundig. CAD D 71f. übersetzt auf Tiere und Sklav(inn)en bezogenes SIG5.GA mit „fine". AHw I 157 bietet keinen Beleg, der sich auf eine Frau bezieht; die dort auf Soldaten bezogene Übersetzung „tüchtig" käme auch für eine Sklavin infrage, wenn die Beschreibung nur auf die Arbeitsleistung abhöbe. Wie weitere Belege zeigen, handelt es sich jedenfalls bei *damqu nasqu* um eine standardisierte Beschreibung für die Qualität von Sklavinnen und Tieren, insbesondere Pferden (AASOR 16, 95: 6, JEN 108: 6f., 8f.; 316: 8f.; EN 9/1 431 19f. (1 ANŠE.KUR.RA [S]IG5-*qú na-*⸢*as*⸣-*qú*).

13f.: Wörtl.: „Falls die Frauen, die Uama gab, einen Vindikanten bekommen sollten".

18, 21: Ḫut-teššup S. Arrapḫ(e)-atal und Taika S. Ḫanaja sind anderweitig nicht belegt.

19: Zu Ḫutia S. Kuššia s. oben AdŠ 551, Anm. zu l. 44.

20: Ḫutip-apu S. Urḫi-teššup ist in AdŠ 241 Empfänger eines verzinslichen Getreidedarlehens.

22: Zu Ḫanaja S. Itḫ-apu s. oben AdŠ 550: 69 mit n. 26.

23: Kunnunaja S. Ipšaja erscheint auch in AdŠ 550: 9 als Zeuge.

24: Der Schreiber Turari S. Taja gehört zu der 3. Generation der Schreiberfamilie des Apil-Sîn, s. Wilhelm, AOAT 9, p. 10; Fincke, Professions, 555-557.

V. Urkunden über Getreidedarlehen

Nr. 561

Paip-pur, Sohn des Tarmi-teššup, erhält von Šilwa-teššup im Monat Mitirunni (= Januar/Februar) 10 ANŠE Gerste aus Ṣilliawe und verpflichtet sich, im Monat Šeḫali *ša* Teššup (= Juni/Juli) dieselbe Getreidemenge in Āl ilāni zurückzugeben.

SMN 1194; IM 50823; HSS IX 47; keine Raumnummer; 67 x 82 x 28; koll.; Textzustand 1983.

Vs.	1	10(über Rasur) ANŠE ŠE.MEŠ *ša* ^{m}*Ši-*⸢*il*-WA-*te*⸣-*šup*
	2	*a-na šu-pè-ul-ti* ^{m}*Pa-i*[*p-pu*]*r*
	3	DUMU *Tar-mi-te-šup i-na* ITI-*ḫ*[*i Mi*]-*ti-ru-un-ni*
	4	*iš-tu* URU *Ṣíl-lí-a-we* [*il-t*]*e-qè-e*
	5	10(über Rasur) ANŠE ŠE.MEŠ ^{m}*Pa-ip-*[*pu*]*r* D[UMU] *Tar-mi-te-šup*
	6	*pu-ḫi-iz-za-ar-šu a-n*[*a*] ^{m}*Ši-*⸢*il*⸣-W[A]-*te-šup*
	7	*i-na* ITI-*ḫi Še-ḫa-li ša* ^{d}⸢IŠKUR⸣
	8	*i-na* URU.DINGIR.MEŠ SUM-*n*[*a*]
	9	*šum-ma* 10(über Rasur) ANŠE ŠE.MEŠ ^{m}*Pa-ip-pur* [*i-na* I]TI-*ḫi Še-ḫa-li ša* ^{d}IŠKUR
	10	*a-na* ^{m}*Ši-il*-WA-*t*[*e-š*]*up la* S[UM-*na* N]UMUN
	11	*i-na* UGU-*ḫi-šu š*[*a*] ⸢^{m}⸣*Pa-ip-p*[*ur*]
		(Rasur)
		———————————————
		(Siegel Nr. 385)
	12	[N]A4 *Pa-ip-pur* DUMU *Tar-m*[*i*]-*t*[*e-š*]*up*
Rs.		(Siegel Nr. 309)
	13	IGI NA4 *Ši-mi-qa-tal* DUMU *Zu-*[*ia*]
		(Siegel Nr. 386)
	14	IGI NA4 ⸢*Ak*⸣-*ku-le-en-ni*
	15	DUMU ^{d}30-*i-qí-šá*
		(Siegel Nr. 387)
	16	IGI NA4 *Ni-in-te-šup*
		(Siegel Nr. 388)
	17	[IGI NA4] *Ni-íḫ-ri-ia*
o.Rd.	18	⸢DUMU⸣ [*Še*]-*er-pa-ur-ši*
l.Rd.		(Siegel Nr. 28)
	19	IGI NA4 *En-na-*⸢*ma*⸣-*ti* DUMU *Zu-ia*

1-4	10 ANŠE Gerste des Šilwa-teššup hat Paip-pur, der Sohn des Tarmi-teššup, im Monat Mitirunni zum Tausch aus Ṣilliawe entgegengenommen.
5-8	10 ANŠE Gerste wird Paip-pur, der Sohn des Tarmi-teššup, im Monat Šeḫ̮ali des Wettergottes dem Šilwa-teššup als das entsprechende Tauschäquivalent in Āl ilāni geben.
9-11	Wenn Paip-pur die 10 ANŠE Gerste im Monat Šeḫ̮ali des Wettergottes dem Šilwa-teššup nicht gibt, schuldet Paip-pur das Saatgut.
12	Siegel des Paip-pur, Sohnes des Tarmi-teššup,
13	Zeuge, Siegel des Šimika-atal, Sohnes des Zuja,
14-15	Zeuge, Siegel des Akkul-enni, Sohnes des Sîn-iqīša,
16	Zeuge, Siegel des Nin-teššup,
17-18	[Zeuge, Siegel des] Niḫ̮ria, Sohnes des Šerpaurši,
19	Zeuge, Siegel des Enna-mati, Sohnes des Zuja.

Übers.: Morrison, Šilwa-Tešup, 54f. Ed.: Andrews, Exchange, 43f; Fadhil, Topographie, 334.

2, 5, 9, 11, 12: Paip-pur ist eine nur in dieser Urkunde erscheinende Kurzform von Paip-purni. Die Vollform findet sich in der Notiz AdŠ 563, die sich auf die in l. 1 genannte Getreidemenge bezieht und damit sowie mit dem übereinstimmenden Vatersnamen Personenidentität beweist.
6: Zur Bedeutung, zum Zusammenhang mit akk. *pūḫ̮u* und zu dem Suffix *-zari* s. Fincke, Beiträge 1, 18, n. 33 mit Lit.; zu *-zari* s. auch Salvini, RA 82 (1988) 62.
12-19: Für die Zusammenziehung der Zeugenliste mit den entsprechenden Siegelbeischriften cf. AdŠ Nr. 553: 17-23, 621: 24-26, 625: 10-14; EN 10/1, 55, 8'; X/2, 127, 1'.
13: s. zu l. 19.
14f.: Akkul-enni S. Sîn-iqīša ist anderweitig nicht belegt.
16: Angesichts der Seltenheit des Namens ist Nin-teššup wohl identisch mit dem in AdŠ 566 genannten gleichnamigen Sohn des Zuja.
17f.: Niḫ̮ria S. Šerpaurši ist anderweitig nicht belegt.
19: Der als Zeuge fungierende Enna-mati ist Verwalter des Šilwa-teššup in Zujawe, Šimika-atal (l. 13; s. auch zu l. 16) ist sein Bruder. Der Vater der beiden, Zuja, ist sicherlich der frühere Besitzer des nach ihm benannten Ortes, der dann in den Besitz des Šilwa-teššup überging.

Nr. 562

Unkura, Sohn des Ḫ̮attue, erhält von Šilwa-teššup 8 ANŠE Gerste und 2 ANŠE Weizen aus Ṣilliawe und verpflichtet sich, dieselbe Getreidemenge in Tašenniwe zurückzugeben.

SMN 628; IM 50769; HSS IX 16; A 26; 64 x 52 x 22; koll.; Textzustand 1983.

Vs.	1	8 ANŠE ŠE.MEŠ 2 ANŠE GIG.MEŠ
	2	*ša* ᵐ*Ši-il*-WA-*te-šup* DUMU LUGAL
	3	ᵐ*Un-ku-ra* DUMU *Ḫ̮a-ad-du-e*
	4	*a-na šu-pè-ul-ti iš-tu* URU *Ṣíl-lí-a-we il-te-qè*
	5	8 ANŠE ŠE.MEŠ 2 ANŠE GIG.MEŠ *pu-ḫ̮i-za-ar-šu*
	6	ᵐ*Un-ku-ra* DUMU *Ḫ̮a-ad-du-e*
	7	*i+na* URU *Ta-še-ni-we a-na*

8 ^{m}*Ši-il*-WA-*te-šup* SUM-*na*
9 *šum-ma* ŠE.MEŠ *ù* GIG.MEŠ *la* SUM-*na*.MEŠ
10 NUMUN.MEŠ *i+na* UGU-*ḫi* ^{m}*Un-ku-*[*r*]*a*

(Siegel Nr. 389)[67]
Rs. 11 NA4 *Un-ku-ra* DUMU *Ḫa-ad-du-e*

1-4 8 ANŠE Gerste (und) 2 ANŠE Weizen des Šilwa-teššup, Sohnes des Königs, hat Unkura, der Sohn des Ḫattue, zum Tausch aus Ṣilliawe entgegengenommen.
5-8 8 ANŠE Gerste (und) 2 ANŠE Weizen wird Unkura, der Sohn des Ḫattue, dem Šilwa-teššup als das entsprechende Tauschäquivalent in Tašenniwe geben.
9-10 Wenn er die Gerste und den Weizen nicht gibt, schuldet Unkura das Saatgut.
11 Siegel des Unkura, Sohnes des Ḫattue.

Übers.: Morrison, Šilwa-Tešup, 29. Ed.: Andrews, Exchange, 37-38.

3, 6, 10, 11: Unkura S. Ḫattue erscheint in AdŠ 204: 4 als Mitglied einer in Tašenniwe wohnhaften Schuldnergemeinschaft, die von Šilwa-teššup ein Gerstendarlehen empfängt. In AdŠ 563: 5 erscheint bei identischem Namenträger derselbe Name als *In-ku-re-e*, wobei der *e*-Auslaut vielleicht als Genitiv zu verstehen ist. Cf. noch I/Unkuri/a, Vater des Kleinviehhirten Wantia (*In-ku-ri* AdŠ 3, 146: 5; *In-ku-ra*(*-a*) AdŠ 5, 317: 2; 24; 337: 11; 370: 8; 10; *Un-ku-ra* 322: 10) und I/Unkuri, Sohn des Ilaja (*In-ku-ri* AdŠ 6, 627: 35; 40; *Un-ku-ri* AdŠ: 626: 34; 48).

Nr. 563

Notiz über die Vorgänge nach den Urkunden AdŠ 561 und 562.

SMN 456; HSS XIII 456; A 23; 80 x 60 x 27; koll.; Textzustand 2000.

Vs. 1 10 ANŠE ŠE.MEŠ *ša šu-pè-ul-ti*
2 *ša* ^{m}*Pa-i-ip-pur-ni*
3 DUMU *Tar-mi-te-šup*
4 8 ANŠE ŠE.MEŠ 2 ANŠE GIG.ME[Š]
5 *ša* ^{m}*In-ku-re-e* DUMU *Ḫa-ad-*[*du*]*-*⌜*e*⌝
6 *ša šu-pè-ul-ti*
(Rest unbeschrieben)

1-3 10 ANŠE Gerste eines Tauschgeschäfts, von Paip-purni, dem Sohn des Tarmi-teššup.
4-6 8 ANŠE Gerste (und) 2 ANŠE Weizen von Inkura, dem Sohn des Ḫattue, eines Tauschgeschäfts.

Übers.: Morrison, Šilwa-Tešup, 192.
Zu den Personen s. Anm. zu AdŠ 562 (oben p. 85).

---

67 Gegenüber der Schriftrichtung um 180° gedreht.

VI. Urkunden über Handelskommissionen

Nr. 564

Verpflichtungsschein aus einem Kommissionsgeschäft. Ištae schuldet Šilwa-teššup 20 Minen Zinn als Kaufpreis für 6000 Granatäpfel. Den Erlös beim Verkauf der Granatäpfel in Höhe von 20 Minen Zinn wird Ištae dem Verwalter Ḫašip-apu übergeben.

SMN 565; HSS XIV 565; A 23; 38 x 34 x 18; koll.; Textzustand 1986.

Vs.	1	20 MA.NA *a-na-k*[*u*.M]EŠ *a-na ši-mi*
	2	*ša* 6 *li-m*[*i*]
	3	*nu-ru-*˹*mi*˺
	4	*ša* ^{m}*Ši-i*[*l*]-W[A-*te-šu*]*p*
	5	*i+na* UGU-*ḫi*
u.Rd.	6	^{m}*Iš-ta-*˹*e*˺
	7	*a-ši-ib* 6 *li-mi*
Rs.	8	*nu-ru-mi*
	9	^{m}*Iš-ta-e*
	10	*a-na ši-mi*
	11	*i-n*[*a*]-˹*an-dì*˺-[*n*]*a*
	12	[20 M]A.˹NA˺ *a-na-ku*.M[EŠ]
	13	^{m}*Iš-ta-e a-na*
	14	^{m}*Ḫa-ši-pa-pu*
o.Rd.	15	˹*i*˺*-na-an-dì-na*
l.Rd.		(Siegel Nr. 390)
	16	NA$_4$ *Iš-*˹*ta-e*˺

1-7	20 Minen Zinn als Kaufpreis für 6000 Granatäpfeln des Šilwa-teššup schuldet Ištae.
7-11	Die 6000 Granatäpfel wird Ištae verkaufen.
12-15	[Die 20 M]inen Zinn wird Ištae dem Ḫašip-apu geben.
16	Siegel des Ištae.

Übers.: Morrison, Šilwa-Tešup, 214.

6, 9, 13, 16: Wie aus AdŠ 130: 24f. hervorgeht, ist Ištae ein Gärtner. Er hat den Status eines Sklaven in dem Haushalt des Šilwa-teššup in Zizza, s. AdŠ 26:9, 27: 21, 32: 90, 34: 5, 40: 21, 49: 15, 56: 19, 276: 67.

14: Ḫašip-apu ist Verwalter des Šilwa-teššup, s. Anm. zu AdŠ 87: 2.

Nr. 565

Der Kaufmann Ben-nāṣir, Sohn des Warad-Kūbi, nimmt von Šilwa-teššup Handelsgüter in Kommission und sichert die Lieferung eines Pferdes nach Abschluss seiner Handelsreise zu.

SMN 147; IM 50816; HSS IX 149; A 26; 58 x 87 x 31; koll.; Textzustand 1983.

Vs.	1	*ša il-te-en-nu-t*[*i*]
	2	ANŠE ŠE![68] <*ši-ma*>[69] *ša* 1-⸢*en*⸣ ANŠ[E.KU]R.R[A] MUNUS *lu-ú* NITA SIG$_5$.GA
	3	*ša* ⸢*ru-bu*⸣-*a-ú ù ša*
	4	⸢*ḫu-mu-šá*⸣-*a-ú ša*
	5	^{m}*Ši-il*-WA-*te-šu*[*p*] DUMU LUGAL
	6	*ù* ^{m}*Bé-en-na-ṣir* DUMU ÌR-*ku-bi*
	7	*i*+*na* KASKAL-*ni il-qè*
	8	[*i*+*n*]*a e-re-eb* KASKAL-*ni*-⸢*šu*⸣
	9	[*i*+*n*]*a* I[T]I *še-eḫ-li* 1 ANŠE.⸢KUR⸣.RA
	10	⸢m⸣*Bé-en-na-ṣir*
	11	⸢*a-na* ^{m}*Ši*⸣-*il*-WA-*te-šup*⸣
	12	⸢*i*⸣+[*n*]*a-an-din*
	13	[IG]I ⸢*A*⸣-*kip*-LUGAL DUMU *A-ḫu-i*[*a*]
	14	IGI ⸣ ^{m}*Ip-šá-a*+*a* ⸢DUMU⸣ *E*[*l-ḫ*]*i-i*[*p-ti*]*l-la*⸣
	15	[IGI] *Ḫu*-[*b*]*i-ta* ⸢DUMU⸣ *Na-aš*-[*we*]
	16	[IGI *Nu-p*]*u-ul*-EN-*li* L[Ú] ⸢*a*⸣[70]-*zu-e*
Rs.		(Siegel Nr. 391)
	17	NA$_4$ ^{m}*Nu-pu-ul*-EN-*li*
		(Siegel Nr. 392)
	18	NA$_4$ ^{m}*A-kip*-LUGAL
		(Siegel Nr. 393)
	19	NA$_4$ ^{m}*Bé-en-na-ṣir*

1-7 Von einer Garnitur [...und n] Eselslasten Gerste <als Kaufpreis> eines guten Pferdes, Hengst oder Stute, vier- oder fünfjährig, des Šilwa-teššup, Sohnes des Königs, hat Bēn-nāṣir, der Sohn des Warad-Kūbi, in Handelskommission genommen.

8-12 Nach Abschluss seiner Handelsreise im Monat Šeḫli (= Oktober/November) wird Bēn-nāṣir dem Šilwa-teššup ein Pferd geben.

---

68 

69 Cf. [x+]6 ANŠE ŠE *šīma ... elteqe* JEN 118: 13.

70 

13 Zeuge: Akip-šarri, Sohn des Aḫuja,
14 Zeuge: Ipšaja, Sohn des Elḫip-tilla,
15 [Zeuge:] Ḫupita, Sohn des Naš[we],
16 [Zeuge: Nūp]ul-bēlī, der Arzt(?).
17 Siegel des Nūpul-bēlī,
18 Siegel des Akip-šarri,
19 Siegel des Bēn-nāṣir.

Übers.: Morrison, Šilwa-Tešup, 93-94. Ed.: Zaccagnini, Iraq 39, 180.

6, 19: Der Name Bēn-nāṣir (< Bēl(ī)-nāṣir) ist sonst nur als Name eines Schreibers in HSS XIX 87: 36 (EN-⸢*na*⸣-*ṣir*) bezeugt. Der Name des Vaters Warad-kūbi ist dagegen öfter und für mehrere Individuen belegt.
13, 18: Akip-šarri S. Aḫuja ist auch sonst als Zeuge belegt: HSS V 2 (= EN 9/3 499, in schlechterem Zustand) 16: 22; 48: 20.
14: Ipšaja S. Elḫip-tilla führt in AdŠ 244 eine Schuldnergemeinschaft an, die von Šilwa-teššup ein zinsloses Gerstendarlehen entgegennimmt, und siegelt die betreffende Urkunde. In AdŠ 550: 66 und 84 steht sein Name am Anfang der langen Zeugenliste unmittelbar hinter dem Boten des Königs, Ḫutia S. Kuššia. Eine Urkunde aus dem Archiv des Ḫutia nennt Ipšaja als Zeugen (JEN 119: 21, 29), was auf eine engere Verbindung verweisen könnte. Für weitere Belege s. AdŠ 550: 66, 82 (oben p. 47f.) und AdŠ 567: 10, 14 (unten p. 91).
15: Ḫubita S. Našwe ist anderweitig nicht bekannt.
16, 17: Der Name Nupul-bēlī ist mehrfach belegt, jedoch nur hier mit der Berufsbezeichnung *as/zû*; zu dieser s. AdŠ Heft 3, p. 116, Anm. zu AdŠ 118: 11; für ein Argument zugunsten der Bestimmung als Arzt s. Dosch, HSAO 5, 48. A. MacRae leitet den PN in NPN p. 310 von *napālu* D ab und übersetzt „my master is torn away". In einem Zusatz äußert I. J. Gelb Zweifel an dieser Deutung, da alle Belege nur einfaches, nicht verdoppeltes /p/ aufweisen. Dies gilt auch für die in AAN, p. 103, gebotenen Belege. In dem dort genannten Namen Nupulḫu (HSS XVI 318: 15) ist ḪU eine Verlesung für EN, die E. R. Lacheman in PNKA unter N 252.4 korrigiert hat. Eine bessere Deutung des Namens geht von dem gut bezeugten Wechsel von *l* > *n* in hurritischsprachigen Milieus aus und versteht *nu-pu-ul* als Prekativ 1. Ps. Sg. von *apālu*, also *Lūpul-bēlī „Ich will meinen Herrn zufriedenstellen!"

Nr. 566

Sprechurkunde (*lišān-šu*). Der Kaufmann Ummanni quittiert gegenüber Šilwa-teššup den Empfang des Kaufpreises für sechs Pferde, von denen er drei bereits geliefert hat, erkennt die Schuld von drei weiteren Pferden an und verspricht deren Lieferung.

SMN 571; IM 50831; HSS IX 36; A 23; 68 x 95 x 24; koll.; Textzustand 1983.

Vs. 1 [E]ME-*šu ša* ^{m}*Um*$^{!}$(SI)-*ma-an-*[*ni*]
2 [DUM]U *Ga-wi-in*<-*ni*> LÚ.D[AM].G[ÀR]
3 ⸢*a-na pa-ni*⸣ *ši*-⸢*bu-ti*⸣ *ki-a*[*m*]
4 *i*[*q-t*]*a-bi ša* 6 ANŠE.[KUR].⸢RA⸣.MEŠ
5 ⸢*ši*⸣-[*i*]*m-šu a-šar*

	6	^{m}*Ši-*[*i*]*l-*WA*-te-šup* DUMU LU[GAL]
	7	*el-*⸢*te*⸣*-qè* 3 ANŠE.KUR.RA.MEŠ
	8	*a-na* ^{m}*Ši-il-*WA*-te-šup*
	9	*ut-te-er-ru-mi ù*
	10	3 ANŠE.KUR.RA.MEŠ *i-n*[*a*] UG[U-*ḫi-i*]*a*
	11	*ir-te-eḫ ù* [*a-na*]
	12	^{m}*Ši-il-*WA*-te-šu*[*p*]
	13	*ú-*⸢*ma-al*⸣*-la-mi*
	14	*ù* 1[+2 A]NŠE.KUR.RA.MEŠ *an-na-ti*
	15	*š*[*a i+n*]*a* UGU-*ḫi-ia* GAR-*nu*
	16	*šum-*[*m*]*a lu-ú a-ta-nu*
	17	*ù šum-ma lu-ú* NITA
	18	*šum-ma lu-ú šu-lu-ša-ta-an*
	19	*ù šum-ma lu-ú ru-bu-a-t*[*a*]*-an*
	20	⸢*ù*⸣ *a-na* ^{m}*Ši-il-*WA*-te-šup*
	21	⸢*a*⸣*-na-an-di-ma*
u.Rd.	22	[*tup-p*]*u i+na* URU *Nu-*⸢*zi*⸣
	23	[*i-na* K]Á.GAL *ša* **Te-š*[a_{10}*[71]*-e*$^{?}$]
Rs.	24	[*š*]*a-ṭì-ir*
	25	[IGI] *Ḫu-um-pa-be* DUMU *Tup-ki-til-la*
	26	[IGI *T*]*u-*⸢*ra-ri*⸣ DUMU *Pu-ḫi-ia*
	27	[IG]I *Tar-mi-te-šup*
	28	⸢DUMU⸣ *P*[*u*]*-i-ta-e*
	29	IGI *Wi-*⸢*ir*⸣*-ra-aḫ-ḫe* DUMU *Pa-i-til-la*
	30	IGI *Ni-en-te-šup* DUMU *Zu-ia*
	31	ŠU ^{m}*Ḫu-ti-ip-*LUGAL DUB.SAR
	32	IGI *Ḫu-ti-pa-pu* [D]UMU *Pu-ra-sa*
		(Siegel Nr. 394)
	33	NA$_4$ ^{m}*Tar-mi-t*[*e-š*]*up*
		(Siegel Nr. 395)
	34	NA$_4$ ^{m}*Um-ma-an-ni*
		(Siegel Nr. 396) (Siegel Nr. 397)
	35	NA$_4$ ^{m}[*Ḫ*]*u-*⸢*ti-pa-pu*⸣
	36	NA$_4$ ^{m}*Wi-ir-r*[*a-aḫ-ḫe*]
	37	NA$_4$ ^{m}*Ni-en-te-*⸢*šup*⸣[72]
		(Siegel Nr. 398)
o.Rd.	38	(über Siegel 399) NA$_4$ ^{m}*Ḫu-um-pa-be*
l.Rd.		(Siegel Nr. 400) | (Siegel Nr. 401)
	39	[NA$_4$ ^{m}*Ḫ*]*u-ti-ip-*LUGAL :DUB.SAR NA$_4$ ^{m}[*T*]*u-ra-*[*ri*]

71 *...*: 

72 Rechts senkrecht zur Schriftrichtung.

1-4 Erklärung des Kaufmanns Ummanni, Sohnes des Kawinni; vor Zeugen hat er folgendermaßen erklärt:
4-7 "Den Kaufpreis von 6 Pferden habe ich von Šilwa-teššup, dem Sohn des Königs, entgegengenommen.
7-11 3 Pferde wurden dem Šilwa-teššup (bereits) übergeben, und drei Pferde bleibe ich (noch) schuldig.
11-13 Und ich werde (sie) [dem] Šilwa-teššup entrichten.
14-21 Und diese 3 Pferde, welche ich schulde, seien sie Stute oder Hengst, dreijährig oder vierjährig, die werde ich dem Šilwa-teššup geben."
22-24 Die Tafel ist in Nuzi im Tiš(š)ae-Tor geschrieben.
25 [Zeuge] Ḫumpape, Sohn des Tupki-tilla,
26 [Zeuge] Turari, Sohn des Puḫia,
27-28 Zeuge: Tarmi-teššup, Sohn des Pui-tae,
29 Zeuge: Wirraḫḫe, Sohn des Pai-tilla,
30 Zeuge: Nin-teššup, Sohn des Zuja,
31 Hand des Schreibers Ḫutip-šarri,
32 Zeuge: Ḫutip-apu, Sohn des Purasa.
33 Siegel des Tarmi-teššup,
34-35 Siegel des Ummanni, Siegel des Ḫutip-apu,
36 Siegel des Wirr[aḫḫe],
37 Siegel des Nin-teššup[73],
38 Siegel des Ḫumpape,
39 [Siegel des Schreibers Ḫutip-šarri, Siegel des Turari.

Übers.: Morrison, Šilwa-Tešup, 47-48. Ed.: Zaccagnini, Iraq 39 (1977) 180.

1, 34: Der Kaufmann Ummanni, Sohn des Kawinni, hat auch sonst für Šilwa-teššup Handelsgeschäfte besorgt, s. Nr. 567. In AdŠ 251: 7 erscheint er als Mitglied einer Gruppe, die von Šilwa-teššup Gerstendarlehen in Ṣilliawe empfängt. Sein Name ist sonst nicht belegt; NPN bestimmt ihn p. 298 sub *ummânu* als akkadisch. Der Name des Vaters, Kawinni, ist häufig und für mehrere Individuen bezeugt.
23: *ti*-SA-*e* ist eine seltene Schreibung für den sonst überwiegend *ti/di-iš-ša/šá-e* geschriebenen Namen des Tiššae-Tores von Nuzi, zu diesem s. AdŠ 551, Anm. zu l. 40f. 16 (oben p. 59). s. Fincke, RGTC 10, 296f. nennt drei Belege für die Schreibung mit SA=*ša*$_{10}$ unter insgesamt 29 (hinreichend erhaltenen) Belegen für den Namen.
25, 38: Ḫumpape S. Tupki-tilla ist Zeuge in Verträgen aus der älteren Phase des Archivs, so in dem *tuppi mārūti* AdŠ 604 des Verwalters Purn-apu, der schon eine der ältesten Listen von Gerstenrationen für das Personal des Šilwa-teššup gesiegelt hat (AdŠ 3: 59). Er ist außerdem Zeuge in AdŠ 625: 13. Für seine Verbindung mit Ḫašuar S. Šimika-atal s. EN 9/1 368 (AdŠ 702) und HSS XIV 629: 13 (AdŠ 709). Für seine eigenen Urkunden s. AdŠ 604-605 (unten p. 166-173).
26, 39: Zu Turari S. Puḫia s. AdŠ 557, Anm. zu l. 25 (oben p. 73).
27, 33: Tarmi-teššup S. Pui-tae ist anderweitig nicht bekannt.
29, 36: Wirraḫḫe S. Pai-tilla ist anderweitig nicht bekannt.
30, 37: Nin-teššup S. Zuja; s. AdŠ 561, n. zu l. 16 (oben p. 84).

73 Rechts senkrecht zur Schriftrichtung.

31, 39: Der Schreiber Ḫutip-šarri (ohne Vatersnamen) hat diese Urkunde im Tiššae-Tor in Nuzi geschrieben. Ob er mit einem in Arrapḫe tätigen gleichnamigen Schreiber (s. Gadd 6, Speleers 309, Lacheman & Owen, SCCNH [1], 18) identisch ist, ist zweifelhaft.
32, 35: Ḫutip-apu S. Purasa ist vor allem als Zeuge in Verträgen aus dem Archiv des Akawatil S. Elli bezeugt (HSS V 26: 22; 28: 17, 23; 39: 21; 40: 27, mehrfach an erster Stelle der Zeugenliste) außerdem in AASOR 16, 94 : 19.

Nr. 567

Kommissionsgeschäft. Der Kaufmann Ummanni quittiert gegenüber Šilwa-teššup den Empfang von Zedernholz und verspricht die Zahlung des Handelsgewinns für die Zeit nach der Ernte.
SMN 10; IM 50821; Grabungsnummer 286; HSS IX 154; A 26; 53 x 75 x 22; koll.; Textzustand 1983.

Vs.	1	[x *G]UN GIŠ$^!$.ERIN$^!$.NA.MEŠ*[74]
	2	[*š*]*a* ^{m}*Ši-il*-WA-*te-šup* DUMU LUGAL
	3	*a-na né-me*(über Rasur)*-li* ^{m}*Um-ma-an-ni*
	4	DUMU *Qa-wi-in-ni* LÚ DAM.GÀR
	5	*il-qè ina* BURU$_{14}$-*ri*
	6	*me-me-el-šu*
	7	*i+na* É ^{m}*Ši-il*-WA-*te-šup*
	8	*ú-še-re-eb*
		(Siegel Nr. 401)
	9	[NA$_4$ ^{m}*Du-r*]*a-ri*
Rs.	10	[IGI *Ip-šá-a+a* DUM]U *El-ḫi-ip-til-la*
	11	[IGI *Ši-la-ḫi-t*]*e-šup* DUB.SAR
	12	[IGI *Du-ra*]*-ri* DUMU *Pu-ḫi-ia*
		(Siegel Nr. 402)
	13	NA$_4$ ^{m}*Ši-la-ḫi-te-šup* DUB.SAR
		(Siegel Nr. 14)
	14	NA$_4$ ^{m}*Ip-šá-a+a*
		(Siegel Nr. 395)
	15	NA$_4$ ^{m}**Um*$^!$-*ma*$^!$*[75]-*an-ni*

1-5 [x T]alent(e) Zedernholz des Šilwa-teššup, Sohnes des Königs, hat der Kaufmann Ummanni, der Sohn des Kawinni, zur Gewinn(erzielung) entgegengenommen.
5-8 In der Ernte(zeit) wird er seinen Gewinn ins Haus des Šilwa-teššup bringen.

74 *...*: 
75 *...*: 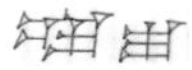

9 [Siegel des Tur]ari,
10 [Zeuge: Ipšaja], Sohn des Elḫip-tilla,
11 [Zeuge] Schreiber [Šilaḫi-t]eššup,
12 [Zeuge: Tura]ri, Sohn des Puḫia.

---

13 Siegel des Schreibers Šilaḫi-teššup.
14 Siegel des Ipšaja,
15 Siegel des Ummanni.

Übers.: Morrison, Šilwa-Tešup, 95. Ed.: Zaccagnini, Iraq 39 (1977) 180.

1: Für Zedernprodukte als Handelsware in Nuzi cf. AASOR XVI 77: 7 (ebenfalls mit der Schreibung GIŠ.ERIN.NA.MEŠ) und HSS XIV 243=576:1: 2 GUN 15 MA.NA GIŠ *e-re-nu ša* Ì.MEŠ (korr. CAD E 277a entsprechend). Da die Handelsware in GUN (*biltu*) gemessen wird, ist mit Streck, RlA 15, 238, § 8.2, auszuschließen, dass es sich hier um Zedernstämme oder -balken handelt.

3, 15: Zu Ummanni, Sohn des Kawinni, s. Nr. 566, n. 1 (oben p. 90).

3, 6: *nēmelum* „Gewinn", „Profit". Der Wechsel der Schreibung (l. 3 *né-me-*, l. 6: *me-me-*) zeigt, dass es sich um ein und dasselbe Wort handelt; er mag darauf zurückzuführen sein, dass dem Schreiber dieses in Nuzi selten belegte Wort nicht geläufig war. Im Hurritischen ist anlautendes *n-* sonst – auch in Wörtern mit *-m-* in der zweiten Silbe – stabil. (Eine mögliche Ausnahme im Inlaut liegt vielleicht in dem PN Nam(<n?)im-šauri aus Alalaḫ IV vor, s. Th. Richter, AoF 34 (2007) 109; idem, BGH, 264 sub *nam.* Die Tafel BM 17604, in Umschrift ediert von M. Maidman, in: Law, Politics and Society in the Ancient Mediterranean World, ed. B. Halpern & D. W. Hobson, Sheffield Academic Press, 1993, 68, weist ebenfalls Schreibungen mit anlautendem *m-* auf; l. 8 *me-me-li*, l. 13 *me-me!-li*. Ein weiterer, in CAD N/2, 160a nach der Inventarnummer SMN 3508 zitierter, inzwischen als EN 9/3, 380 edierter Text bietet in l. 11 *né-me-li*! und in l. 16 *né-⌈me⌉-la.*

Zaccagnini, Iraq 39, 179f. weist darauf hin, dass es sich hier nicht um eine Geschäftspartnerschaft handelt: „Ummanni is a mere travelling agent in a business venture which is *a priori* supposed to be successful (*nēmelu*), and the profits will be entirely assigned to Šilwa-Tešup." Dazu passt gut, dass Ummani in der Rationenliste AdŠ 251: 7 neben Verwaltern und Handwerkern als Empfänger von Gerstendarlehen erscheint.

9, 12: Turari S. Puḫia.

10, 14: Zu Ipšaja S. Elḫip-tilla s. AdŠ 565, Anm. zu l. 14 (oben p. 88).

11, 13: Der Schreiber Šilaḫi-teššup (ohne Vatersnamen) hat auch JEN 103, eine Urkunde des Tarmi-tilla S. Šurki-tilla (4. Generation der Familie des Teḫip-tilla S. Puḫi-šenni), geschrieben. Ein Schreiber gleichen Namens mit dem Vatersnamen Sîn-nādin-šumi (JEN 310: 36, JEN 492: 37) gehört derselben Generation an und könnte daher mit dem ersteren identisch sein.

VII. Werkverträge

Nr. 568

Werkvertrag über die Herstellung von *sakku* aus Bronze.
SMN 686; EN 9/1 463; keine Raumangabe; 57 x 57 x 26; koll.; Textzustand 1987.

Vs.	1	21 MA.NA ZA[BAR.MEŠ[76]]
	2	*ša* ^{m}*Ši-il*-WA-*te-šu*[*p* DUMU[77] LUGAL]
	3	^{m}⸢*Du*⸣-*ra-ar-te-šup* DU[MU] ⸢*A*⸣[78]-[*kip-ta*]-*⸢*še-en-ni*⸣*[79]
	4	^{m}[*Š*]*a-ar-te-e-a*
	5	[L]Ú *sà-as-sí-in-nu* [
	6	⸢*ù*⸣ ^{m}*Pa-i-te-šup* (Rasur)
	7	*a-na* ŠU ^{m}DINGIR-*ma-ḫi* DUMU *Še*(über Rasur)(Rasur)*pí*-<*li*->*š*[*u*][80] LÚ.SIMUG ⸢*ša* URU *Pa-la*⸣-[*a*+*a*]?
	8	*na-ad-nu*
	9	*ù* ZABAR.MEŠ (Rasur) *ša-a-š*[*u*]
	10	*a-na* 31 *sà-ak-kè*-⸢*e*⸣
	11	*i-pu-uš*
Rs.		(Siegel Nr. 403)
	12	[NA$_4$ ^{m}]DI[NGIR]-⸢*ma*⸣-*ḫ*[*i*]

1-8 21 Minen Bro[nze] des Šilwa-teššup, [Sohnes des Königs], haben Turar-teššup, Sohn des A[kip-ta]šenni, der Bogenmacher Šar-teja und Pai-teššup dem Ilī-ma-aḫī, Sohn des Šēp-ilī-šu, dem Schmied von Palaja, übergeben,
9-11 und er wird diese Bronze zu 31 *sakku* verarbeiten.
12 [Siegel] des I[lī]-ma-aḫī.

Lacheman, Evidences, 540, sub *tools*.

3: Zu Turar-teššup S. Akip-tašenni s. AdŠ 557, Anm. zu ll. 1 und 13 (oben p. 74f.).
4f.: Zu dem Bogenmacher (LÚ.*sassinnu*/ZADIM (*ša* GIŠ.BAN)) Šar-teja s. AdŠ 3, Nr. 80: 2 mit Anm. und AdŠ 4, Nr. 244: 2. Umfassende Belege für weitere Bogenmacher in Nuzi-Texten bietet J. Justel, *sasinnu*.
6: Pai-teššup ist der leitende Verwalter des Šilwa-teššup. Er wird als *šellintannu* „Maior domus" (von hurr. *šelli* „Haus", s. Wegner, Haus, 444; AdŠ 613: 5; 617: 15, unten pp. 196, 205), *šaknu* (AdŠ 270: 12) und öfter auch als *wardu* „Sklave" des Šilwa-teššup (AdŠ 608: 3; 609: 3; 610: 2; 616: 6; 618: 11) bezeichnet. Er ist sicherlich identisch mit dem Pai-teššup, Sohn des Ḫanaja (AdŠ 606: 4; 607: 2; 611: 10; 612: 4; 614: 7), der auch als Prozessbevollmächtigter auftritt und dessen Tafeln im Archiv des Šilwa-teššup deponiert waren. S. auch unten Anm. zu AdŠ 599, l. 13f. (p. 153) und AdŠ 606, Anm. zu l. 4 (unten p. 175).
7: I[lī]-ma-aḫī S. Šēp-ilišu ist sonst nur in den folgenden beiden Urkunden bezeugt.
In Palaja hatte bereits die Königin Ammi-naja Grundbesitz, der wohl (nach ihrem Tod?) an ihre Kinder Šilwa-teššup und Šuwar-ḫepa überging. Zu Palaja s. Fadhil, Topographie, 137f.; Fincke, RGTC 10, 215f.
10: Die Bedeutung von *sakku* ist unklar; für weitere Belege s. AdŠ 569: 6, 9; 570: 3 und 584: 21, 36, 41, 42 (unten pp. 94f., 123f.) sowie AHw II, 1012 sub *sakku* II und CAD S, 78 sub *sakku* A, für weitere Lit. s. Richter, BGH, 343. Im vorliegenden Text sollen 31 *sakku* aus 21 Minen Bronze

76 In EP noch erhalten.
77 In EP noch erhalten.
78 
79 *...*: 
80 Cf. Nr. 569: 5.

hergestellt werden. Unter der Annahme, dass die *sakku* gleichförmig sind, wiegt ein *sakku* 0,677 Minen, d. h. (nach den von M. A. Powell, RlA 7, 514 gebotenen Daten) etwa 338,5 gr. In dem Vertrag zweier Söhne des Teḫip-tillla JEN 272 über einen Haustausch werden Fenster, Riegel und *sakku* (9a: GIŠ.IG.MEŠ-*šu-nu* GIŠ.*sí-ku-ri-šu-nu ù sà*$^{!}$*-ak-ki-šu-nu*) als Zubehör eines Hauses genannt. Auch in der Geschenkliste des Tušratta EA 22 IV 23 stehen Riegel und *sakku* nebeneinander; s. zuletzt Rainey, El-Amarna, p. 180f., l. 23 (ohne Übersetzung; p. 1295: „a bronze object"). Morrison, Silwa-Tesup, 50 und 192, übersetzt ohne Begründung „dagger". *zakku* können auch aus Gold oder Silber gefertigt sein und dienen dann anscheinend als Verzierung eines Köchers, HSS XV 2: 7, 9.

Nr. 569

Werkvertrag über die Herstellung von *sakku* aus Bronze und Bronzepfeilen.

SMN 449; HSS XIII 449; A 26; 47 x 55 x 23; koll.; Textzustand 1986.

Vs.	1	30 ⸢MA⸣.NA [Z]ABAR.MEŠ
	2	**mu-uṭ-ṭú-šu na-dì**[81]
	3	*ša* ^{m}*Ši-il*-WA-*te-šup* DUMU LUGAL
	4	^{m}*I-li-ma-a-ḫi*
	5	DUMU *Še-pí*-DINGIR-*šu*
	6	*a+na sà-ak-ka*$_4$
	7	*a+na e-pè-ši il-qè*
	8	1 *sà-ak-ku* ZABAR
	9	*ša-nu-um-ma*
u.Rd.	10	*a+na ši-la-an-*⸢*na*⸣
	11	*a+na* ^{m}*I-li-ma-a-ḫi-ma*
Rs.	12	*na-ad-nu*
		(Siegel Nr. 403)
	13	NA$_4$ ^{m}*I-li-ma-a-ḫi*

1-7	30 Minen Bronze - sein Fehlbetrag ist berücksichtigt - des Šilwa-teššup, Sohnes des Königs, hat Ilī-ma-aḫī, der Sohn des Šēp-ilī-šu, zur Herstellung von *sakku* entgegengenommen.
8-12	Ein anderes *sakku* aus Bronze ist demselben Ilī-ma-aḫī für *šilanni* übergeben.
13	Siegel des Ilī-ma-aḫī.

Übers.: Morrison, Šilwa-Tešup, 191-192. Ed.: Lacheman, Evidences, 540, sub *tools.*

1-7: Wilhelm, AOAT 9, 84.

4: Zu Ilī-ma-aḫī s. AdŠ 568, Anm. zu l. 7 (oben p. 93).

6-12: CAD S 78 sub *sakku* A, b.

8: Zu *sakku* s. zu AdŠ 568, Anm. zu l. 10 (oben p. 93f.).

10: *šilanni* ist eine Bezeichnung, die sowohl Textilien als auch Pfeile qualifizieren kann; AHw

---

81 *...*: 

III 1235; CAD Š II 443; Richter, BGH, 375f. mit weiterer Lit. Für einen zusätzlichen Beleg s. Carnahan e.a., JCS 46, 106-108: UCLMA 9-3022: 1; s. dazu Müller, SCCNH 8, 315.

Nr. 570

Werkvertrag über die Herstellung von *sakku* aus Bronze.

SMN 377; HSS IX 39; A 13; 65 x 56 x 25; koll; Textzustand 1986.

Vs. 1 31 (über Rasur) MA.NA 30 GÍN(„SU“) ZABAR
2 *ša* ^{m}*Ši-il*-WA-*te-šup* DUMU LUGAL
3 ^{m}*I-li-ma-ḫi* LÚ.SIMUG *a-na* *⌜*sà-ak*⌝-*kà**[82]
4 *a-na e-pè-ši il-qè*
5 *ù* ⌜*i*⌝-*pu-uš-ma ù*
6 ⌜*ú*⌝-[*t*]*a-ar*
Rs. (Siegel Nr. 403)
7 *NA$_4$.KIŠIB ^{m}DINGIR-ŠEŠ (über Rasur)*[83]

1-4 31 Minen 30 Sekel Bronze des Šilwa-teššup, Sohnes des Königs, hat der Schmied Ilī-ma-aḫī zur Herstellung von *sakku* entgegengenommen,
5-6 und er wird sie herstellen und zurückgeben.
7 Siegel des Ilī-ma-aḫī.

Übers.: Morrison, Šilwa-Tešup, 50.

1-4: Wilhelm, AOAT 9, 84.
3: Zu Ilī-ma-aḫī s. zu AdŠ 568 ad l. 7 (oben p. 93). Zu *sakku* s. zu AdŠ 568 ad l. 10 (oben p. 93).

Nr. 571

Anerkenntnis des Empfangs von Bronze für die Herstellung von Sicheln.

SMN 1097; HSS IX 40; A 23; 40 x 40 x 14; koll; Textzustand 1986

Vs. 1 3 MA.NA 25 GÍN(„SU“) UR[UD]U.MEŠ
2 *ša* ^{m}*Ši-il*-WA-*te-šup*
3 *a-na ni-gal-la e-pè-ši*
4 *a-na* ŠU ^{m}*Du-ra-ri*-⌜*ia*⌝
5 *na-ad-nu*

82 *...*: 

83 *...*: 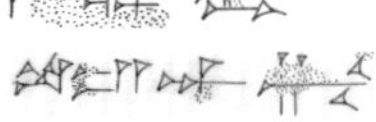

Rs. 6 ⸢NA$_4$⸣ *Du-ra-ri-ia*
(Siegel Nr. 306)

1-5 3 Minen 25 Sekel Br[on]ze des Šilwa-teššup ist dem Turaria für die Herstellung von Sicheln übergeben.
6 Siegel des Turaria.

Übers.: Morrison, Šilwa-Tešup, 50-51. Ed.: Lacheman, Evidences, 540, sub *tools.*

1: Setzt man für 1 *šiqlu* ein Gewicht von 8,333 g an, ergibt sich ein Gesamtgewicht von 1708,265 g. Wenn das Gewicht einer Sichel 120-125 g (so in Mari, s. RlA 12, 444 § 2) beträgt, ergibt sich eine Zahl von 14 Sicheln.

4, 6: Turaria ist – anders als Ilī-ma-aḫī in AdŠ 568-570 – kein Schmied, sondern ein Verwalter des Šilwa-teššup in Zizza (s. AdŠ 171: 5f, 113: 3; 115: 24 und sonst oft). In AdŠ 130: 5 steht er in einer Reihe von sechs (auch sonst gut bezeugten) Männern, die in l. 8 als *inkarra* (< **inkar(i)=na*) „Verwalter" (Pl.) bezeichnet werden. Er verwendet mehrere Siegel (s. Stein, AdŠ 9, p. 99, Nr. 17, B 1a). Sehr wahrscheinlich ist er mit dem Turaria identisch, der mit AdŠ 544 Debets (*ša ašbu*) von Gerste anerkennt, wie dies auch sonst aus der internen Verwaltung des Guts bekannt ist, so in AdŠ 140. Turaria verwendet dort das Siegel Nr. 306 (s. Stein, AdŠ 9, p. 293), mit dem auch die vorliegende Urkunde gesiegelt ist. Turaria erhält demnach Bronze mit dem impliziten Auftrag, die Herstellung von Sicheln zu veranlassen. Dazu passt auch die gegenüber den Werkverträgen abweichende Formulierung.

VIII. Prozessurkunden

Nr. 572

Šilwa-teššup gegen Enna-mati, Sohn des Purnaššuka, wegen Gewährung des Unterschlupfs für eine flüchtige Sklavin.

SMN 1081 + 1732 (Join J. Fincke, nicht ausgeführt); IM 50839; HSS IX 9 (ohne SMN 1732), EN 10/2, 115; A 26; 73 x 91(frg.) x 31 (ohne SMN 1732); koll.; Textzustand SMN 1081: 1983, SMN 1732: 2000.

Vs. 1 ^{m}*Ši-il*-WA-*te-šup* DUMU LUGAL
2 *it-ti* ^{m}*En-na-ma-*⸢*ti*⸣ DUMU *Pur-na-aš-šu-qa*
3 *i+na di-ni a-na pa-ni* DI.KUD.MEŠ
4 *i-te-lu-ma um-ma* [^{m}*Ši*]-*i*[*l*-W]A-*te-šup-ma*
5 GÉME-*ia iḫ-ta-*⸢*li-iq*⸣
6 *i+na* É-*ti* ⸢*ša* ^{m}*En*⸣-*na-*⸢*ma-ti*⸣
7 *a-na a-ša-*⸢*bi*⸣ *iq-ta-bu-u*
8 *ù* DI.KUD.MEŠ ^{m}*En-na-ma-ti*

9 iš-ta-lu-uš ù iq-ta-bu-ú![84]
10 GÉME ša ^{m}⸢Ši-il⸣-WA-t[e]-⸢šup⸣
11 ša i+na É-ka_4 aš-bu a-[ni][85]-na-a-mi
12 ù E[M]E-šu ša ^{m}En-n[a]-ma-ti
13 a-na pa-ni DI.KUD.MEŠ ⸢iq⸣-ta-bi
14 ⸢a⸣-an-ni-mi ⸢GÉME ša ^{m}Ši⸣-il-WA-te-šup
15 ⸢ša⸣ [i+na] *⸢É⸣-i[a*[86] a-na a-ša-bi(?) i]l-li-ku
16 la ⸢i-te⸣-[ù DI.KUD.MEŠ]
17 ⸢a⸣-[na] ^{m}En-n[a-ma-ti iq-ta-bu-ú][87]
18 ⸢la⸣ iq-b[u-ú-mi
19 *[N]AM.[L]Ú.LÚ*[88] [
20 [x (x)]x[89] i[l-[90]
21 [
u.Rd. (zerstört)
Rs. 22 ki-ma E[ME-šu-ma ša ^{m}En-na-ma-ti]
23 i+na di-n[i ^{m}Ši-il-WA-te-šup]
24 il-te-⸢e⸣[-ma ù DI.KUD.MEŠ]
25 ^{m}En-na-[ma-ti ki-i?]
26 EME-šu-ma ⸢a⸣-n[a 1 GÉME ša ki-ma]
27 GÉME-šu ma-aš-l[u[91]
28 a-na ^{m}Ši-il-WA-te-šup
29 it-ta-dú-uš

---

30 ŠU ^{m}Tar-mi-te-šup
(Siegel Nr. 404)
31 NA_4 ^{m}A-ki-ia SUKAL
(Siegel Nr. 405)
32 NA_4 ^{m}It-ḫi-til-la DUMU Še-er-pa-ur-ši
(Siegel Nr. 406)
33 NA_4 ^{m}Ša-ar-te-šup DUMU Pa-i-til-la
o. Rd. (Siegel Nr. 407)
34 ⸢NA_4⸣ ^{m}A-kip-⸢ta⸣-še-ni
35 DUMU Ḫu-ti-ip-LUGAL

---

84 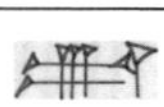
85 Gegen Erg. EP nach Nr. 573:12.
86 *...*: 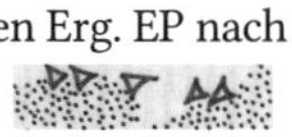
87 Erg. l. 17 f. nach Nr. 573:18 f.
88 *...*: 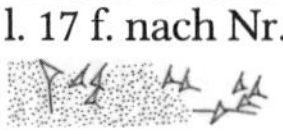
89 [lu(-ú) l]a(?) nach Nr. 573:21.
90 Erg. i[l-la-ak ?
91 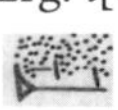

l. Rd. 36	NA$_4$ ^{m}*Ip-šá-ḫa-lu* GAR KUR (Siegel Nr. 296)	NA$_4$ ^{m}*Ar-ta-še-en-ni* DI.KUD (Siegel Nr. 408)	[(Siegel)]
37			NA$_4$ ^{m}*Ur-ḫi-te-šup* DUMU *Ḫu-ti*

1-4 Šilwa-teššup, der Sohn des Königs, trat mit Enna-mati, dem Sohn des Purnaššuka, im Gericht vor die Richter.

4-7 Folgendermaßen (sagte) Šilwa-teššup: „Eine Sklavin von mir ist geflohen. Man hat ihr gestattet, im Hause des Enna-mati zu wohnen."

8-11 Und die Richter fragten Enna-mati und sagten: „Wo ist die Sklavin des Šilwa-teššup, welche in deinem Haus wohnte?"

12-15 Aussage des Enna-mati; vor den Richtern hat er gesagt: „ Ja! Die Sklavin des Šilwa-teššup, welche in mein Haus kam, um (darin) zu wohnen, ist nicht [...."]

16-17 [Und die Richter sagten] zu Enn[a-mati:]

18-21 „Sagt man nicht: »[...] Personal soll(?) keinesfalls(?) [in ein fremdes Haus(??)] ge[hen](?) [(...)].«

u.Rd. (zerstört)."

22-29 Auf Grund der [eigenen] Auss[age des Enna-mati] siegt[e Šilwa-teššup] in dem Prozess, [und die Richter] verurteilten Enna-[mati auf Grund] seiner eigenen Aussage z[u(r Übergabe) einer Sklavin, welche] seiner [Skla]vin gleichwertig ist, zugunsten des Šilwa-teššup.

30 Hand des Tarmi-teššup.

31 Siegel des „Wesirs" Akia.

32 Siegel des Itḫi-tilla, Sohnes des Šerpaurši.

33 Siegel des Šar-teššup, Sohnes des Pai-tilla.

34-35 Siegel des Akip-tašenni, Sohnes des Ḫutip-šarri.

36-37 Siegel des *šakin māti* Ipšaḫalu, Siegel des Urḫi-teššup, Sohnes des Ḫuti, Siegel des Richters Arta-šenni.

Übers.: Morrison, Šilwa-Tešup, 20-21; Ed.: Saarisalo, Slaves, 8-9.

AdŠ 572 und 573 weisen Gemeinsamkeiten auf, die auf einen engen zeitlichen Zusammenhang deuten.

1: In den mit AdŠ 572-575 beurkundeten Prozessen erscheint Šilwa-teššup persönlich als Kläger. In den übrigen Fällen (AdŠ 577-591) treten Mitglieder seines Personals vor Gericht auf.

2: Enna-mati S. Purna-ššuka ist nur hier bezeugt.

18: Für die Bezugnahme der Richter auf eine konventionelle Norm („sagt man nicht: '. . .' ?") cf. AdŠ 573: 19.

30: Da es mehrere Schreiber mit Namen Tarmi-teššup gibt, ist eine Zuordnung ohne Vatersnamen meist schwierig oder unmöglich. Im vorliegenden Fall handelt es sich bei Tarmi-teššup jedoch zweifellos um denselben Schreiber, der auch AdŠ 573 geschrieben hat.

31: Der *sukkallu* Akia wird mit Titel und ohne Vatersnamen auch in AdŠ 573: 35, 578: 38 und 581: 32, ebenso in HSS XIV 9: 16; 46: 15; 48: 11; 52: 7 und sonst oft genannt; s. Mayer, Palast, 124-126; zum Amt des *sukkallu* s. auch Cassin, Palais, 383. In den beiden Prozessurkunden AdŠ 575 und 656 (HSS IX 96: 25) fehlt der Titel, und der Vatersname (*Na-i-te*[*-šup*?) bzw. *Na-*⌜*i*⌝[*-te-šup*?) wird genannt. Da in allen Fällen dasselbe Siegel (Nr. 404, s. Stein, AdŠ 10, p. 348f.) verwen-

det wird, kann an der Identität des *sukkallu* Akia mit Akia S. Nai-te[šup?] kein Zweifel sein. AdS 575 und 656 sind sicherlich älter als die Tafeln, in denen Akia den Titel *sukkallu* trägt.
32: Für Itḫi-tilla S. Šerpauršì s. auch AdŠ 573: 36, 37.
34 Für Akip-tašenni S. Ḫutip-šarri s. auch AdŠ 573: 36, 37.
36: Für den *šakin māti* Ipšaḫalu s. auch AdŠ 573: 39. Zum Amt des *šakin māti* s. Cassin, Palais, 381f.; Mayer, Palast, 121-123.
36: Für den Richter Arta-šenni s. auch AdŠ 573: 36. Da nur er ausdrücklich als Richter bezeichnet wird, fungiert er wohl als Vorsitzender des Richterkollegiums. Welche Rolle der *sukkallu* und der *šakin māti* bei diesem Prozess spielten, geht aus dem Dokument nicht hervor. Ihre Anwesenheit hängt sicherlich mit dem hohen Rang des Klägers zusammen.
37: Für Urḫi-teššup S. Ḫuti s. auch AdŠ 233: 4-5, 11 und 548: 30, 41.

Nr. 573

Šilwa-teššup gegen Irir-tilla, Sohn des Arik-kurwe, wegen Gewährung des Unterschlupfs für eine flüchtige Sklavin.

SMN 1450; EN 9/1 399; A 26; 72 x 116 x 30; koll; Textzustand 2000.

Vs.	1	^{m}*Ši-i*[*l*-WA-*t*]*e-š*[*up*] ⌜DUMU LUGAL⌝
	2	*it-t*[*i* ^{m}]⌜*I-ri*⌝-[*i*]*r-til-la*
	3	⌜DUMU *A*⌝-[*r*]*i-ig-gur*-[*w*]*e-e*
	4[92]	[*i+n*]*a* [*d*]*i-ni a-na pa-n*[*i*] DI.KUD.MEŠ
	5	⌜*i*⌝-*te-lu-ma um-ma*$^{!}$ ^{m}*Ši-il*-WA-*te-šup-m*[*a*]
	6	[GÉM]E-*ia iḫ-ta-li-iq*
	7	⌜*i*⌝+*na* É-*šu ša I-ri-ir-til-la*
	8	⌜*a-na*⌝ *a-ša-bi iq-ta-bu-uš*
	9	*ù* DI.KUD.MEŠ ^{m}*I-ri-ir-til-l*[*a*]
	10	*iš-ta-lu-uš ù iq-ta-bu-ú*
	11	GÉME *ša* ^{m}*Ši-il*-WA-⌜*te*⌝-*šup*
	12	⌜*ša*⌝ *i*+⌜*na* É⌝-*ka*$_{4}$[93] *aš-bu a-ni-na*$^{!}$[94]-*a-mi*
	13	⌜*ù* EME⌝-*šu ša* ^{m}*I-ri-ir-til-la*
	14	*a+na pa-ni* DI.KUD.MEŠ *iq-ta-bi*
	15	⌜*a-an-ni-mi*⌝ GÉMÉ *ša* ^{m}*Ši-il*-WA-*te-šup*
	16	⌜*i+na* É-*ia aš-bu*⌝ *a-šar*
	17	⌜*i-il-la-ku*⌝ *la i-de*$_{4}$->*šu*-<⌜*mi*⌝
	18	[*ù* DI.KUD.M]EŠ *a-na* ^{m}*I-ri*-⌜*ir*⌝-[*til*]-*la iq-ta-bu*-⌜*ú*⌝
	19	[*la i*]*q-b*[*u*]-⌜*ú*⌝-*mi-i ma-am-ma-ma*
	20	G[ÉME] ⌜*ir*⌝-*r*[*i*]-*ša-aš-šu ú-ma-an-dá-aš-šu*

92 Die Zeilenzählung in EN 9/1, Nr. 399 muss jeweils um eine Zeile nach unten versetzt werden.

93 So gegen Autographie nach Koll.

94 ; cf. Nr. 572: 11.

	21	[a-na (?)] ⸢É⸣-t[i]! lu-ú la ú-še-⸢er⸣-re-eb
u.Rd.	22	*x x x x*[95]-a GÉME
	23	⸢ša⸣ ^{m}Ši-⸢il⸣-WA-te-šup
	24	i+na É-ka$_4$ aš-bu (über Rasur)
Rs.	25	a-na ^{m}Ši-⸢il⸣-WA-te-šup
	26	⸢a-na EN-šu⸣ [la] ta-aq-bi
	27	[ki-me-e EME-š]u š[a ^{m}]I-ri-ir-ti(sic!)-la
	28	^{m}Š[i-il-WA-t]e-šup i+⸢na di⸣-ni
	29	i[l-te-e-m]a ⸢ù⸣ DI.KUD.MEŠ
	30	[^{m}I-ri-ir-til-la] ki-ma EME-šu-ma
	31	[a-na 1] GÉM[E] <ša> ⸢ki⸣-ma GÉME-šu ma-aš-lu
	32	⸢a⸣-[na ^{m}]Ši-il-WA-te-šup
	33	it-ta-dú-uš

	34	ŠU ^{m}Tar-mi-te-šup	
		(Siegel Nr. 404)	
	35	[N]A$_4$ ^{m}⸢A⸣-k[i-ia SUKAL]	
		(Siegel Nr. 405)	(Siegel Nr. 408)
	36	NA$_4$ ^{m}[It-ḫi-til-la	NA$_4$] ^{m}Ar-t[a-še]-en-ni
o. Rd.	37	DU[MU[96] Še-er-pa-ur-ši]	
	38	NA$_4$ [ ]	(Siegel Nr. 404)
l.Rd.	39	N[A$_4$] ^{m}A-ki[p-ta-š]e-⸢en-ni⸣	NA$_4$ ^{m}[Ip-ša-ḫ]a-lu ⸢GAR.KUR⸣[97]
		(Siegel Nr. 407)	(Siegel Nr. 296) (Siegel Nr. 409)
	40	[DUM]U [Ḫu-t]i-i[p-LUGAL	N]A$_4$ ^{m}Ur-ḫi-te-[šup DUMU Ḫu-ti]

1-5 Šilwa-teššup, der Sohn des Königs, trat mit Irir-tilla, dem Sohn des Arik-kurwe, im Gericht vor die Richter.

5-8 Folgendermaßen (sagte) Šilwa-teššup: „Eine Sklavin von mir ist geflohen. Man hat ihr gestattet, im Hause des Irir-tilla zu wohnen."

9-12 Und die Richter fragten Irir-tilla und sagten: „Wo ist die Sklavin des Šilwa-teššup, welche in deinem Haus wohnte?"

13-17 Aussage des Irir-tilla; vor den Richtern hat er gesagt: „Ja! Eine Sklavin des Šilwa-teššup wohnte in meinem Haus. Wohin sie ging(! - Text Präs.), weiß ich nicht."

18-21 [Und die Richte]r sagten zu Irir-tilla: „Sagt man nicht: »Wer eine Sklavin wünscht, bezahlt (für) sie, [ins] Haus darf er sie (sonst) nicht eintreten lassen.«?

22-26 Die ...la, die Sklavin des Šilwa-teššup, wohnte in Deinem Haus, und Du hast es dem Šilwa-teššup, ihrem Herrn, nicht gesagt?"

---

95 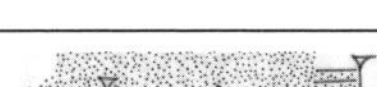

96 

97 Cf. Nr. 72: 36.

27-33 [Auf Grund der Aussage] des Irir-til(l)a si[egte] Šilwa-teššup in dem Prozess, und die Richter verurteilten [Irir-tilla] auf Grund seiner Aussage [zu(r Zahlung) einer] Sklavin, <welche> seiner [Skla]vin gleichwertig ist, zugunsten des Šilwa-teššup.
34 Hand des Tarmi-teššup.
35 Siegel des [Wesirs] Ak[ia].
36-37 Siegel des Itḫi-tilla, Sohnes des Šerpauršі. Siegel des Art[a-š]enni.
38 Siegel des [
39-40 Siegel des Aki[p-taš]enni, Sohnes des Ḫutip-šarri, Siegel des *šakin māti* Ipšaḫalu, Siegel des Urḫi-teššup, [Sohnes des Ḫuti].

Übers.: Wilhelm, TUAT, 65.

2: Irir-tilla S. Arik-kurwe ist anderweitig nicht bezeugt.
19: Vgl. Nr. 572, Anm. zu l. 18.
34-40: Cf. AdŠ 572: 30-37. Von den dort genannten Personen fehlt in AdŠ 573 nur Šar-teššup S. Pai-tilla. Vielleicht ist daher dieser Name in l. 38 und die zugehörige Siegelabrollung 407 darunter auf dem oberen Rand zu ergänzen.

Nr. 574

Šilwa-teššup gegen Akap-šenni, Sohn des Purnazini.

SMN 293; IM 50818; HSS IX 139; A 26; 115 x 65 x 31?; koll.; Textzustand 1983 (Vs. mit grün glasiertem Material verbacken).

Vs. 1 [^{m}*Š*]*i*-[*i*]*l*-WA-*te-šup* DUMU LUGAL
2 [*it-ti* ^{m}] ⸢*A*⸣-*kap-še-en-ni* DUMU *Pur-na-zi-ni*
3 [*i+na di-ni a-n*]*a pa*-⸢*ni* DI.KUD.MEŠ⸣ *i-te-lu-ma*
(Rest der Vs. verbacken)[98]
Rs. 4 ^{m}*Ši-il*-WA-*t*[*e-šup*]
5 *i+na di-ni il*-[*te-e-ma*]
6 *ù* DI.KUD.MEŠ
7 ^{m}*A-kap-še-en*-⸢*ni*⸣
8 *a-na* 1 ANŠE **ki*-⸢*i*⸣ *ša* ANŠ[E-*šu*]*[99]
9 *ma-aš-lu a-na* ^{m}*Ši-il*-WA-*t*[*e-šup*]
10 *it-ta-du-uš*

(Siegel Nr. 410)
11 NA4 ^{m}*Ik-ki-ia* DUMU *Ni-nu-a-ta*[*l*]
(Siegel Nr. 411)
12 NA4 ^{m}*Zu-ia* DUMU *Tar-mi-te-šup*
(Siegel Nr. 412)

98 Gegen Ende der Vs. Zeilenende auf Rs.: -*m*]*a*.

99 *...*: 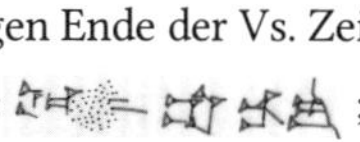 ; statt *ša ki-i* ...

	13	NA$_4$ ^{m}*Ut-ḫáp-ta-e*
o.Rd.	14	NA$_4$ ^{m}*A-kap-dug-ge*
		(Siegel Nr. 413)
l.Rd.	15	ŠU DI[NG]IR-*ni-šu* DUB.SAR
		(Siegel Nr. 414)
		[(Siegel)?]
	16	N[A$_4$ ^{m}*Ši-i*]*l*-WA-*te-šu*[*p*]

1-3 Šilwa-teššup, der Sohn des Königs, trat [mit] Akap-šenni, dem Sohn des Purnazini, im Gericht vor die Richter.

[......]

4-10 [...] sie[gte] Šilwa-teššup in dem Prozess, [und] die Richter verurteilten Akap-šenni zu(r Zahlung) eines Esels, welcher [seinem] Esel gleichwertig ist, zugunsten des Šilwa-teššup.

11 Siegel des Ikkia, Sohnes des Ninu-atal,

12 Siegel des Zuja, Sohnes Tarmi-teššup,

13 Siegel des Utḫap-tae,

14 Siegel des Akap-tukke,

15 Hand des Schreibers Ila-nīšu.

Übers.: Morrison, Šilwa-Tešup, 90.

2: Akap-šenni S. Purna-zini ist anderweitig nicht bezeugt.

11: Ikkia S. Ninu-atal: Ein Mann gleichen Namens und Vatersnamens ist regelmäßig als Zeuge in *tuppi mārūti*-Urkunden des Teḫip-tilla S. Puḫi-šenni mit Bezug auf Liegenschaften im Raum Abenaš genannt: JEN 5: 29; 71: 32; 81: 29; 84: 32; 96: 29; 202: 33; 418: 29; 580: 28; 674: 31; 675: 35; 676: 28; 677: 29; 678: 28; 679: 29; 680: 28. Eine Identität ist angesichts der unterschiedlichen Funktionen (Richter, Zeuge) und relativen Datierung (Zeuge: 2. Generation, Richter: 3. Generation, s. unten zu l. 13) zweifelhaft.

12: Zuja S. Tarmi-teššup nimmt gemäß JEN 391: 30 als Richter an einem Prozess teil, den Ennamati S. Teḫip-tilla (3. Generation) gewinnt; Für weitere Belege s. Stein, AdŠ 10, 356, Nr. 411.

13: Der hier ohne Vatersnamen genannte Richter Utḫap-tae ist identisch mit dem gleichnamigen Richter, der Sohn eines Zike ist; s Stein, AdŠ 10, p. 357f., Nr. 412, und 377, Nr. 440. Er wirkt auch in anderen Prozessen des Šilwa-teššup mit; s. AdŠ 586 und 587. Nach Belegen aus anderen Archiven ist er in der Zeit der Söhne des Teḫip-tilla S. Puḫi-šenni (3. Generation) als Richter tätig; s. z.B. JEN 324: 61.

14: Der Richter Akap-tukke ist nach AdŠ 586 und 587 Sohn eines Kakki. In AdŠ 586 benutzt er dasselbe Siegel (413) wie in der vorliegenden Urkunde; Für weitere Belege s. Stein, AdŠ 10, p. 358f.

15: Zwei Schreiber tragen den Namen Ila-nīšu; die Vatersnamen sind Sîn-napšir (JEN 659: 38; 691: 30, 35) und Intia (411: 28, 31). Ila-nīšu S. Intia hat JEN 411 für Teḫip-tilla S. Puḫi-šenni (2. Generation) geschrieben, während Ila-nīšu S. Sîn-napšir zwar ebenfalls für Teḫip-tilla geschrieben hat (AdŠ 691), aber auch noch für dessen Sohn Šurki-tilla (JEN 659, 3. Generation).

16: Dass der Kläger die Prozessurkunde siegelt, ist sehr ungewöhnlich; s. Stein, AdŠ Heft 8, p. 67. Vielleicht liegt ein Schreiberversehen vor. Daher ist es zweifelhaft, ob hier tatsächlich das Siegel abgerollt wurde.

Nr. 575

Šilwa-teššup gegen Šurki-tilla, Sohn des Akip-tašenni.

SMN 1268; IM 50814; HSS IX 140; A 23; 71 x 117 x 29; koll.; Textzustand 1983.

Vs.	1	^{m}*Ši-*⸢*il*⸣-WA-⸢*te*⸣-*š*[*up* DUMU LUGAL]
	2	[*i*]*t-ti* ^{m}*Šur-ki-til-*⸢*la*⸣ D[UMU] ⸢*A*⸣-[*kip-t*]*a-še-en-ni*
	3	[*i+n*]*a di-*[*n*]*i* [*a-n*]*a pa-ni* ⸢DI⸣.[K]UD.[ME]Š
	4	[*i-te-lu-ma u*]*m-m*[*a* ^{m}*Š*]*i-i*[*l-*W]A-*te-*⸢*šup*⸣*-ma*
	5	[x x x (x)(-)*p*]*í-i*[*a*] ⸢^{m}⸣*Šur-ki-til-la*
	6	[ ] ⸢x x x⸣ ⸢BU⸣? ⸢DU⸣? *a* ⸢x x⸣ *la* ⸢*ša*⸣?*-ki-in ù šu-ú*
	7	[ ] ⸢x ⸢x [I]GI.MEŠ
	8	[ ] ⸢x x⸣
		(mehrere Zeilen zerstört)
	9	⸢x⸣[
	10	*ki-m*[*a*?
	11	⸢x x[
	12	⸢x x x x⸣[
	13	[^{m}*Š*]*ur-*⸢*ki*⸣*-til-la* 1 [
	14	[x]x *aš ta aš* ⸢*ki*⸣ x[
	15	[x x x] ⸢x x⸣ ⸢*ki-ia*⸣ [
	16	[x x x] ⸢x x x x⸣[
	17	[*-u*]*š* [
u.Rd.	18	[ ]*-šu-nu* [
	19	[*i*]*r-ri-*⸢*iš*⸣?[
Rs.		(Siegel Nr. 404)
	20	NA4 *A-ki-ia* DUMU *Na-i-te*[(*-šup*)]
		(Siegel Nr. 415)
	21	NA4 ^{m}*Te-ḫi-*⸢*pa*⸣*-pu* DUMU *Ni-iḫ-ri-*[*ia*]
		(Siegel Nr. 416)
	22	NA4 ^{m}*I-ri-ri-til-la* DUMU *Še-eš-we*
		(Siegel Nr. 417)
	23	NA4 *Qa-ú-ri*
	24	DUMU *Du-li-ia*
l.Rd.		[(Siegel)]
	25	⸢ŠU ^{m}⸣[x x x]*x x*[100][

1-4 Šilwa-tešš[up, Sohn des Königs, trat m]it Šurki-tilla, dem Sohn des Akip-tašenni, im Gericht vor die Richter.

100 *...*: 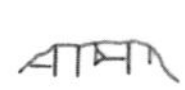

4 Folgendermaßen (sprach) Šilwa-teššup:
5 „[Gemäß]$^{??}$ meiner [Taf]el$^{??}$ [...] Šurki-tilla [...]“
6 [ ] ... ist nicht vorhanden(?), und er
7 [Z]eugen
8 [ ]...
9-19 (weitgehend unverständlich)
20 Siegel des Akia, Sohnes des Nai-te[(šup)],
21 Siegel des Teḫip-apu, Sohnes des Niḫria,
22 Siegel des Iriri-tilla, Sohnes des Šešwe,
23-24 Siegel des Kauri, Sohnes des Tulia.

Übers.: Morrison, Šilwa-Tešup, 90.

1: Der Prozessgegner Šurki-tilla, Sohn des Akip-tašenni, verliert (später?) – vielleicht auf Grund eines Prozesses vor dem Königsgericht – umfangreiche Ländereien an Šilwa-teššup; s. oben AdŠ Nr. 550.

5: Etwa [*ki-i* / *ša pí-i tup-p*]*í-ia* „gemäß dem Wortlaut meiner Tafel“?

6: Wenn die Ergänzung *la* ⸢*ša*?⸣*-ki-in* „ist nicht vorhanden“ (cf. CAD Š/1, p. 126 sub k) richtig ist, bezieht sich dieser Verlust wahrscheinlich auf die zuvor genannte Tafel. Die Zeugen, von denen in der folgenden Zeile die Rede ist, sind dann sicherlich dieselben, die auf der betreffenden Tafel genannt und nun aufgerufen sind, den auf der Tafel niedergelegten Sachverhalt zu bezeugen.

20: s. oben AdŠ 572, Anm. zu l. 31.

21: Zu dem Richter Teḫip-apu (Lesung bereits bei Koschaker, Randnotizen, 199) S. Niḫria s. auch AdŠ 586: 39 und 587: 44. Er erscheint als Zeuge in dem *tuppi mārūti* JEN 744: 28 des Teḫip-tilla S. Puḫi-šenni (2. Generation). Er gehört nach JEN 164 zu den Richtern, die einen Verzicht auf eine Klage gegen Winnirke, die Witwe des Teḫip-tilla, und deren Söhne beurkunden (frühe 3. Generation). In JEN 310: 34 ist er Zeuge bei einem Vertrag des Tarmi-tilla S. Šurki-tilla (4. Generation). Auch der Schreiber Šilaḫi-teššup gehört der 4. Generation seiner Familie an.

22: Iriri-tilla S. Šešwe ist Zeuge in EN 9/2 401 Rs. und in JEN 123: 24, letztere Tafel nennt Teḫip-tilla zusammen mit seinen Söhnen (späte 2. Generation).

23f.: Kauri S. Tulia: Ein Richter dieses Namens ist sonst nicht bezeugt.

Nr. 576 (entfällt)

Nr. 577

Purn-apu im Auftrag des Šilwa-teššup gegen Elḫip-tilla betreffs Kleinvieh.

SMN 351; IM 50838; HSS IX 143; A 26; 82 x 94 x 35; koll.; Textzustand 1983.

Vs. 1 [^{m}*Pur-na-pu* ÌR *ša* ^{m}*Ši-il-*WA*-te-šup* DUMU LUGAL]
2 [*it-ti* ^{m}*El-ḫi-ip-til-la* DUMU(?)]

	3	[x x x x x x (x x)]-⸢*šu*⸣-x[101] [
	4	[ ]x[102] *i-te-*⸢*lu*⸣*-m*[*a*]
	5	[*um-ma* ^{m}]*P*[*ur-n*]*a-pu-ma*
	6	[^{m}*El-ḫ*]*i-ip-til-la a-na* ^{m}*Ši-il-*<WA->*te-šup* SIPA
	7	⸢UDU⸣.[Ḫ]I.A.MEŠ *ša* ⸢^{m}⸣*Ši-il-*WA*-te-šu*[*p*]
	8	*ut-te-er* 2 KU[Š].MEŠ *ù* ^{m}*El-ḫi-*[*ip-t*]*il-*⸢*la*⸣
	9	*a-na mi*(über Rasur)*-nu-*⸢*ti*⸣ (Rasur) *uš-te-r*[*i-i*]*b*
	10	*um-ma a-na-ku am-mi-ni* 2 UDU.MEŠ *[*ba*]*l-ṭì*(über Rasur)*[103]
	11	*ša* ^{m}*Ši-il-*⸢WA*-te*⸣*-šup tu-uḫ-te-es-sí*
	12	2 KUŠ.MEŠ *a-na* **mi-nu-ti**(über Rasur) (*a-na* rad.)
	13	<*tu-*>*uš-te-***ri-ib**(über Rasur) 2 KUŠ.MEŠ *ša-a-šu-nu*
	14	ŠU *ša* ^{m}*Ši-il-*WA*-te-šup ù a-na-ku-ma*
	15	KUŠ.MEŠ *ša-šu-nu ú-*⸢*ul e-le-eq*⸣*-qè*
	16	^{m}*Pur-na-a-pu a-na* ^{m}*El-ḫi-ip-til-la*
	17	*ki-a-am iq-ta-bi* UDU.MEŠ *ša*
	18	^{m}*Ši-il-*WA*-te-šup i+na*
u.Rd.	19	ŠÀ*-bi* UDU.ḪI.A.MEŠ*-ka* **la aš-*⸢*bu*⸣*[104]
	20	*um-ma* ^{m}*El-ḫi-ip-til-*⸢*la-ma*⸣
	21	UDU.ḪI.A.MEŠ ⸢*ša*⸣
Rs.	22	^{m}*Ši-il-*WA*-te-šu*[*p*]
	23	*i+na* ŠÀ*-bi* UDU.ḪI.A.MEŠ*-ia ša* *x ⸢*bi*⸣?*-nu-a-*⸢*u*⸣?*[105] (*mi* rad.)
	24	*ia-nu ù i+na-an-na*
	25	2 UDU.MEŠ *ša* ^{m}*Ši-il-*WA*-te-šu*[*p*]
	26	^{m}*Pur-na-a-pu i+na* ŠÀ*-bi* UDU.ḪI.A.MEŠ
	27	*ša* ^{m}*El-ḫi-ip-til-la*
	28	*is*(über Rasur)*-sà-bat* EME*-šu ša*
	29	^{m}*El-ḫi-ip-til-la a-na pa-ni*
	30	DI.KUD.MEŠ *ki-a-am iq-ta-bi*
	31	*a-an-ni-mi* 2 UDU.MEŠ *ša* ^{m}*Ši-il-*WA*-te-šup*
	32	*i+na* ŠÀ*-bi* UDU.ḪI.A.MEŠ *ša ḫu-up-ši*
	33	⸢*ù* ^{m}*Pur-na*⸣*-a-pu* <*is*>-**sà-bat*[*a*]*s-su**(über Rasur)[106]*-mi*
	34	⸢^{m}*Pur*⸣*-na-*⸢*pu*⸣ *i+na di-ni il-te-e-ma*
	35	[*ù* DI.KU]D.MEŠ ^{m}*El-*[*ḫ*]*i-ip-til-la*
	36	[*ki-me-e*? E]ME*-šu-ma* 48 UDU.ḪI.A.MEŠ
	37	[*ša* ^{m}*Ši-i*]*l-*WA*-t*[*e-š*]*up*
	38	[*it-ta-d*]*u-uš*

---

101 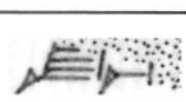

102 

103 *...*: 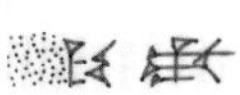

104 *...*: 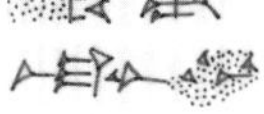

105 *...*: 

106 *...*: 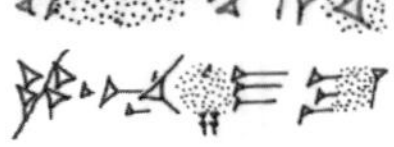

	39	[ ]x[107][	
		(Rest zerstört)	
l.Rd.	40	NA4 ^{m}*Ḫa-ši-ip-*⸢*til*⸣*-la*	
	41	(Siegel Nr. 418)	NA4 ^{m}*Ši-il-**⸢*te*⸣? x*[108][
			(Siegel Nr. 419)
	42	DUMU *⸢*Si*?⸣-[x]-⸢*be*?⸣*[109]	DUMU *Bi-ir-*[

1-4 [Purn-apu, der Sklave des Šilwa-teššup, Sohnes des Königs,] trat [mit Elḫip-tilla, dem Sohn des (?)..., ... im Gericht vor die Richter.

5-15 Folgendermaßen (sagte) Purn-apu: „[Elḫ]ip-tilla ist Hirte des Šilwa-teššup. Schafe des Šilwa-teššup hat er zurückgegeben. 2 Felle brachte Elḫip-tilla in die Zählung ein. Folgendermaßen (sagte) ich: »Warum verbirgst du zwei lebende Schafe des Šilwa-teššup (und) bringst zwei Felle in die Zählung ein? Diese zwei Felle sind Anteil des Šilwa-teššup, und ich nehme diese Felle nicht an!«"

16-19 Purn-apu sagte folgendermaßen zu Elḫip-tilla: „Befinden sich die Schafe des Šilwa-teššup nicht inmitten Deiner Schafe?"

20-24 Folgendermaßen (sagte) Elḫip-tilla: „Schafe des Šilwa-teššup sind inmitten meiner Schafe, welche ..., nicht vorhanden."

24-28 Jetzt aber hat Purn-apu 2 Schafe des Šilwa-teššup inmitten der Schafe des Elḫip-tilla festgestellt (wörtl.: ergriffen).

28-33 Aussage des Elḫip-tilla; vor den Richtern hat er folgendermaßen gesagt: „Ja! Zwei Schafe des Šilwa-teššup waren inmitten der Schafe des Landvolks, und Purn-apu hat sie ergriffen."

34-38 Purn-apu siegte in dem Prozess, und die Richter verurteilten Elḫip-tilla [auf Grund] seiner Aussage zu(r Zahlung von) 48 Schafen zugunsten des Šilwa-teššup.

(Lücke)

40-41 Siegel des Ḫašip-tilla, Sohnes des ....

41-42 Siegel des Šilte(?)..., Sohnes des Pir...

Morrison, Šilwa-Tešup, 143, lässt diesen Text aus. Auch Hayden, Court, behandelt ihn nicht.

1: Purn-apu ist Verwalter des Šilwa-teššup während der älteren Phase der Laufzeit des Archivs; s. auch AdŠ 594, 604, 605 (unten p. 146f., p. 166ff., p. 170ff.) .

2: Der Hirte Elḫip-tilla erscheint nicht in den zahlreichen Urkunden zur Kleinviehhütung (AdŠ Heft 5), die aus den letzten Jahren der Laufzeit des Archivs stammen. Er gehört sicherlich in eine frühere Zeit, und seine Tätigkeit für Šilwa-teššup endete zweifellos mit dem hier beurkundeten Urteil. Ob in l. 2 der (unbekannte) Name seines Vaters oder seine Berufsbezeichnung stand, oder gar beides, kann nicht entschieden werden.

107 

108 *...*:  ; Lacheman, PNKA, Š 366: *ši-il-te* ...

109 *...*: 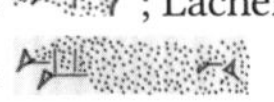

3-4: Die übliche Wendung *ina dīni ana pani* DI.KUD.MEŠ füllt nicht den zur Verfügung stehenden Raum, auch passt der Zeichenrest vor *ītelû* nicht zu KUD oder MEŠ. Daher könnte der Ort des Gerichts genannt sein, cf. AdŠ 586: 6; 587: 7: DI. KUD.MEŠ *ša* URU *Nuzi*; JEN 377: ~ *ša* URU *Ú-lam-me*. Allerdings passt der erhaltene Zeichenrest zu keinem Namen der Orte, die mit dem Grundbesitz des Šilwa-teššup verbunden und außerdem Gerichtsort sind. In einigen Prozessprotokollen folgt auf die Namen der Litiganten eine mit *aššum* eingeleitete Nennung des Streitgegenstands, s. z.B. JEN 329, JEN 377. Im vorliegenden Fall müsste diese jedoch recht knapp formuliert sein.

8: Für das „resumptive" *u* cf. Wilhelm, Hurro-Akkadisch, 54f.

9, 12: *minûtu* „Zählung, Rechnung", s. AHw II 656f. mit einem Beleg aus Nuzi (HSS XVI 283: 4); CAD M II, 98f. mit demselben und einem weiteren Beleg (HSS XIII 27: 5). Dazu kommt nun der vorliegende als dritter Beleg aus Nuzi-Texten.

10f.: s. CAD Ḫ, 176f., sub *ḫesû* D; AHw, 342.

21-24: Das auf *-nu-a-u* auslautende „Schlüsselwort" der Aussage des Elḫip-tilla am Ende von l. 23 ist stark zerstört. Die assyrische Nisbe *-ā'u*, die in Nuzi nur für Bewohner fremder Länder (*aššurā'u, kuššu/aḫḫa'u, nulluā'u*) verwendet wird, liegt hier zweifellos nicht vor. *-au* ist das Suffix des hurr. Ergativs 1. Ps. Sg., so dass es sich hier um einen mit *ša* eingeleiteten Nebensatz handeln könnte („Schafe des Šilwa-teššup sind inmitten meiner Schafe, welche ich ..., nicht vorhanden"). Da dem Suffix *-au* weder *-ož-* (Prät.) noch *-ed-* (Futur) vorausgeht, müsste es sich um eine Präsensform handeln, was inhaltlich plausibel wäre. Allerdings stellt das vorausgehende *-nu-* ein Problem dar, da an dieser Stelle eine „Wurzelerweiterung" stehen müsste, diese aber bisher ausnahmslos konsonantisch auslauten. Die ersten beiden Zeichen sind stark beschädigt. Hier handelt es sich bei einer *interpretatio hurritica* um die „Wurzel", da diese stets die Anfangsposition einer Verbalform einnimmt. Die Zeichenreste lassen mehrere Lesungen zu, jedoch nicht die Wurzel *nav-* „weiden", die hier zum Kontext passen würde.

Die Aussage des Elḫip-tilla endet mit *janu* in l. 24, weshalb der Schreiber die schon am Ende der l. 23 gesetzte Partikel der zitierten Rede getilgt hat.

32: Zu *ḫupšu*, s. von Dassow, SCCNH 17, 102-105 und 340-343 mit Lit. Speziell zu den Belegen aus Nuzi-Texten s. Zaccagnini, Proprietà, 716; Fincke, 57. RAI Rom, 565, n. 64; Abrahami / Lion, Job Categories, 332f. – Der oben gewählte vormoderne Begriff „Landvolk" soll auf mehrere Merkmale der *ḫupšu* abheben (geringer Sozialstatus, frei im Gegensatz zum Sklaven, aber mit Arbeitsverpflichtungen).

36: Für die ungewöhnliche Höhe der Strafe (48 Schafe für 2 gestohlene Schafe) s. Zaccagnini, HdO 72/1, 612, 8.3.1. Vielleicht wurde der Betrugsversuch in Tateinheit mit Diebstahl als strafverschärfend gewertet.

40-42: Der Zeuge mit dem sehr häufig belegten Namen Ḫašip-tilla kann weder durch den nur bruchstückhaft erhaltenen Vatersnamen noch durch sein Siegel (s. Stein, AdŠ 10, p. 363, Nr. 418) genauer bestimmt werden. Der Zeuge Šilte... ist anderweitig nicht belegt. Der erhaltene Teil des Vatersnamens Pir- könnte zu Pirzata (s. EN 9/1, 317: 15) oder Pirzu (s. HSS V 6: 20) ergänzt werden. Die in HSS IX, p. xxi, Nr. 143, rev. 15-16 gebotene Lesung ^{m}*ši-il-wa-t*[*e-šub*] *mâr šarri* ist irrig.

Nr. 578

Ḫašip-apu, Sohn des Taḫirišti, im Auftrag des Šilwa-teššup gegen Teššup-nīrārī, den Sohn des Šur-teššup, und Urḫi-teššup, den Sohn des Ḫut-teššup, die einen Rinderhirten des Šilwa-teššup gefangen gesetzt und dadurch den Tod und Verlust von sieben Rindern verursacht hatten.

SMN 307 + SMN 1626; IM 50782 (= SMN 1626); EN 10/1 50 + HSS IX 11; A 23; 83 x 138 x 35; koll.; Join nicht fixiert; Textzustand 1986.

Vs.	1	^{m}*Ḫa-ši-pa-pu* DUMU *Ta-ḫi-ri-iš-ti*
	2	[*it-t*]*i* ^{m}*Te-šup-ni-ra-ri* DUMU *Šu-*⸢*ur*⸣-[*te-šup*]
	3	⸢*ù*⸣ *it-*⸢*ti*⸣ ^{m}*Ur-ḫi-te-šup* DUMU *Ḫu-*[*ut-te-šup*[110]]
	4	[*i+n*]*a di-*[*n*]*i a+na pa-ni* DI.KUD.M[EŠ *i*]-⸢*te-lu-ma*⸣
	5	[*u*]*m-ma* ⸢^{m}*Ḫa*⸣-*ši-ba-pu-ma* ^{m}EN-ŠEŠ.MEŠ-*šu*
	6	[DUM]U *Ar-na-*⸢*a*⸣*-pu* SIPA GUD *ša*
	7	[^{m}*Š*]*i-il-*WA*-te-šup* DUMU LUGAL
	8	[*i*]*š-*[*t*]*u*$_4$ GUD.MEŠ *ša* ^{m}*Ši-il-*WA*-te-šup*
	9	[^{m}]*Te-šup-ni-r*[*a-ri*] *ù* ^{m}*Ur-ḫi-te-šup*
	10	[*u*]*š-te-lu-ma ù i+na* URU *Du-dur-ra*
	11	⸢*i*⸣*-te-es-ru ù* 5 GUD *im-tù-ut*
	12	⸢*ù*⸣ 2 GUD *iḫ-ta-li-iq ù* DI.KUD.MEŠ (Rasur)
	13	[^{m}]*Te-šup-ni-ra-ri ù* ^{m}*Ur-ḫi-te-šup*
	14	[*i*]*š-ta-lu-šu-nu-ti um-ma* ^{m}*Te-šup-ni-ra-ri-ma*
	15	[L]Ú.MEŠ *ša* GIŠ.BAN *a+na e-sé-*<*ri*> *i-te-er-šu*
	16	*ù* ^{m}EN-ŠEŠ.MEŠ-*šu ša* GIŠ.BAN
	17	*a-šar* ^{m}*Ur-ḫi-te-šup* LÚ.MEŠ *ša* GIŠ.BAN
	18	⸢*e*⸣-[*t*]*e-ri-iš ù* ^{m}EN-ŠEŠ.MEŠ-*šu*
	19	*a+na ša* GIŠ.BAN SUM-*din ù e-te-sé-er*
	20	*ù um-ma* ^{m}*Ur-ḫi-te-šup-ma*
	21	^{m}⸢EN⸣-ŠEŠ.MEŠ-<*šu*> *a+na ša* ⸢GIŠ⸣.BAN ⸢*a+na*⸣
	22	^{m}*T*[*e-šu*]*p-ni-ra-ri* [*l*]*a ad-d*[*ì-in*]
	23	*ù* D[I.KUD.MEŠ *a+na* ^{m}EN-Š]EŠ.[MEŠ-*š*]*u*
	24	*iq-t*[*a-bu*]*-ú ma-*[*an-nu a+n*]*a ša* GIŠ.BAN
	25	<*a-na*> ^{m}*Te-šup-*⸢*ni*⸣-[*ra-ri id-d*]*ì-na-ak-*[*ka*]
u.Rd.	26	*um-ma* ^{m}⸢EN⸣-Š[EŠ.MEŠ-*š*]*u-ma*
	27	^{m}*Te-šup-ni-ra-*<*ri*> *i*[*l-t*]*e-qa-an-ni*
Rs.	28	*ù* ^{m}*Ur-ḫi-*⸢*te*⸣-[*šu*]*p* ⸢*la*⸣ SUM-*an-ni*
	29	*ù ki-me-e* ^{m}⸢EN-ŠEŠ⸣.MEŠ-*šu* SIPA
	30	*iš-tu*$_4$ GUD.MEŠ *il-t*[*e*]*-qú-*⸢*ú*⸣
	31	*ù i-te-es-ru-ma ù* GU[D.MEŠ]
	32	*im-tù-tù i+na di-ni* ^{m}*Ḫa-ši-ba-pu*
	33	*il-te-e-ma ù* DI.KUD.MEŠ
	34	^{m}*Te-šup-ni-ra-ri ù* ^{m}*Ur-ḫi-te-šup*
	35	*a+na* 7 GUD.MEŠ *ša* BA.ÚŠ *ù ḫal-qú*
	36	⸢*a+na*⸣ ^{m}*Ši-il-*WA*-te-šup*
	37	[*i*]*t-ta-du-šu-nu-ti*

(Siegel Nr. 404)

38 [NA$_4$] ⸢^{m}*A*⸣*-ki-ia* SUKAL NA$_4$ ^{m}*A-kip-ta-še-en-ni* DUMU *Muš-te-šup*

110 In EP noch teilweise erhalten.

		(Siegel Nr. 420)	(Siegel Nr. 421)
	39	[NA4 ^{m}*Ip-š*]*á-*[*ḫ*]*a-lu* DUMU	*Zi-il-te-šup*
	40		NA4 ^{m}*A-ri-ba-pu*
		(Siegel Nr. 422)	(Siegel Nr. 423)
	41		(NA4 rad.) DUMU x[111][
	42	⸢NA4⸣ ^{m}*Mu-uš-te-ia* DUMU *A*[*m*?[112]-	
o.Rd.	43	[N]A4 ⸢m⸣**Bi*-x-⸢*na*⸣-⸢*tal*⸣*[113] DU[MU] x[114]-*li*-[	
	44		[N]A4 ^{m}*P*[*u*]-⸢*i-ta*⸣-[*e*]
		[Siegel)]	(Siegel Nr. 424)
	45		DUMU *A-ki-te-šup*
l.Rd.	46	Š[U ^{m}]*Na-an-na-*[*daḫ*]	

1-4 Ḫašip-apu, Sohn des Taḫirišti, trat mit Teššup-nīrārī, dem Sohn des Šur-[teššup], und mit Urḫi-teššup, dem Sohn des Ḫu[t-teššup] im Gericht vor die Richter.

5-12 Folgendermaßen (sagte) Ḫašip-apu: „Den Bēl-aḫḫē-šu, den Sohn des Arn-apu, den Rinderhirten des Šilwa-teššup, Sohnes des Königs, haben Teššup-nīr[ārī] und Urḫi-teššup von den Rindern des Šilwa-teššup weggenommen und nach Tuturra (zum Militärdienst) eingezogen, und fünf Rinder sind gestorben, und zwei Rinder sind verlorengegangen."

12-14 Und die Richter befragten Teššup-nīrārī und Urḫi-teššup.

14-19 Folgendermaßen (sagte) Teššup-nīrārī: „Die Bogenschützen haben gefordert, (Männer zum Militärdienst) einzuziehen, und Bēl-aḫḫē-šu ist ein Bogenschütze. Von Urḫi-teššup habe ich Bogenschützen gefordert, und den Bēl-aḫḫē-šu hat er (mir) als Bogenschützen gegeben, und ich habe ihn (zum Militärdienst) eingezogen."

20-22 Und folgendermaßen (sagte) Urḫi-teššup: „Den Bēl-aḫḫē-<šu> habe ich nicht dem Teššup-nīrārī als Bogenschützen gegeben."

23-25 Und die Ri[chter] sa[gt]en [folgendermaßen zu Bēl-a]ḫḫē-šu: „Wer hat d[ich] als Bogenschützen <dem> Teššup-nīr[ārī gege]ben?"

26-28 Folgendermaßen (sagte) Urḫi-teššup: „Teššup-nīrā<rī> h[at m]ich genommen, und Urḫi-teššup hat mich nicht gegeben."

29-37 Und da sie den Hirten Bēl-aḫḫē-šu von den Rindern weggenommen und (zum Militärdienst) eingezogen haben und Rin[der] gestorben sind, siegte Ḫašip-apu in dem Prozess, und die Richter haben den Teššup-nīrārī und den Urḫi-teššup zu sieben Rindern (als Ersatz der Rinder), welche gestorben oder verlorengegangen sind, zugunsten des Šilwa-teššup verurteilt.

38 [Siegel] des Wesirs Akia, Siegel des Akip-tašenni, Sohnes des Muš-teššup,

39 [Siegel des Ipš]a-[ḫ]alu, Sohnes des Zil-teššup,

40f. Siegel des Arip-apu, Sohnes des [...]

---

111 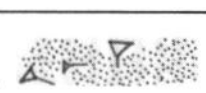

112 

113 *...*: 

114 

42 Siegel des Muš-teja, Sohnes des A[m?-...],
43 Siegel des Pi..n-atal, Sohnes des ...li[...],
44f. Siegel des Pui-tae, Sohnes des Aki-teššup
46 Ha[nd des] Nannataḫ.

Übers.: Morrison, Šilwa-Tešup, 21-23.

1: Zu dem Verwalter Ḫašip-apu S. Taḫirišti, s. AdŠ Heft 3, p. 57; die dort geäußerte Vermutung, dass sich die Belege mit bzw. ohne Nennung des Vatersnamen Taḫirišti auf ein und dieselbe Person beziehen, hat sich bestätigt; Ḫašip-apu mit Vatersname hat AdŠ 73 und 582 mit demselben Siegel (Nr. 12) gesiegelt wie Ḫašip-apu ohne Vatersname AdŠ 97 und 202; s. Stein, Seal Impressions, AdŠ 9, p. 92 und 97. Für weiter Belege in diesem Heft s. AdŠ 579: 1 (unten p. 111), AdŠ 582: 40 (unten p. 121).

2-3: Urḫi-teššup S. Ḫut-teššup, ist ebenso wie Bēl-aḫḫē-šu Rinderhirt im Dienste des Šilwateššup. Dies geht aus AdŠ 449 hervor, wo er zusammen mit dem Rinderhirten Šur-teššup genannt wird. Letzterer erscheint in derselben Funktion in Nr. 450: 3, 6; er ist sicherlich identisch mit dem im vorliegenden Text l. 2 genannten Šur-[...], Vater des Teššup-nīrārī. Die Parteien dieses Prozesse waren demnach miteinander gut bekannt und beruflich verbunden, so dass hinter der Aktion des Teššup-nīrārī und des Urḫi-teššup wohl auch persönliche Motive standen.

10: Für den Ort Tuturra s. noch JEN 527: 33 und 533: 14; Fincke, RGTC 10, 313.

15-24: CAD Q, p. 156, sub *qaštu* in *ša qašti* (mit falscher Übersetzung des ersten Kolons). Zu den LÚ.MEŠ (*ša*) GIŠ.BAN(.MEŠ) s. Zaccagnini, Proprietà, 706; idem, HdO 72/1, 582, n. 33; von Dassow, SCCNH 18, 610 mit n. 6. Unabhängig von der Frage, ob dieser Ausdruck mit Zaccagnini eine allgemeinere Bedeutung („in servizio") im Gegensatz zu *ana bītāti-šunu muššuru* („rimandato a casa") hat, ist die Verwendung von *ša* kein distinguierendes Merkmal, da in Contenau, RA 28, Nr. 6, l. 5 und 9 *ša* fehlt, aber gleichwohl der Gegensatz zu *ana bītāti-šunu muššuru* (l. 16) vorliegt.

38: Zu dem „Wesir" Akia s. oben AdŠ 572, n. zu l. 31.

Akip-tašenni S. Muš-teššup ist laut HSS XIII 152: 14-19 (= Nuziana II, p. 202) ein *āpilu*-Kultfunktionär und nimmt Gewänder aus dem *bīt nakkamti* (des Palastes) entgegen. Nach HSS XV 207^{B} erhält er eine Sklavin, nach EN 9/1 405 führt er einen Prozess gegen drei Männer, die „in der Mitte der Nacht" Stroh aus der „*bīt qarīti* des Strohs" (sicherlich ebenfalls des Palastes) gestohlen haben. Vermutlich hat Akip-tašenni ein Palastamt inne.

39: Ipšaḫalu S. Zil-teššup ist ein Streitwagenfahrer (*rākib narkabti*); s. Dosch, SCCNH 18, p. 132, Nr. 46: 19, sowie HSS XV 35: 31 und XVI 191: 6.

40f.: Arip-apu; für einen eventuellen zweiten Beleg s. Stein, AdŠ Heft 9, p. 367, Siegel Nr. 423.

42: Muš-teja S. Am[...] ist anderweitig nicht belegt.

44f.: Pui-tae S. Aki(p)-teššup ist ein Streitwagenfahrer (*rākib narkabti*); s. Dosch, SCCNH 18, p. 131, Nr. 45: 21 (HSS XVI 331) und p. 137, Nr. 49: 16 (XV 34).

46: Der Schreiber mit dem sumerischen Namen Nannataḫ (nanna-a$_2$-taḫ) nennt nie den Namen seines Vaters und nur ausnahmsweise den Ort seiner Tätigkeit (JEN 780: 38f.: *ina bāb abulli ša* ^{uru}*Nuzi*). Die von ihm geschriebenen Urkunden JEN 618, 873 und 854 aus dem Archiv der Familie des Teḫip-tilla S. Puḫi-šenni datieren in die 3. Generation dieser Familie (Ennamati).

Nr. 579

Ḫašip-apu, der Sohn des Taḫirišti, im Auftrag des Šilwa-teššup gegen den Kleinviehhirten Šekar-zizza, den Sohn des Ḫanakka, wegen des Verlustes von 51 Schafen.

SMN 441; HSS XIII 441; A 23; 75 x 115 x 33; koll.; Textzustand 1986.

Vs.	1	[^{m}*Ḫa-š*]*i-pa-pu* DUMU *T*[*a*[115]-*ḫi-ri-iš-ti*]
	2	[*it-t*]*i* ^{m}*Še-qa-ar-zi-*[*iz-za*]
	3	[DUMU *Ḫa*]-*n*[*a*]-*aq-qa i+na di-ni*
	4	[*a-na*] *p*[*a-n*]*i* DI.KUD.MEŠ *i-te-l*[*u-ma*]
	5	[*um*]-*m*[*a*] ^{m}*Ḫa-ši-pa-pu-ma*
	6	[1] *šu-ši* 3 UDU.MEŠ *ša* ^{m}*Ši-il-*WA-*te-šup*
	7	*a-*[*n*]*a* ŠU ^{m}*Še-qa-ar-zi-iz-za* LÚ.⸢SIPA⸣
	8	*a-*[*n*]*a i-re-ú at-ta-din*
	9	⸢*ù*⸣ *i+na-an-na* UDU.MEŠ *ša-*⸢*a*⸣*-šu*
	10	*a-šar* ^{m}*Še-qa-ar-zi-i*[*z-za e-te-ri*]*-iš-mi*
	11	⸢*ù*⸣ *la i+na-*[*a*]*n-din* ⸢*ù*⸣ [DI.KUD.MEŠ]
	12	^{m}*Š*[*e-q*]*a-ar-*⸢*zi*⸣*-iz-za* [*iš-t*]*a-lu-uš*
	13	⸢*ù*⸣ [*i*]*q-ta-bu-ú* 1 [*šu-ši*] 3 UDU.MEŠ ⸢*ša-a*⸣*-šu*
	14	*š*[*a* ^{m}*Ši-i*]*l-*WA*-te-š*[*up* ^{m}*Ḫ*]*a-*⸢*ši*⸣*-pa-pu*
	15	*a-n*[*a qa-ti-k*]a_4[116] *it-ta-*[*di*]*n*[117]*-mi-i*
	16	⸢*um*⸣*-*[*ma* ^{m}*Še-qa*]*-ar-*⸢*zi*⸣*-iz-za-ma*
	17	*a-a*[*n-ni-mi*] 1 *šu-ši* 3 UDU.MEŠ
	18	^{m}*Ḫ*[*a-ši-pa-p*]*u* ⸢*a*⸣*-na qa-ti-ia it-ta-di*[*n*]
	19	⸢*ù*⸣ [*i+na-an-n*]*a* UDU.MEŠ *ša-*⸢*a*⸣*-šu*
	20	*⸢*i*⸣*-*[*t*]*e-r*[*i**[118]*-iš*
	21	[*q*]*a-du* x[119][
u.Rd.	22	[x].MEŠ x[120][
	23	⸢*ù*⸣ [D]I.KUD.MEŠ [*a*]*-na* [0]
	24	[^{m}]*Ḫ*[*a-š*]*i-pa-p*[*u i*]*q-ta-b*[*u-ú*]
Rs.	25	[UDU.MEŠ *ša-a*]*-šu i+*[*n*]*a* URU *Na-aš-m*[*ur*[121]]
	26	[*a-na*] ⸢*a*⸣*-ša-b*[*i ta-a*]*q-ta-b*[*i*(*-mi*)]
	27	[*um-ma* ^{m}*Ḫ*]*a-*[*ši-pa*]*-p*[*u*]*-ma la aq-bi* [(*-mi*)]
	28	*ù* [DI.KUD.MEŠ] ⸢*a*⸣*-na* ^{m}*Še-qa-ar-zi-iz-za*
	29	*iq-*[*ta-bu-ú* UD]U.[M]EŠ [*š*]*a-a-š*[*u*] ^{m}*Ḫa-ši-pa-pu*
	30	*i+n*[*a* URU *Na-aš-mu-ur* (x x)]
	31	⸢*a*⸣*-*[*na a-ša*]*-*bi i*[*q**[122]*-ta-bi u*]*m-ma*
	32	^{m}[*Še*]*-qa-ar-zi-i*[*z-za*]*-ma*
	33	⸢*ú*⸣*-*[*l*]*a-mi la iq-ta-bi* UDU.MEŠ *ša-*⸢*šu*⸣

---

115 
116
117 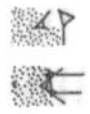
118 *...*:  ; Lesung ⸢*i*⸣+[*n*]*a* x[ist nicht möglich.
119 
120 
121 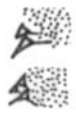
122 *...*: 

34 *⸢*a*⸣-*n*[*a-k*]*u*-⸢*ma*⸣*[123] *i+na* URU *Na-aš-mu-ur*
35 [*a-na*] **na-i-ip-ti**[124]
36 [*ú-u*]*b*[125]*-bá-lu-mi ù ki-me-e*
37 [UDU.MEŠ] **š*[*a*]-⸢*a*⸣-*š*[*u*] *b*[*á*]-*lu**[126] ^{m}*Ḫa-ši-pa-pu* ⸢*i*⸣+[*na*]
38 [URU *N*]*a-aš-m*[*u-u*]*r ú-*⸢*bi*⸣*-il*
39 [*i+na d*]*i-ni* ^{m}*Ḫa-ši-pa-pu il-te-e-ma*
40 [*a-n*]*a* 11 UDU.MEŠ MUNUS *ša* Ù.TU
41 [*a-n*]*a* 27 UDU.MEŠ NITA GAL
42 [*a-n*]*a* ⸢5⸣ UDU.MEŠ MUNUS *ša* 1-*nu bá-aq-*[*n*]*u*
43 [*a-n*]*a* 3 UDU.MEŠ NITA *ù* ⸢*a-na*⸣ 5 MÁŠ.MEŠ GAL
44 [ŠU.NÍG]IN 51 UDU.MEŠ *an-nu-ú ù*
45 [x (x) .M]EŠ *a-na* 51 UDU.MEŠ *ša-a-š*[*u*]
46 [*ša* KA *tu*]*p-pí an-ni-i* DI.K[UD.MEŠ]
47 [^{m}*Še-qa-ar-z*]*i-iz-za a-na* ^{m}[*Ḫa-ši-pa-pu*]
48 [*it-ta-du-uš*]
o.Rd. (zerstört)
l.Rd. 49 [NA4 ^{m}*Zi-il*]*-te* (Siegel Nr. 425)
50 [(Siegel)] [NA4 ^{m}*Ur-ḫi-i*]*a* DUMU *Túl-bi-ia*
51 [DUMU *Ge-el-te-šup*] (Siegel Nr. 426)
52 [NA4 ^{m}*Ki-bi*-LUGA]L DUMU *Er*-WA-LUGAL

1-4 [Ḫaš]ip-apu, der Sohn des T[aḫirišti], trat mit Šekar-zizza, dem Sohn des Ḫanakka, im Gericht vor die Richter.

5-11 Folgendermaßen (sagte) Ḫašip-apu: „63 Schafe[127] des Šilwa-teššup habe ich dem Schafhirten Šekar-zizza zum Hüten übergeben, und nunmehr habe ich die Schafe von Šekar-zizza [eingefor]dert, aber er hat (sie mir) nicht gegeben."

11-15 Und [die Richter] fragten den Šekar-zizza und sagten: „Hat Ḫašip-apu diese 63 Schafe des Šilwa-teššup in [de]ine [Hände] gegeben?"

16-22 Folgendermaßen (sagte) Šekar-zizza: „J[a!] 63 Schafe hat Ḫašip-apu in meine Hände gegeben, und nunmehr hat [er] diese Schafe [eingefo]rde[rt ...] mitsamt? [...]...[...]."

23-26 Und die Richter sagten zu Ḫašip-apu: „Hast du angeordnet, dass diese Schafe in Našmur sein sollen?"

27 Folgendermaßen (sagte) Ḫašip-apu: „Ich habe (das) nicht angeordnet."

28-31 Und [die Richter] sa[gten] zu Šekar-zizza: „Hat Ḫašip-apu angeordnet, dass diese Schafe i[n Našmur sei]n sollen?"

---

123 

124 *...*: 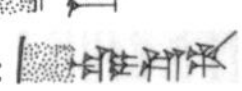

125 

126 *...*: 

127 Die Bezeichnung „Kleinvieh" wäre hier (und auch sonst) sachlich korrekter, da es sich nicht nur um Schafe, sondern auch um Ziegen handelt.

31-36 Folgendermaßen (sagte) Šekar-zizza: „Nein, er hat es nicht angeordnet. Diese Schafe habe ich nach Našmur zur Weidung gebracht(! - Text Präs., 3. Ps. Pl.).“

36-48 Und weil er (sc. Šekar-zizza) diese [Schafe] ohne (Auftrag des) Ḫašip-apu nach Našmur gebracht hat, siegte Ḫašip-apu in dem Prozess, und die Richter verurteilten den Šekar-zizza zu(r Zahlung von) 11 Mutterschafen, 27 Hämmeln, 5 weiblichen Schafen, die einmal gerauft sind, drei männlichen Schafen und 5 Ziegenböcken -, insgesamt 51 Stück Kleinvieh, dies und [...].. -, für die genannten 51 Stück Kleinvieh [des Wortlauts] dieser Tafel zugunsten des [Ḫašip-apu].

49, 51 [Siegel des Zil]-te, Sohnes des Kel-teššup,

50 [Siegel des Urḫi]a, Sohnes des Tulpia,

52 [[Siegel des Kipi-šarr]i, Sohnes des Erwa-šarri.

Übers.: Morrison, Šilwa-Tešup, 190. Ed.: Wilhelm, FS Haas, 450-453 (auch: Beiträge, 440-442).

1: Zu Ḫašip-apu S. Taḫirišti s. AdŠ 578, Anm. zu l. 1. (oben p. 110).

2: Šekar-zizza S. Ḫanakka ist als ein für Šilwa-teššup arbeitender Kleinviehhirte gut bezeugt. s. AdŠ Heft 5.

8: *ana ire''û* statt *re'î*, für die korrekte Form s. AdŠ 625 (= HSS IX 31), 3: 10 UDU.MEŠ-*ia ana* PN *ana re-i-e addim-mi.*

20-22: Die Aussage des Šekar-zizza muss, wie die Rückfrage der Richter in ll. 25-26 zeigt, die Behauptung enthalten, er habe die Schafe (weisungsgemäß) nach Našmur gebracht.

21: Vielleicht ist, einem Vorschlag von J. Fincke folgend, [*q*]*a-du k*[*a*$_4$$^?$*-lu-mi*(*-šu-nu*) ...] „mit (ihren) Lämmern“ zu lesen.

25, 30, 34, 38: Für Našmur s. Fincke, RGTC 10, 183f. (mit weiteren Belegen. Dass dort Schafe gezüchtet wurden, geht aus dem dafür zitierten vorliegenden Text nicht hervor.) Für eine Nähe zu Šinina und Ulamme s. Fadhil, Topographie, 151; Müller, HSAO 7, 212 und 197. Warum Šekar-zizza seine Herde nach Našmur führte und warum diese dabei verloren ging, geht aus dem Prozessprotokoll nicht hervor. Einen ähnlich großen Verlust hat Šekar-zizza auch nach AdŠ 383 (= AASOR XVI 92) zu verantworten; dabei sind 50 von 96 Stück Kleinvieh „tot“ (*mītūti*).

35: *naipti* ist eine hurr. Nominalbildung auf *-pti* von der Wurzel *na*(*v*)- „weiden“, s. Wilhelm, *naipti* , 452f. (auch: Beiträge, 442-444),

40-43: Für die Reihenfolge s. AdŠ 582, Anm. zu ll. 32-35 (unten p. 121).

49, 51: Für die Ergänzung des Namens Zil-te sowie den Namen von dessen Vater Kel-teššup cf. AdŠ 582: 41, 44 (unten p. 121).

50: Für die Ergänzung des Namens Urḫia cf. AdŠ 582: 42f. (unten p. 121) (ebenfalls gesiegelt mit Siegel Nr. 425).

52: Für die Ergänzung des Namens Kibi-šarri cf. AdŠ 582: 44f. (unten p. 121, ebenfalls gesiegelt mit Siegel Nr. 426).

Angesichts der großen Übereinstimmung des Richterkollegiums mit dem von AdŠ 582 könnte der Name des Unap-teššup S. Akia (582: 41, 43) auf dem ganz zerstörten oberen Rand der Tafel (nach l. **48**) gestanden haben.

Weitere Belege für die in AdŠ 579 und 582 genannten Richter liegen nicht vor.

Nr. 580

Pai-teššup im Auftrag des Šilwa-teššup gegen Wirrištanni.

SMN 2860 + 3 Fragmente aus SMN 1527; EN 10/1 16 + 1 Frg. aus NTF M8B; keine Raum-Nr.; koll.; Textzustand 2000.

Vs.		(Anfang zerstört)
Fragment 1		
	x+1	x x[ ]
	2’	^{m}*Pa-*[*i-te-šup* K]Ú-*e*[128]
	3’	[ ]
	4’	[2 ANŠE ŠE *š*]*a* 2 GIŠ.APIN A.ŠÀ[129]
Fragmente 2+3		
	1″	⌜*a-na*⌝ [x x]x[130][
	2″	^{m}*P*[*a*]-⌜*i*⌝-[*t*]*e-šup š*[*a*
	3″	[NUM]UN$^{?}$.MEŠ *ša* x[
	4″	[*u*]*m-ma* DI.KUD.M[EŠ
	5″	*ta-*⌜*ak*⌝*-ta-*⌜*la*⌝*-m*[*i* [131]
	6″	[x (x) *a-n*]*a* ^{m}*Wi-ir-r*[*i-iš-ta-an-ni*]
u.Rd.	7″	[x x *n*]*i*$^{?}$ DI.KUD.MEŠ *it-*[
	8″	[*ki-me*]-⌜*e*⌝ EME-*šu ša* [0]
	9″	^{m}⌜*Wi-ir-ri*⌝*-iš-t*[*a-an-ni*]
Rs.	10″	*a-na pa-ni* DI.KUD.MEŠ
	11″	*ši-na-ap-šu-um-ma* DÙ-*u*[*š* 0]
	12″	*i+na di-ni* ^{m}*Pa-i-te-šup i*[*l-te-e*]
	13″	*ù* DI.KUD.MEŠ ^{m}*Wi-ir-ri-iš-ta-a*[*n-ni*]
	14″	*ki-i* EME-*šu-ma*
	15″	[*a-n*]*a* ⌜2⌝ [A]NŠE ŠE [*š*]*a* 2 GIŠ.APIN A.ŠÀ
	16″	[*i*]*t-ta-du-uš* [0]
	17″	[ ]x$^{?}$[132]*-i-te-ni* [
	18″	[ ]x x[133][
		(Rest abgebrochen)
l. Rd.	19″	ŠU[

128 Die Zuordnung des Zeilenrestes zu l. 2’ ist unsicher.

129 Ergänzung nach l. 15″.

130 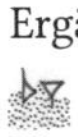

131 Nach Autopsie.

132 

133 

Nach Schrift und Farbe kann ein weiteres Fragment (gleichfalls unter SMN 1527 registriert) ohne Anschluss zur Tafel gehören (s. EN 10/1, 16, unten). Es ist, wenn dies richtig ist, in dem unteren Teil der Rs. zu plazieren, wo die Siegel der Richter abgerollt waren. Eine Siegelbeischrift auf dem l. Rd. würde l. 20 nach rechts mit einem weiteren Siegel samt Beischrift fortsetzen.

		[Siegel]
	20″?	[N]A4 ^{m}*In*-x[
		(Siegel)
	21″	NA4 ^{m}*Ḫ*[*u*?-
l. Rd.	22″	[ ] NA4 ^{m}*A*-⌜*ri*⌝-*i*[*p*?-
		[(Siegel)]

1'-4' „... [...] Pai-teššup ...[... (Fr)es]sens [... 2 ANŠE Gerste vo]n 2 *awiḫaru* Feld."

1″-3″ ... [...] Pai-teššup [... Saa]tgut? des [PN ...]

4″-5″ Folgendermaßen (sagten) die Richter [zu Wirrištanni]: „[...] du [nicht??] zurückgehalten?"

6″-7″ [... de]m Wirr[ištanni ...] die Richter ..[...]

8″-12″ Da die Aussage des Wirrištanni vor den Richtern widersprüchlich war, siegte Pai-teššup in dem Prozess,

14″-16″ und die Richter verurteilten den Wirrištanni auf Grund seiner eigenen Aussage zu 2 ANŠE Gerste von 2 *awiḫaru* Feld.

19″ Hand [des Schreibers ...]

20″ff. (Stark erstörte Siegel und Siegelbeischriften)

Gegenstand des Rechtsstreits sind anscheinend 2 ANŠE Gerste, die auf 2 *awiḫaru* Feld bezogen sind (l. 4', 15″) und damit als Saatgut bestimmt werden können. Hierzu passt auch l. 3, wenn die Lesung (NUM]UN?.MEŠ) richtig ist. Dieses Saatgut ist offenkundig durch eine Handlung oder Unterlassung des Wirrištanni verloren gegangen. Die Vermutung liegt nahe, dass dies durch unzulässige Abweidung der jungen Saat durch Rinder oder Kleinvieh geschah, für die Wirrištanni verantwortlich war. Hierauf könnte l. 5″ Bezug nehmen, falls die Frage der Richter etwa folgendermaßen zu ergänzen ist: "Warum hast du deine Rinder nicht zurückgehalten?" Ein Wirrištanni ist als Rinderhirt des Šilwa-teššup bezeugt (s. unten AdŠ 586 mit Anm. zu l. 31). Allerdings hat dieser – anders als die Kleinviehhirten – Sklavenstatus, so dass es nicht selbstverständlich ist, dass Šilwa-teššup bzw. sein Verwalter Pai-teššup seine Ansprüche gerichtlich durchsetzen muss. Der Name Wirrištanni begegnet in den Tafeln des AdŠ sehr häufig und bezeichnet wohl verschiedene Personen.

2', 2″, 12″: Zu Pai-teššup s. AdŠ 568, Anm. zu l. 6 (oben p. 93).

6″: Der Name Wirrištanni wird im AdŠ in 20 Fällen -RI-IŠ-, in 15 Fällen -RI-EŠ- geschrieben. Die Bedeutung der Wurzel *we/irr-* (s. auch PN We/irraḫḫe) ist unbekannt. -*Všt-* ist eine Wurzelerweiterung, deren Vokal dem Vokal der vorausgehenden Silbe folgt, d.h. *wirr=išt-* oder *werr=ešt-*. Hier wird der Konvention und der Mehrzahl der Schreibungen folgend die erstere Form gewählt.

11″: Zu *šinapšumma epēšu* s. Fincke, RAI Barcelona, mit Lit. In den vorliegenden Prozessprotokollen kann sich die Bedeutung „widersprüchliche Aussagen machen" auf den Kläger beziehen, aber (selten) auch auf dessen Zeugen. In beiden Fällen führen widersprüchliche Aussagen ohne weitere Prüfung des Sachverhalts zu einer Verurteilung des Klägers; s. auch unten AdŠ 586, Anm. zu l. 31.

17″: Da die Formulierung des Urteils zumeist mit dem Verb *ittadûš* endet, liegt es nahe, in dem darauffolgenden ...*iteni* den Namen eines der Richter oder eines zu einem solchen gehörenden

Vatersnamen zu suchen. Namen mit dem zweiten Glied *-teni* sind allerdings selten und überdies zumeist Frauennamen; s. NPN, p. 264.

Nr. 581

Bēl-aḫḫē-šu, Rinderhirt des Šilwa-teššup, gegen Arti-maluk.

SMN 1085 + 1 Frg. aus NTF (Join E. R. Lacheman)[134]; IM 50805; HSS IX 148 (= SMN 1085); Sumer 32, p. 147f., Nr. 10; A 23; 74 x 124 x 32; koll.; Textzustand 1960 (Lacheman), z.T. 1983 (Wilhelm).

Vs.	1	^{m}EN-ŠEŠ<.MEŠ>-*šu* DU[MU *Ar-na-pu*]
	2	⸢LÚ⸣.SIPA GUD.MEŠ ⸢*ša*⸣
	3	^{m}*Ši-il*-WA-*te-šup k*[*i*$^{??}$[135]-(*a*-)*am iq-ta-bi*]$^{??}$
	4	^{m}*Ar-t*[*i*]-*ma-lu-u*[*k* DUMU
	5	[*i*]*š-tu* A.ŠÀ-*ti-ni*[136] [*i-na* KI.MEŠ *ša šu-du-ú*]
	6	>*i*$^{!}$+*na*< *i-t*[*i-i*]*l*$_{5}$-[*lu*
	7	*it-ti* GU[D].M[EŠ-*ia*
	8	*ul-te-*[*eb-ra-an-ni ù* 3 GUD.MEŠ *im-tu-t*]*u*
	9	[*um*$^{?}$-*ma*$^{?}$ $^{m?}$]⸢*Ar*$^{?}$-*te*$^{?}$⸣[-*ma-lu-uk-ma*]$^{?}$
	10	[*i+n*]*a* URU *An-z*[*u-gal-lì*
	11	[ ]x-*ma ia-š*[*i*$^{?}$
	12	[*a*]*š*$^{?}$ *ba ta*$^{!?}$[
	13	⸢GUD⸣.MEŠ *ša* ^{m}[EN-ŠEŠ.MEŠ-*šu*
	14	*bá-lu-ia-m*[*a i+na* KI.MEŠ *ša*][137]
	15	*šu-du-ú* ⸢*i*⸣[-*ti-il-lu*
	16	*ù aš-šu*[138]-[
	17	⸢*ù*⸣ ^{m}EN-ŠE[Š.MEŠ-*šu* DI.KUD.MEŠ]
	18	[*i*]*š-ta-lu-š*[*u* -*mi*]
u.Rd.	19	[*u*]*m-ma* ^{m}EN-ŠEŠ.MEŠ-⸢*šu-ma*⸣
	20	⸢*a*⸣-*an-ni-mi*
	21	^{m}*Ar-ti-ma-lu-uk*
Rs.	22	*it-ti* GUD.MEŠ-*ia-ma iš-tu*
	23	A.ŠÀ *ul*$^{!}$(Text: *i*)-*te-eb*-⸢*ra*⸣-*an-ni-mi*
		(1 Zeile unbeschrieben)
	24	*ki-me-e* ^{m}EN-ŠEŠ.MEŠ-*šu*

134 Lacheman, Šudutu, 235, Sumer 32, 113, 147sq.; Hayden, Court Procedure, 189, bezeichnet das von Lacheman identifizierte (unnumerierte) Zusatzstück als „SMN 1085"; dies ist aber die SMN-Nr. der Tafel selbst (s. HSS IX, p. xv).

135 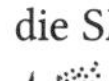

136 

137 Ergänzt nach ll. 26-27.

138 Wohl nicht *ina* ŠU, da der Text sonst die Schreibung *i+na* aufweist (ll. 6, 10, 26).

25 *iš-tu šu-du-ti uš-bal-ki-*[*tu*[139]*-ma*]
26 *i+na* KI.MEŠ *ša šu-du-ú*
27 *i-ti-*⸢*il-***lu-ma* 3⸣*[140] [G]UD.MEŠ
28 [*i*]*m*[*-tu-tu* DI.KU]D.MEŠ!
29 [^{m}*Ar-ti-ma-lu-uk a-na*] 9 GUD.[MEŠ]
30 [*a-n*]*a* ^{m}*Š*[*i-il-*WA*-te*]*-šup*
31 *it-ta-d*[*u-uš*

(Siegel Nr. 404)
32 NA$_4$ *A-ki-ia* SUKAL
(Siegel Nr. 427)
33 NA$_4$ ⸢*Te*⸣*-ḫi-*⸢*ip*⸣*-til-l*[*a*
o.Rd. (Siegel Nr. 428)
34 NA$_4$ *Ip-*[

1-3 Bēl-aḫḫē-šu, der Sohn des Arn-apu, Rinderhirt des Šilwa-teššup, [sagte folgendermaßen aus:]??
4 „Arti-maluk, [der Sohn des ... *hat veranlasst, dass meine Rinder*]
5-6 von unseren Feldern [in Grundstücke, die ...,] weggelaufen sind.
7-8 Er hat veranlasst, dass [ich] mit meinen Rindern [(den Kanal/Fluss) überqueren musste, und 3 Rinder s]in[d gestorben.“]
9 [Folgendermaßen (sagte)] Arti-[maluk]:
10-16 „In (der Stadt) Anz{ugalli] ... mir(?) ... die Rinder des [Bēl-aḫḫē-šu] sind ohne mein Zutun [in Grundstücke, die] ..., weggelaufen und ...[...].
17-18 Und den Bēl-aḫ[ḫī-šu] fragten [die Richter: „...?“]
19 Folgendermaßen (sagte) Bēl-aḫḫē-šu:
20-23 „Ja! Arti-maluk hat veranlasst(!), dass ich mit meinen Rindern vom Feld weg (den Kanal/Fluss) überqueren musste.“
24-28 Weil er veranlasst hat, dass Bēl-aḫ[ḫē-šu von der Vorschrift abgewichen ist und (seine Rinder) in Grundstücke, die ..., weggelaufen und 3 Rinder [ge]stor[ben sind,]
28-31 haben [die Rich]ter [den Arti-maluk zur (Zahlung von)] 9 Rindern an Šilwa-teššup verurteilt.
32-34 Siegel des Wesirs Akia, Siegel des Teḫip-tilla, Siegel des Ip[...

Ed.: Lacheman, Sumer 32, 129-131, 147f.; Morrison, Šilwa-Tešup, 93.

1-3: Das Verständnis dieser von dem „Wesir“ Akia und zwei Richtern gesiegelten Prozessurkunde ist durch den starken Textverlust – vor allem auf der Vorderseite – beeinträchtigt. Die übliche Formulierung (PN$_1$ DUMU PN$_2$ *itti* PN$_3$ DUMU PN$_4$ *ina dīni ana pani* DI.KUD.MEŠ *ītelû-ma umma* PN$_1$*-ma*) fehlt, vielmehr beginnt die Urkunde mit der Klage des im AdŠ (u. a. in der

139 Lacheman, Sumer 32, 130, liest *-tu*, seine Autographie p. 148 bietet nach *-ki-* vor Bruch drei Köpfe von waagerechten Keilen. Bei der Kollation 1983 war dieser Zeichenrest nicht mehr vorhanden.

140 *...*: 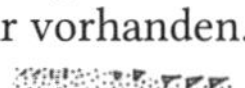

Prozessurkunde Nr. 578) gut bezeugten Rinderhirten des Šilwa-teššup, Bēl-aḫḫē-šu, Sohn des Arn-apu.

4-8: Diese Zeilen können nicht zeichengenau rekonstruiert werden, doch ist ihr Inhalt zum Teil aus den ll. 13-15 der anschließenden Verteidigungsrede des Arti-maluk zu erschließen.

4: Mit der Nennung des Namens Arti-maluk (s. auch l. 21) beginnt die Klage des Bēl-aḫḫē-šu. Da der Name des Vaters Arti-maluks abgebrochen ist, kann letzterer nicht genauer prosopographiert werden. Möglicherweise ist er identisch mit dem gleichnamigen, zweimal (AdŠ 586: 5, JEN 393: 3, 6) bezeugten Vater eines Nanteja.

5f., 14f., 26f.: *ina qaqqarāti ša šūdû* (*e/idû* Š) „in die Grundstücke / Felder, die *kenntlich gemacht sind*(?)" bezeichnet den Ort, zu dem die Rinder entlaufen sind, soweit sie nicht zuvor zu Tode kamen.

15: *i-ti-il-lu* (*itellû*) ist das Präs. Gt 3. Ps. Pl. von *elû* mit der Bedeutung „to go into hiding", „to go away", etc. (CAD E, *elû*, [in Grundstücke, die] „*kenntlich gemacht sind* (?)", weggelaufen 3.a, p. 124), „sich davonmachen", „weglaufen" (AHw I, 208, Gt, 1). Statt des Präsens wäre das Perfekt (*ītetlû*) oder das Präteritum (*ītelû*) zu erwarten.

7: Da Bēl-aḫḫē-šu in seiner zweiten Aussage l. **22** von „meinen Rindern" spricht, darf hier entsprechend ergänzt werden.

8: Zur Begründung der Ergänzung *ul*[*tebranni*] (*ebēru* Š) cf. l. 23 mit der zu *ultebranni* zu emendierenden fehlerhaften Form *ītebranni*. Für *ebēru* darf hier die in fast allen Belegen gültige Übersetzung „to cross (water)" und für den Kausativ entsprechend „to make (somebody) cross (over water)" (CAD E, p. 10-13) angesetzt werden. Das schuldhafte Handeln, das Bēl-aḫḫē-šu dem Arti-maluk vorwirft, besteht demnach darin, dass dieser ihn gezwungen habe, mit den von ihm betreuten Rindern vom Feld weg den Fluss/Kanal zu durchqueren. (Hayden, Court Procedure, p. 189, missversteht diese Passage, da er den Kausativ nicht erkannt hat.)

9-16: Die Einlassung des Beklagten ist besonders schlecht erhalten. In l. 13 ist von den „Rindern des ^{m}[PN]" die Rede, woraus es sich bestätigt, dass der Sprecher hier Arti-maluk ist. Seine Einlassung enthält zwei Formen der 1. Ps. Sg. (*iâš*[*i*](?) „mir" l. 11 und *balu-ia-ma* „ohne mich" / "ohne meine Erlaubnis" l. 14.

10: Der Verweis auf Anzukalli ist unklar. Diese in Texten des AdŠ (und auch sonst) oft genannte Stadt liegt in der Nähe von Nuzi; s. Fincke, RGTC 10, 21-25; Müller, HSAO 7, 10-12.

17-23: Hier beginnt die Befragung des Klägers durch das Gericht. Das Subjekt der Verbalform *ištālū-š*[*u*] (sonst meist *ištālū-š*, s. aber [*išt*]*ālū-šu* AASOR 16, 38: 15) „sie fragten ihn" in l. 18 können nur die Richter sein, so dass am abgebrochenen Ende von l. 17 DI.KUD.MEŠ ergänzt werden muss. Der unmittelbar davor genannte Bēl-aḫḫē-šu ist in einer – in dieser Standardformel der Gerichtsprotokolle sehr ungewöhnlichen – Inversion von Subjekt und Objekt der Befragte. Die Frage kann nur sehr kurz gewesen sein, denn mit dem durch *-mi* als zitierte Rede markierten *anni* „ja" in l. 20 beginnt bereits die Antwort des Bēl-aḫḫē-šu. In l. 21-23 wird das dem Arti-maluk vorgeworfene Vergehen deutlich: Dieser habe den Bēl-aḫḫē-šu mit seinen Rindern vom Felde verdrängt.

23: Die Verbalform *i-te-eb-ra-an-ni* ist Perfekt 3. Ps. Sg. mit Ventiv und Pron.-Suffix 1. Ps. Sg. Akk. von *ebēru* „(Wasser) überqueren"; Diese Form ist allerdings fehlerhaft, weil im G-Stamm des Verbs bei Konstruktion mit Objekt dieses nur das „Überquerte", im Regelfall einen Wasserlauf oder eine Wasserfläche, bezeichnet. Zu erwarten ist stattdessen der Kausativstamm, und dieser liegt im inhaltlich parallelen Zusammenhang in l. 8 vor (s. auch dort). Dabei, so darf man aus dem Urteil schließen, sind drei Rinder verloren gegangen, also wohl ertrunken.

24-28: Das Urteil besteht aus einem mit *kīmê* „weil" eingeleiteten dreigliedrigen Kausalsatz, dessen Subjekt erst im Nachsatz namentlich genannt ist (Arti-maluk), während der gleich zu Anfang (l. 24) genannte Bēl-aḫḫē-šu Objekt ist.

25: *nabalkutu* Š ist hier entsprechend CAD N/1, p. 18 4.b „to cause someone to change / break an agreement“ (ähnlich AHw II, p. 696, Š, 5) zu übersetzen.
26-27: s zu ll. 14-15.
28: Cf. 5f. zu 5 GUD *imtūt* AdŠ 578: 11; hier Subjunktiv nach *kimê*.
32: Zu Akia s. oben zu AdŠ 572, Anm. zu l. 31.
33: Zu Teḫip-tilla s. D. Stein, AdŠ Heft 9, 369, Siegel Nr. 427.

Nr. 582

Urḫa-tarmi, der Kleinviehverwalter des Šilwa-teššup, gegen den Hirten Ḫašip-tilla.

EN 11/2 102; NTF P 141 (1978 aus 26 unnumerierten Fragmenten zusammengesetzt); keine Raumangabe; Textzustand 1978.

Vs.	1	^{m}*Ur-ḫa-*⸢*tar*⸣*-m*[*i*] x[
	2	*it-ti* ^{m}*Ḫa-ši-ip-til-l*[*a*]
	3	DUMU *Eḫ-li-pu-gur* [L]Ú.SIPA
	4	*ša* ^{m}*Ši-il-*WA*-t*[*e-š*]*up i+na*
	5	⸢*di*⸣*-ni a-na* ⸢*pa-ni*⸣ [D]I.⸢KUD⸣.MEŠ *i-te-lu-ma*
	6	*u*[*m*]*-ma* ^{m}*Ur-ḫ*[*a*]*-tar-mi-m*[*a*]
	7	U[DU].MEŠ *ša* ^{m}*Š*[*i*]*-il-*WA*-te-*[*š*]*up*
	8	⸢*i*⸣*-na* Š]U ^{m}*Ḫa-*[*ši*]*-ip-til-la ki-ma šu-uš-ti*[141] *ša* É.GAL
	9	⸢*i*⸣+[*na* U]RU [*D*]*á-am-*⸢*ḫu*⸣*-ra-ṣí-we*
	10	*la a-na-*[*a*]*n*$^{?}$-[*di*]*n*$^{?}$[142] *ù i+na-an-na*
	11	UDU.MEŠ *š*[*a* ^{m}*Š*]*i-i*[*l*]*-*⸢WA*-te-šup*⸣
	12	^{m}*Ḫ*[*a-ši-i*]*p-til-*[*la*] *i+na*
	13	U[RU *D*]*á-am-ḫu-r*[*a-ṣ*]*í-we* ⸢*ú*⸣*-*[*b*]*i-il*
	14	⸢*ù*⸣[143] [4]1 UDU.MEŠ *ša* ^{m}*Ši-il-W*[A*-t*]*e-šup*
	15	[*i+n*]*a* URU *Dá-am-ḫu-ra-ṣí-we*
	16	[*iš-tu q*]*a-ti* ^{m}*Ḫa-ši-ip-til-la*
	17	[KÚR.MEŠ *il*]*-te-qú*$^{!}$*-ú ù*
u.Rd.	18	[DI.KUD.MEŠ ^{m}*Ḫa-ši-ip-t*]*il-la*
	19	[*iš-ta-lu-uš*] ⸢*ù*⸣
Rs.	20	[*iq-ta-bu-ú* UDU.M]EŠ *ša* ⸢^{m}⸣*Š*[*i*[144]*-il-*WA*-te-šup*]
	21	[^{m}]*U*[*r*]*-*⸢*ḫa*⸣*-tar-*[*mi*]
	22	*wi-*⸢*it*⸣*-ḫu-šu-a-*⸢*la*⸣*-an ù*
	23	*um-ma* ⸢^{m}*Ḫa*⸣*-ši-ip-til-la-ma*

141 Lesung nach frdl. Kollation durch Piotr Steinkeller bestätigt. Die Kopie in SCCNH 18, p. 714 ist entsprechend zu korrigieren.

142 Wohl Fehler für *attadin*.

143 

144 

24 *a-an-n[i]-mi wi-it-ḫu-šu-a-la-an*$^!$
25 *ù i+n[a]-an-⸢na⸣* 41 UDU.MEŠ
26 *ša* ^{m}*Ši-i[l-*WA*-t]e-šup*
27 ⸢*iš*⸣*-tù* [U]RU ⸢*Dá*⸣*-a[m]-ḫu-ra-ṣí-[w]e*
28 ⸢*iš*⸣*-tù qa-ti-ia* ⸢LÚ.MEŠ⸣ KÚR.MEŠ ⸢*il*⸣*-te-qú[(-ú)]*
29 *ki-i* EME*-šu-ma ša* ^{m}⸢*Ḫa*⸣*-ši-ip-til-la*
30 ^{m}*Ur-ḫa-ta[r]-mi*
31 *i+na di-ni il-te-e-ma*
32 *ù* DI.KUD.MEŠ *a-na* 15 UDU.MEŠ MUNUS Ù.TU
33 *a-na* ⸢8⸣ UDU.MEŠ NITA GAL *a-na* 7 SILA$_4$$^!$.MEŠ MUNUS
34 *a-na* 10 [*e*]*n-zu* MUNUS Ù.TU *ù a-na*
35 1 MÁŠ$^!$ GAL$^!$ ⸢1$^!$*-nu*⸣$^!$ ⸢*ga*$_5$⸣*-[a]z-zu* >*ù a-na*<
36 ŠU.NÍGIN 41 [UDU.MEŠ *ša pí*$^?$[145]]*-*⸢*i*$^?$ *tup-pí an*⸣$^!$*-ni-i*
37 ^{m}*Ḫa-ši-i[p-til-la*
38 *it-ta-du-u[š*
39 ŠU ^{m}*Zi-ge* DUB.S[AR
o.Rd. 40 NA$_4$ ^{m}*Ḫa-ši-pa-pu* DUMU *Ta-ḫ[i-ri-iš-ti]*
(Siegel Nr. 12)

l.Rd. 41	[NA$_4$] ^{m}*Zi-il-te*		NA$_4$ ^{m}*Ú-nap*$^!$*-te-šup*
	(Siegel Nr. 429)	(Siegel Nr. 425)	(Siegel Nr. 430)
42		⸢NA$_4$ ^{m}*Ur*⸣*-ḫi-ia*	
43		[DUMU *Túl-b*]*e-ia*	DUMU *A-ki-*⸢*ia*⸣
44	DUMU *G[e]-*⸢*el*⸣*-te-šup*	NA$_4$ *Ki-bi-*LUGAL	
		(Siegel Nr. 426)	
45		DUMU *Er-*WA-LUGAL	

1-5 Urḫa-tarmi, ..[...], trat mit Ḫašip-tilla, dem Sohn des Eḫlip-ukur, dem Schafhirten des Šilwa-teššup, im Gericht vor die Richter.

6-17 Folgendermaßen (sagte) Urḫa-tarmi: „Ich habe(!)[146] Ḫašip-tilla nicht [Schaf]e des Šilwa-teššup als *šuštu* des Palastes in Dam-ḫurāṣiwe übergeben, (aber) nun hat Ḫašip-tilla Schafe des Šilwa-teššup nach Dam-ḫurāṣiwe gebracht, u[nd$^?$] 41 Schafe des Šilwa-teššup haben [Fremde i]n Dam-ḫurāṣiwe dem Ḫašip-tilla [we]ggenommen."

17-22 Und [die Richter fragten Ḫašip-t]illa und [sagten]: „Sind [die Schaf]e des Š[ilwa-teššup] ...?"

22-28 Und folgendermaßen (sagte) Ḫašip-t]illa: „Ja! Sie sind ..., und jetzt haben mir Fremde 41 Schafe des Šilwa-teššup aus Dam-ḫurāṣiwe weggenommen."

29-38 Auf Grund der eigenen Aussage des Ḫašip-tilla siegte Urḫa-tarmi in dem Prozess, und die Richter verurteilten den Ḫašip-tilla zu(r Zahlung von) 15 Mutterschafen, 8 Hämmeln, 7 weiblichen Lämmern, 10 Mutterziegen und zu 1 einmal gerupften Ziegenbock, insgesamt 41 [Stück Kleinvieh].

39 Hand des Schreibers Zike [(...)]

---

145 Oder KA.

146 Text Präsens.

40 Siegel des Ḫašip-apu, Sohnes des Taḫ[irišti],
41, 44 Siegel des Zil-te, Sohnes des Kel-teššup, Siegel des Unap-teššup, Sohnes des Akia,
42, 43 Siegel des Urḫia, Sohnes des Tulpeja,
44, 45 Siegel des Kipi-šarri, Sohnes des Erwe-šarri,

1: Zu Urḫa-tarmi s. AdŠ Heft 3, p. 93, Anm. zu Nr. 109, Anm. zu l. 39. Falls der auf den Namen folgende Zeichenrest DU[MU zu lesen ist, wäre dies der einzige Beleg für den Namen des Vaters von Urḫa-tarmi. Es könnte sich aber auch um einen Funktionsterminus handeln.
2f.: Ḫašip-tilla S. Eḫlip-ukur ist als Kleinviehhirt im Dienste des Šilwa-teššup durch von ihm gesiegelte Bestätigungen des Empfangs von Hütedeputaten sowie Anerkenntnisse von Verlusten (*muṭṭû*) gut bezeugt: AdŠ 282, 317: 17, 318: 20, 323, 357, 373, 374, 433; für sein Siegel s. Stein, AdŠ 9, p. 202, Nr. 172.
8: *šušti*, hapax legomenon, bezeichnet hier eine Abgabe an den Palast, nach dem Kontext wohl in Form von Schafen und Ziegen. Handelt es sich um eine Bruchzahl von *šeššu* „6"? Cf. aB *šuššum* 1/6. Als eine Abgabemenge an den Palast erscheint ein Sechstel plausibel.
9, 13: Zu Damḫurāṣiwe s. oben AdŠ 549, Anm. zu l. 18.
22, 24: *wi-it-ḫu-šu-a-la-an* ist anderweitig nicht belegt, aber zweifellos als hurritisch zu bestimmen. Als semantischer Kern des Ausdrucks ist eine Wurzel w*i-it-ḫ°*- (*fitḫ-*) anzusetzen, die bisher unbekannt war. Da das Syllabar der Nuzi-Texte im Regelfall keine Varianz *wV~pV* aufweist, könnte die Wurzel in hurritischen Texten aus Anatolien und Emar, wo diese Varianz oft vorkommt, als **pitḫ-* erscheinen. Eine solche Wurzel leitet Richter, BGH, p. 320, (mit Vorbehalt) aus dem Namen des Gottes Pitḫanu ab, der im Kultritual für Teššup und Ḫebat von Aleppo (CTH 698) sowie in einem weiteren Ritual des hethitisch-hurritischen Kultmilieus (CTH 492) genannt wird. Als PN oder ON erscheint Pitḫu in AlT 344: 2, ed. Niedorf, Alalaḫ, 348-351 (zit. von Richter l.c.), wo mit Draffkorn, Hurrians, p. 194, und gegen die wenig plausible Argumentation von Niedorf l.c. DUMU.MEŠ *Pi-it-ḫu-we-na* „Söhne des/von Pitḫu" zu lesen ist. (Der Name des Pitḫana, *rubā'um* von Kuššar und Eroberer von Kaniš/Neša, ist davon wohl fernzuhalten.) Auf die Wurzel *fitḫ-* folgen das Suffix des Präteritums *-ož-* und ein noch nicht genauer beschriebenes, seltenes Suffix *-ua* (cf. *kel=ōž=ua* Mit. I 83; *nīn=ož=ūa* Mit. IV 7; cf. Campbell, Mood, 155 [potential, „passive"]). Es folgt die Kurzform des Pronomens der 3. Ps. Pl. *-l-*, die sich nur auf die Schafe beziehen kann, sowie das satzsyntaktische Suffix *-an*.
Da die Frage der Richter an den Hirten von diesem bejaht und als seine eigene Aussage wiederholt wird, könnte der Dialog sinngemäß etwa folgendermaßen lauten: „Sind sie (die Schafe) geraubt (o. ä.)?" – „Ja! Sie (die Schafe) sind geraubt (o. ä.)!" Entscheidend für das Urteil ist die Tatsache, dass der Hirte ohne Auftrag gehandelt hat.
32-35: Die Reihung der Schafe und Ziegen nach Geschlecht und Alter entspricht der Praxis bei der Ausfertigung von Hüteverträgen (AdŠ Heft 5); die häufigsten Termini[147] sind:
Schafe: UDU.MUNUS Ù.TU, UDU NITA GAL, *kalūmu* MUNUS, *kalūmu* NITA
Ziegen: *enzu* MUNUS Ù.TU, MÁŠ GAL, MÁŠ TUR MUNUS, MÁŠ TUR NITA
1-*nu baqnu* „einmal gerauft" (bei Schafen), 1-*nu gazzu* „einmal geschoren" (bei Ziegen).
39: Der Schreiber Zike (ohne Vatersnamen) ist auf Tafeln des AdŠ sonst nicht belegt.
37: In welcher Funktion Ḫašip-apu S. Taḫirišti (s. AdŠ 578, Anm. zu Anm. l. 1, oben p. 110) hier siegelt, ist nicht klar. Im übrigen ist das Richterkollegium dasselbe wie in AdŠ 579.

147 Für weitere Termini s. Morrison, Animal Husbandry, 269-276.

Nr. 583

Ḫutia im Auftrag Šilwa-teššups gegen ^{f}Šamišanna wegen eines gestohlenen Jochs.

SMN 1678; EN 10/2, 94; keine Raumnummer; 74 (frg.) x 92 (frg.) x 30 (frg.); koll.; Textzustand 1986.

Vs.	1	[*ša* ^{m}*Ši-il-*WA*-te*]*-šup* (Rasur)
	2	*il*$^{?}$]-⌈*li*⌉-*ku* (Rasur)
	3	[*i+na di-ni* ^{m}*Ḫu-ti*]-⌈*ia*⌉ ⌈*il*⌉-*te*-⌈*e*⌉-*ma*
	4	[*ù* DI.KUD.MEŠ] *ki-ma* EME-*šu*
	5	[*ša* ^{f}*Ša-mi-š*]*a-an-na*
	6	[ ]x.MEŠ *ni-i-ru ša-s*[*u*
	7	[*a-na* 32 UDU.MEŠ *ù*[148] 1] GUD ^{f}*Ša-mi-ša-a*[*n-na*]
	8	[*a-na* ^{m}*Ši*]*-il-*WA*-te-šup*
	9	[*it-ta*]*-du-u*[*š*]
u.Rd., Rs.		(unbeschrieben oder zerstört)

[......]

1-9 [... des Šilwa-te]ššup [... g]ing$^{?}$, siegte [Ḫut]ia in dem Prozess, und [die Richter verur]teilten Šamiš[anna] auf Grund der Ausssage [der Šamiš]anna, [...] dieses Joch [...], [zu(r Zahlung von) 32 Schafen und einem] Rind zugunsten des Šilwa-teššup.

[(Siegelbeischriften)]

3: Es handelt sich hier um Ḫutia S. Kuššia, der in AdŠ 586, 587 und 587a als Prozessbevollmächtigter des Šilwa-teššup auftritt; s. auch oben AdŠ 550 Anm. zu l. 66.

5, 7: Die Frau Šamiššana ist anderweitig nicht bezeugt. Sie ist sicherlich nicht identisch mit einer zum Haushalt des Šilwa-teššup in Ṣilliawe gehörigen gleichnamigen Sklavin (AdŠ 19: 20, 62: 10, 180: 8).

6: Auch AdŠ 586, l. 9, handelt von dem Diebstahl eines Jochs (*nīru*).

Nr. 584

Ikkia im Auftrag des Šilwa-teššup gegen Urḫi-tilla, Sohn des Aštar-tilla, wegen Einbruchs.

SMN 1656 + SMN 1113 = IM 50815; EN 9/1 406 + HSS IX 142; A 23; 82 x 129 x 39; koll.; Join J. Fincke 1996, nicht fixiert; Textzustand SMN 1656 nach EN 9/1 406 (Zustand bei Koll. 1996 teilweise schlechter); SMN 1113 nach Koll. 1983.

---

148 Ergänzt nach Nr. 586: 33 sq.

Vs. 1 ^{m}[I]k-k[i]-i[a DUMU x x x x x x x x x (x x x) ^{m}Ši-i]l-WA-te-šup DUMU LUGAL
2 ⸢it-ti ^{m}⸣[Ur-ḫi-ti]l-la DUMU Aš-tar-til-la
3 i-na di-ni a-na pa-ni DI.KUD.MEŠ i-te-lu-m[a]
4 um-⸢ma ^{m}Ik⸣-[ki]-ia-ma É-sú ša
5 ^{m}Ši-[il]-W[A]-⸢te-šup⸣ *ina mu-ši gu$_{8}$-ul*(über Rasur)-lu-bu [(x x x)]
6 [ù k]i-ib-sà-tù ša É-šu ša
7 ^{m}Ši-il-WA-te-šup i+na É-šu
8 ša ^{m}Ur-ḫi-til-la nu-uš-te-li
9 ⸢DI⸣.KUD.MEŠ ^{m}Ur-ḫi-til-la iš-ta-lu-uš ù
10 ^{m}Ur-⸢ḫi⸣-til-la it-ta-kir u[m]-⸢ma šu-ma⸣
11 ki-ib-sà-tù [š]a É-šu ša ^{m}Ši-⸢il⸣-W[A-te-šup]
12 i+na É-i[a l]a ú-še-lu-⸢ú⸣ ^{m}E-la
13 DUMU A-re-[en$^{?}$-n]u ^{m}Ak-ku-le-en-ni ⸢DUMU⸣ Mu-ut-t[i][149]
14 ^{m}Ge-el-te-šup DUM[U Š]u-mu-un-[ta-ri][150]
15 ^{m}Ge-ra-ri-te-š[u]p DUMU Ak-k[u-
16 ^{m}En-na-ma-ti [DU]MU A-qa-⸢a⸣+[a ^{m}]
17 DUMU Ar-⸢te⸣-ia 6 ⸢LÚ⸣.M[EŠ an-nu-tù
18 ša ki-ib-sà-ti i+[na É-šu ša ^{m}Ši-il-WA-te-šup ù]
19 ⸢ki-ib-sà-tù⸣(über Rasur) ša x[
20 i+na É-it ^{m}U[r-ḫi-til-la ... ú-še-lu-ú]
21 30 (über Rasur) sà-ak-ku ša [ZABAR$^{?}$ 1 né-en-sí-tù GAL š]a 2 MA.⸢NA⸣
22 1 BÁN 4 SÌLA Ì.GIŠ.M[EŠ
23 1 BÁN li-pu-ú [sí-il-qú ZÀḪ.MEŠ]$^{?}$
24 ša É-šu ša ^{m}[Ši-il-WA-te-šup
u.Rd. 25 ⸢ki⸣-i-me-e [4]+⸢2⸣ [L]Ú.MEŠ š[a ZÁḪ.MEŠ]
26 [i]m-nu-ú EME-šu ša ⸢^{m}⸣[Ik-ki-ia]
27 [i]-na pa-ni DI.KUD.MEŠ iq-t[a-bi
Rs. 28 ⸢ki⸣-ib-sà-tù ša É-šu š[a]
29 ^{m}⸢Ši⸣-i[l]-WA-te-šup i+na ⸢É⸣-[šu (ša ^{m}Ur-ḫi-til-la)]
30 ú-še-[lu]-⸢mi⸣ ^{m}Ik-ki-ia in[a di-ni]
31 ⸢il-te⸣-[e] ù DI.KUD.MEŠ ^{m}U[r]-ḫ[i-til-la]
32 ⸢ki⸣-⸢i⸣ LÚ.MEŠ ša ki-ip-sà$^{!}$(A)-ti [0]
33 ù ki-i [E]ME-šu a-na [
34 1 MA.NA KÙ.BA[BBAR] ⸢1⸣ GUD 2 [A]NŠE 20 UDU.MEŠ mu-u[l-le-e]
35 a-na ^{m}Ši-[i]l-WA-te-šup [D]UMU LUGAL
36 it-ta-d[u-u]š ⸢32 sà⸣-ku.MEŠ 1 BÁN 4 SÌLA ⸢Ì⸣.[GIŠ.MEŠ]
37 1 BÁN li[151]-pu-⸢ú⸣ sí-il-qú
38 [1][152] né-en-s[í-tù G]AL ⸢ša⸣ 2 MA.NA

149 
150 Erg. Lacheman, PNKA, s. v.
151 In EP noch vollständig erhalten.
152 In EP noch erhalten.

39 ZÁḪ.MEŠ *ša* ⸢É⸣-[*šu ša* ^{m}*Ši-il*-WA-*t*]*e-š*[*up*]
40 ^{m}*Ur-ḫi-til-la a-n*[*a* ^{m}*Ši-il*-WA-*te-šup*][153]
41 1 *sà*!(Text: A)-*ak-ku i-šá-ak-k*[*a*$_4$-*nu*$^?$
42 *ù* ^{m}*Ur-ḫi-til-la sà-ak-ka*$_4$-*t*[*ù*$^?$ *ki-me-e*]$^?$
43 *šu-qú-ul-ti-šu-nu* ⸢SA$_5$-*la*⸣
44 NA$_4$ ^{m}*An-da-ra-tal* DU[MU] *Ar*-⸢*téš*⸣-*š*[*e*]
45 (Siegel Nr. 431) ⸢NA$_4$ ^{m}⸣*A-ar-ši*-[*mi-qa* DUMU] *Na-i-te*
[(Siegel)]
46 NA$_4$ ^{m}*Du-ra-r*[*i*] ⸢NA$_4$⸣ [^{m}
(Siegel Nr. 432) [(Siegel)]
47 DUMU *Šur-kum-a*-⸢*tal*⸣ [
o.Rd. 48 NA$_4$ ^{m}*Te-šup*-[
(Siegel Nr. 433)
49 DUMU [
l.Rd. 50 ŠU ^{m}⸢*El*⸣-*ḫi-ip-til-la* DUMU *Wu-u*[*r*]-*ru-ku-ni*
(Siegel Nr. 434) (Siegel Nr. 435)
51 NA$_4$ ^{m}*Eḫ-li-te-šup* DUMU ⸢*Ni-iḫ-ri*⸣-[*ia*]
52 NA$_4$ ^{m}*Šúk-ri-ia* DUMU *Te-eš-šu-ia*

1-3 Ikkia, der So[hn des ..., der ... des Ši]lwa-teššup, Sohnes des Königs, trat mit Urḫi-tilla, dem Sohn des Aštar-tilla, im Gericht vor die Richter.

5-8 Folgendermaßen (sagte) Ikkia: „Das Haus des Šilwa-teššup ist nachts aufgebrochen (worden), und wir haben Fußspuren vom Haus des Šilwa-teššup in das Haus des Urḫi-tilla entdeckt."

9-10 Die Richter fragten den Urḫi-tilla, und Urḫi-tilla bestritt (es).

10-12 Folgendermaßen (sagte) er: „Fußspuren vom Haus des Šilwa-teššup in mein Haus fand man nicht."

12-20 Ela, der Sohn des Are[nn]u$^?$, Akkul-enni, der Sohn des Mutta (Gen. -*i*), Kel-teššup, der Sohn des Šumun[tari], Kerari-teššup, der Sohn des Akk[u...], Enna-mati, der Sohn des Akaj[a], [...], der Sohn des Ar-teja, diese 6 Männer (sind es), die die Fußspuren i[m Haus des Šilwa-teššup und] die Fußspuren, die ins Haus des U[rḫi-tilla *führen*, entdeckt haben].

21-24 30 *sakku* au[s Bronze], [1 großer Waschkessel vo]n 2 Minen (Gewicht), 1 BÁN 4 SÌLA Öl, 1 BÁN Schmalz, [das verlorengegangene Gut] des Hauses des [Šilwa-teššup haben sie aufgezählt].

25-36 Auf Grund (der Aussage) der 6 Männer, wel[che das verlorengegangene Gut] aufzählten (und auf Grund der) Aussage des [Ikkia] – vor den Richtern hat er gesagt: „Man hat Fußspuren vom Hause des Šilwa-teššup ins Haus des [Urḫi-tilla$^?$] entdeckt!" – siegte Ikkia i[n dem Prozess], und die Richter verurteilten den Urḫi-tilla auf Grund (der Aussage) der Männer, der Spuren und

153 Erg. *utâr*, *umalla* o. ä.

auf Grund seiner (des Ikkia) Aussage zur Zahlung von [...], einer Mine Sil-[ber], einem Rind, zwei Eseln, 20 Schafen, zugunsten des Šilwa-teššup, Sohnes des Königs.

36-40 32 *sakku*, 1 BÁN 4 SÌLA Öl, 1 BÁN Schmalz, [1] großer Waschkessel von 2 Minen (Gewicht), das verlorengegangene Gut des Hauses [des Šilwa-teššup] wird Urḫi-tilla dem [Šilwa-teššup (*zurück*)*erstatten*].

41-43 Ein *sakku* wird [man]? (als Muster) bereitstellen [(...)], und Urḫi-tilla wird die *sakku* entsprechend ihrem Gewicht in voller Höhe liefern.

44 Siegel des Antar-atal, Sohnes des Ar-tešše,

45 Siegel des Ar-ši[mika, Sohnes des] Nai-te,

46, 47 Siegel des Turari, Sohnes des Šurkum-atal, Siegel [des ..., Sohnes des ...]

48, 49 Siegel des Teššup-[...,] Sohnes [des ...],

50 Hand des Elḫip-tilla, Sohnes des Wurrukunni,

51 Siegel des Eḫli-teššup, Sohnes des Niḫria,

52 Siegel des Šukria, Sohnes des Teššuja.

Ed.: Morrison, Šilwa-Tešup, 90.

1, 4, 26, 30: Ikkia ist anderweitig nicht bezeugt.

2, 8, 9, 10, 20, [29]?, 31, 40, 42: zu Urḫi-tilla S. Aštar-tilla s. AdŠ 554: 10f.; 604: 1, 7, 17, 20, 21, 23, 26, 28; 640: 2, 19, 22, 23, 24, 26, 27, 29, 33.

12: Ela S. Arennu ist anderweitig nicht bezeugt.

13: Der Zeichenrest am Ende der Zeile passt nicht zu der von Lacheman, PNKA, p. 17, sub AKKULENNI (35) gebotenen Ergänzung zu Mutta, wohl aber zu -*t*[*i*], so dass hier wohl ein akk. Genitiv vorliegt. Der in RA 23, 22: 12 genannte Akkul-enni S. Mutta dürfte trotz des Abfassungsortes dieses *tuppi šupe’’ulti* (Āl ilāni) mit dem Akkul-enni der vorliegenden Urkunde identisch sein.

14-16: Die hier genannten Zeugen sind anderweitig nicht bezeugt.

21, 36, 41, 42: Zu *sakku* s. oben zu AdŠ 568, Anm. zu l. 10.

23, 37: *lipû silqu*, wörtlich „gekochtes Fett“, also Schmalz, ist bisher anscheinend nicht bezeugt. *silqu* wird hier wie das Verbaladjektiv *salqu* verwendet.

44: Antar-atal S. Artešše hat mit demselben Siegel (Nr. 431) das Prozessprotokoll Jank. 88 gesiegelt.

45: Aršimika S. Naite ist anderweitig nicht bezeugt.

46: Turari S. Šurkum-atal erscheint als Richter auch in dem Fragment eines Prozessprotokolls TCL 9, Nr. 9, 7 und in EN 9/3, 502 Rs. unten. Nach AdŠ 604: 56 ist er „Bürgermeister“ (*ḫazannu*) von Āl-ilāni, wo diese Tafel ebenso wie auch AdŠ 717 (HSS XIII 114) geschrieben wurde; s. Gavin, SCCNH 1, 141; Stein, AdŠ 10, 371f., Nr. 432; Müller, HSAO 7, 19,2.17.4.1; Owen, SCCNH 1, 467. Lion, in Lion & Stein, Temple Precinct 65, 220, nimmt daher zu Recht an, dass die Tafel in Arrapḫe geschrieben wurde.

Lacheman, PNKA, T 440.43 führt als Beleg für Turari S. Šurkum-atal SMN 2648: 13 an. Diese Tafel war nach Jeanette Finckes SMN-Katalog 1997 nicht im Semitic Museum auffindbar. Lacheman, Thesis, Vol. II, 206, legte unter SMN 2648 die Transkription eines Fragments vor, das keinen Bezug auf Turari nimmt und das er 1962 zusammen mit Anschlussstücken als HSS XIX 82 publizierte.

50: Zu dem Schreiber Elḫip-tilla S. Wurrukunni s. AdŠ 556, Anm. zu l. 13f. (oben p. 73).

51: Eḫli-teššup S. Niḫria ist Zeuge in dem *tuppi mārūti* JEN 405, zu dem JEN 18 eine ungesiegelte Abschrift mit einigen graphischen Abweichungen ist.

52: Šukria S. Teššuja ist Zeuge in dem in Temtena zwischen den Brüdern Kurba-zaḫ und Punni-ḫarba, Söhne des Ḫilbi-šuḫ, abgeschlossenen *titennūtu*-Vertrag JEN 311: 28 sowie in dem *tuppi mārūti* des Ḫutia S. Kuššia (zu diesem s. oben AdŠ 551, Anm. zu l. 44) JEN 600: 30.

Nr. 585

Enna-mati, der Sohn des Zuja, gegen Ḫanipa, den Sohn des Elḫip-šarri, sowie Ḫanipas Sohn Kulaḫupi wegen Einbruchs in einen Speicher des Šilwa-teššup und Diebstahls von Emmer.

SMN 699; EN 9/1 415; A 14; 89 x 115 x 38; koll.; Textzustand nach EN 9/1 und Kollation 1987.

Vs. 1 ^{m}*En-na-ma-di* [DUMU *Z*]*u-ia*
2 [*i*]*t-ti* ^{m}*Ḫa-ni-pa* [DUMU] *El-ḫi-ip*-LUGAL
3 *ù it*-⸢*ti*⸣ ⸢^{m}⸣[*K*]*u-la*-⸢*ḫu-bi*⸣ DUMU-*šu-ma*
4 *i+na di-ni a*-[*na*] *pa-ni* [D]I.K[UD].MEŠ
5 ⸢*i*⸣-[*t*]*e-lu-ma* [*um-ma* ^{m}]*En-n*[*a-ma-d*]*i-ma*
6 **qa-r*[*i*]-*t*[*u*$_4$? *ša*? *ku*?-*ni*?-*ši*?*[154]]
7 *š*[*a*] ^{m}⸢*Ši-il*!⸣-W[A]-⸢*te-šup*⸣ [DUMU LUGAL]
8 ^{m}⸢*Ḫa*⸣-[*n*]*i-pa* ⸢*ù* ^{m}*Ku*⸣-*l*[*a*]-⸢*ḫu*⸣-*b*[*i*]
9 *i+na qa-bal* [*mu-ši up-te-e*]*l-l*[*i-š*]*u*
10 *ù ku-n*[*i*]-⸢*šu*⸣ [*i*]*š*-[*ta*-**a*]*r*-⸢*qú*⸣*[155]
11 *ù* DI.KU[D].⸢MEŠ⸣ ⸢^{m}⸣[*Ḫ*]*a-ni-p*[*a*][156] ⸢*ù*⸣ ^{m}*Ḫ*[*u*[157]-**l*]*a*-[*ḫu-b*]*i**[158]
12 *iš-ta-al-šu ù* [E]ME-*š*[*u-n*]*u*(über ⸢*i*⸣?)
13 *ša* ^{m}*Ḫa-ni*-⸢*pa ù ša* ^{m}⸣[*Ku-la-ḫu-bi*]
14 *a-n*[*a pa-ni* DI.KUD.MEŠ *ki-am i*]*q-t*[*a-bu-ú*]
15 ⸢*a*⸣-*an*-⸢*ni*⸣-*m*[*i qa-ri*]-⸢*ta*⸣!-*šu*
16 [*š*]*a* ^{m}*Ši*-⸢*il*-WA⸣-[*t*]*e*-[*šu*]*p*
17 [*i+n*]*a qa*!-*bal m*[*u*]-⸢*ši*⸣ <*nu*->⸢*up*⸣!-*te-e*[*l*!-*li-iš*]
18 [*ù k*]*u*-⸢*ni*⸣-[*šu ni*-]*iš-ta*!-[*ri-iq*]
19 [*ù* D]I.[KU]D.[ME]Š ⸢*ki*⸣-[*m*]*é* EME-[*š*]*u*-[*nu*]
20 [*ša* ^{m}*Ḫa-ni*]-*p*[*a ù*] ⸢^{m}⸣[*K*]*u-la-ḫ*[*u-bi*]
21 [*a-na* x G]UD.MEŠ [*ù a-na* x A]NŠE.M[EŠ *ku-ni-šu*]?
22 [*iš-ta-lu-uš*]
(Rest zerstört)

154 Die Oberfläche der Tafel ist abgeplatzt, die Eindrücke im Tafelkern weisen auf die hier angenommene Zahl der Zeichen und widersprechen der Ergänzung nicht.

155 *...*: 

156 

157 Wohl keine Variante (s. Nr. 551, Anm. 21), sondern Versehen für KU.

158 *...*: 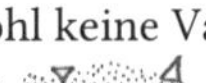

Rs. (Siegel Nr. 386)

23 [NA$_4$ ^{m}*Ak-ku-l*]*e-en-ni* DUMU <^{d}>30-<*i-qí*>-*šá*

(Siegel Nr. 436)

24 [NA$_4$ ^{m}]⸢*Ti*⸣-*ḫul-bi* DUMU *Muš-te-i*[*a*]

(Siegel Nr. 437)

25 NA$_4$ ^{m}*Mu-ut-ta* DUMU *Ur*(über Rasur)-*sa*

(Siegel Nr. 438)

26 NA$_4$ DINGIR-*ḫa-bi*<-*il*> DUMU *I-ri-iš-na-pa-ḫu*

(Siegel Nr. 118)

27 NA$_4$ ^{m}*Ḫa-na-a+a* [DUMU *A*]*k*-⸢*ku*⸣-*i*⸢*a*⸣

o.Rd. 28 ⸢ŠU⸣ ^{m}*Ša*-[*ar*]-*te-š*[*up* DUB.SAR]

[ ]

1-5 Enna-mati, der [Sohn des Z]uja, trat mit Ḫanipa, [dem Sohn] des Elḫip-šarri, und mit dessen Sohn Kulaḫupi im Gericht vor die Richter.

5-10 Folgendermaßen (sagte) Enna-mati: „Den Emmer(?)-Speic[her] des Šilwa-teššup, Sohnes des Königs, [haben] Ḫanipa und Kulaḫupi inmitten [der Nacht aufgebro]chen und Emmer gestohlen."

11-12 Und die Richter fragten Ḫanipa und Kulaḫupi.

12-18 Aussage des Ḫanipa und des Kulaḫupi; vor den Richtern sagten sie folgendermaßen: „Ja! Den Speicher des Šilwa-teššup haben wir inmitten der Nacht aufgebrochen, und Emmer haben wir gestohlen."

19-22 Und auf Grund der Aussage des Ḫanipa und des Kulaḫupi [verurteilten] die Richter [Ḫanipa und Kulaḫupi] zu(r Zahlung von) [x] Rindern und [x] ANŠE Emmer (?).

23 [Siegel des Akkul]-enni, Sohnes des Sîn-iqīša,

24 [Siegel des] Tiḫulbi, Sohnes des Muš-teja,

25 Siegel des Mutta, Sohnes des Ursa,

26 Siegel des Ilu-ḫabil, Sohnes des Iriš-napaḫu,

27 Siegel des Ḫanaja, [Sohnes des] Akkuja,

28 Hand des Schreibers Šar-tešš[up].

1, 5: Zu Enna-mati S. Zuja s. Anm. zu AdŠ 556: 10 und 561: 19 sowie zu 548: 33.

2, 8, 11, 13, 20: Ḫanipa S. Elḫip-šarri erscheint in AdŠ 251: 23 und 252: 47 als Mitglied einer Schuldnergemeinschaft und erhält ein verzinsliches Darlehen in Höhe von 4 bzw. 5 BÁN Gerste.

3, 8, 11, 13, 20: Kulaḫubi ist anderweitig nicht bezeugt.

23: Der Richter Akkul-enni S. Sîn-iqīša fungiert in AdŠ 561: 14f. als Zeuge.

24: Tuḫulbi S. Muš-teja ist anderweitig nicht belegt. Die sprachliche Zugehörigkeit seines sonst nicht bezeugten Namens ist unklar.

25: Nach AdŠ 251: 5 empfängt Mutta S. Ursa als Mitglied einer Schuldnergemeinschaft 1 ANŠE Gerste aus Ṣilliawe. Der Name Ursa ist in Nuzi-Texten sonst nicht belegt. Ob ein Zusammenhang mit dem urartäischen Königsnamen Rusa/Ursa (letztere Form in assyrischen Quellen) besteht, ist angesichts des großen zeitlichen Abstands ungewiss.

26: Ilu-ḫabi(l) S. Irīš-napaḫu ist anderweitig nicht belegt. Vater und Sohn tragen jeweils einen akkadischen Namen.

27: Ḫanaja S. Akkuja ist anderweitig nicht belegt.
28: Der Schreiber Šar-teššup hat auch das *tuppi titennūti* AdŠ 605 geschrieben.

Nr. 586

Ḫutia, der Sohn des Kuššia, im Auftrag des Šilwa-teššup gegen Nan-teja, den Sohn des Arti-maluk, wegen eines im Hause des letzteren gefundenen Jochs, welches verdächtig ist, aus verlorengegangenen Holzbeständen des Šilwa-teššup zu stammen.

SMN 131; IM 50788; HSS IX 8; A 26; 85 x 132 x 46; koll.; Textzustand 1985.

Vs.	1	*um-ma* ^{m}*Ḫu-ti-ia* DUMU *Ku-uš-ši-ia*
	2	^{m}*Ši-il*-WA-*te-šup* DUMU LUGAL *i+na di-ni*!
	3	*ki-i-ma pu-ḫi-šu iš-tap-ra-an-ni*
	4	^{m}*Ḫu-ti-ia* DUMU *Ku-uš-ši-ia*
	5	*it-ti* ^{m}*Na-an-te-e-a* DUMU *Ar-ti-ma-lu-uk*
	6	*ina di-ni a-na pa-ni* DI.KUD.MEŠ *ša* URU *Nu-zi*
	7	*i-te-lu-ma um-ma* ^{m}*Ḫu-ti-ia-ma*
	8	GIŠ.MEŠ *ša* ^{m}*Ši-il*-WA-*te-šup* DUMU LUGAL
	9	*ḫal-qú-mi* 1 GIŠ.*ni-ru iš-tù* ⸢É⸣-[*it*]
	10	*ša* ^{m}*Na-an-te-e-a iṣ-ṣa-ab*-⸢*tù*⸣
	11	⸢*ù* DI.KUD⸣.MEŠ ^{m}*Na-an-te-e-a iš*-[*ta-lu-uš*]
	12	*um*-[*ma*] ^{m}*Na-an-te-e-a*-⸢*ma*⸣ ⸢GIŠ⸣?.[MEŠ$^{?}$ *ša*$^{?}$]
	13	G[IŠ$^{?}$.K]IR[I$_{6}$$^{?}$-*r*]*i*$^{?}$*-ia-mi ù tab-be-be*-[*ia*]$^{?}$
	14	*š*[*a* G]IŠ *ša-a-šu i+na* É-*ia* [*ibašši-mi*(?)]
	15	⸢*ù*⸣ DI.KUD.MEŠ ^{m}*Du-up*-⸢*šá*$^{?}$*-ra*$^{?}$⸣ [DUMU ...]
	16	[^{m}TIL].LA-*ša-ru* DUMU *Ta*-⸢*a*⸣+*a*-[*ú-ki*]
	17	[^{m}*Tu*]*b-bi-ia* DUMU *Ḫa-i-iš-t*[*e-šup*]
	18	^{m}[*Qa*]*-i-te-šup* DUMU *Ša-ti-ki*-⸢*in*⸣-[*tar*]
	19	4 LÚ.MEŠ *a*[*n-n*]*u*-[*ti*] >*ša*< ⸢*i+na* É-*it*⸣
	20	*ša* ^{m}*Na-an-t*[*e*]-⸢*e*⸣*-a iš-tap-r*[*u-šu-nu-ti*]
	21	*ù iq-ta-bu*-⸢*ú i+na* É-*it*⸣
	22	*ša* ^{m}*Na-an-te-e*-[*a a*]*-lik*-[*m*]*a*
	23	*ù tab-be-be-šu ša* ⸢GIŠ⸣ [*ša-a-šu*]
u.Rd.	24	*a-mu-ur-šu-nu-ti*-[*mi*]
	25	*it-tù-ra-am*$^{!}$*-ma* x[
	26	*ù a-wa-ta a-na* DI.KUD.[MEŠ
Rs.	27	*um-ma šu-nu-ma-mi i+na* É-*i*[*t*]
	28	*ša* ^{m}*Na-an-te-e-a ni-it-ta*-[*la-ak*]
	29	*ù tab-be-be-šu ša* GIŠ *ša-a-šu i*[*a*$^{?}$*-nu-mi*]
	30	[*k*]*i-me-e a-wa-ti-šu ša* ^{m}*Na-a*[*n-te-e-a*]
	31	[*š*]*i-na-ap-šu-um-ma i-te-pu-u*[*š*]

32 *i+na di-ni* ^{m}˹*Ḫu-ti*˺*-ia il-te-*˹*e*˺*-[ma]*
33 *ù* DI.KUD.MEŠ <m>˹*Na*˺*-an-te-e*<-*a*> *a-na* 32 [+x UDU.MEŠ]
34 *ù a-na* 1 GUD *a+na* ^{m}˹*Ši*˺*-il-*WA*-te-[šup]*
35 *it-ta-du-uš*
36 ŠU ^{m}*A-mu-mi-te-šup* DUMU ^{d}30-*na*-SUM-M[U]

---

37 >*um-ma*<

(Siegel Nr. 413)	(Siegel Nr. 415)
38 NA4 ^{m}*A-kap-dug-ge*	
39 DUMU *Qa-*˹*ak*˺*-ki*	NA4 ^{m}*Te-ḫi-pa-pu* DUMU [*Ni-iḫ-ri*]*-ia*
(Siegel Nr. 439)	(Siegel Nr. 440)
40 NA4 ^{m}*A-ta-a+a*	NA4 ^{m}*Ut-ḫáp-ta-e*
41 DUMU *A-ri-ia*	DUMU *Zi-ge*

1-3 Folgendermaßen (sagte) Ḫutia, der Sohn des Kuššia: „Šilwa-teššup, der Sohn des Königs, hat mich als seinen Stellvertreter zum Gericht geschickt."
4-7 Ḫutia, der Sohn des Kuššia, trat mit Nan-teja, dem Sohn des Arti-maluk, im Gericht vor die Richter von Nuzi.
5-10 Folgendermaßen (sagte) Ḫutia: „Hölzer des Šilwa-teššup, Sohnes des Königs, sind verlorengegangen. Ein Joch hat man aus dem Haus des Nan-teja genommen."
11 Und die Richter fr[agten] Nan-teja.
12-15 Folgendermaßen (sagte) Nan-teja: „Die Hölzer (stammen) von meinem [Baumgar]ten, und mein *t.* von dem betreffenden Holz [befindet sich]? in meinem Haus."
15-24 Und die Richter schickten Tupšara, [den Sohn des ...], Balṭu-šaru, den Sohn des Taj[uki], [Tup]pia, den Sohn des Ḫaiš-[teššup], [Ka]i-teššup, den Sohn des Šati-kin[tar], diese vier Männer, ins Haus des Nan-teja und sagten: „Ins Haus des Nan-teja geht und untersucht das *t.* von [dem betreffenden] Holz!"
25-29 Sie! kehrten zurück [...] und legten den Richtern die Angelegenheit dar; folgendermaßen (sagten) sie: „Ins Haus des Nan-teja sind wir gegangen, aber das *t.* aus dem betreffenden Holz [ist nicht vorhanden]?."
30-35 Da die Worte des Na[n-teja] falsch waren, siegte Ḫutia im Prozess, und die Richter verurteilten den Nan-tej<a> zu(r Zahlung von) 32 [Schafen] und einem Rind zugunsten des Šilwa-teššup.
36 Hand des Amumi-teššup, Sohnes des Sîn-nādin-šumi.
38f. Siegel des Akap-tukke, Sohnes des Kakki,
39 Siegel des Teḫip-apu, Sohnes des [Niḫr]ia,
40f. Siegel des Ataja, Sohnes des Aria, Siegel des Utḫap-tae, Sohnes des Zike.

Ed.: Gordon, Theft, 322f.; Morrison, Šilwa-Tešup, 18-20.

1: zu Ḫutia S. Kuššia s. oben AdŠ 551, Anm. zu l. 44.
5, 10-12, 20, 22, 28, 30, 33: Nan-teja S. Arti-maluk ist auch in JEN 393 als Partei in einem Rechtsstreit bezeugt.

8-10: Ḫutias Aussage unterstellt, dass Nanteja das verschwundene Holz des Šilwa-teššup gestohlen und zu einem Joch (*nīru*) verarbeitet habe. Zu *nīru* s. auch unten AdŠ 587: 39.

9f., 21-24: *ina bīt ša* PN: Für die Auflösung der status-constructus-Annexion durch *ša* unter Beibehaltung des status-constructus s. Wilhelm, AOAT 9, 29, sub 18.1. Der Imperativ *alik-*((*ma*)-*mi*) leitet häufig den Auftrag der Richter an Litiganten oder Gerichtsdiener ein, Beweismittel beizubringen; z.B. JEN 135: 4, 326: 13, 331: 10, 332: 28. Dabei wird der Imp. Sg. öfter auch dann verwendet, wenn mehrere Personen angesprochen sind: 360: 41 (an 2 Personen!); HSS IX 108: 38 (an 3 Personen!). Gelegentlich wird der Imp. Pl. korrekt verwendet *(alkā-ma-mi* JEN 329: 14). *amur* ist ein Imp. Sg. und richtet sich ebenfalls an die von den Richtern beauftragten vier Männer. CAD T, 24 sub *tabbibu* mißversteht den Text.

13, 23, 29: Das nur hier und in HSS XIII 165: 25 belegte Wort *tab-be/i-be/i* bezeichnet einen aus Holz gefertigten Gegenstand. Die aus dem Palast von Nuzi (L 14!) stammende Tafel HSS XIII 165 ist eine Liste von Decken (*zianatu*), darunter eine, die verbrannt wurde, „als der König Parrattarna starb" (ll. 2f.), und sieben weitere vom *tab-bi-bi* des Königs (l. 25). Es liegt daher nahe, an ein Bettgestell zu denken.

15: Tupšara(?) ist anderweitig nicht bezeugt.

16: Balṭu-šaru S. Tajuki ist Zeuge in JEN 78: 36, 45; HSS 19, 65: 24, 36; EN 9/1, 244: 16, 27; EN 9/2, 176: 33.

17: Tuppia S. Ḫaiš-teššup ist ein Neffe des Teḫip-tilla S. Puḫi-šenni und gehört damit zur 3. Generation dieser umfassend dokumentierten Familie; s. JEN 324: 3; 520: 5, 8, 18; HSS IX 108: 46f. Der Liste HSS XVI 356: 17-25 (wohl nicht aus A 23, sondern aus A 34) zufolge ist er einer von 6 Männern, die einen Getreidespeicher bewachen. Er ist Zeuge in EN 9/3, 78: 27, 36 und EN 9/1, 197: 37, 41, sowie Richter in EN 9/1, 423: 35, 37.

18: Kai-teššup ist der Sohn des Richters Šati-kintar (stets ohne Vatersnamen), welcher an mehreren Prozessen – insbesondere solchen der Söhne des Teḫip-tilla – teilnimmt (JEN 323, 328, 346, 389, 654, HSS V 43, 46). Er ist Zeuge in JEN 478: 13, 25; EN 9/1, 4: 40. HSS XVI 455: 6 (aus Raum A 34) zufolge gehört er zu 14 Männern, die zwei Personen hinausbegleiten (?).

31: Für *šinapšumma epēšu* s. oben AdŠ 580, Anm. zu l. 11″. Im vorliegenden Fall liegen keine widersprüchlichen Aussagen des Angeklagten vor, vielmehr wird ihm eine Lüge nachgewiesen.

36: Der Schreiber Amumi-teššup, Sohnes des Sîn-nādin-šumi hat auch das *tuppi mārtūti u kallatūti* AdŠ 615 geschrieben, außerdem JEN 9, HSS V 38 und XIX 141 und weitere Urkunden. Mehrfach verzichtet er auf den Namen seines Vaters, so dass die Identität nur duch die Verwendung desselben Siegels festgestellt werden kann; s. AdŠ Heft 9, p. 429f., Siegel Nr. 534.

38-41: Das Richterkollegium ist dasselbe, das in AdŠ 587 geurteilt hat. Zu Utḫap-tae S. Zike s. Negri-Scafa, SCCNH 15, 147f.

Nr. 587

Ḫutia, der Sohn des Kuššia, im Auftrag des Šilwa-teššup gegen Paja, den Sohn des Ḫanatu, wegen eines in Pajas Händen vorgefundenen, ihm jedoch von einem Dritten übergebenen *šikišu*-Holzgegenstandes, welcher verdächtig ist, aus gestohlenen Holzbeständen des Šilwa-teššup zu stammen.

SMN 217; IM 50770; HSS IX 12; A 26; 90 x 146 x 41; koll.; Textzustand 1983.

Vs. 1 um-ma ^{m}Ḫu-ti-⸢ia⸣ DUMU Ku-uš-ši-ia
2 a-na pa-ni DI.KUD.ME[Š] iq-ta-bi
3 i+na pu-ḫi-šu š[a] ^{m}Ši-il-WA-te-šup DUMU LUGAL
4 i+na(sic!) di-na a-na e-[p]è-ši iš-tap-ra-an-ni
5 ^{m}Ḫu-ti-ia DUMU K[u-u]š-ši-ia
6 it[159]-ti ^{m}Pa-a+a DUM[U Ḫ]a-na-tu$_{4}$ i+na di-ni
7 a-na pa-ni DI.KUD.MEŠ [ša] URU Nu-z[i] i-te-lu-ma
8 um-ma ^{m}Ḫu-ti-i[a]-ma GIŠ.M[E]Š ša ^{m}Ši-il-WA-te-šup
9 ⸢ša⸣-[a]r-qú-mi 1 G[I]Š ši-ki-šu i+na ŠU-ti
10 ^{m}Pa-⸢a⸣+a i+na ŠÀ-bi š[a] KÁ.GAL aṣ-ṣa-bat-mi
11 ù DI.KUD.MEŠ ^{m}Pa-⸢a⸣+[a] iš-ta-lu-uš
12 um-ma ^{m}Pa-a+a-[m]a G[IŠ] ša-šu (Rasur)
13 ù ^{m}Du-ra-a[r-t]e-šup DUMU! A-bu-uṭ-ṭá (Rasur)
14 a-na ia-ši i[t-ta-di]n
15 ù DI.KUD.MEŠ ^{m}[Du]-r[a]-ar-te-šup
16 iš-ta-lu-u[š] ⸢ù⸣ ^{m}Du-ra-ar-te-šup
17 *a-na pa-ni*(über Rasur) D[I.KU]D.MEŠ it![160]-ta-ki-ir
18 ù DI.KUD.MEŠ [^{m}P]a-a+a [i]š-tap-ru
19 a-li-ik-m[i š]i-bu-t[i.ME]Š bi-la-am-mi
20 ki-mé-e [GIŠ] ša-šu ⸢a⸣-[n]a? ^{m}Du-ra-ar-te-šup it-ta-din[161]
21[162] ù ^{m}P[a-a]+⸢a⸣ LÚ.MEŠ š[i]-bu-ti
22 ^{m}⸢Šú[k-r]i-⸢ia⸣ DUMU Wu-⸢un⸣-nu-ki-ia
23 ^{m}⸢Pa-a⸣+a DUMU Ta-e-n[a]
24 ^{m}Ma-ri-iš-tar DUMU [Z]i-bá-tu$_{4}$
25 3 LÚ.MEŠ an-nu-ú š[i-b]u-ti š[a] ⸢^{m}⸣[P]a-a+a
26 um-ma šu-nu-ma GIŠ [š]a-š[u]
27 ^{m}Du-ra-ar-te-šu[p a-na] ⸢^{m}Pa⸣-a+a at-ta-din[163]
28 ù ni-nu-ú ni-m[ur-m]a
29 ù DI.KUD.MEŠ ma-⸢za⸣-tuḫ-lu iš-tap-ru
30 ^{m}Du-ra-ri DUMU I-in-ki-ru
31 ^{m}Ta-i-zu DUMU A-ta-a+a
u.Rd. 32 ^{m}Ge-el-te-⸢e⸣ DUMU Ta-a+a
33 3 LÚ.MEŠ ma-za-[tu]ḫ-lu (a-šar rad.) DINGIR.MEŠ <it-ti>
Rs. 34 ⸢LÚ⸣.MEŠ ši-bu-ti(über Rasur) [ù it-t]i ^{m}Pa-a+a i-⸢ši⸣-mi
35 DINGIR.MEŠ ^{m}Du-ra-a[r-te-šu]p it-tù-ur-ra
36 ù DI.KUD(über Rasur).MEŠ i+na b[e-ri-š]u-nu
37 ^{m}Pa-a+a ir-te-q[ú]-⸢ú⸣
38 i+na di-ni ^{m}Ḫ[u-t]i-ia il-⸢te⸣-e
39 ù DI.KUD.ME[Š a-n]a 33 GIŠ.MEŠ ni-i-ru

---

159 
160 
161 at- Fehler, richtig it-.
162 So nach Kollation 1983. Die Zeile fehlt versehentlich in HSS IX 12.
163 at- Fehler, richtig it-.

40 *ù a-na* 1 GU[D ^{m}*D*]*u-ra-ar-te-šup*
41 *a-na* ^{m}*Ši-*⌜*il-*WA*-te-šup*⌝ *it-ta-du-uš*
(2 Zeilen radiert)
(Siegel)[164]
42 NA4 ^{m}*A-kap-du*[*g-g*]*e* ⌜DUMU⌝ *Qa-ak-ki* DI.KUD
(Siegel)
43 [N]A4 ⌜^{m}*Ut*⌝*-ḫáp-*⌜*ta*⌝*-e* DU[MU] ⌜*Zi-ge*⌝
(Siegel)
44 NA4 ^{m}*Te-ḫi-pa-pu* ⌜DUMU⌝ *Ni-iḫ-ri-ia* DI.KUD
(Siegel)
45 NA4 ^{m}*A-t*[*a-a*]+⌜*a*⌝ DUMU *Mu-uš-te-šup* DI.KUD

1-4 Folgendermaßen (sagte) Ḫutia, der Sohn des Kuššia, vor den Richtern: „Als Stellvertreter des Šilwa-teššup, Sohnes des Königs, hat er (sc. Šilwa-teššup) mich geschickt, um einen Prozess zu machen."

5-7 Ḫutia, der Sohn des Kuššia, trat mit Paja, dem Sohn des Ḫanatu, im Gericht vor die Richter von Nuzi.

8-10 Folgendermaßen (sagte) Ḫutia: „Baumstämme des Šilwa-teššup sind gestohlen. Ein GIŠ *šikišu* habe ich aus der Hand des Paja im Stadttor (als Diebesgut) beschlagnahmt."

11 Und die Richter fragten den Paja.

12-14 Folgendermaßen (sagte) Paja: „Den betreffenden Holz(gegenstand) hat mir Turar-teššup, der Sohn des Abbūt-ṭā<bi>, gegeben."

15-17 Und die Richter fragten den Turar-teššup, und Turar-teššup bestritt (es) vor den Richtern.

18-20 Und die Richter schickten den Paja: „Geh, bring Zeugen, (die bestätigen), dass Turar-teššup (dir) diesen Holz(gegenstand) gegeben hat."

21-24 Und Paja <brachte> Zeugen: Šukria, den Sohn des Wunnukia, Paja, den Sohn des Taena, Mār-ištar, den Sohn des Zibatu, diese drei Männer, die Zeugen des Paja.

25-27 Folgendermaßen (sagten) sie: „Diesen Holzgegenstand hat Turar-teššup dem Paja gegeben, und wir haben es wirklich gesehen!"

28-33 Und die Richter schickten Gerichtsdiener, Turari, den Sohn des Inkiru, Taizu, den Sohn des Ataja, Kelte, den Sohn des Taja, <diese> drei Männer, die Gerichtsboten, (und sagten zu Turar-teššup:) „Hebe die Götter(bilder) <zusammen mit> den Zeugen [und mi]t Paja!"

---

164 Bei meiner Kollation von AdŠ-Texten im Iraq Museum in Baghdad 1983 stellte ich fest, dass bei den beiden Tafeln IM 50770 (HSS IX 12) und IM 50761 (HSS V 59) die beschrifteten Papierstücke, in welche die Fragmente eingewickelt waren, vertauscht waren, und teilte dies der zuständigen Kuratorin mit. Als Diana Stein 1984/85 AdŠ-Tafeln kollationierte, war die Tafel anscheinend noch nicht wieder in die Sammlung eingegliedert worden, so dass Dr. Stein in AdŠ 9, p. 55, die Tafel AdŠ 587 als „missing" bezeichnete und die Siegel unnumeriert bleiben mussten.

34-36 Vor den Göttern wich Turar-teššup zurück, und die Richter entließen den Paja aus dem Gericht (lit. „aus ihrer Mitte").
37-40 Im Prozess siegte Ḫutia, und die Richter verurteilten den Turar-teššup zu(r Zahlung von) 33 Jochen und einem Rind zugunsten des Šilwa-teššup.
42 Siegel des Akap-tukke, Sohnes des Kakki, Richter,
43 Siegel des Utḫap-tae, Sohnes des Zike,
44 Siegel des Teḫip-apu, Sohnes des Niḫria, Richter,
45 Siegel des Ataja, Sohnes des Muš-teššup, Richter.

Ed.: Gordon, Theft, 323-325; Morrison, Šilwa-Tešup, 23-25.

1: zu Ḫutia S. Kuššia s. oben AdŠ 551, Anm. zu l. 44.
6, 10, 11, 12, 18, 21, 25, 27, 34, 37: Zu Paja S. Ḫanatu s. auch unten die Prozessurkunde AdŠ 590, in der Paja der Beschuldigte ist, der aber unter Eid seine Unschuld beteuert, so dass der Fall durch ein Ordal gelöst werden soll.
9: GIŠ *šikišu* ist in Nuzi-Texten ein *hapax legomenon*, das nach dem Kontext einen Gegenstand aus Holz bezeichnet. CAD Š/II, 440f. stellt einen Zusammenhang mit *š/zikšu* „a part of chariots and boats" (aB, MB, SB, lex.) her. Die Übersetzung von Gordon, Theft, 324f. mit Anm. zu l. 9 beruht auf einem Mißverständnis von l. 13.
13, 16, 20, 27, 35, 40: Turar-teššup S. Abbūt-ṭābi ist Zeuge in AdŠ 609: 37 und 612: 28'.
20, 27: In beiden Fällen verlangt der Kontext *ittadin.*
22: Šukria S. Wunnukia ist Zeuge in dem *šutap*>š<*ūtu*-Vertrag EN 9/1 123: 32. (Zu solchen Verträgen s. AdŠ Heft 3, p. 206.) Nach AdŠ 600: 4f., 20 nimmt er von Šašure, der Ehefrau des Šilwa-teššup, ein verzinsliches Getreidedarlehen in Höhe von 2 ANŠE entgegen.
23, 24: Paja S. Taena und Mār-ištar S. Zibatu sind anderweitig nicht bezeugt.
30-32: Turari S. Inkiru, Taizu S. Ataja und Kelte S. Taja sind anderweitig nicht bezeugt.
29, 33: *ma(n)zatuḫlu* Hurro-akkadische Personenbezeichnung auf *-o=ġ(e)=li* (mit akk. Nom. *-u*, von **manz=ad=e/i*). Die von H. Lewy, Or 10, 203 vertretene Ableitung von dem aus dem Sumerischen entlehnten *manzû* (AHw II, 605: „eine Pauke"; CAD M/2, 239: „a type of drum") ist wegen der Verwendungssphäre (Kult) sowie der seltenen und späten Bezeugung zu Recht nicht aufgegriffen worden. Koschaker, OLZ 34, 225, und Koschaker, Randnotizen, 203f. übersetzt „Ladungsbote", AHw II 605 „ein Polizist", CAD M/1, 232 „bailiff".
42-45: Für dasselbe Richterkollegium s. auch AdŠ 586: 38-41.
43: Dass auch Utḫap-tae Richter ist, obwohl er hier nicht als solcher bezeichnet wird, zeigt HSS V 48: 39. Er ist bereits in der Zeit der Söhne des Teḫip-tilla (3. Generation) als Richter tätig (JEN 324:61).

Nr. 587a

Ḫutia, der Sohn des Kuššia, im Auftrag des Šilwa-teššup gegen [...]ann[i ...].

EN 11/2 91; 1 Frg. aus NTF M 29A; keine Raumnummer; 47 (frg.) x 46 (frg.) x 13 (frg.); Textzustand 2000.

Vs. 1 [*um-ma* ^{m}*Ḫu*]-⸢*ti*⸣-*ia* DUMU *Ku-uš*-[*ši-ia*]
2 [*a-na pa-ni* DI.KUD].⸢MEŠ⸣ *iq-ta*-[*bi*]
3 [*i+na pu-ḫi-šu ša* ^{m}*Ši*]-*il*-WA-[*te-šup* DUMU LUGAL]

4 [*a+na di-na a-na e-pè*]*-ši iš-*[*tap-ra-an-ni*]
5 [^{m}*Ḫu-ti-ia* DUMU *Ku-uš*]*-ši-i*[*a*
6 [*it-ti* ^{m}x x x x]x[165]*-an-n*[*i*

1-4 [Folgendermaßen (sagte) Ḫu]tia, der Sohn des Kuš[šia vor den Richter]n: ["Als Stellvertreter des Š]ilwa-teššup, Sohnes des Königs, hat] er (sc. Šilwa-teššup) [mich] gesch[ickt, um einen Prozess zu ma]chen."
5-7 [Ḫutia, der Sohn des Kuš]šia, [trat mit ...]ann[i, dem Sohn des ..., im Gericht vor die Richter von Nuzi].

1, 5: zu Ḫutia S. Kuššia s. oben AdŠ 551, Anm. zu l. 44.

Nr. 588

Arik-kaulli, Gärtner des Šilwa-teššup, gegen Ullunzi, Sklaven des Nania, wegen Obstdiebstahls und Baumfrevels im Garten des Šilwa-teššup.

SMN 375; IM 50809; Grabungsnr. 198; HSS IX 141; A 26 (nach EP), A 23 (nach einem der Tafel beiliegenden Zettel [A 23, 5 Dec]); 70 x 112 x 31; koll.; Textzustand 1985.

Vs. 1 ^{m}*A-*⸢*ri-ik*⸣*-k*[*a*]*-ul-li*
2 LÚ.NU.GI[Š.K]IR[I$_6$ *š*]*a* ^{m}*Ši-il-*⸢WA⸣*-te-šup*
3 *it-ti* ^{m}[*Ul-lu*]*-un-zi*
4 ÌR *ša* ^{m}⸢*Na*⸣*-n*[*i*]*-ia i+na*
5 *di-ni a-na pa-ni* DI.KUD.MEŠ *i-*⸢*te*⸣*-lu-*⸢*ma*⸣
6 *um-ma* ^{m}*A-ri-iq-qa-ul-l*[*i-m*]*a*
7 ^{m}*Ul-lu-un-zi i+na mu-ši*
8 *i+na* ŠÀ*-bi* GIŠ.KIRI$_6$ *ša* ^{m}*Ši-i*[*l-W*]A*-te-šup*
9 *it-ta-ra-ad-dam-*⸢*ma*⸣ *ù*
10 ⸢*ša*⸣*-al-lu-re-*⸢*e*⸣ ⸢*uq*⸣*-*[*t*]*e-*⸢*et*⸣*-ti-ip*
11 ⸢*ù*⸣ GIŠ.MEŠ ⸢*za-pu-um*⸣*-ma i-te-pu-uš*
12 ⸢*ù*⸣ *aṣ-ṣa-bat-sú-ma ù um-ma*
13 [^{m}]*Ul-lu*!(Text: LI)*-un-zi-ma i+na mu-ši*
14 [*i+na* ŠÀ*-b*]*i* GIŠ.KIRI$_6$ *ša* ⸢^{m}*Ši-il-*WA⸣*-te-šup*
15 [*ú-ul*] *ú-ri-id ša-al-*[*lu*]*-re-e*
16 [*ú-ul*] *ú-qè-et-ti-i*[*p ù*]
17 [GIŠ.MEŠ *z*]*a-pu-um-ma* ⸢*ú*⸣*-u*[*l e-p*]*u-uš*
18 [*ù* ^{m}]⸢*A*⸣*-*[*r*]*i-*[*i*]*q-q*[*a-ul-li*]
19 [*ia-ši ú-u*]*l iṣ-bá-ta-*[*an-ni*]

165 

[x (x)] x[166] [x (x)] *x x*[167] [
⸢ù⸣ ^{m}A-⸢ri⸣-[i]k-k[a-ul-li
[x] mu *x x x*[168] [
u.Rd. [x] *x x -⸢a$^{?}$-tal$^{?}$⸣*[169] [[170]
DUMU ⸢Ša-ti-ta⸣ x[(x) ^{m} ...]
[DU]MU ⸢Ta⸣-i-še-e[n-ni
Rs. [ù] ⸢^{m}⸣Pal-te-eš-š[up
[DUMU$^{?}$ Še-ḫa-a]l$^{?}$-še-en-n[i
[a-na]$^{?}$ LÚ.DI.KUD.ME[Š kiam/kinanna]
i[q-t]a-[b]u-⸢ni-ma⸣ a-a[n-ni-mi]
⸢i⸣+na [m]u-ši x[171] ra r[u
⸢um-te⸣-eš-ši-ir ù ni-[
ù i+na ŠÀ-bi GIŠ.KIRI$_6$
ša ^{m}Ši-il-WA-te-šup
^{m}Ul-lu-un-zi iṣ-ba-a[t]
ša-al-⸢lu⸣-ra ú-qè-et-ti-i[p]
ù [G]IŠ.MEŠ za-pu-um-ma
i-te-pu-uš-mi ù DI.KUD.MEŠ
^{m}*Ul-lu-un-zi*(über Rasur) a-na
DINGIR.MEŠ il-tap-ru a-šar DINGIR.MEŠ
^{m}Ul-lu-un-zi it-tù-ú-⸢ra⸣
^{m}Ad-du-ia DUMU It-ḫi-ip-LUGAL
⸢^{m}⸣Ta-e-na DUMU Ki-in-ni-a
⸢ù⸣ ^{m}Ur-[ḫ]i-[i]a DUMU Wa-⸢an⸣-ti-a
⸢ma-an-za⸣-[a]t-tuḫ-lu-ú ki$^{!}$-me$^{!}$-e$^{!}$
a-šar ⸢DINGIR⸣.MEŠ ^{m}Ul-lu-⸢un-zi⸣
i-tù-ra i+na di-ni
^{m}A-ri-iq-qa-ul-li ⸢il⸣-[t]e-e-ma
ù DI.KUD.MEŠ ^{m}Ul-lu-un-zi
a-na 2 GUD a-na 2 ANŠE
(Rasur) 20 UDU.MEŠ a-na
^{m}Ši-il-W[A-t]e-š[up] it-⸢ta⸣-du-ú
o.Rd. (Siegel Nr. 441)
NA$_4$ ^{m}Ḫa-x[
DUMU] ⸢Zi⸣-li-ge-e-x

---

166 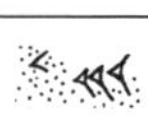
167 *...*: 
168 
169 
170 Es fehlt wohl nichts.
171 

l.Rd.	54	NA4 ᵐ*Z*[*i*]-*li*-⌜*pa*⌝-*pu* (Siegel Nr. 442)	NA4 ᵐ⌜*Ar-ša*⌝-*lì* (Siegel Nr. 443)	
	55	[DUMU *Ḫu-ia*	DUMU *A-ḫu*]-*ia*	NA4 ᵐ*Na-ni-ra-aš*-[*š*]*e* (Siegel Nr. 444])
	56			DUMU *A*-[*k*]*i*-[*i*]*t-ti*

1-5 Arik-kaulli, der Gärtner des Šilwa-teššup, trat mit Ullunzi, dem Sklaven des Nania, im Gericht vor die Richter.

8-10 Folgendermaßen (sagte) Arik-kaulli: „Ullunzi ist in der Nacht in den Garten des Šilwa-teššup hinabgestiegen und hat *šallūru*-Früchte gepflückt und Bäume abgehackt, und ich habe ihn selbst (dabei) ertappt.“

12-19 Und folgendermaßen (sagte) Ullunzi: „In der Nacht bin ich nicht in den Garten des Šilwa-teššup hinabgestiegen; ich habe keine *šallūru*-Früchte gepflückt [und] keine [Bäume] abgehackt, und Arik-kaulli hat [mich nic]ht (dabei) ertappt.“

20-22 [Die Richte]r? [forderten]? Ze[ugen]?, und Arik-kaulli [...]

23-37 [...]..., der Sohn des Šati-ta..[...],
[..., der Soh]n des Tai-še[nni],
[und] Pal-teššup, [der Sohn des Šeḫa]l?-šenni,
sagten [zu] den Richtern folgendermaßen: „J[a!] In der Nacht ... und w[ir ...], und im Garten des Šilwa-teššup hat er den Ullunzi (dabei) ertappt, (wie) er *šallūru*-Früchte pflückte und Bäume abhackte.“

37-40 Und die Richter schickten Ullunzi zu den Göttern, von den Göttern (jedoch) wich Ullunzi zurück.

41-44 Attuja, der Sohn des Itḫip-šarri, Taena, der Sohn des Kinnia, und Urḫia, der Sohn des Wantia, (waren) die Gerichtsdiener.

44-51 Da Ullunzi von den Göttern zurückwich, siegte Arik-kaulli im Prozess, und die Richter verurteilten den Ullunzi zu(r Zahlung von) zwei Rindern, zwei Eseln (und) 20 Schafen zugunsten des Šilwa-teššup.

52-53 Siegel des Ḫa[...], Sohnes des Zilike...,

54-55 Siegel des Zilip-apu, [Sohnes des Ḫuja],

54-55 Siegel des Ar-šali, [Sohnes des Aḫu]ia,

55-56 Siegel des Nanirašše, Sohnes des Akitti.

1, 6, 18, 21, 47: Der Gärtner Arik-kaulli ist anderweitig nicht bezeugt.

3, 7, 13, 34, 40, 45, 48: Der Sklave Ullunzi ist anderweitig nicht bezeugt. Da sein Herr nur mit seinem eigenen Namen, ohne Vatersnamen, genannt wird und dieser Name, Nania, häufig vorkommt und von zahlreichen Männern getragen wird, sind keine prosopographisch verwertbaren Angaben zu gewinnen.

10, 15, 35: Zu *šallūru* s. CAD Š/1, 253f. „a fruit tree and its fruit“; Richter, BGH, 347f., mit reicher Lit. zu Bedeutung und Sprache. Für den in Šušarra (Tell Šemšāra) bezeugten Ortsnamen Šallūrrašfe „(Ort) der š.-Früchte“ s. Wilhelm, Namengebung, 126 (auch: Beiträge, 390).

11, 17, 36: *zapumma epēšu* hurro-akkadische Bildung von einer hurr. Wurzel *sab-*, für deren Bedeutungsbestimmung nur der vorliegende Text sowie HSS V 1: 12 zur Verfügung stehen. AHw III 1511 übersetzt „stehlen“, CAD Q 165 „denuded(?) the trees“. Wilhelm, sabli (auch: Beiträge, 347), übersetzt („am ehesten“) „abschlagen“. HSS V 1: 9-12 (s. auch CAD I/J, 157; M/1,

33a und b), lautet: *ù ša* GIŠ *ma-gàr!-re-e*.MEŠ *šá-šu-nu i-na-šu-nu za-pu-um-ma la ep-šu* „und die Naben dieser Räder sind nicht ..." Die beiden erstgenannten Übersetzungsvorschläge passen nicht zu diesem Kontext, „abgeschlagen" im Sinne von „abgenommen" wäre indes wohl möglich. (Für die Verwendung von *šá-* in *šâšu(nu)* cf. HSS V 33: 12, 36; IX 20: 15, 22, 25; XIII 8: 12, 15; XIV 578: 13; AASOR XVI 66: 16; RA 23, 31: 18; und sonst.)
19f.: Mit seinem Widerspruch zu dem letzten Kolon der Anklage (l. 12) endet die Aussage des Ullunzi. In der weitgehend zerstörten l. 20 erwartet man die Aufforderung der Richter an Arikkaulli, Zeugen beizubringen (s. CAD Š/2, 397, h).
23-27: Die hier genannten Personen sind anderweitig nicht bezeugt.
41-43: Attuja S. Itḫip-šarri, Taena S. Kinnia und Urḫia S. Wantia sind anderweitig nicht bezeugt.
44: Zu *manzatuḫlu* s. oben Nr. 587, Anm. zu ll. 29, 33.
49-50: 2 Rinder, 2 Esel und 20 Schafe sind nach HSS V 47: 38-40 das Äquivalent von 2 Minen Silber; s. Gordon, Theft, 307; Cross, Movable Property, 62.
53: Lacheman, PNKA, Z 60, liest *zi-li-ké-ek-kà*.
54f. Für den Richter Zilip-apu S. Ḫuja s. JEN 370: 51, 663: 33 (Kläger ist Tarmi-tilla S. Šurki-tilla aus der 4. Generation der Familie Teḫip-tilla S. Puḫi-šenni). Für den Richter Aršali S.Aḫuja s. JEN 323: 22, eine Urkunde des Enna-mati S. Teḫip-tilla aus der 3. Generation derselben Familie.
55-56: Nanirašše S. Akitti ist anderweitig nicht bezeugt.

Nr. 589

Beeidete Aussagen des Kuppatia, des Sklaven des Šilwa-teššup, und des Šur-tilla, Sohnes des Enna-mati, bezüglich des Einbruchs in einen Garten des Šilwa-teššup und eines dort verübten Baumfrevels.

SMN 738; IM 50789; HSS IX 7; A 26; 69 x 123 x 33; koll.; Textzustand 1985.

Vs. 1 *um-ma* ^{m}*Ku-ub-ba-*⸢*ti*⸣*-ia-ma*
2 ÌR *ša* ^{m}*Ši-il-*WA*-te-šup* DUMU LUGAL
3 *šum-ma* ^{m}*Šu-ur-til-la* DUMU *E-en-na-ma-ti*
4 *i+na mu-ši i+na* GIŠ.KIRI$_6$ *ša* ^{m}*Ši-il-*WA*-te-šup*
5 *la it-ta-ra-ad-ma*
6 *ù* 2 GIŠ.MEŠ *ša-aš-šu-gu*$_5$ ⸢*i+na*⸣!
7 ŠÀ *ša* GIŠ.KIRI$_6$ *la it-*⸢*ta*⸣*-ki-is*(über Rasur)*-sú-*⸢*nu*⸣*-*[*t*]*i*
8 *ù šum-ma* NAM.LÚ.⸢LÚ⸣.MEŠ
9 *ša-nu-tù* ⸢*ša*⸣ *i+na* ⸢GIŠ⸣.MEŠ *ša ik-*⸢*ki-sú*⸣
10 ^{m}⸢*Šu*⸣*-ur-*[*til*]*-la* ⸢*la*⸣ *i-de*$_4$*-šu-*⸢*nu*⸣*-ti*
11 *ù i+n*[*a-a*]*n-na la ik-ki-ru*
(Eine Zeile unbeschrieben)

---

12 *um-ma* ^{m}*Šu-ur-til-la-ma* DUMU *E-en-na-ma-ti*
13 *šum-ma a-na-ku i+na mu-ši*
14 ⸢*i+na*⸣ GIŠ.KIRI$_6$ *ša* ^{m}*Ši-il-*<WA->*te-šup* DUMU LUGAL
15 [*a*]*t-*⸢*ta*⸣*-ra-ad-ma šum-ma*
16 [2] GIŠ.MEŠ *an-nu-tù ša-aš-šu-gu*$_5$ *ša* ^{m}*Ku-up-pa-ti-ia iq-ta-bu-ú*

	17	[*šum*]-*ma* ⸢GIŠ⸣.KIRI$_6$ *a-na-ku*
	18	[*at-ta*]-⸢*ki*⸣-[*is-s*]*ú*!(ŠU)-*nu-ti*
	19	[*ù šum-ma* NA]M.LÚ.LÚ.MEŠ
	20	[*ša-nu-tù ša*] ⸢*i+na*⸣ GIŠ.MEŠ
	21	[*ša i*]*k-ki-sú* ⸢*a-na*⸣-*ku e-de*$_4$-*šu-nu-ti*
	22	[*ù šu*]*m-ma i+na-an-na ak-ki-*⸢*ru*⸣
u.Rd.	23	[*aš-šu*]*m a-wa-ti an-na-ti*
	24	[*a-na* Í]D *ḫur-ša-an* DU-*ku*
	25	[*ša i*]*k-kál-lu* LUGAL *ṭe*$_4$-*e-ma*
Rs.	26	[*i-ša-a*]*k-ka*$_4$-⸢*an*⸣
		(Siegel Nr. 302)
	27	NA$_4$.KIŠIB ^{m}*Ú-nap-ta-e* DUMU *Šúk-ri-ia*
		(Siegel Nr. 445)
	28	NA$_4$ ^{m}*Na-*⸢*i*⸣-[*til-la* D]UMU *Te-eš-šu-ia*
		(Siegel Nr. 446)
	29	NA$_4$.KIŠIB ^{m}*A-ki-ia* DUMU ⸢*Zi-li*⸣-*p*[*a*]-*pu*
		(Siegel Nr. 447)
	30	⸢NA$_4$ ^{m}⸣ *Wa-qar*-EN DUMU *Ta-a+a*
o.Rd.	31	[ŠU] ⸢*Ša*⸣-*ar-til-la* DUB.SAR DUMU DINGIR-*ia*

1-2	Folgendermaßen (sagte) Kuppatia, Sklave des Šilwa-teššup, Sohnes des Königs:
3-11	"(Ich schwöre:) Šur-tilla, der Sohn des Enna-mati, ist in der Nacht in den Garten des Šilwa-teššup hinabgestiegen und hat zwei *šaššugu*-Bäume in dem Garten gefällt, und Šur-tilla kennt andere Leute, die in der Baumpflanzung (Bäume) gefällt haben, und er leugnet (es) nun!"
12	Folgendermaßen (sagte) Šur-tilla, der Sohn des Enna-mati:
13-22	"(Ich schwöre:) Ich bin nicht in der Nacht in den Garten des Šilwa-teššup, Sohnes des Königs, hinabgestiegen, und ich habe nicht diese zwei *šaššugu*-Bäume, von denen Kuppatia sprach, in dem Garten gefällt, und ich kenne keine anderen Leute, die in der Baumpflanzung (Bäume) gefällt haben, und nun leugne ich (es) nicht (, sondern sage die Wahrheit)!"
23-24	Wegen dieser Aussagen müssen sie zum Fluss(ordal) gehen.
25-26	Wer zurückgehalten wird, (dem) wird der König das Urteil sprechen.
27	Siegel des Unap-tae, Sohnes des Šukria,
28	Siegel des Nai-tilla, Sohnes des Teššuja,
29	Siegel des Akia, Sohnes des Zilip-apu,
30	Siegel des Waqar-bēlī, Sohnes des Taja.
31	[Hand] des Schreibers Šar-tilla, Sohnes des Iluja.

Ed.: Saarisalo, Slaves, 6; Hayden, Court Procedure, 158-160; Morrison, Šilwa-Tešup, 16-18.

1, 16: Kuppatia ist bereits in der Zeit der älteren Rationenlisten aktiv; s. Vorbemerkung zu AdŠ 54; Kuppa/utia nimmt dort (ll. 2, 5, 7) stellvertretend die Gerstenrationen für zwei Sklaven und eine Sklavin entgegen.

3-11, 13-22: Sowohl der positive als auch der negative assertorische Eid wird in Nuzi-Texten mit *šumma* eingeleitet, ebenso wie im aB (GAG § 185g) und mAss. (Mayer, Mittelassyrisch, § 99). die Negation im positiven assertorischen Eid ist ebenfalls *lā*. Abweichend vom Babylonischen und Assyrischen verwendet der vorliegende Text überwiegend Perfektformen (5: *ittarad-*, 7: *ittakis-*, 15: *attarad-*, 18: *attakis-*), was aB nur selten vorkommt (GAG, Erg., § 185g). Nur das jeweils letzte Verb der beiden konträren Aussagen stehen im Präteritum (11: *ikkiru*, 22: *akkiru*) und weisen wie im Babylonischen die Subjunktivendung *-u* auf.
3, 10, 12: Šur-tilla S. Enna-mati ist anderweitig nicht bezeugt.
6, 16: Für die Verwendung von *šaššugu*-Holz sowie zur vorliegenden Stelle s. CAD Š/2, 176f.
27: Zu Unap-tae S. Šukria s. AdŠ 549, Anm. zu l. 22 (oben p. 44) ist als Richter gut bezeugt. Er benutzt ein Siegel, das ursprünglich für einen Itḫišta angefertigt wurde.
s. AdŠ 680: 11 (HSS 13 167, JAOS 57, 181); BM 17605: 30; Justel, J., RA 113, 156, Anm. zu l. 30.
28: Nai-tilla erscheint in vier Listen (HSS XIII 6: 20, 228: 3; XV 228, 229; s. Dosch, Streitwagenfahrer, Nr. 28: 20, 22: 3, 11: 7, 12: 2) aus Raum A 34 als Mitglied der höchsten Militärklasse (*rākib narkabti* „Streitwagenfahrer"), sowie auch in den von dem Wesir Akia gesiegelten Listen HSS XVI 331 und 332 (s. Dosch, l.c., Nr. 45: 4 und 44: 4) aus dem Raum R 76 des Palastes (s. Mayer, Palast, 65; 98, Nr. 592). In der Liste RA 56, p. 67-68 (s. Dosch, l.c., Nr. 46: 3) sind erstmals die Söhne des Nai-tilla statt des Nai-tilla selbst genannt. Der Vater des Nai-tilla ist Teššuja, der in HSS XIII 410: 16 (s. Dosch, l.c., Nr. 2: 16; aus Raum A 34) als „Sohn des Königs" (DUMU LUGAL) bezeichnet wird.
29: Akia S. Zilip-apu ist anderweitig nicht bezeugt.
30: Waqar-bēlī ist ein Scheiber aus der 3. Generation der Familie des Apil-Sîn. Er ist nach HSS XIII 6: 26 (s. Dosch, l.c., Nr. 28: 26) ebenso wie sein ibid. l. 27 genannter Cousin AG.DINGIR.RA S. Sîn-napšir ein *rākib narkabti*.
31: Der Schreiber dieser Tafel, Šar-tilla S. Iluja, ist ein Enkel des Sîn-napšir, s. JEN 438: 21, 226: 42 (DINGIR-*ia* DUB.SAR DUMU ^{d}30-*na-ap-ši-ir/šir*).
Weitere von Šar-tilla S. Iluja geschriebene Tafeln: AdŠ 604: 47, HSS XIX 57: 37, EN 9/1, 95: 21f., 27, 193: 40, 198: 38f., 199: 27, EN 9/3, 193: 40, 48. Nur als Zeuge: HSS XIX 47: 33. Šar-tilla ohne Vatersname: XIX 16: 32.

Nr. 590

Beeidete Aussagen des Aḫī-illika und des Paja, Sohnes des Ḫanatu, bezüglich des Einbruchs in ein Holzvorratshaus des Šilwa-teššup.

SMN 422; HSS XIII 422; A 26; 67 x 96 x 35; koll.; Textzustand 1986.

Vs. 1 ⸢*um-ma* ^{m}*A-ḫi-il*⸣*-li-ka*$_4$*-ma*
2 *šum-ma* GIŠ.MEŠ *ša* ^{m}*Ši-il*-WA-*te-šup*
3 ^{m}*Pa-a+a* DUMU *Ḫa-na-tu*$_4$
4 *la iš-ri-iq-ma* (Rasur)
5 *la* ⸢*i-ḫé*⸣*-ep-pè-ma ù la*
6 ⸢*i*⸣*-šar-ra-ap šum-ma* LÚ.MEŠ
7 ⸢*sà*⸣*-ar-ru-tu*$_4$ *ša* É-*it*
8 *qa-ri-ti ša* GIŠ.MEŠ *ša*
9 *ḫa-at-*⸢*ḫu*⸣*-um-ma ša i-pu-šu la i-de*$_4$

	10	*šum-ma* LÚ.MEŠ *sà-ar-ru-tu*$_4$
	11	*ša* GIŠ.MEŠ *iš-ri-qú* ^{m}*Pa-a+a*
	12	*la i-de*$_4$*-e-ma ù šum-ma šu-ú*
	13	*it-ti* LÚ.MEŠ *sà-ar-ru-ti*
	14	GIŠ.MEŠ *la i-šar-ri-iq-ma*
	15	*la i-ḫé-ep-pè ù la i-šar-ra-ap*
	16	*um-ma* ^{m}*Pa-a+a* (Rasur)
u.Rd.	17	[*šu*]*m-ma* GIŠ.MEŠ *ša* ^{m}*Ši-il-*WA*-te-šup*
	18	[*aš*]*-ri-qú-ma*
Rs.	19	*šum-ma eḫ-pè-šu-nu-ti-ma*
	20	*a-ša-ar-ra-ap-ma*
	21	*šum-ma* *LÚ.MEŠ *sà-ar-ru-tu*$_4$*(über Rasur)
	22	*ša* É(über Rasur)*-it qa-ri-ti*
	23	*ḫa-at-ḫu-um-ma i-pu-šu a+na-ku i-de*$_4$*-šu-nu-ti*
	24	*šum-ma a+na-ku* GIŠ.MEŠ
	25	*it-ti* LÚ.MEŠ *sà-ar-ru-ti*
	26	[G]IŠ.MEŠ *a-šar-ri-iq-ma e-ḫé-ep-pè-ma*
	27	*ù a-šar-ra-ap šum-ma* LÚ.<MEŠ> *sà-ar-ru*!(Text: DU)*-tu*$_4$
	28	*ša* GIŠ.MEŠ *iš-ri-qú a+na-ku i-de*$_4$*-šu-nu-ti*
	29	(Eine Zeile radiert: ...-*ti*)
		(Siegel Nr. 413)
	30	NA$_4$ ^{m}*A-kap-dug-ge*
	31	DUMU *Qa-ak-ki*
		(Siegel Nr. 440)[172]
	32	NA$_4$ ^{m}*Ut-ḫáp-ta-e*
	33	DUMU *Zi-ge*
		(Siegel Nr. 448)
o.Rd.	34	[ŠU]*x-*šu* DUB.<S>AR-*rù**[173]
l.Rd.	35	*aš-šum a-wa-ti an-nu-ti*
	36	*i+na* ÍD *ḫur-ša-an* DU.MEŠ*-ku*
	37	*ša ik-kal-lu* LUGAL *ṭe-e-ma*!(TE)
	38	*i-šá-ak-ka*$_4$*-*⌜*an*⌝

1 Folgendermaßen (sagte) Aḫī-illika:

2-15 "(Ich schwöre:) Paja, der Sohn des Ḫanatu, hat Baumstämme des Šilwa-teššup gestohlen, (sie) dann zerschlagen und anschließend verbrannt. Er kennt die Diebe, die das Holzvorratshaus aufgebrochen haben. Paja kennt die Diebe, die die Baumstämme gestohlen haben. Er selbst hat zusammen mit den Dieben die Baumstämme gestohlen, (sie) dann zerschlagen und verbrannt."

16 Folgendermaßen (sagte) Paja:

172 Auf dem rechten Teil der Rs. 90° zur Schriftrichtung.

173 *...*:

17-28 "(Ich schwöre:) Ich habe keine Baumstämme des Šilwa-teššup gestohlen, ich habe sie nicht zerschlagen und anschließend verbrannt. Ich kenne die Diebe nicht, die das Holzvorratshaus aufgebrochen haben. Ich habe nicht zusammen mit den Dieben die Baumstämme gestohlen, ich habe (sie) nicht zerschlagen und verbrannt."

30-31 Siegel des Akap-tukke, Sohnes des Kakki,

32-33 Siegel des Utḫap-tae, Sohnes des Zike.

34 [Hand des] Schreibers [...]..šu.

35-36 Wegen dieser Aussagen müssen sie zum Fluss(ordal) gehen.

37-38 Wer zurückgehalten wird, (dem) wird der König das Urteil sprechen.

Ed.: Morrison, Šilwa-Tešup, 186.

1: Aḫī-illika ist wohl identisch mit dem gleichnamigen Handwerker, der in AdŠ Heft 5, Nr. 516 (= HSS XV 11) und Nr 516a (= HSS XIV 264) genannt ist.

3, 11, 16: Paja S. Ḫanatu ist auch in AdŠ 587 Beschuldigter, dem der Diebstahl von Holz vorgeworfen wird. Er wird jedoch durch die Aussage von drei Männern entlastet, die bezeugen, dass Paja das Holz von einem Dritten empfangen habe. Im vorliegenden Fall beschuldigt Aḫī-illika unter Eid den Paja wiederum des Diebstahls von Holz. Da Paja aber – ebenfalls unter Eid – seine Unschuld beteuert, soll der Sachverhalt durch ein Ordal geklärt werden.

3-15, 16-28: der negative assertorische Eid des Aḫī-illika und der positive assertorische Eid des Paja entsprechen sich weitgehend, aber nicht immer auch in der Reihenfolge der Verbalformen:

4:	*lā išriq-ma* (Prät.)	18:	*ašriqu-ma* (Prät. Subjunktiv)
5:	*lā iḫeppe-ma* (Präs.)	19:	*eḫpe-šunūti* (Prät.)
5f.:	*lā išarrap* (Präs.)	20:	*ašarrap-ma* (Präs.)
9:	*īpušū* (Prät.)	23:	*īpušū* (Prät.)
11:	*išriqū* (Prät.)	28:	*išriqū* (Prät.)
14:	*lā išarriq-ma* (Präs.)	26:	*ašarriq-ma* (Präs.)
15:	*lā iḫeppe* (Präs.)	26:	*eḫeppe* (Präs.)
15:	*lā išarrap* (Präs.)	27:	*išarrap* (Präs.)

Es fällt auf, dass im jeweils ersten Kolon des negativen und des positiven Eides wie im Assyrischen das Präteritum verwendet wird, in den weiteren Kola aber das Präsens oder – in Nebensätzen zur Bezeichnung der Vorzeitigkeit – das Präteritum steht. Der Subjunktiv *-u*, der, wie schon Goetze 1938 feststellte[174], in den Nuzi-Texten oft fehlt, steht hier nur im positiven, nicht aber im negativen Eid.

9, 23: Zu hurr. *ḫatḫ-* „(in ein Haus) einbrechen", „eine Bresche schlagen" s. Wilhelm, Gallenomina, 633 (auch: Beiträge, 505f.) sowie Richter, BGH, 143f. für weitere Lit.

30-33: Für den Richter Akap-tukke S. Kakki s. AdŠ 586: 38f. und 587: 42 (hier ausdrücklich als DI.KUD „Richter" bezeichnet), für Utḫap-tae, S. Zike s. AdŠ 586: 41 und 587: 43.

36: Zum Flussordal s. Hayden, Court Procedure, 39-50; Zaccagnini, HdO 72/1, 575f.; Lion, textes judiciaires, 151-153; jeweils mit Lit.

174 Goetze, Nuzu Akkadian, 142: „The subjunctive is not always found where it would be expected."

Nr. 591

Protokoll über eine Klageerhebung durch Attia, den Sklaven des Šilwa-teššup, wegen schwerer Körperverletzung durch Tuppia, den <Sklaven>$^{?}$ der *ēntu*-Priesterin, sowie über die richterliche Tatsachenerhebung.

SMN 528; IM 50835; HSS IX 10; A 14; 55 x 83 x 24; koll.; Textzustand 1983.

Vs.	1	^{m}*At-ti-ia* ÌR *ša*
	2	^{m}*Ši-il*-WA-*te-šup* DUMU LUGAL
	3	*a-na pa-ni* DI.KUD.MEŠ *i-te-li*
	4	*um-ma šu-ma* ^{m}*Tub-bi-ia ša* NIN.DINGIR.RA
	5	*ir-tap-sà-an-ni-mi*
	6	*ù* DI.KUD.MEŠ *mi-iḫ-ṣí-šu*
	7	*ša* ^{m}*At-ti-ia i-ta-am-ru*
	8	*la-ḫu*.MEŠ-*šu i+na* GIŠ.GIDRI *ma-ḫi-iṣ*
	9	*ù dá-ma*.MEŠ *mu-uš-šur*
	10	*a-aḫ-šu ù ki-in-ṣí-šu*
	11	*i+na* G[IŠ.G]IDRI-*ma ma-ḫi-iṣ*
	12	*ù mi-*⌜*ti*⌝[175]-*in-nu*
Rs.		(unbeschrieben)

1-3 Attia, der Sklave des Šilwa-teššup, Sohnes des Königs, trat vor die Richter.

4-5 Folgendermaßen (sagte) er: „Tuppia, der <Sklave>$^{?}$ der *ēntu*-Priesterin, hat mich geschlagen."

6-12 Daraufhin untersuchten die Richter die Verletzungen des Attia. Seine Wangen war(en) mit einem Stock geschlagen, und Blut war geflossen. Sein Arm und sein Bein war(en) ebenfalls mit einem Stock geschlagen, und er glich einem Toten.

Ed.: Morrison, Šilwa-Tešup, 21; Saarisalo, Slaves, 9; Deller & Fadhil, Mesopotamia 7, 208f.

1, 7: Attia – mit vollem Namen Atti-la/immu – ist ein Sklave des Šilwa-teššup, der bereits in den ältesten Rationenlisten mit der Ration für erwachsene Sklaven genannt wird, s. AdŠ 1: 61, 4: 95, 6: 124, 7: 103, 26: 47. Er nimmt Saatgut (AdŠ 105: 13, 171: 1, 15, 172: 2, 178: 2) und Felle (AdŠ 456) entgegen. In der älteren Liste AdŠ 46: 12 wird er zum Personal von Šelwuḫu gezählt (zu diesem Ort s. AdŠ 550, Anm. zu l. 1 und ll. 47-58, oben p. 52f.), in der jüngeren Liste AdŠ 33: 142 gehört er zum Personal des Haushalts von Tašenniwe / Āl ilāni.

4: Der Name Tuppia ist mit zahlreichen unterschiedlichen Vatersnamen bezeugt, so dass für den hier genannten T. keine weiteren Informationen zu gewinnen sind.

4: *entu*-Priesterinnen werden sonst meist mit Angabe ihres Amtsortes genannt; s. Deller & Fadhil, Mesopotamia 7, 193-213; Fadhil, Topographie, 23f. (Abenaš, Azuḫinni), 250f. (Turša),

175 

selten mit Nennung einer Gottheit (NIN.DINGIR.RA *ša* ^{d}*Ḫal-pa-e* HSS XV 289: 5, 12; ~ *ša* ^{d}GÌR.UNUG.GAL Istanbul Nu. 1: 4´; Brinkman & Donbaz, OrAnt 16, 100, 103, tav. V).

12: Saarisalo lässt *mi-*⸢*ti*⸣*-in-nu* unübersetzt. CAD M/I, 423, i´, bucht das Wort unter *mâtu* und übersetzt ll. 11f. "he was hit with a stick and died". Da jedoch der Geschädigte (Attia) vor Gericht auftritt und seinen Peiniger anklagt, kann diese Übersetzung nicht richtig sein. Es liegt vielmehr das Nomen *mītu* „Toter" mit einem hurr. Suffix vor, das nach dem Kontext als „wie" zu übersetzen ist. Girbal, ZA 78, 131f., beobachtete im Mittani-Brief eine Kasusendung *-nna*, der er eine äquative und eine adverbiale Funktion zuschrieb. Wilhelm, Suffixaufnahme, 132, n. 5 (auch: Beiträge, 301, n. 5) bezeichnete diesen Kasus als Assoziativ, wies auf eine Kasusendung *-nni* hin, die dieselbe Funktion habe wie *-nna*, und hielt es für gut möglich, dass *-nna* eine Kombination von *-nni* und der Essiv-Endung *-a* sei. Giorgieri, Beiträge, 109-111, stellte fest, dass in Texten aus Ḫattuša hurritische Formen mit der Assoziativ-Essiv-Endung durch heth. *iwar* „wie" wiedergegeben werden. Das auslautende *-u* ist die akk. Nominativendung.

XI. Briefe

Nr. 592

Tirwin-atal im Namen des Königs an Wantia, Tamar-tae, Šukki-tilla und Ḫeltip-tilla mit dem Auftrag, 50 ANŠE Gerste des Šilwa-teššup von dessen Verwalter Urḫa-tarmi an einem von diesem zu bezeichnenden Ort in Empfang zu nehmen.

SMN 577; IM 50808; HSS IX 5; A 14; 56 x 49 x 18; koll.; Textzustand 1983.

Vs.	1	*a-na* ^{m}*Wa-an-ti-ia*
	2	*a-na* ^{m}*Ta-mar-ta-e*
	3	*a-na* ^{m}*Šúk-ki-til-la*
	4	*ù a-na* ^{m}*Ḫé-el-ti-ip-til-la*
	5	*qí-bí-ma um-ma*
	6	^{m}*Ti-ir-wi-na-tal-ma*
	7	*um-ma lu-ú* LUGAL-*ma-mi*
		———————
	8	⸢50⸣ ANŠE ŠE.MEŠ
u.Rd.	9	*ša* ^{m}*Ši-il-*WA*-te-šup*
Rs.	10	^{m}*Ur-ḫa-tar-mi*
	11	*a-šar i+na-an-din-na-ku-nu-ši*
	12	*ù* ⸢*lu*⸣ *a-na e-be-er-ta*
	13	*ša a-qa-a-we*
	14	**ù*! ⸢*lu*⸣*[176] *e-be-er-ta*
		———————
	15	⸢*ša e*⸣*-ša-a-we*

176 *...* : 

16 *ša* É ^{m}*Ši-il-*<WA->*te-šup*
17 *mu-*⸢*uḫ*⸣*-ra-an-ni-šu*

1-7 Dem Wantia, dem Tamar-tae, dem Šukki-tilla und dem Ḫeltip-tilla sage: So (spricht) Tirwin-atal:
Folgendermaßen (sagte) fürwahr der König:
8-14 „50 ANŠE Gerste des Šilwa-teššup -, wo (auch immer) Urḫa-tarmi (sie) euch geben wird, sei es auf dem diesseitigen oder auf dem jenseitigen Ufer (des Flusses), (Gerste) des Haushalts des Šilwa-teššup, die nehmt in Empfang!"

Ed.: Chow, Kings and Queens, 141-142; Morrison, Šilwa-Tešup, 15.

1-4: Wantia, Tamar-tae, Šukki-tilla und Ḫeltip-tilla sind zusammen anderweitig nicht bezeugt. Lacheman, PNKA Š 546, (4) 46, bucht den Namen Šukki-tilla als Variante von Šukri-tilla.
6: Tirwin-atal ist ein Beamter der königlichen Verwaltung, zu dessen Befugnissen die Ausgabe von Textilien und Gerste aus dem königlichen Magazin (*bīt nakkamti*) gehört (HSS XIII 63: 22; XIV 174: 4; 248=643: 7, 33; 249=523: 10). Er erhält ein vergleichsweise geringes monatliches Deputat von 5 BÁN Gerste (HSS XIV 48: 34; s. Maidman, WAW 18, 22); Sein militärischer Status ist der eines *rākib narkabti* (HSS XV 36: 2; 78: 12; s. Dosch, Streitwagenfahrer, 134f.).
10: Zu Urḫa-tarme, dem die Aufsicht über die Kleinviehhaltung im Rahmen der Verwaltung der Güter des Šilwa-teššup obliegt, s. AdŠ Heft 3, p. 93, Anm. zu l. 39, sowie unten Nr. 595 und 596.
12-15: Für *ebertān* „auf dem jenseitigen Ufer" s. GAG Erg. zu § 113g. Das auslautende *-n* fehlt hier in beiden Fällen, auch wird die Bedeutung auf „Ufer" reduziert und die Präzisierung „diesseitig" und „jenseitig" durch hurr. *ešave* und *ašave* ausgedrückt. Zu diesen s. Wilhelm, Iraq 53, 165 n. 20 (auch: Beiträge, 165) und Wilhelm, Gallenomina, 634 (auch: Beiträge, 506). Für *ebertān* s. auch AdŠ 152: 48, 153: 26, 173: 23, 33. Der Kommentar zu diesen Textstellen p. 198 sowie Wilhelm, AdŠ Heft 2, p. 22, nimmt an, dass es sich bei dem Fluss, auf den der Text sich bezieht, um den Unteren Zāb handele. Fadhil, Topographie, 94f. teilt diese Auffassung. Allerdings kommen auch kleinere Wasserläufe in Betracht, zumal wenn „das Land Arrapḫa einmal etwas reicher an Wasser war als heute." (Müller, HSAO 7, 234; s. auch 204-208).
17: **muḫrā-ni* > *muḫranni* Imp. 2. Ps. Pl. Ventiv mit Quantitätenmetathese.

Nr. 593

Ḫašip-tilla im Namen des Königs an Pui-tae mit dem Auftrag, die Bewohner von Anzukalli in der Angelegenheit einer Sklavin des Šilwa-teššup zu versammeln.

SMN 182; IM 50820; HSS IX 6; A 26; 60 x 62 x 29; koll.; Textzustand 1983.

Vs. 1 [*a-n*]*a* ^{m}*Pu-i-ta-e*
2 *qí-bí-ma*
3 *um-ma* ^{m}*Ḫa-ši-ip-*⸢*til*⸣*-la-ma*
4 *um-ma lu-ú* LUGAL*-ma-mi*

	5	LÚ.NIMGIR[177]
	6	*i+na* URU *An-zu-gal-lì*
	7	*li-il-sí*
	8	*ù* ÉRIN.MEŠ *ša* URU *An-zu-gal-lì*
	9	*li-ip-ḫu-ur*
u.Rd.	10	*ù ki-na-an-na*
Rs.	11	*qí-bi ma-an-nu-me-e*
	12	*a-na* GÉME *ša* ^{m}*Ši-il-*WA*-te-šup*
	13	**šu-x* x (x)*[178] *di-na* DÙ-*uš*
	14	*ḫa-mu-ut-ta šu-pur-šu-ma*
	15	*ina* UGU LUGAL
	16	*li-il-li-ka*$_4$
	17	*šum-ma ia-nu* 1 LÚ *ša ki-i ka*$_4$*-šá ma-aš-lu*
	18	*i+na* UGU LUGAL *li-li-ka*$_4$
		(Siegel Nr. 449)
	19	NA$_4$ ^{m}*Ḫa-ši-ip-til-la*
l. Rd.	20	*ù ṭe*$_4$*-ma li-l*[*i-ka*]

1-3	Dem Pui-tae sage: So (spricht) Ḫašip-tilla:
4	Folgendermaßen (sagte) fürwahr der König:
5-11	„Der Herold soll in Anzukalli ausrufen, und die Leute von Anzukalli sollen sich versammeln. Und folgendes sage (zu ihnen):
11-13	„Wer auch immer wegen(?) der ... Sklavin des Šilwa-teššup ein Verfahren angestrengt hat",
14-16	schicke ihn schleunigst, und er soll zum König kommen.
17-18	Wenn niemand da ist, soll ein Mann deinesgleichen zum König kommen.
20	Und ein Bericht soll kommen!"
19	Siegel des Ḫašip-tilla.

Ed.: Saarisalo, Slaves, 5; Chow, Kings and Queens, 139f., 181f.; Morrison, Šilwa-Tešup, 16; Sassmannshausen, Herolde, 143f.

1: Pui-tae, der Empfänger des Briefes, ist sehr wahrscheinlich der „Bürgermeister" (*ḫazannu*) von Anzukalli. Er wird aufgefordert, durch einen Herold die Männer des Ortes zu einer Versammlung zusammenzurufen. Ein namensgleicher *ḫazannu* amtiert nach HSS XIV 227: 1f., 8 in Lupti. Ein anderer *ḫazannu* von Anzukalli ist Ṣillia, s. Fincke, RGTC 10, 25. Für den nahe bei Nuzi gelegenen Ort Anzukalli s. Fincke, op. cit. 21-25, und Müller, HSAO 7, 10-12 (mit Hinweis auf zwei Personen, die vielleicht ebenfalls *ḫazannu* von Anzukalli sind). Zu Aufgaben und Kompetenzen eines *ḫazannu* s. Cassin, Heur et Malheur. Ein *ḫazannu* konnte zum *šakin māti* avancieren, s. Cassin, Palais, 382. Dass der *ḫazannu* nicht unbedingt zur obersten Gesellschaftsschicht gehörte, zeigt wohl die Tatsache, dass der *ḫazannu* von Nuzi, Eḫlip-apu S. Nupananu (s. HSS XIX 2: 71, 82 und sonst), in der Militärhierarchie nur ein *ālik ilki* war; s. Dosch, Streitwagenfahrer, 190. Für eine Auflistung von namentlich bezeugten *ḫazannū* s. Mayer, Palast, 127-129.

177 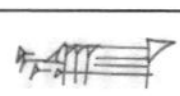

178 *...*: 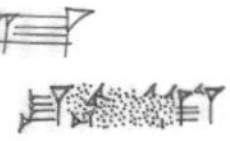

3: Ḫašip-tilla ist ein sehr häufig bezeugter Name. Möglicherweise handelt es sich hier um den in HSS XV 34: 21; 36: 36 (s. Dosch, Streitwagenfahrer, p. 137, Nr. 49: 21 und p. 136, Nr. 48: 36) genannten *šakin māti*.
5: Zu Funktion und Stellung des Herolds im Alten Orient s. Sassmannshausen, Herold.
12: Die Präposition *ana* ist in diesem Kontext ungewöhnlich. In der Regel wird der Prozessgegner durch *itti*, der Streitgegenstand durch *aššum*, der Vertreter durch *kīma pūḫi* eingeführt.
13: Saarisalo, Slaves, p. 5, Nr. 3, 13, liest und ergänzt KÙ.BABBAR [*iddin*] und übersetzt ll. 11-13: „whoever for the handmaid of Silwatesup [has given] money [and] brought an action (against Silwatesup)". CAD E 206b sub *dīnu* a' verzichtet auf eine Lesung der beschädigten Zeichen, übersetzt aber „whoever brings action on behalf of the slave girl". Chow, Kings and Queens, 139f., bietet eine Transliteration ohne Kennzeichnung der Beschädigung und der abgebrochenen Zeichen und übersetzt, Saarisalo folgend, "Whoever has given money for the maid of Šilwa-tešup and brought an action (against Šilwa-tešup)". Auch Sassmannshausen, Herolde, 143f., übernimmt die Lesung und Ergänzung von Saarisalo und übersetzt: "Wer immer für die Magd des Silwa-Teššup Geld [gegeben hat?] und einen Prozess geführt hat, ..."
Der Raum vor *di-na* DÙ-*uš* reicht aber keinesfalls für die Lesung bzw. Ergänzung KÙ.BABBAR [*id-di-in*] / [SUM-*in*] aus, auch endet das letzte Zeichen mit einem Senkrechten.
Saarisalo hat bereits beobachtet, dass das von ihm KÙ gelesene Zeichen nicht die in Nuzi übliche Form mit gebrochenem Senkrechten aufweist: „The sign KÙ is written in the cursive Babylonian script". Die Kollation bestätigt die Autographie insofern, als der erste Senkrechte nicht gebrochen ist. Eine Überprüfung von 50 Belegen des Zeichens KÙ in Texten des vorliegenden Heftes hat ergeben, dass in allen Fällen der senkrechte Keil gebrochen ist. Das fragliche Zeichen ist daher als ŠU zu lesen. Das darauf folgende Zeichen ist weder nach Pfeiffers Kopie noch nach Kollation BABBAR. Wahrscheinlich handelt es sich um eine auf die Sklavin bezogene Bezeichnung. Das Zeichen nach *šu-* könnte *r*[*u*]?- oder *u*[*g*]?- gelesen werden. Man könnte an *šuglû* „deported" (CAD Š/3, 200) denken, doch ist dies nur neuassyr. und neubabyl. bezeugt und nach CAD Š/3, 201, aus dem Aramäischen entlehnt.
14: Hier wechselt der Text von dem Wortlaut der öffentlichen Verkündigung in den des königlichen Befehls an den Empfänger des Briefes.

Nr. 594

Šilwa-teššup an seinen Verwalter Purn-apu mit einem Tadel und dem strikten Auftrag, nach Šumanniwe zu gehen.

SMN 154; HSS IX 4; A 26; 54 x 56 x 24; koll.; Textzustand 1986.

Vs.	1	[*a-na* ᵐ*P*]*ur-na-pu*
	2	*qí-bí-ma um-*⸢*ma*⸣
	3	⸢ᵐ⸣*Ši-il-*WA*-te-šup-*[*m*]*a*
	4	*am-mi-ni* LÚ.*in-k*[*a₄-ru*]
	5	⸢*i*⸣+*na* UGU-*ḫi-ia*
	6	[*t*]*a-al-ta-na-ap-*[*pár-m*]*i*
	7	*ù ta-qà-ab-*[*ba*]-⸢*a*⸣
	8	[*b*]*á-lu* ᵐ*Ši-il-*W[A*-t*]*e-šup*
	9	[*i*]+*na* URU *Šu-ma-a*[*n-ni*]*-we*

	10	⸢*ul a-al-la*⸣-[*ak*]
u.Rd.	11	[**mi-nu**[179]]
	12	[*a*?-*wa*?-*t*]*u*$_4$?[180]
Rs.	13	*an-na-t*[*u*$_4$
	14	*ša te-te-né*-⸢*ep*⸣-*š*[*u*][181]
	15	*am-mi-ni*
	16	KIN.MEŠ-*ia*
	17	*ta-aḫ-ru-um-ma*
	18	*te-ep-pu-uš-m*[*i*]
	19	*ḫa-mu-ut-ta*
	20	*ina* URU *Šu-m*[*a-an*]-*n*[*i-we*]
	21	*a-li-ik*-⸢*ma*⸣
	22	*ù* LÚ.*in-ka*$_4$-[*ru*]
	23	*ṭe*$_4$-*e-ma*
o.Rd.	24	*te*-[*e*]*r-ra-aš-š*[*u*]

1-3 Dem Purn-apu sage: So (spricht) Šilwa-teššup:
4-7 Warum schickst du ständig den Verwalter zu mir und sagst:
8-10 „Ohne (ausdrückliche Weisung von)? Šilwa-teššup gehe ich nicht nach Šumanniwe."
11-14 Was (sollen) diese Sachen, die du ständig gemachst hast?
15-18 Warum *hintertreibst* du meine Aufträge?
19-24 Schleunigst geh nach Šumanniwe, und der Verwalter soll Bericht erstatten!

Ed.: Morrison, Šilwa-Tešup, 14-15.

1: Zu Purn-apu s. oben Nr. 577: 1; 648: 6.
4, 22: Zu *inkaru* (mit akkad. oder hurr. Plural *-ātu*, *-ra<-na*) s. AdŠ Heft 2, p. 109; Heft 3, p. 138, Anm. zu ll. 1-14.
9, 20: In Šumanniwe liegen Felder des Gutes des Šilwa-teššup; s. AdŠ Heft 1, p, 45, 4: 111; Heft 7, 648 (HSS 13, 122): 6. Für weitere Belege s. Fincke, RGTC 10, 261. Zur Frage der Lage des Ortes s. Müller, HSAO 7, 202, 4.1.5 und 208f.
17f.: *taḫrumma epēšu*: hapax legomenon; AHw III, 1302, bietet fragend die Übersetzung „zurückhalten", CAD Š/III, 82 übersetzt „perform hastily", CAD T, 52 verzichtet auf eine Übersetzung. Eine hurritische Wurzel *taḫr-* ist anderweitig nicht bezeugt. Ob es zu den PNn Taḫiri, Taḫiria und Taḫirišti (letzerer mit dem Suffix -V*št-* erweitert) auch eine Form Taḫria (so Lacheman, PNKA, T 18) gibt, ist zweifelhaft (Der dafür als EN IX 382 zitierte Text ist nicht der unter dieser Nummer in SCCNH 5, p. 287, publizierte).
24: Der Text bietet den Imperativ ("bring ihn [sc. den Bericht] zurück!"), doch verlangt l. 22 den Prekativ.

179 In EP noch erhalten.

180 ; EP bietet *il*, schraffiert allerdings die entscheidenden Teile des Zeichens und kennzeichnet sie so als Ergänzung.

181 

Nr. 595

Urḫa-tarmi an die Söhne des Elate mit dem Auftrag, dem Verwalter des Šilwa-teššup, Pai-teššup, 10 ANŠE guten Essig zu geben.

SMN 700; HSS XV 255; A 23; Hülle: 58 x 58 x 33, Tafel: 49 x 47 x 19; koll.; Textzustand 1996.

Hülle:	1	⸢*tup*⸣-*pí a-na* DUMU.MEŠ-*š*[*u*]
	2	*ša* ^{m}*E-la-te*
	3	^{m}*Ur-ḫa-tar-mi*
		(Siegel Nr. 450)
	4	[NA$_4$] ⸢^{m}⸣*Ur-*⸢*ḫa*⸣*-tar-mi*
Tafel:		
Vs.	1	[*a-n*]*a*[182] DUMU.MEŠ-*šu*
	2	*ša* ^{m}*E-ra-ti*
	3	*qí-bí-ma um-ma*
	4	^{m}*Ur-ḫa-tar-mi-ma*
	5	10 ANŠE *ṭá-ab-tù**.MEŠ SIG$_5$.GA*[183]
	6	*ḫa-mu-ut-ta*
	7	*a-na* ^{m}*Pa-i-te-šup*
u.Rd.	8	LÚ *ša*
	9	^{m}*Ši-il*-WA-*te-šup*
Rs.	10	*i-din*
	11	*al-lu-tù*
	12	[*l*]*u-ú it-tù*
	13	[*š*]*u-un-du*
	14	[*a-n*]*a* ^{m}*Ki-il-li-ta*
	15	[*aš*]-*šum* A.MEŠ
	16	[WA]-*ru-un-du-i*[184]

Hülle: Tafel für die Söhne des Elate; (von) Urḫa-tarmi.
Siegel des Urḫa-tarmi.

Tafel:

1-4 Den Söhnen des Elate sage: So (spricht) Urḫa-tarmi:

5-10 „Gib dem Pai-teššup, dem Mann des Šilwa-teššup, schleunigst 10 ANŠE guten Essig!

11-16 (Etwas) anderes: Wahrhaftig ein Omen, als für Killita wegen des Wassers ...“

182 EP bietet den Text ohne alle Beschädigungen des linken Randes.

183 Fehlt versehentlich in EP.

184 *-i* fehlt versehentlich in EP.

Ed.: Morrison, Šilwa-Tešup, 259-260.

Hülle 2: Elate, **Tafel 2:** Erati: Ein Wechsel *r* > *l* ist in hurritischen und hurro-akkadischen Texten bezeugt. Nuzi: *maḫilumma* EN 9/1 354: 8 "verkaufen" zu *maġiri* (< akk. *maḫīru*) "Kaufpreis"; PN *Ḫairalla* (öfter), *Ḫailalla* JEN 51: 29 (38: *-ra-*); Ḫattuša: *aval=le=ve=n(e)=a* (< **avari=ne-*"Feld") KBo 32, 13 i 3. Wenn dementsprechend Erati (in phonetisch-phonologischer Umschrift Eradi) die korrektere Form ist, handelt es sich um einen Bezeichnungsnamen „Vogel" (*eradi/e*), so bereits Laroche, Glossaire, 82f.; zu *eradi/e* „Vogel" s. Wegner, Xenia 21, 145-149, für weitere Lit. s. Richter, BGH 97f. Für *erad=ož* „wie ein Vogel" s. Wilhelm, Šamuḫa, 198, l. 20' mit Übers. p. 199.

Hülle 3, 4, Tafel 4: Zu den Funktionen und dem Status des Urḫa-tarmi im Gut des Šilwa-teššup s. AdŠ Heft 3, p. 93.

7: Zu Pai-teššup s. AdŠ 568, Anm. zu l. 6 (oben p. 93).

11: *allû, allûtu* ist eine überwiegend nur in Nuzi bezeugte Dort- und Alternativ-Deixis; für Belege s. CAD A/1, 358. Im vorliegenden Fall liegt eine wohl aus dem zweiten Glied der Alternativ-Deixis abgeleitete Bedeutung „andere(s/r)" zur Einleitung eines Themenwechsels vor. Hierfür wird im Akkadischen *šanītam* verwendet, das aber in Nuzi-Texten anscheinend nicht vorkommt. HSS XV 291: 8 verwendet in gleichartigem Kontext *šanûtu.*

11-16: s. CAD I/J, 308b (sub *ittu,* „mng. obscure"), CAD Š/III, 303 (sub *šundu,* ohne Übersetzung).

12: *lū ittu* s. auch HSS XV 291: (aus Raum N 120).

14: Ein Name *Killita ist anderweitig nicht bezeugt, wohl aber öfter Killi, s. NPN 85, AAN 91. Den einzigen Beleg für einen Killi mit Bezug zum Gut des Šilwa-teššup liefert die Darlehensurkunde AdŠ 230, mit der Killi S. Arraph(e)-atal den Empfang eines zinslosen Darlehens des Šilwa-teššup mit Rückgabeort Tašenniwe anerkennt. Bei *-ta* (*-da*) handelt es sich um das hurr. Kasussuffix des Direktivs, dessen Funktion sich mit der des Dativs (*-va, -u̯a*) überschneidet (cf. *ūn=ā=lla=ān šēn=iffu=***da** Mit. I 115 und *un=ā=la=an šēn=iffu=***u̯a** Mit. III 19f. „und sie kommen zu meinem Bruder"); durch akk. *ana* und hurr. *-da* ist die Handlungsrichtung also doppelt markiert.

16: WA-*ru-un-du-i* ist morphologisch und semantisch unklar; cf. WA-*ru-un-du-um-ma* EN 9/1 120: 14; ohne Übersetzung CAD U/W, 410.

Nr. 596

[Urḫa-tarmi](??) an [...] mit der Aufforderung, wegen der anstehenden Kleinviehzählung den Hirten Karrate nicht länger festzuhalten.

SMN 1570; EN 10/2, 68; A 23; 54 x 60(frg.) x 25; Tafel stark beschädigt, im Brand verzogen; koll.; Textzustand 2000. Nach einem Zettel mit der Aufschrift „Envelope, A 23, Dec 5, 27'" hatte die Tafel eine Hülle.

Vs.		(Anfang zerstört)
	1	[x x] x[185][
	2	⸢*a-na* UDU⸣.ḪI.A-*š*[*u*] *š*[*a*]
	3	^{m}⸢*Ši-il*⸣-WA-⸢*te-šup*⸣
	4	⸢*iš*⸣-*tap-ra-a*[*n*]-⸢*ni*⸣

185 

	5	*a-na mu-un-*[*n*]*é-e*
	6	*ù i+na-an-na* ^{m}*Q*[*a*]*r-*⸢*ra*⸣*-te*
	7	LÚ.SIPA *ša* ^{m}*Ši-i*[*l-*WA]*-te-šup*
	8	*tu*$_4$*-ka*$_4$*-al-*⸢*mi*⸣
u.Rd.	9	⸢LÚ *mu*⸣*-uš-ši-ir*
	10	*ù* UDU.ḪI.A*-šu ni-im-nu*
Rs.	11	*šum-*⸢*ma ak*⸣*-*[*ka*$_4$]*-*⸢*šá*⸣
	12	*ḫu-ub-*[*bu*]*-*⸢*ul*⸣
	13	*lu-ú* [*n*]*u-ka*$_4$*-al-ma*
	14	⸢*ù al*⸣*-ka*$_4$ *a-*⸢*di*⸣*-i*
	15	UDU.Ḫ[I.A]*-šu ni-i-ma-an-nu*
	16	⸢*lu-ki*⸣*-i-*⸢*il*⸣

(Rest unbeschrieben, ungesiegelt)

[Zu PN sprich, so (sagt) Urḫa-tarme$^{?}$:]
1-5 „[...] hat mich geschickt, um das Kleinvieh des Šilwa-teššup zu zählen,
6-8 und nun hältst du Karrate, den Kleinviehhirten des Šilwa-teššup, zurück!
9-10 Lass den Mann frei, so dass wir seine Schafe zählen können!
11-16 Wenn er dir etwas schuldet, sind wir bereit, (ihn) festzuhalten. Komm dann; bis wir seine Schafe zählen, will ich (ihn) festhalten.“

Die Annahme, dass der Verfasser des Briefes Urḫa-tarmi ist, beruht auf dessen Funktion als Aufseher der Kleinviehhaltung im Gut des Šilwa-teššup; dazu s. AdŠ Heft 3, p. 93 sowie oben Nr. 595.

6: Zu dem Kleinviehhirten Karrate s. AdŠ Heft 3, p. 111, Anm. zu Nr. 116, ll. 34-37.

Nr. 597

Tatip-tilla an den Verwalter Ḫutip-tilla mit dem Auftrag, einen Sklaven zu verkaufen, um dafür Leinen zu kaufen, einen anderen Sklaven an den Kiltamuli, den Verwalter von Paḫḫarrašwe, zu geben, um dafür drei Esel zu erhalten, und diese zu einem festgesetzten Zeitpunkt mit der Ladung zum Absender zu bringen.

SMN 108; HSS XIII 108; 48 x 48+ x 18; nicht auffindbar, Textzustand nach EP.

Vs.	1	*a-na* ^{m}*Ḫu-ti-ip-til-la*
	2	*qí-bí-ma um-ma*
	3	^{m}*Ta-ti-ip-til-la-ma*
	4	*a-nu-um-ma*
	5	^{m}*Er-wi-in-ni-ir-še*
	6	*ù* LÚ *ka-aš-šu-ú*
	7	*ša* ^{m}*Šu-ši-ib-*^{d}UTU

8 1 LÚ *at-ta le-qè*
9 *ù a-na ši-mi i-din*$^{!?}$(EP: *ši*)*-mi*
10 *ù* 3 ANŠE.MEŠ *ki-i-tu*$_4$
11 *le-qè-mi*
Rs. 12 *ù ša-nu* LÚ
13 *a-na* ^{m}*Ki-il-*
14 :*ta-mu-li*
15 *i-din-mi ù*
16 3 ANŠE.MEŠ *le-qè-šu-nu-ti*
17 *ù i+na* ITI-*ḫi Še-eḫ-li*
18 *ú-bi-il-mi*

1-3 Dem Ḫutip-tilla sage: So (spricht) Tatip-tilla:
4-9 „Nun, den Erwin-nirše oder den Kassiten des Šūšib-Šamaš, Nimm einen Mann, und verkaufe ihn,
10-11 und nimm (dafür) 3 ANŠE Leinen.
12-18 Und gib den anderen Mann dem Kiltamuli, und nimm (dafür) 3 Esel und bring (sie mir) im Monat Šeḫli (Oktober/Nov.)!“

Ed.: Morrison, Šilwa-Tešup, 106.

1: Ḫutip-tilla, der Adressat dieses wie auch des folgenden Briefes, ist identisch mit dem gleichnamigen Sohn des Iddinaššu-ilu, der in AdŠ 65: 17 als Verwalter des Tatip-tilla S. Šilwa-teššup erscheint. Damit ist auch der Absender dieses und des folgenden Briefes als Sohn des Šilwa-teššup identifiziert, der in der Spätzeit des Archivs einen eigenen Haushalt führt. Ḫutip-tilla wird von Fadhil, Topographie, 345, als „Direktor der landwirtschaftlichen Betriebe des Šilwi-tešup in Zujawe“ bezeichnet. Ḫutip-tilla war unzweifelhaft ein Verwalter des Šilwa-teššup, allerdings wird er nicht expressis verbis mit Zujawe in Verbindung gebracht, wie dies für Enna-mati, den Sohn des Zuja, in AdŠ 176: 12-15 (cf noch AdŠ 254: 31f.) gilt. Vielleicht war Ḫutip-tilla der Nachfolger von Enna-mati als Verwalter von Zujawe.

3: Der älteste Sohn des Šilwa-teššup, Tatip-tilla, ist insbesondere in Rationenlisten gut bezeugt, ebenso seine Ehefrau Ittirianti. Auch für seine Amme (105: 20-22) und seine Pferde (115: 6-9; 119: 4-6) werden Gerstenrationen verbucht.

5: Erwin-nirše ist gewiss nicht der Sklave aus dem Haushalt von Šelwuḫu bzw. Zizza, der – meist zusammen mit Wirraku, Erwe-ḫuta und Erwe-talma – schon in den ältesten Listen erscheint und daher zur Zeit des vorliegenden Briefes bereits ein alter Mann war; s. AdŠ Heft 3, 26f. Wahrscheinlich handelt es sich um den gleichnamigen Jungen, der in der späten Liste AdŠ 67: 3 genannt ist und wohl zum Haushalt des Tatip-tilla in Ṣilliawe (zu diesem s. AdŠ Nr. 65) gehörte.

6-7: Šūšib-Šamaš ist nach AdŠ 174: 38-40 Verwalter von Šelwuḫuwe. Der Sklave, der hier nicht mit seinem Personennamen, sondern mit der Nisbe Kaššû („Kassit“) bezeichnet wird, kann nicht weiter identifiziert werden.

10: *kītu* „Leinen“ s. auch 1 TÚG *ša ki-i-te* AdŠ 688: 5; sonst GADA, s. CAD K 474. Zu Leinen im Alten Orient s. Waetzoldt, Leinen (in Nuzi: p. 589).

13f.: Kiltamuli ist Verwalter in Paḫḫarrašwe, s. dazu auch AdŠ 146: 1, 4, 26; 152 passim und sonst.

Nr. 598

Tatip-tilla an den Verwalter Ḫutip-tilla mit dem Auftrag, Gerste, soweit vorhanden, den Landarbeitern als Rationen zu geben, etwaige überschüssige Gerste jedoch nicht ihnen, sondern dem Verwalter Pai-teššup zu geben.

SMN 856; HSS XVI 439; A 14; 50 x 56 x 23; Textzustand 1986.

Vs. 1 *a-na* ^{m}*Ḫu-ti-ip-til-la*
2 *qí-bí-ma*
3 *um-ma* ^{m}*Ta-ti-ip-til-la*<*-ma*>
4 *šum-ma* ŠE.MEŠ-*sú-nu* ŠE.BA-*šu-nu šu-ú*
5 *ša* LÚ.MEŠ *in-ka*$_{4}$*-ra-ti ù at-ta* <*lu-ú*> *ti-de*$_{4}$*-e ù i-din-šu-nu*
6 *ù šum-ma* ŠE.MEŠ *wa-at-ru la ta-na-an-dì-na-a*
7 ŠE.MEŠ-*tu*$_{4}$ *ša* ^{m}*Pa-i-te-šup i-din-šu*
(Rest unbeschrieben)

1-3 Dem Ḫutip-tilla sage: So (spricht) Tatip-tilla:
4-5 „Wenn >ihre< Gerste (vorhanden ist), ist sie die Gerstenration der Landarbeiter, und du <sollst> es wissen, und gib sie (ihnen)!
6-7 Und wenn Gerste überschüssig ist, gebt (sie ihnen) nicht, gib die Gerste dem(!) Pai-teššup!"

Ed.: Morrison, Šilwa-Ttešup, 302.

1, 3: Zu Ḫutip-tilla und Tatip-tilla s. AdŠ 597 zu l. 1.
6: *lā tanandinā*: Prohibitiv 2. Pl.
7: Bei wörtlichem Verständnis sagt der Text, die Gerstenrationen seien von der „Gerste des Pai-teššup" zu bestreiten. Wahrscheinlich ist aber, dass in Alternative zu dem Verbot von l. 6 eine Anweisung für die Verwendung der überschüssigen Gerste erfolgt, dass also statt *ša* ein *ana* intendiert ist. – Zu Pai-teššup s. AdŠ 568, Anm. zu l. 6 (oben p. 93).

URKUNDEN DER FRAUEN UND SKLAVINNEN DES ŠILWA-TEŠŠUP

Nr. 599

Erklärung (*umma*) des Kleinviehhirten Aštar-tilla, Sohnes des Turari; er erkennt einen Fehlbestand (*muṭṭû*) bei dem Kleinvieh der Šašure, der Hauptfrau des Šilwa-teššup, an und verspricht Ersatz.

SMN 1054; HSS IX 26; keine Raumangabe; 62 x 68 x 28; koll.; Textzustand 1996.

Vs. 1 *um-ma* ^{m}*Aš-tar-til-la-ma*
2 DUMU [*D*]*u-ra-ri*
3 LÚ.⸢SIPA⸣ 1 *en-zu* MUNUS ⸢*ù ša*⸣
4 *il-ti-*[*i*]*l-tu*$_4$ *ga-az-zu*
5 1 *ka*$_4$*-*⸢*lu*⸣*-mu* NITA *ḫu-ra-pu*
6 *mu-uṭ-ṭù-šu ša*
7 ^{f}*Ša-šu-re*
8 *aš-ša-at ša* ^{m}*Ši-il-*WA*-te-šup*
9 *i+na* UG[U]-⸢*ia*⸣ *aš-bu*
10 *i+na* MU ⸢*a*⸣*-ni*
11 *a-na* ^{f}⸢*Ša-šu*⸣*-re*
12 *a-na-an-*⸢*din*⸣
Rs. 13 NA$_4$ $^{md!}$UTU-PAP DUB.SAR
(Siegel Nr. 53)
14 DUMU *A-ki-*[*i*]*a*
15 NA$_4$ ^{m}⸢*Eḫ*⸣*-li-pa-pu*
(Siegel Nr. 451)
16 DUMU *Ur-ḫi-*⸢*te-šup*⸣
17 NA$_4$ ^{m}*A*[*š-ta*]*r-til-la*
(Siegel Nr. 452)

1-3 Folgendermaßen (sagte) der Kleinviehhirte Aštar-tilla, der Sohn des Turari:
3-9 „Eine Ziege, welche einmal geschoren ist, (und) ein männliches Frühjahrslamm - Fehlbetrag der Šašure, der Gemahlin des Šilwa-teššup -, schulde ich.
10-12 In diesem Jahr werde ich (sie) der Šašure geben."
13-14 Siegel des Schreibers Šamaš-nāṣir, Sohnes des Akia.
15-16 Siegel des Eḫlip-apu, Sohnes des Urḫi-teššup.
17 Siegel des Aštar-tilla.

Ed.: Morrison, Šilwa-Tešup, „37"-"38" (= 43c-d).

1, 17: Aštar-tilla S. Turari ist Zeuge in dem *tuppi makannūti* der Uzna *aššat* Enna-mati (zu dieser s. Maidman, Nuzi Family, 250-252) HSS 19, 149: 41, 51 und in dem *tuppi titennūti* AdŠ 644a: 29, 34 (unten, p. 262f.). Ein Hirte desselben Namens und Vatersnamens erscheint in einer Tafel aus Raum D 6 des Palastes, HSS 16, 324: 24.

13f.: Es liegen zahlreiche von Šamaš-nāṣir S. Akia geschriebene Tafeln vor, jedoch keine weiteren aus dem Archiv des Šilwa-teššup. Es ist daher wohl kein Zufall, dass Šamaš-nāṣir mit dem Siegel des Pai-teššup (Siegel Nr. 53, s. Stein, AdŠ 9, p. 133, C, 3) gesiegelt hat.

15f.: Zu Eḫlip-apu S. Urḫi-teššup s. AdŠ 558, Anm. zu ll. 23f. (oben, p. 78).

Nr. 600

Darlehensurkunde; Šukria, Sohn des Wunnukia, leiht von Šašure, der Hauptfrau des Šilwa-teššup, in der *dimtu* Terriwe 2 ANŠE Gerste auf Zins und verspricht die Rückgabe nach der Ernte in Nuzi.

SMN 879; EN 9/1 317; A 33; 44 x 47 x 20; koll.; Textzustand 1987.

Vs.	1	2 ANŠE ŠE *ša*
	2	^{f}*Ša-šu-re i+na*
	3	AN.ZA.GÀR *Te-er-ri-*⸢*we*⸣[186]
	4	^{m}*Šúk-ri-ia*
	5	DUMU *Wu-un-nu-ki-ia*
	6	*a+na* UR5.RA TI ⸢*i+na*⸣
	7	EGIR BURU14 *it-ti*
	8	MÁŠ-*ti-šu i+na*
	9	URU *Nu-ú-zi* (*a-we* rad.)[187]
	10	*ú-ta-ar*
Rs.	11	IGI *A-kip-du-ru*
	12	DUMU *Ar-ši-mi-qa*
	13	IGI *Wu-un-zu-ra*
	14	DUMU *Bi-ir-za-ta*
	15	[IGI] *Šad-du-ni*
	16	D[UMU] *Ši-mi-qa-tal*
	17	[ŠU] ⸢*A*⸣-*qa-a+a* DUB.SAR
		(Siegel Nr. 453)
	18	[N]A4 ^{m}*A-kip-du-ru*
o.Rd.		(Siegel Nr. 454)
	19	NA4 ^{m}*Wu-un-z*[*u-ra*]
u.Rd.		[(Siegel)]
	20	NA4 ^{m}*Šúk-ri-ia*
l.Rd.		(Siegel Nr. 455)
	21	NA4 ^{m}*Šad-du-ni*

1-6 2 ANŠE Gerste der Šašure aus der *dimtu* Terriwe hat Šukria, der Sohn des Wunnukia, auf Borg genommen.
6-10 Nach der Ernte wird er (sie) mit dem zugehörigen Zins in Nuzi zurückgeben.
11-12 Zeuge: Akip-turu S. Ar-šimika,
13-14 Zeuge: Wunzura S. Pirzata,
15-16 [Zeuge:] Šaddûni, [Sohn] des Šimika-atal.

186 In EP noch vollständig erhalten.
187 So nach Autopsie.

17 Hand des Schreibers Akaja.
18 [Sie]gel des Akip-turu,
19 Siegel des Wunz[ura],
20 Siegel des Šukria,
21 Siegel des Šaddûni.

3: Die *dimtu Terriwe* ist anderweitig nicht bezeugt.
4f., 20: Zu Šukria S. Wunnukia s. AdŠ 586 Anm. zu l. 22.
11f.: Akip-turu S. Ar-šimika ist anderweitig nicht bezeugt.
13f.: Wunzura S. Pirzata ist anderweitig nicht bezeugt. Der Name Wunzura erscheint in HSS XVI 362: 4 als Frauenname. Der Name Pirzata ist anderweitig nicht bezeugt, die sprachliche Herkunft beider Namen ist unbekannt.
15f., 21: Šaddûni S. Šimika-atal ist anderweitig nicht bezeugt.
17: Der Schreiber Akaja ist ebenfalls sonst nicht bezeugt.

Nr. 601

Erklärung (*umma*) des Pae, Sohnes des Irrike; er verkauft der Šašure, der Hauptfrau des Šilwa-teššup, eine Sklavin und quittiert den Empfang des Kaufpreises.

SMN 1028; IM 50773; HSS IX 25; keine Raumangabe; 62 x 94 x 27; koll.; Textzustand 1983.
Nach einem Zettel mit der Aufschrift "no 1028, this tablet had an envelope" hatte die Tafel eine Hülle.

Vs. 1 *um-ma* ^{m}*Pa-e-ma* DUMU *Ir-ri-g*[*e*][188]
2 ^{f}*Ku-uk-ku-ú-ra-aš-še* GÉME-*ia*
3 *a-na ši-mi ki-ma* 20 GÍN(„SU“) KÙ.BABBAR.MEŠ *ḫa-*[*š*]*a-ḫu-še-en-ni*
4 *a-na* ^{f}*Ša-šu-re* DAM-*at*[189] *ša*
5 ^{m}*Ši-il-*WA*-te-šup it-ta-din*^{im}*-mi*
6 *ù* ^{f}*Ša-šu-re*
7 1 TÚG *1-*en-nu**(über Rasur)*-tu*$_4$ *na-aḫ-la-ap-tu*$_4$ *ù*
8 1 TÚG *eš-šu dám-qú na-ás-qú* (x x x rad.)
9 *ki-ma* 12 GÍN(„SU“) KÙ.BABBAR
10 4 MA.NA 30 GÍN(„SU“) ZABAR 14 MA.NA AN.NA.MEŠ
11 2 SÌLA Ì *ša* SAḪ *ki-ma* 8 GÍN(„SU“) KÙ.BABBAR
12 ŠU.NÍGIN 20 GÍN(„SU“) KÙ.BABBAR.MEŠ *an-*⸢*nu*⸣*-ú ḫa-ša-ḫu-še-en-ni*
13 ^{f}*Ša-šu-re a-na* ^{m}*Pa-e i-din*^{in}
14 *šum-ma* ^{f}*Ku-uk-ku-ú-ra-aš-še*
15 GÉME-*tu*$_4$ *pì-ir-qa ir-*⸢*ta*⸣*-ši*

188 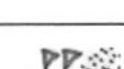
189 

	16	^{m}*Pa-e ú-za-aq-*⸢*qa*⸣*-m*[*a*]
	17	*a-na* ^{f}*Ša-šu-re i+na-an-d*[*in*]
u.Rd.	18	*ma-an-nu* KI.BAL-*tu*$_4$
	19	2 MUNUS-*tu*$_4$ SA$_5$-*l*[*a*]
	20	*tup-pu i+na* KÁ.GAL
Rs.	21	*Ti-iš-šá-e i+na* URU [*Nu-zi*]
	22	*ša*$_{10}$*-ṭì-ir* EME-*šu ša*
	23	^{m}*Pa-e a-na pa-ni* LÚ.MEŠ.IGI.MEŠ
	24	*an-nu-ti iq-ta-bi* 20 GÍN(„SU") KÙ.BABBAR [*e*]*l-te-*[*q*]*è ap-la-ku-mi*
	25	IGI *Ḫu-bi-ta* DUMU *Zi-ku-ra*
	26	IGI **Ut-ḫáp-ta-e**(über Rasur) DUMU *Ar-du-ra*
	27	IGI *Tam-pu-ia* DUM[U *Š*]*e-ḫal-te-šup*
	28	IGI *A-qa-a+a* DUMU *El-li*
	29	IGI *Ḫé-er-ši* DUMU *Na-ni-i*[*a*]
	30	IGI ^{d}UTU-*re-ṣú-ia* DUMU *Du-ra-ar-te-šup* DUB.SAR
		(Siegel Nr. 456)
	31	NA$_4$ ^{m}*Ut-ḫáp-ta-e*
		(Siegel Nr. 457)
	32	NA$_4$ ^{m}*Ḫé-er-ši*
		(Siegel Nr. 458)
o.Rd.	33	NA$_4$ ^{m}*Tam-pu-ia*
		(Siegel Nr. 459)
	34	NA$_4$ ^{m}*A-qa-a+a*
l.Rd.	35	⸢NA$_4$⸣ ^{m}(über Rasur)*Pa-e* ⸢NA$_4$⸣ ^{m}*Ḫu-bi-*⸢*ta*⸣
		(Siegel Nr. 460) (Siegel Nr. 461) (Siegel Nr. 462)
	36	NA$_4$ ^{md}UTU-*re-ṣú-*⸢*ia* DUB.SAR⸣

1 Folgendermaßen (sagte) Pae, der Sohn des Irrike:

2-5 „Meine Sklavin Kukk-urašše habe ich für 20 Sekel *ḫašaḫušenni*-Silber der Šašure, der Gemahlin des Šilwa-teššup, verkauft."

6-13 Und Šašure hat ein Gewand, einen Mantel und ein neues, gutes, auserlesenes Gewand für 12 Sekel Silber (und) 4 Minen 30 Sekel Bronze, 14 Minen Zinn (und) 2 Liter Schweinefett für 8 Sekel Silber –, diese insgesamt 20 Sekel *ḫaša-ḫušenni*-Silber hat Šašure dem Pae gegeben.

14-17 Falls die Sklavin Kukk-urašše vindiziert werden sollte, wird Pae (sie von Ansprüchen) freimachen und (sie) dann der Šašure geben.

18-19 Wer (den Vertrag) bricht, muss zwei Frauen zahlen.

20-22 (Diese) Tafel ist im Tiššae-Tor in Nuzi geschrieben.

22-24 Erklärung des Pae; vor den folgenden Zeugen hat er gesagt:

24 "20 Sekel Silber habe ich (entgegen)genommen, und ich bin zufriedengestellt."

25 Zeuge: Ḫupita, Sohn des Zikura,

26 Zeuge: Utḫap-tae, Sohn des Ar-tura,

27 Zeuge: Tampuja, Sohn des Šeḫal-teššup,

28 Zeuge: Akaja, Sohn des Elli,
29 Zeuge: Ḫerši, Sohn des Nania,
30 Zeuge: Šamaš-rēṣūja, Sohn des Turar-teššup.
31 Siegel des Utḫap-tae,
32 Siegel des Ḫerši,
33 Siegel des Tampuja,
34 Siegel des Akaja,
35 Siegel des Pae, Siegel des Ḫupita,
36 Siegel des Šamaš-rēṣūja, Schreiber.

Ed.: Morrison, Šilwa-Tešup, „35"-„36" (= 43a-b); Saarisalo, Slaves, 25-26.

1, 13, 16, 23, 35: Pae S. Irrike ist anderweitig nicht bezeugt. Die Anlautschreibung des Vatersnamen folgt dem von Lacheman in PNKA, E 6, verzeichneten Namen *i-ir-ri-ke*.
2, 14: Die Sklavin Kukku-urašše ist anderweitig nicht bezeugt. Dies gilt auch für ihren Namen. Das erste Segment des Namens erscheint oft, aber nicht ausschließlich in Frauennamen: Kuki, Kukija, Kukina, Kuklu, Kukku, Kukkuja, Kukkuka, Kukkun, Kukkupi s. NPN p. 90, AAN p. 85; Richter,VhN, 170f.
3, 12: Zu *ḫašaḫušenni* liegt eine reiche und kontroverse Forschungsliteratur vor; s. u.a. Al-Rawi, Thesis University of Wales, 1977, 423-425. Zu einer fast vollständigen Zusammenstellung der einschlägigen Belege s. Müller, UF 27, 371-380. Auf zwei weitere Belege (HSS XIX 124: 13; 125: 9) verweist B. Lion in Lion & Stein, Temple Precinct, 57, Nr. 12; 61, Nr. 13.
Müller, l.c., 380, spricht sich für die Deutung „in beliebiger Form bezahlbar" aus. Hiergegen müssen jedoch Bedenken erhoben werden. Müller, l.c., 373, weist darauf hin, dass in mehreren Fällen KÙ.BABBAR(MEŠ) *ḫašaḫušenni* als SIG_5, *damqu* „gut", qualifiziert wird: (3) BM 103.808: 5, (5): RA 23, 128, Nr. 54, 11f; (13) HSS XIX 127: 6. Eine solche Qualifikation erscheint jedoch wenig sinnvoll, wenn die Art der Zahlungsmittel noch gar nicht festgelegt ist.
HSS 19, 124 handelt vom Verkauf einer Sklavin. Der Käufer zahlt einen „guten dreijährigen Esel, 10 Schafe, 1 gutes vierjähriges Rind und 10 Sekel KÙ.BABBAR *ḫašaḫušenni*, insgesamt 40 Sekel KÙ.BABBAR *ḫašaḫušenni*" (11-14). Hier ist der Kaufpreis in Höhe von 40 Sekeln Silber bereits in spezifizierter Form (Esel, Rind, Schafe, Silber) übergeben worden, so dass die Bestimmung „in beliebiger Form bezahlbar" hier nicht sinnvoll ist. Ähnlich ist IM 70.978 (16) zu bewerten; hier handelt es sich um einen Brautpreis im Gesamtwert von 30 Sekeln Silber, der in Form von einem Rind, einem Esel und 10 Sekeln *ḫašaḫušenni*-Silber übergeben werden soll.
Auch BM 17.607 handelt von dem Verkauf einer Sklavin, in diesem Falle zum Preis von 30 Sekeln Silber; der Käufer hat eine Kuh im Wert von 12 Sekeln Silber und 2 Ziegen im Wert von 3 Sekeln Silber bezahlt und verpflichtet sich, die ausstehende Zahlung von 15 Sekeln Silber in Form von Schafen, Wolle(?), Zinn und/oder *ḫašaḫušenni*-Silber zu begleichen. Da hier bereits verschiedene Güter als mögliche Zahlungsmittel genannt sind, ist auch hier die Bestimmung von *ḫašaḫušenni*-Silber als „in beliebiger Form bezahlbar" unpassend. Die Addition 12 Sekel Silber + 8 Sekel Silber = 20 Sekel *ḫašaḫušenni*-Silber legt nahe, dass der Bewertung von Gütern aller Art (Textilien, Metalle) in Silber auch dann *ḫašaḫušenni*-Silber zugrundeliegt, wenn dies nicht ausdrücklich vermerkt wird. Der Schluss, dass *ḫašaḫušenni* „sich ... nur auf eine Eigenschaft der Silbersubstitute bzw. des Geldes im abstrakten Sinne beziehen" könne (so Müller, p. 378), ist in dieser Ausschließlichkeit nicht berechtigt. Zwar wird *ḫašaḫušenni*-Silber zum Ausdruck von Wertäquivalenzen genutzt, doch setzt dies voraus, dass dabei ein reales Silber von einer eindeutigen Qualität zugrundegelegt wird. Ein solches Silber kann sowohl als Metall gehandelt, als auch als Rechnungsgröße eingesetzt werden. Leider ist das Wort *ḫašaḫušenni* noch nicht übersetzbar. Die zuerst von Cassin, L'adoption, 304, vertretene Ableitung von akk. *ḫašāḫu* „brau-

chen, begehren“ ist sachlich und formal unbefriedigend. Eine hurritische Ableitung ist formal akzeptabel (*ḫaž=aġ-), allerdings sind die Wurzeln *ḫaž-* „hören“ und *ḫāž-* „salben“ mit der Wurzelerweiterung *-aġ-* bisher nicht beobachtet. Hinsichtlich der Bedeutung ist daher die von Koschaker, Fratriarchat, 32, gebotene Definition immer noch die beste: „*ḫašaḫušenni* kann daher ... wohl nur eine Qualität des Silbers bezeichnen. Vielleicht ist es das subaräische Wort für *ṣarpu* „geläutertes“ (Silber)“.

20f.: Zu dem Tiššae-Tor s. AdŠ 551, Anm. zu ll. 40f. (oben, p. 59).

25, 35: Ḫupita S. Zikura ist anderweitig nicht bezeugt.

26, 31: Zu Utḫap-tae S. Ar-tura s. Morrison, Eastern Archives, 56-59; Justel, D., NABU 2010/4.

27, 33: Tampuja S. Šeḫal-teššup ist anderweitig nicht bezeugt.

28, 34: Zu Akaja S. Elli s. HSS V 53: 1, 4, 5, 10, 17.

29, 32: Zu Ḫerši S. Nania s. HSS XVI 457: 6, eine Liste über 11 Männer unter der Aufsicht ihres GAL 11 Tupki-šenni; sie stammt aus dem Raum S 112 eines Hauses in dem Wohngebiet nordöstlich des Palastes (s. Starr, Nuzi I, p. 315). EN 9/2 10 aus dem Raum S 132 des angrenzenden Hauses enthält eine Erklärung des Ḫerši und seines Bruders Urḫi-tilla, derzufolge sie ihr Erbteil an dem Haus ihres Vaters Kuššia dem Utḫap-tae S. Ar-tura (s. oben zu l. 26) verkaufen. In EN 9/2 152: 39 erscheint Ḫerši als Zeuge eines *titennūtu*-Vertrages, in dem wiederum Utḫap-tae S. Ar-tura Partei ist; s. Eichler, Indenture, 128f.

30, 36: Der Schreiber Šamaš-rēṣūja S. Turar-teššup ist anderweitig nicht bezeugt.

Nr. 602

tuppi mārūti; Akap-urḫe, ein Sklave des Šilwa-teššup, adoptiert Našmun-naja, Nebenfrau des Šilwa-teššup, und übergibt ihr *titennu*-Felder und seinen gesamten Mobilienbesitz. Akap-urḫes Sohn(?) Šušia wird gegenüber der Našmun-naja für die Dauer von deren Lebenszeit zum Dienst verpflichtet und erhält ein Erbrecht auf die genannten Immobilien und Mobilien.

SMN 1366; HSS V 66; "A 34" (wohl aus A 26); 63 x 81 x 25; koll.; Textzustand 1986.

Vs.	1	*tup-pí* DUMU-*ti*
	2	*ša* ^{m}*A-kap-ur-ḫe*
	3	ÌR ^{m}*Š*[*i*]*-il-*WA*-te-šup*
	4	*ù* ^{f}*Na-aš-mu-un-na-a+a*
	5	⸢DAM⸣ ^{m}*Ši-il-*WA*-te-šup*
	6	*a-na* DUMU-*ti* DÙ-*uš*
	7	*um-ma* ^{m}*A-kap-ur-ḫe-ma*
	8	*mi-n*[*u*]*-um-me-e* A.ŠÀ.MEŠ ⸢*ti*⸣*-te-en-ni*
	9	*ka*$_4$*-l*[*u*]*m-ma-ni-ia* 1 NÍG-⸢*ia*⸣
	10	*pu-*⸢*uḫ*⸣*-ri-ia*
	11	*a-na* ^{f}*Na-aš-mu-un-na-a+*⸢*a*⸣ [S]UM
	12	*šum-ma* ^{m}[*Š*]*u-ši-ia*
	13	^{f}*Na-a*[*š*]*-mu-un-na-a+a*
	14	*i-pal-*[*l*]*àḫ-šu*

15 mi-nu-u[m-m]é-e ša K[A[190] tup-pí]
16 ^{f}Na-aš-m[u]-u[n]-n[a-a+a]
17 a-na ^{m}Šu-ši-i[a SUM]
18 šum-ma ^{m}Šu-ši-ia
u.Rd. 19 ^{f}Na-[a]š-mu-un-n[a-a+a]
20 la i-⸢pal⸣-làḫ-[šu]
21 mi-nu-um-me-⸢e⸣ [
Rs. 22 ša KA tu[p-pí$^{?}$ a[n$^{?}$-ni$^{?}$-i$^{?}$]
23 ù ^{f}Na-⸢aš⸣-[mu]-un-n[a-a+a]
24 a-šar ḫa-de$_{4}$-e ⸢i+na⸣-[an-din]

---

25 um-ma ^{m}A-kap-⸢ur⸣-[ḫ]e-m[a]
26 1 GUD 5 UDU.MEŠ 2 TAL ⸢Ì⸣
27 1 sí-a-na-tu$_{4}$ 1 nam-s[í-tu$_{4}$ Z]ABAR
28 1-nu-ti GIŠ.NÁ an-nu-tu$_{4}$
29 ša nu-wa-aš-ši-we ša ^{f}Ú-me-ia
30 ù i+na-an-na a+na ^{f}Ú-me-ia
31 SUM

---

32 IGI ^{m}Er-WA-a-tal LÚ in-qa-rù
33 IGI ^{m}Ḫa-tar-te DUMU Še-na-a+a
34 IGI ^{m}A-kap-še-ni DUMU Ar-ta-še-n[i]
35 IGI ^{m}⸢Ḫa⸣-na-⸢a⸣+a ⸢DUMU⸣ Qa-ti-ri
36 IG[I] ^{m}Ši-pu[r]-⸢šá⸣ DUMU Tar-mi-til-la
(Siegel Nr. 463)
o. Rd. 37 NA$_{4}$ ^{m}Er-WA-a-tal
(Siegel Nr. 464) (Siegel Nr. 465)
38 NA$_{4}$ ^{m}Ḫa-na-a+a NA$_{4}$ ^{m}Ši-pur-šá
l. Rd. 39 NA$_{4}$ ^{m}A-kap-še-ni NA$_{4}$ ^{m}A-kap-ur-ḫe
(Siegel Nr. 466) (Siegel Nr. 467) (Siegel Nr. 465)
40 NA$_{4}$ ^{m}Ar-[p]u-ru-šá DUB.SAR

1-6 Adoptionsurkunde des Akap-urḫe, des Sklaven des Šilwa-teššup; Našmun-naja, die Ehefrau des Šilwa-teššup, hat er adoptiert.

7-11 Folgendermaßen (sagte) Akap-urḫe: „Sämtliche Felder, (die als) Nutzungspfand (dienen), meine bewegliche Habe – jedes Stück, das mir gehört, meine ganze Habe habe ich der Našmun-naja gegeben."

12-17 Wenn Šušia der Našmun-naja respektvoll dient, wird Našmun-naja alles nach dem Wort[laut der Tafel] dem Šušia [geben].

18-24 Wenn Šušia der Našmun-naja nicht respektvoll dient, darf Našmun-naja alles, was diese Urkunde (aufführt), nach Belieben weggeben.

---

190 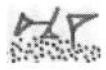

25-31 Folgendermaßen (sagte) Akap-urḫe: „Ein Rind, fünf Schafe, 2 TAL Öl, eine Filzdecke, ein Waschbecken aus Bronze, ein Bett, diese (Objekte) von dem Eigentum der Umeja, habe ich nunmehr der Umeja gegeben."
32 Zeuge: Erwe-atal, Gutsverwalter,
33 Zeuge: Ḫatarte, Sohn des Šenaja,
34 Zeuge: Akap-šeni, Sohn des Arta-šenni,
35 Zeuge: Ḫanaja, Sohn des Katiri,
36 Zeuge: Šipurša, Sohn des Tarmi-tilla.
37 Siegel des Erwe-atal,
38 Siegel des Ḫanaja, Siegel des Šipurša,
39 Siegel Akap-šenni, Siegel des Akap-urḫe,
40 Siegel des Schreibers Arpuruša.

Ed.: Speiser, AASOR 10, 36-37; Cassin, L'adoption, 250-251; Fadhil, Topographie, 148f.; Kwong, Family Life, 146-148.

2, 7, 25, 39: Akap-urḫe ist ein Sklave des Šilwa-teššup und gehört zum Haushalt in Tašenniwe/Āl ilāni; er erhält dort Gerstenrationen (AdŠ 15: 29, 33: 145, 42: 42(?)) und empfängt Gerste für Pferde (116: 48). In AdŠ 236: 18 ist er (als ÌR „Sklave" bezeichnet) Mitglied einer Schuldnergemeinschaft von Verwaltern und Sklaven – wohl von gehobenem Status – und erhält 2 ANŠE Emmer als Darlehen. In AdŠ 400 (HSS XVI 241): 12-15 wird eine Übergabe von Kleinvieh an ihn notiert, in AdŠ 464 (HSS XV 195): 15-18 nimmt er wie auch mehrere Verwalter des Šilwa-teššup Schafwolle und Ziegenhaar in Empfang, in AdŠ 478 (EN 11/1, 56): 11-13 erhält er 2 MA.NA Wolle für einen Töpfer. In AdŠ 518 (XIII 195): 26-28 ist notiert, dass er 6 Pfeile auf Feinde abgeschossen hat.
4-5: Našmunnaja wird hier als *aššatu* (DAM) des Šilwa-teššup bezeichnet. In den Rationenlisten wird sie regelmäßig in einer Gruppe von Frauen genannt, die mehrfach als *esrē/ātu* (AdŠ Heft 3, Nr. 86: 6sq., 113: 14, 114: 2, 11, [19]) „Nebenfrauen" bezeichnet werden; s. AdŠ 3, p. 24sq.
8: *titennu* bezeichnet normalerweise eine als Pfand gestellte Person, hier und in AdŠ 641: 2 aber ein verpfändetes Feld; s. Zaccagnini, Pfand, 450.
9: Die Frage, ob das nur in Nuzi-Texten bezeugte Wort *kalumānu* von *kalû* „alles, Ganzes" oder von *kalūmu* „Lamm" abzuleiten ist, wird unterschiedlich beurteilt; s. z.B. AHw I, 429 (sub *kalūmu*), CAD K, 195 (sub *kalumānû*, cf. *kalu*), CAD P, 493, sub *puḫru* (zur vorliegenden Stelle; *qa-lum-ma-ni-ia* „livestock"), Paradise, JCS 32 (1980) 194 n. 20 ("livestock"); Lion, in: Lion & Stein, Temple Precinct, 329 (« tout »). Für letzteres spricht *ka-lu-ma-nu-šu-nu-ma ša* ZABAR AdŠ 516a (HSS 14, 264 = 616): 4.
10: AHw 877a und CAD P, 493: buchen diese Stelle unter *puḫru* C: „Gesamtheit" „v(on) Sachen" bzw. „property".
17, 18: Šušia ist wahrscheinlich der (älteste?) Sohn des Akap-urḫe; so auch Fadhil, Topographie, 149.
25-31: Mit seiner zweiten Erklärung übergibt Akap-urḫe Vieh und Haushaltsgüter, die er als „*nuwašši* der Frau Um(m)eja" bezeichnet, eben dieser Um(m)eja, bei der es sich wahrscheinlich um die Ehefrau des Akap-urḫe und Mutter des Šušia handelt. CAD N/2, 357, übersetzt *nuwašši* mit „property" und stellt den in Alalaḫ belegten Namen Nuwašši-Ištar dazu. Es handelt sich um ein hurr. Abstraktum auf *-ašše* von einer Wurzel *nuv-* unbekannter Bedeutung; cf. Richter, BGH 282f. mit Hinweis auf weitere mit *nuw-* anlautende hurr. Wörter unbekannter Bedeutung. Im vorliegenden Fall handelt es sich wahrscheinlich um die Mitgift, die Um(m)eja in die Ehe mit Akap-urḫe eingebracht hat und für die dieser den Nießbrauch wahrnahm. Wenn dies richtig ist, weist die Rückgabe der Mitgift an Um(m)eja auf eine Ehescheidung hin. Anders Fadhil, Topographie, 149, der annimmt, Um(m)eja sei zum Zeitpunkt der Adoption des Šušia bereits

verstorben. Diese Interpretation beruht allerdings auf einem schwerwiegenden Eingriff in den Text von l. 30 („Umeja“ sei zu „Našmunnaja“ zu emendieren, s. l.c. r. Spalte, l. 30).
32: Zu *ikkaru, inkaru* „Gutsverwalter“ s. AdŠ Heft 3, p. 238, Anm. zu 1-14. Der *ikkaru* Erwe-atal ist anderweitig nicht bezeugt.
33, 34, 39: Ḫatarte S. Šenaja und Akap-šeni S. Arta-šenni sind anderweitig nicht bezeugt.
35, 38: Ḫanaja S. Katiri erscheint in AdŠ Nr. 203: 2, 16, 20 und Nr. 206: 4 jeweils als Mitglied einer Schuldnergemeinschaft und Empfänger von Gerstendarlehen, die in Tašenniwe zurückzuzahlen sind. In der *titennūtu*-Urkunde EN 9/3, 231: 23, 28 wird er als Zeuge genannt.
36, 38: Šipurša S. Tarmi-tilla ist anderweitig nicht bezeugt.
40: Der Schreiber Ar-puruša hat auch EN 9/2, 34 (aus S 151) und EN 9/3, 231 (Fundort unbekannt) geschrieben.

Nr. 603

tuppi mārtūti; Keleja, Tochter des ...ip-tilla, übergibt der Ḫinzuraja, einer Sklavin des Šilwa-teššup, ihre Tochter Ḫašip-kiaše zur *martūtu* und *kallūtu*.

SMN 984; IM 50806; HSS IX 145; A 13; 74 x 106 x 32; koll.; Textzustand 1983.

Vs. 1 [*tup-pí ma-ar-tù-t*]*i*[191] [*ù kál-*l*]*u-t*[*i**[192]]
2 [*ša* ^{f}*G*]*e-*⸢*le*⸣*-e-a* DUMU.M[UNUS[193] x x]-*ip-til-l*[*a*]
3 [DUMU.MUN]US-[*s*]*ú* ^{f}*Ḫa-ši-ip-*[*ki-a-še*]
4 [*a-n*]*a ma-ar-tù-ti ù a-n*[*a*] *k*[*ál-la-tù-t*]*i*
5 [*a-n*]*a* ^{f}*Ḫi-in-zu-ra-a+a* GÉME *ša* ^{m}*Ši-il-*WA-*te-šup* SUM-*din*
6 [*ù*] ^{f}*Ḫi-in-zu-ra-a+a*
7 [^{f}*Ḫ*]*a-ši-ip-ki-a-še a-na aš-šu-ti*
8 [*a-ša*]*r ḫa-aš-ḫu i+na-an-*⸢*di*⸣-[*n*]*a-aš-ši*
9 [*ḫa-š*]*i-iḫ šu-ú a-na* [*aš-š*]*u-ti a-na* DUMU-*šú i+na-an-din*
10 [*ḫa-š*]*i-iḫ šu-ú a-n*[*a t*]*ur*$^{?}$[194]*-ta-ni-šú i+na-an-din*
11 [*ḫa-š*]*i-iḫ šu-ú ù* [*a-n*]*a aš-šu-ti i+na* ⸢*bá*⸣*-bi*
12 [*i+na*]*-an-din-na-ši-*[*ma*] ⸢*ù*⸣ 40 GÍN(„SU“) KÙ.BABBAR.[M]EŠ-*ša*
13 *i-leq-qè ù a-n*[*a* Ì]R-[*d*]*ì a-na aš-š*[*u-t*]*i*
14 *la i+na-an-din e-nu-ma* ^{f}*Ḫa-ši-ip-*⸢*ki*⸣*-a-še*
15 *it-ti* LÚ *mu-ti-šá it-ti-il-lu*
16 *ù i+na* *x x*[195] 10 ⸢ GÍN(„SU“) KÙ⸣.BABBAR.MEŠ *te-er-ḫa-ti-ša*
17 ^{f}⸢*Ḫi*⸣*-i*[*n-z*]*u-*[*ra*]-⸢*a+a a*⸣-[*n*]*a* ^{f}*Ge-l*[*e*]-⸢*e-a*⸣
18 *i+na-a*[*n-din u*]*m-*⸢*ma*⸣ ^{f}*Ge-*⸢*le-e-a*⸣-[*ma*]
19 ⸢*ù*⸣ 30 GÍN(„SU“) KÙ.BABBAR.MEŠ *ša* ^{f}*Ḫa-š*[*i-ip-ki-a*]*-še*

---

191 
192 *...*: 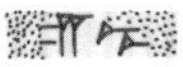
193 
194 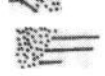
195 *...*:  ; EP: UD$^{?}$-*šú*.

u.Rd.	20	*i+na qa-an-ni-ša-ma*
	21	[*a*]*r-ta-ka*$_4$*-as* ⸢*ù*⸣
	22	*a-na* ^{f}*Ḫi-i*[*n-zu-ra-a+a*]
Rs.	23	[(x) *u*]*n-taš-ši-ir*[*-mi*]
	24	[*šum-m*]*a* ^{f}*Ḫa-ši-ip-k*[*i*]-⸢*a*⸣-[*še*]
	25	[*p*]*á-*⸢*qí-ra-na*⸣ [TU]K-*ši*
	26	^{f}*Ge-le-e-a* ⸢*ú-za*⸣*-a*[*k-ka*$_4$*-ma*]
	27	*a-na* ^{f}*Ḫi-in-zu-ra-a+a*
	28	*i+na-an-*⸢*din*⸣ *ma-an-nu ša*
	29	⸢*i*⸣*+na be-ri-šu-nu* KI.BAL-*t*[*u*$_4$]
	30	⸢1⸣ MA.NA KÙ.BABBAR 1 MA.NA KÙ.SI$_{22}$ SA$_5$-[*l*]*a*
		———
	31	[*tu*]*p-pu ina* EGIR *šu-du-ti i+na* KÁ.G[A]L
	32	*Ti-iš-šá-e šá-ṭì-ir*
	33	[I]GI *Te-ḫu-up-še-en-ni* DUMU *Ku-li-za*
	34	[IGI] *Ut-ḫáp-ta-e* DUMU DÙG.GA*-ar-ra-áp-ḫ*[*e*]
	35	[IGI *T*]*ar-mi-te-šup* DUMU *Šúk-ri-ia*
	36	[IGI *P*]*al-te-šup* DUMU *Šum-mi-ia*
	37	[IGI *Ḫ*]*a-ši-ip-til-la* DUMU *Ge-el-te-šup*
	38	[IGI *U*]*t-*[*ḫ*]*áp-ta-e* DUMU *Še-en-na-a+a*
	39	[ŠU *Ši-m*]*a*[196]*-an-ni* DUB.SAR DUMU ^{d}AG-DINGIR.RA
	40	[IGI *A-ri-i*]*q-qa*
	41	[IGI *Ḫu-ti-i*]*a* ⸢DUMU⸣ *Ku-uš-ši-ia*
	42	⸢NA$_4$⸣ ^{m}*A-**⸢*ri*⸣*-i*[*q**[197]]*-qa*
		(Rest der Rs. zerstört)
l.Rd.	43	[NA$_4$] *Pal-te-šup* N[A$_4$
		(Siegel Nr. 468)

1-2 [Urkunde der Tochter- und der Schwiegertoch]terschaft [der K]eleja, der Tocht[er des ...]ip-till[a].

3-5 Ihre [Tocht]er Ḫašip-[kiaše] hat sie [zu]r Tochter- und zur Sch[wiegertochterscha]ft der Ḫinzuraja, der Sklavin des Šilwa-teššup, gegeben.

6-8 Und Ḫinzuraja wird Ḫašip-kiaše zur Ehe, wohin es ihr gefällt, geben.

9-13 Gefällt es ihr, wird sie (sie) zur [Eh]e ihrem Sohn / einem Sohn von ihr geben; gefällt es ihr, wird sie (sie) ihrem *turtānu* geben; gefällt es ihr, wird sie sie zur Ehe nach draußen geben und ihre 40 Sekel Silber nehmen.

13-14 Aber einem Sklaven wird sie sie nicht zur Ehe geben.

14-18 Sobald Ḫašip-kiaše bei ihrem Gatten gelegen hat, wird Ḫinzuraja ... 10 Sekel Silber ihres Brautpreises der Keleja geben.

196 

197 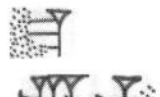

18-23 Folgendermaßen (sagte) Keleja: "30 Sekel Silber der Ḫaš[ip-kia]še habe ich in ihren Gewandsaum gebunden und der Ḫi[nzuraja] überlassen."
24-28 [Fall]s Ḫašip-kia[še] vindiziert werden sollte, wird Keleja (sie von Ansprüchen) frei ma[chen und] (sie) der Ḫinzuraja geben.
28-30 Wer von ihnen den Vertrag bricht, muss eine Mine Silber (und) eine Mine Gold zahlen.
31-32 Die Tafel ist nach der Kundmachung im Tiššae-Tor geschrieben.
33 Zeuge: Teḫup-šenni, Sohn des Kuliza,
34 Zeuge: Utḫap-tae, Sohn des Ṭāb-arrapḫe,
35 Zeuge: Tarmi-teššup, Sohn des Šukria,
36 Zeuge: Pal-teššup, Sohn des Šummia,
37 Zeuge: Ḫašip-tilla, Sohn des Kel-teššup,
38 Zeuge: Utḫap-tae, Sohn des Šennaja.
39 Hand des Schreibers Šimânni, Sohn des ^{d}AK.DINGIR.RA.
40 Zeuge: Arikka,
41 Zeuge: Ḫutia, Sohn des Kuššia.
42 Siegel des Arikka,
(Rest der Rs. zerstört)
43 Siegel des Pal-teššup, Sie[gel des]

Ed.: Gordon, AnOr 12, 177f.; Cassin, L'adoption, 312-314; Breneman, Marriage, 114-116; Morrison, Šilwa-Tešup, 91-92.

2-3: Keleja, Tochter des ...ip-tilla, und ihre Tochter Ḫašip-kiaše sind sonst nicht nachzuweisen.
5: Ḫinzuraja ist in der gesamten Laufzeit der Rationenlisten des AdŠ mit der Verpflegungsration für erwachsene Sklavinnen bezeugt (Monatsration 2 BÁN Gerste: AdŠ Nr. 3: 44, 8: 12, 14: 45, 16: 45, 17: 20; 18: 39; Jahresration 2 ANŠE 4 BÁN Gerste: AdŠ 32: 17, 38: 38; 42: 18; 44: 20). Nach der sehr alten Liste AdŠ 58: 28 gehörte sie zu den 32 „neuen" Sklaven und Sklavinnen, die Šilwa-tessup „gegeben" wurden. Zunächst wohnte sie an einem nicht genannten Ort, wurde dann aber bald dem Personal von Nuzi zugeordnet. Hierzu passt auch, dass die Urkunde im Tišša(e)-Tor von Nuzi durch den dort tätigen Schreiber Šimânni (s. unten zu l. 39) ausgefertigt wurde. Nach der späten Liste AdŠ 60: 37 gehörte Ḫinzuraja zu den 11 Frauen, die für die „Bewachung"(?) zuständig waren.
10: CAD T, p. 490, und Š/1, p. 392, bietet die Lesung *māri ša-ni-šu* und übersetzen „another son of his". Nach Kollation zeigt die Tafel ohne vorausgehendes Spatium TA, nicht ŠA. Für die Position des Possessivsuffixes hinter dem attributiven Numerale kenne ich keine Parallele; cf. DUMU-*šú ša-nu* JEN 293: 14f.; DUMU-*šu* [*š*]*a-ni-i* HSS XIX 4: 25; DUMU-*ia ša-nu* HSS V 48: 29; DUMU.MEŠ-*ia ša-nu-*⌜*ú*⌝ HSS XIX 17: 29; *ša* DAM-*šu ša-ni-i* Gadd 12: 20; DUMU.MUNUS-*sú ša-nu-ú* AASOR XVI 51: 19, *ša-nu-ú ši-bu-ti-ia* AASOR XVI 73: 16; *ana ša-ni-im-ma* ÌR-*šu* JEN 26: 11. Auch sachlich ist die Lesung nicht plausibel, da *ana* DUMU-*šu* in l. 9 sich nicht nur auf den ältesten (*rabû*) Sohn bezieht. Daher ist eher eine hurritische Personenbezeichnung unbekannter Bedeutung anzunehmen, die von derselben Wurzel *turd-* gebildet ist wie LÚ.*tu-ur-te-en-nu* HSS XIV 593: 38. – Bedenken gegen die Lesung könnte die Seltenheit der Verwendung des Zeichens TUR in der Lesung *tur* erwecken. AdŠ 254: 9 bietet jedoch mit dem Personennamen *Tur-ta*[(-...)] einen weiteren Beleg, bei dem es sich möglicherweise um dieselbe Personenbezeichnung – hier als Eigenname verwendet – handelt. So bereits in älterer Ed.: Gordon, AnOr 12, 178 (mit Druckfehler *-na-* statt *-ni-*; richtig in Gordon, RA 31, 58, n. 1).

19-21: Zu dem Rechtsritus *ina qanni rakāsu* s. Zaccagnini, HdO 72/1, 593; Démare-Lafont, Vêtements, 13-16; Fincke, SCCNH 19.

31: *tuppu ina arki šūdûti ... šaṭir*: Das in der Forschungsliteratur viel diskutierte Wort *šūdûtu* ist zuerst von Landsberger apud Koschaker, NKRA 78, als „reguläre Šafel-Abstrakt-Bildung von *idû* (ידע) 'wissen' in der Bedeutung 'das Wissenlassen'" erkannt worden. Koschaker übersetzte dies mit „Kundmachung" und interpretierte es als Publizitätsform. Die Forschungsliteratur zu *šūdûtu* bis 1970 ist in einem Exkurs in der leider ungedruckt gebliebenen Dissertation von M. Müller (43-88) verarbeitet. Eine Übersicht über die einschlägige Literatur bietet Eichler, Indenture, 32-34 und – noch vollständiger – Maidman, Nuzi Family, part 2, 335f., n. 205. Lacheman, *Šudutu*, stellte fest, dass die Urkunden mit dem Vermerk *ina arki šūdûti* erst in der 3. durch eigene Urkunden bezeugten Generation der Familie des Teḫip-tilla S. Puḫi-šenni einsetzen und dass die Urkunden mit dem Vermerk *ina arki šūdûti eššī* aus der Zeit der 4./5. Generation stammen. Mehr als hundert Privaturkunden verschiedener Gattungen (*titennūtu-*, *mārūtu-*, *kallūti u mārtūtu-*, *šupe”ultu-*, *aḫatūtu-*, *tamgurtu-* und weitere Verträge sowie eine Prozessurkunde [JEN 345]) enthalten den Vermerk *ina arki šūdûti*, JEN 116 und EN 9/1 4 weisen zusätzlich einen Hinweis auf einen königlichen Befehl auf: *kīmê qibīti ša šarri ša arḫi Kenūnāti ša Āl ilāni ina arḫi Mitirunni* „(Die Tafel ist) gemäß dem Befehl des Königs vom Monat Kenūnāti von Āl ilāni (Nov./Dez.) im Monat Mititunni (Jan./Febr.) (in Nuzi geschrieben)."

Gelegentlich wird der *šūdûti*-Vermerk mit einem Verweis auf den Palast erweitert: *ina arki šūdûti ša ekalli*: JEN 87: 25; 204: 26; 255: 40; HSS 19, 12: 22-24; 14: 26f.; 62: 33f.; 76: 17f.; EN 9/3 57: 22; 61: 25f.; Gadd, 36: 19f.; 43: 20f.; 46: 12f.; 48: 32; NTF-M 23A; IM 73244: 23f. (Al-Rawi, Studies, p. 471); IM 70972: 14 (Fadhil, Rechtsurkunden, Nr. 20, p. 93); YBC 5144: 14 (Lacheman & Owen, SCCNH 1, 406; Istanbul Nu. 2: 31f. (Donbaz & Kalaç, ZA 71, 207f.).

Den Vermerk *ina arki šūdûti eššī*, „nach neuer *šūdûtu*", weisen die folgenden Urkunden auf: JEN 102: 40; JEN 116: 11; HSS 5, 55: 28; HSS 19, 97: 32; 114: 27f.; EN 9/1 4: 35f.; 5: 35; 12: 22f; EN 9/2 10: 35 (nach Kollation 1990); Gadd 47: 33; YBC 5137: 22f. (Lacheman & Owen, SCCNH 1, p. 387 und p. 415).

AASOR 16, 51 enthält ein als *šūdûti*[198] bezeichnetes königliches Edikt bezüglich Personal des Palastes; Speiser, l.c., p. 52 übersetzt „proclamation", Koschaker, OLZ 44, 462 „Kundmachung", „Edikt", „im ursprünglichen Sinne des Wortes (*e-dicere*)." Die reguläre Bezeichnung königlicher Edikte ist jedoch *ṭēmu*, s. Löhnert, Royal Authority 338-342; die Bezeichnung eines solchen Edikts als *šūdûtu* ist eine Ausnahme, s. M. Müller, Erlässe, 337 mit Anm. 629.

Lacheman, Šudutu, 235, jedoch überträgt die Bedeutung „(königliches) Edikt" auf den sehr häufig in Privaturkunden erscheinenden *šūdûtu*-Vermerk; er sei „a form of date formula", sei „in a temporal sense" zu verstehen und bedeute „after (the time of) the proclamation of the law". Lacheman leitet dies aus den folgenden beiden Urkunden ab: EN 9/1 4, 35-39 (*tuppi arki šūdûti eššī kīmê qibīti ša šarri ša arḫi Kenūnāti ša Āl ilāni* [Nov./Dez.] *ina arḫi Mitirunni* [Jan.-Febr.] *ina Āl ilāni šaṭir*) und JEN 116: 11-15 (*tuppi arki šūdû<ti> eššī kīmê qibīti ša šarri ša arḫi Kenūnāti ša Āl ilāni ina arḫi Ḫutalše* [Febr./März] *ina* URU *Purullewe šaṭir*). Die jeweils erste Monatsnennung bezieht sich auf den Monat, in dem der Befehl des Königs ergangen ist, die jeweil zweite bezieht sich auf den Monat, in dem der Befehl umgesetzt wurde. Dem stehen aber über hundert Urkunden mit *šūdûtu*-Klausel entgegen, die kein Datum enthalten und auch nicht auf den König, ein „Gesetz" oder sonst eine Vorschrift Bezug nehmen. Bei den beiden genannten Tafeln mit Monatsangaben und Bezugnahme auf einen königlichen Befehl handelt es sich also um eine Sondersituation. Für die *šūdûtu*-Klausel der Privaturkunden stellt Zaccagnini,

---

198 Für die Korrektur des Druckfehlers s. Lacheman, Sumer 32, p. 113, 3. Zeile von unten, und 145, Nr. 9, l. 1.

Debt, 287, in Bezug auf „the nature, contents and scope of the *šūdûtu*" fest: „we know absolutely nothing about the object and the aims of these *šūdûtu.*"
Ausgehend von der Bedeutung von *e/idû* Š („veranlassen, dass jmd. weiß") ist es keineswegs zwingend, dass – in der Terminologie eines einfachen Kommunikationsmodells – der König/Palast „Sender" und der Begünstigte der Urkunde „Empfänger" ist. CAD I/J, p. 33f. bietet sub *šūdû* Belege für das umgekehrte Verhältnis (z.B. „I shall go and inform [*ušēda*] Šamaš"). Daher ist die Übersetzung „Information" (so und „to inform" mehrfach in CAD I/J, p. 33b) neutraler als „Kundmachung", da letzteres bereits implizit auf eine höhere Instanz als „Sender" verweist. In Umkehrung der traditionellen Zuordnung von „Sender" und „Empfänger" kann es die Partei sein, für die die Urkunde ausgefertigt werden soll, welche dem König/Palast etwas zur Kenntnis bringt; dabei kann es sich nur um das zu beurkundende Rechtsgeschäft handeln. Dies würde erklären, dass der Gegenstand der *šūdûtu* in den Verträgen nie genannt wird. Auch die Belege für *ina arki šūdûti ša ekalli* (s.o.) passen in der Übersetzung „nach der Information des Palastes" zu diesem Ansatz. Ob die zahlreichen Belege, bei denen der Bezug auf den Palast fehlt, die Information anderer Instanzen voraussetzen, bedarf weiterer Untersuchung. Es ist anzunehmen, dass die Kenntnisnahme durch den Palast oder eine andere Instanz zu einem Einspruch führen kann. Hierüber ist genaueres nicht bekannt, es wäre aber denkbar, dass ein Widerspruch des Palastes zu einer Nachbesserung des Vertrags führt. Möglicherweise ist hier eine Erklärung für die „neuen" (*eššu*) Verträge (s.o.) zu gewinnen.
JEN 102 enthält in ll. 1-14 die Erklärung (EME) des Taika vor Zeugen, in der er 7 *awiḫaru* Feld zur *titennūtu* auf 10 Jahre dem Tarmi-tilla S. Šurki-tilla gegeben und im Gegenzug von diesem eine siebenjährige Eselin entgegengenommen hat.
Im nächsten Abschnitt erfährt man aber, dass 3 von diesen 7 *awiḫaru* Feld bereits von einer dritten Partei, Utḫap-tae S. Itḫapiḫe, zur *titennūtu* gehalten wird. Anscheinend steht Taika bei Utḫapiḫe mit mehreren Verpflichtungen (von Tafeln ist die Rede) in der Schuld, und da er anscheinend zahlungsunfähig ist, übernimmt es Tarmi-tilla, für Taika die Zahlungen an Utḫap-tae zu leisten und so in den Besitz der 3 *awiḫaru* Feld einzutreten.
Es erscheint gut möglich, dass der Abschnitt ll. 1-14 (mit Perfekt-Formen: *attadin-mi* ... *elteqe-mi*) auf einen ersten Vertragstext zurückgeht, der aber dann erweitert werden musste, so dass ein neuer (*eššu*) Vertrag aufgesetzt wurde.
JEN 116 und EN 9/1 4 sind Urkunden, die *kimê qibīti ša šarri* „gemäß dem Befehl des Königs" geschrieben wurden, was auf die Zurückweisung des jeweils ersten Entwurfs hinweisen könnte.
32: Zum Tiššae-Tor s. zu 601: 20f.
33, 34, 35, 37: Diese vier Zeugen sind anderweitig nicht belegt.
36, 43: Pal-teššup S. Šummia, ist auch Zeuge in dem *tuppi mārūti* EN 9/1, 5: 41, 51 aus G 29, geschrieben im „großen Tor" von Nuzi, und in der Erklärung des Enna-mati S. Ḫapira EN 9/2, 322: 20 aus S 110.
39: Der Schreiber Šimânni, Sohn des ^{d}AK-DINGIR.RA, gehört zur 4. Generation der Schule des Apil-Sîn. Sein Name ist eine Kurzform von Šimânni-Ištar „Erhöre mich, Ištar!", s. AdŠ 608: 47, oder Šimânni-^{d}IŠKUR JEN 370: 48 (auch dieser ist ein Sohn des ^{d}AK-DINGIR.RA). Für einen weiteren Beleg im AdŠ s. Nr. 636: 20, für zahlreiche weitere Belege s. NPN, AAN und PNKA.

URKUNDEN DER VERWALTER UND SONSTIGEN BEDIENSTETEN DES ŠILWA-TEŠŠUP

Purn-apu

Nr. 604

tuppi mārūti; Urḫi-tilla, der Sohn des Aštar-tilla, adoptiert Purn-apu, vererbt letzterem ein 25 x 8,5 Ellen messendes Haus mit Brunnen in Āl ilāni und erhält von ihm 40 ANŠE Gerste.

SMN 161; HSS XIII 161; A 26; 74 x 127 x 33; koll.; Textzustand 1986.

Vs. 1 *[tup-pí m]a-ru-ti ša* ^{m}*Ur-ḫi-t[i]l-la*
2 [DUMU *Aš-t]ar-til-l[a]* ^{m}*Pur-na-a-pu*
3 [ÌR *š]a* ^{m}*Š[i-i]l*-WA-*te-eš-šup* DUMU LUGAL
4 *[a-na ma-r]u-[ti i-t]e-pu-*⸢*uš* É⸣.MEŠ *ep-še-t[ù]*[199]
5 *[i+na*[200] ŠÀ-*bi* URU] DINGIR.MEŠ *i+na il-ta-an* É.MEŠ
6 *[ša* ^{m}*]Š[i-i]l*-WA-*te-šup i+na su-ta-an* É.MEŠ
7 *[ša* ^{m}*]Ur-[ḫi-til-la]-ma i+na šu-pa-al* É.MEŠ
8 *ša* ^{m}*Ši-i[l*-WA]-⸢*te-šup*⸣-*ma*
9 *i+na e-le-e[n sú]-*⸢*qí*⸣ *ša *Mu-ul-ta**(über Rasur)-*aḫ-ḫé*
10 *ù i+na sú-q[i] ik-šu-*⸢*ud*⸣
11 25 *i+na am-ma-ti mu-r[a]-ak-šu-nu*
12 *iš-tu il-ta-ni* ⸢25⸣ *i+na am-ma-ti*
13 *mu-ra-ak-šu-nu iš-t[u] su-ta-ni*
14 8 *i+na am-ma-ti ù [m]a-la ú-ṭì*
15 *ru-pu-us-sú-nu iš-[t]u ša-ad-dá-ni*
16 8 *i+na am-ma-ti ù ma-la ú-ṭì*
17 *iš-tu ša-ap-la-ni ù* ^{m}*Ur-ḫi-til-la*
18 *ki-ma* ḪA.LA-*šu a-n[a]* ^{m}*Pur-na-a-p[u i]t-*⸢*ta-din*⸣
19 *ù* ^{m}*Pur-na-a-pu* ⸢40⸣ ANŠE ŠE.M[EŠ *ki-ma]*
20 NÍG.BA-*šu a-na* ^{m}*Ur-ḫ[i-t]il-la i[t-ta-di]n*
21 ⸢*i*⸣-*lik-šu-nu ša* É.MEŠ ^{m}*Ur-ḫi-til-la-ma na-ši*
22 ^{m}*Pur-na-pu la na-ši šum-ma* É.MEŠ *i+na mi-in-dá-ti*
23 *ma-ad* ^{m}*Ur-ḫi-til-la la i+na-ak-ki-is*
24 *šum-ma mi-i-ṣú ù la ú-ra-ad-dì*
25 *šum-ma* É.MEŠ *ù* PÚ *pá-qí-ra-na ir-ta-[šu]-*⸢*ú*⸣
26 É.MEŠ *ù* PÚ *ša-a-šu-nu-ma* ^{m}*Ur-ḫi-til-la*

---

199 

200 Oder *š]a* nach Nr. 554: 3.

27 *ú-za-ak-ka$_4$-šu-nu-ti-ma a-na* ^{m}*Pur-na-pu*
28 *i+na-an-din um-ma* ⸢^{m}*Ur*⸣-*ḫi-til-*⸢*la*⸣-[*ma*]
29 [4]0[201] ANŠE ŠE.MEŠ *ša p*[*í-i tup-pí an-ni*]-*i*
30 [*k*]*i-ma* NÍG.BA-⸢*ia*⸣ *a-ša*[*r* ^{m}*Pur-na-p*]*u*
u.Rd. 31 *el-te-qè ap-la-ku-*[*mi qa-an-n*]*a-šu*
32 ⸢^{m}⸣*P*[*u*]-*ur-na-pu a-na pa-*[*ni ši-b*]*u-ti*
33 [*i*]*m-t*[*a*]-*šar ma-an-nu* ⸢*ša i+na*⸣
34 DAL.BA.NA-*šu-*[*n*]*u* KI.BAL-*tu$_4$*
Rs. 35 [1 M]A.NA K[Ù.BABBAR 1 M]A.NA KÙ.SI$_{22}$ S[A$_5$-*l*]*a*
(eine Zeile unbeschrieben)
36 IGI *Ni-ik-m*[*i-ia* DUMU *A*]*l-ki-ia*
37 IGI *A-kip-še-en-*⸢*ni*⸣ [DUMU *A*]*l-pu-ia*
38 IGI *Ni-iḫ-ri-ia* [DUMU *B*]*a-a-zi*
39 IGI *Ta-i-ú-ki* DUM[U *Z*]*i-ka-a+a*
40 IGI *Te-šup-a-tal* DUMU *Šá-an-ḫa-ra-a+*⸢*a*⸣
41 IGI *Ku-ul-bi-til-la* DUMU *Ša-ar-te-šup*
42 IGI *Ḫa-nu-ka* DUMU *Tu-ul-d*[*u*]*q-qa*
43 ⸢7⸣ LÚ.MEŠ *ša* URU DINGIR.MEŠ
44 [IGI *Z*]*i-i*[*l*]-*te-ia* DUMU *Il-*⸢*la*⸣-*te*
45 I[GI] ⸢*Ḫu*⸣-[*ti*[202]-*i*]*a* DUMU *Ku-uš-ši-ia*
46 IGI *Ḫu-u*[*m*]-*ba-be* DUMU *Tu*[*p*]-*ki-til-la*
47 IGI *Ša-*⸢*ar*⸣-*til-la* DUB.SAR DUMU DINGIR-*ia*
48 11 LÚ.MEŠ *an-nu-tu$_4$ ši-bu-t*[*ù*] *mu-šel$_4$-mu-ú*
49 *ša* É.MEŠ *ù ša* PÚ *na-dì-na-nu ša* ŠE.MEŠ
50 *tup-pí i+na* EGIR *šu-*⸢*du*⸣-*ti i+na* URU DINGIR.MEŠ
51 *ša-ṭì-ir*
52 | N[A$_4$.KIŠI]B ^{m}*Ni-ik-mi-ia*
53 NA$_4$ ^{m}*Tu-ra-*⸢*ri*⸣ |
(Siegel Nr. 432) | (Siegel Nr. 469) | (Siegel Nr. 470)
54 [DUMU[203] ^{m}*Šur-k*]*um-a-*⸢*tal*⸣ LÚ | NA$_4$ DUB.SAR
55 [*ḫa-z*]*a-an-nu ša* URU DINGIR
56 [NA$_4$ ^{m}]⸢*A*⸣-*kip-še-en-ni* NA$_4$ ^{m}*Ta-i-ú-ki*
(Siegel Nr. 471) | (Siegel Nr. 472)
57 [NA$_4$ ^{m}*Ku-ul*]-*bi-til-la*
(Siegel Nr. 472) |
o.Rd. 58 [NA$_4$ ^{m}*Ni-iḫ-r*]*i-ia* NA$_4$ ^{m}*Te-šup-a-tal*
(Siegel Nr. 473) | (Siegel Nr. 474)
l.Rd. 59a (Siegel Nr. 475) NA$_4$ ^{m}*Z*[*i-i*]*l-te-a*
60a [NA$_4$] ^{m}*Ḫu-ti-ia* | (Siegel Nr. 476)

---

201 
202 In EP noch erhalten.
203 EP bietet für den Anfang der Zeile *aban*, also (NA$_4$), wovon bei Kollation keine Spur zu sehen war.

59b	NA4 ^m*Ḫa-nu-k*[*a*		NA4 ^m*Ḫu-um-pa-be*][204]
60b	Siegel Nr. 477		[(Siegel)]

1-4 Adoptionsurkunde des Urḫi-tilla, Sohnes des Aštar-tilla, Purn-apu, der [Sklave] des Šilwa-teššup, Sohnes des Königs, hat ihn adoptiert.

4-18 Ein „gebautes" Haus innerhalb von Āl ilāni – nördlich des Hauses des Šilwa-teššup, südlich des Hauses des Urḫi-tilla selbst, westlich desselben Hauses des Šilwa-teššup, östlich der Straße von Multaḫḫe, und an die Straße stößt es an, 25 Ellen ist seine Länge auf der Nordseite, 25 Ellen ist seine Länge auf der Südseite, 8 Ellen und 1 Halbelle ist seine Breite auf der Ostseite, 8 Ellen und eine Halbelle auf der Westseite – hat Urḫi-tilla als sein Erbteil dem Purn-apu gegeben.

19-20 Und Purn-apu hat 40 ANŠE Gerste als sein Geschenk dem Urḫi-tilla gegeben.

21-22 Die *ilku*-Verpflichtung des Anwesens trägt allein Urḫi-tilla, Purn-apu trägt (sie) nicht.

22-24 Wenn das Anwesen im Maß größer ist, wird Urḫi-tilla nichts abschneiden, wenn es kleiner ist, wird er nichts hinzufügen.

25-28 Falls das Haus und der Brunnen vindiziert werden sollten, wird Urḫi-tilla eben dieses Haus und den Brunnen (von Ansprüchen) freimachen und dem Purn-apu geben.

28-31 Folgendermaßen (sagte) Urḫi-tilla: „40 ANŠE Gerste gemäß dem Wortlaut dieser Tafel habe ich als mein Geschenk von Purn-apu entgegengenommen, und ich bin (hinsichtlich meiner Ansprüche) befriedigt."

31-33 Seinen Gewandsaum hat Purn-apu vor Zeugen abgestreift.

33-35 Wer von ihnen den Vertrag bricht, muss eine Mine Silber (und) eine Mine Gold zahlen.

36 Zeuge: Nikm[ia, Sohn des A]lkia,

37 Zeuge: Akip-šenni, [Sohn des A]lpuja,

38 Zeuge: Niḫria, [Sohn des P]azi,

39 Zeuge: Tajuki, Sohn des Zikaja,

40 Zeuge: Teššup-atal, Sohn des Šanḫaraja,

41 Zeuge: Kulpi-tilla, Sohn des Šar-teššup,

42 Zeuge: Ḫanuka, Sohn des Tultukka,

43 7 Männer aus Āl ilāni.

44 [Zeuge] Zil-teja, Sohn des Illate,

45 Z[euge] Ḫu[ti]a, Sohn des Kuššia,

46 Zeuge: Ḫumpape, Sohn des Tupki-tilla,

47 Zeuge: Šar-tilla, Schreiber, Sohn des Iluja.

48-49 Diese 11 Männer sind Zeugen; sie haben das Anwesen und den Brunnen vermessen und die Gerste übergeben.

50-51 Die Tafel ist nach der Information in Āl ilāni geschrieben.

52 Siegel des Nikmia,

204 In EP noch erhalten.

53-55 Siegel des Turari, [Sohnes des Šurk]um-atal, des Bürgermeisters von Āl ilāni.
54b Siegel des Schreibers,
56 [Siegel des]Akip-šenni, Siegel des Tajuki,
57 [Siegel des Kul]pi-tilla,
58 [Siegel des Niḫr]ia, Siegel des Teššup-atal,
59 (a) Siegel des Zil-teja, (b) Siegel des Ḫanuka, (c) [Siegel des Ḫumpape],
60a [Siegel des] Ḫutia.

Ed.: Morrison, Šilwa-Tešup, 117-118; Wilhelm, TUAT NF I, 63-64.

1, 7, 17, 20, 21, 23, 26, 28: Zu Urḫi-tilla S. Aštar-tilla s. AdŠ 584, Anm. zu l. 2 mit Verweis auf weitere Belege (p. 169, sub 2sqq.).
2, 18, 19, 22, 27, 30, 32: Zu Purn-apu s. oben AdŠ 577, 594, unten 605.
4, 11-17: Der Text schreibt hier und durchgehend É.MEŠ, obwohl die bescheidenen Maße darauf hindeuten, dass es sich wohl nur um wenige Zimmer (einschließlich eines Brunnenhauses) handeln kann, die wohl von dem nördlich gelegenen Haus des Urḫi-tilla abgetrennt wurden. Das Grundstück misst an der Straßenfront nur 8,5 Ellen (c. 4,25 m), die Gesamtfläche beträgt ca. 53 m^2. Der Plural É.MEŠ, bezieht sich also eher auf die Summe der Zimmer. Da Šilwa-teššup im Osten und Süden anschließende Grundstücke besaß, geht es wahrscheinlich um eine Arrondierung seines Grundstücks. Der Verwalter Purn-apu handelte also wohl im Auftrag seines Herrn. Dass Šilwa-teššup nie Grundbesitz mittels einer „Kaufadoption“ erwarb, zeigt wohl, dass dies mit seinem Status als Königssohn nicht vereinbar war.
Zu weiteren Texten mit Bezug auf dass Grundstück an der N/Multaḫḫe-Straße in Āl ilāni und zu der Straße selbst s. AdŠ 554, Anm. zu l. 3-8, 8 (oben, p. 67).
21: Zu *ilku* s. AdŠ 554, Anm. zu l. 19 (oben, p. 67).
31-33: Cf. AdŠ 608: 36 (unten, p. 185); AdŠ 609: 29sq.; zu *qanna-šu mašāru* s. AdŠ 265, Anm. zu ll. 7 sq. (Heft 4, p. 135 sq.).
36, 52: Zu Nikmia, Sohn des Alkia, s. Gadd, 50: 36; diese Tafel wurde nicht in Āl ilāni, sondern in Tašenniwe geschrieben.
37, 56: Akip-šenni S. Alpuja ist anderweitig nicht bezeugt.
38, 58: Niḫria und sein Vater Pazi sind möglicherweise identisch mit dem in AdŠ 642: 25 genannten [...-r]i? und seinem Sohn Pazzi.
39, 56: Zu Tajjuki S. Zikaja s. AdŠ 558: 21 (oben p. 76).
40: Teššup-atal S. Šanḫaraja.
41, 57: Kulpi-tilla S. Šar-teššup.
42, 59b: Ḫanuka S. Tultukka sind anderweitig nicht bezeugt.
43: Da für die vorgenannten sieben Männer ausdrücklich Āl ilāni als Wohnort genannt ist, ist für die folgenden ein anderer Wohnort anzunehmen, der aber nicht genannt ist.
44, 59a: Zil-teja S. Illate ist anderweitig nicht bezeugt.
45, 60a: Zu Ḫutia S. Kuššia s. AdŠ 551, Anm. zu l. 44. (oben p. 59f.).
46, 59c: Zu Humpape S. Tupki-tilla s. AdŠ 625, Anm. zu l. 13. (unten p. 224).
47, 54b: Zu dem Schreiber Šar-tilla S. Iluja s. AdŠ 589, Anm. zu l. 31. (oben p. 139).
50: Zu *šūdûtu* „Information“ s. AdŠ 603, Anm. zu l. 31 (oben p. 164f.).
55-56: Zu Turari S. Šurkum-atal, s. AdŠ 584, Anm. zu l. 46 (oben p. 125).

Nr. 605

tuppi titennūti; Puḫi-šenni, der Sohn des Pašia, gibt Purn-apu ein Feld in Šipue von 1020 Ellen Umfang als Nutzungspfand auf vier Jahre und erhält als Darlehen 15 Minen Zinn und 15 ANŠE Gerste.

SMN 619; HSS XIV 619; A 23; 83 x 114 x 34; koll. 1986, 1996; Die Tafel hat seit der Erstedition stark gelitten, Textzustand ll. 1-28 nach EP.

Vs.	1	*tup-pí ti-te-en-nu-ti ša*
	2	^{m}*Pu-ḫi-še-en-ni* DUMU *Ba-ši-ia* A.ŠÀ.MEŠ *i+na* URU *Ši-pu-e i+na šu-ta-ni* A.ŠÀ ⸢*ša-ni*⸣ *ša ma* **l*[*a*$^{?}$ ⸢*ši*⸣$^{?}$ *mi* ⸢*ša*⸣$^{?}$ [x]*[205]
	3	*a-na ti-te-en-nu-ti a-na* 4 MU.MEŠ
	4	*a-na* ^{m}*Pur-na-a-pu i-din ù mi-*⸢*i-in*⸣[206]*-dá-ti* 1 *li-im* 20 *li-mi-is-sí*
	5	*ù* ^{m}*Pur-na-a-pu* 15 MA.NA *a-na-ku*
	6	15 ANŠE ŠE *a-na ti-te-en-nu-ti*
	7	*a-na* ^{m}[*Pu*]*-ḫi-še-en-ni i-din im-ma-ti-me-e*
	8	4 MU.MEŠ *im-ta-lu-ú* 15[207] MA.NA *a-na-ku*
	9	15 ANŠE ŠE ^{m}*Pu-ḫi-še-e*[*n-ni a*]*-na* ^{m}*Pur-na-a-pu*
	10	*ú-ta-ar* [A.ŠÀ-*šu*] *i-leq-qè*
	11	*šum-ma* A.ŠÀ *pí-ir-qa ir-*⸢*ta*⸣*-ši*
	12	^{m}*Pu-ḫi-še-en-ni ú-za-a*[*k-k*]*a*$_{4}$*-ma*
	13	*a-na* ^{m}*Pur-na-a-pu i-na-*[*an*]*-dì-in*
	14	*šum-ma* A.ŠÀ GAL ^{m}*Pu-ḫ*[*i-še*]*-en-ni*
	15	*la i-na-ak-ki-is šu*[*m-m*]*a* A.ŠÀ TUR
	16	^{m}*Pu-ḫi-še-en-ni la ú-ra-ad-dá*
	17	IGI *A-bu-*D[ÙG.GA] DUMU *E-ni-ia*
	18	IGI ^{m}*Qí-iš-te-ia* DUMU *Ta-e*
	19	IGI ^{m}*Kè-en-na-a-bi* DUMU *Na-ni-ia*
	20	IGI ^{m}*A-ri-wa-al-ti-ia* *DUMU *Ú-ba-ru**[208]
	21	IGI ^{m}DINGIR-*še-mi* DUMU ^{d}[30$^{?}$]-KUR-*ni*
	22	IGI ^{m}*A-pa-ze-e*[209] DU[MU *Ma-li*]$^{?}$-⸢*ia*⸣[210]
u.Rd.	23	IGI ^{m}*Tup-ki-ia* DUMU ^{d}IŠKUR-LUGAL
	24	IGI ^{m}*Ut-ḫáp-ta-e* DUMU *Qa-ti-ri*
	25	IGI ^{m}*Ar-šá-du-ia* DUMU *Še-en-ni-ia*

205 *...*: 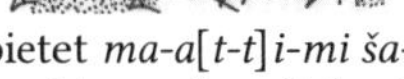
EP bietet *ma-a*[*t-t*]*i-mi ša-qí*.

206 EP wohl versehentlich *ni*; 1986 nicht mehr erhalten.

207 EP zählt von hier an fälschlich eine neue Zeile; die Zeilenzählung ändert sich entsprechend.

208 *...*: So nach Koll.

209 So nach Koll.

210 

Rs.	26	IGI ^{m}*Qa-ni* DUMU [*Šu*]-*ri-ḫi*-DINGIR	
	27	10 LÚ.MEŠ *an-nu-tu*$_4$ A.ŠÀ *mu-<še->el-wu*	
	28	KÙ.BABBAR *i-na-an-dì-in*	
		(Siegel Nr. 478)	(Siegel Nr. 479)
	29	NA$_4$ ^{m}*A-b*[*u*-DÙG.G]A	NA$_4$.KIŠIB ^{m}*Pu-ḫi-še-*⌜*en*⌝*-ni*
	30		EN A.ŠÀ
		(Siegel Nr. 480)	(Siegel Nr. 481)
	31	NA$_4$.KIŠIB <m>*Q*[*a*]*-ni*[211]	
	32	(Siegel Nr. 482)	[N]A$_4$.KIŠIB <m>*A-r*[*i-wa-a*]*l-t*[*i-ia*]
	33	NA$_4$ ^{m}*Ar-ša-d*[*u-i*]*a*	
		(Siegel Nr. 482)	(Siegel Nr. 483)
	34	NA$_4$ ^{m}*Ut-ḫá*[*p-t*]*a-e*	NA$_4$ ^{m}*Qí-iš-te-ia*
		(Siegel Nr. 484)	(Siegel Nr. 485)
	35	NA$_4$ ^{m}*A-*[*b*]*a-ze-e*	NA$_4$ *Tup-ki-ia*
		(Siegel Nr. 483)	
	36	[N]A$_4$.KIŠIB ^{m}*Kè-en-na-a-bi*	
l.Rd.	37	ŠU ^{m}*Šá*[212]*-ar-te-šup* DUB.SAR	*tup-pu*
		(Siegel Nr. 486)	(Siegel Nr. 487)
	38	*N[A$_4$] ⌜d⌝[IŠKUR]?-LUGAL*[213]	**i+na**[214] URU *Ṣíl-lí-ia-w*[*e*]
	39		*ša-ṭì-i*[*r*]

1-2 *titennūtu*-Urkunde des Puḫi-šenni, Sohnes des Pašia.

2-4 Ein Feld in Šipue südlich eines anderen Feldes ... hat er auf 4 Jahre dem Purn-apu zur *titennūtu* gegeben, und das Maß ist 1020 (Ellen im) Umfang.

5-7 Und Purn-apu hat 15 Minen Zinn (und) 15 ANŠE Gerste dem Puḫi-šenni zur *titennūtu* gegeben.

7-10 Sobald die 4 Jahre abgelaufen sind, kann Puḫi-šenni dem Purn-apu 15 Minen Zinn (und) 15 ANŠE Gerste zurückgeben und sein Feld (wieder in Besitz) nehmen.

11-13 Falls das Feld vindiziert werden sollte, muss Puḫi-šenni es (von Ansprüchen) freimachen und (es) dem Purn-apu geben.

14-16 Wenn das Feld größer (als in dieser Urkunde angeben) ist, wird Puḫi-šenni nichts abschneiden, wenn das Feld kleiner ist, wird Puḫi-šenni nichts hinzufügen.

17 Zeuge: Abu-ṭ[āb], Sohn des Enia,

18 Zeuge: Qīšteja, Sohn des Tae,

19 Zeuge: Kēn-abī, Sohn des Nanija,

20 Zeuge: Ari-waltia, Sohn des Ubāru,

---

211 EP bietet *Qa-ni*; der Abstand zwischen beiden Zeichen ist allerdings so groß, dass man *Q*[*a-a*]*-ni* erwartet.

212 So nach Koll.

213 

214 EP bietet versehentlich zweimal *i-na*.

21 Zeuge: Ilī-šeme, Sohn des [Sîn]-šadûni,
22 Zeuge: Apazē, So[hn des Mali]ja(?),
23 Zeuge: Tupkia, Sohn des Adad-šar(ru/i),
24 Zeuge: Utḫap-tae, Sohn des Katiri,
25 Zeuge: Ar-šadûja, Sohn des Šennia,
26 Zeuge: Kani, Sohn des [Šu]rīḫ-ilī.
27-28 Diese 10 Männer sind die Feldvermesser und übergeben die Wertgegenstände (Ed.: „das Silber").
29 Siegel des Ab[u-ṭā]b,
29-30 Siegel des Puḫi-šenni, des Besitzers des Feldes.
31 Siegel des Kani,
32 Siegel des Ar[i-waltia,
33 Siegel des Ar-šadûja,
34 Siegel des Utḫap-tae, Siegel des Qīšteja,
35 Siegel des Apazē, Siegel des Tupkia,
36 Siegel des Kēn-abī.
37 Hand des Schreibers Šar-teššup.
38 Siegel des Adad[?]-LUGAL
37-39 Die Tafel ist in Ṣilliawe geschrieben.

Ed.: Morrison, Šilwa-Tešup, 225.

2, 7, 9, 12, 14, 16, 29: Puḫi-šenni S. Pašia ist anderweitig nicht bezeugt. In l. 20 wird er als Besitzer des Feldes bezeichnet, das er im Rahmen eines *titennūtu*-Vertrags für vier Jahre dem Purn-apu übergibt.
Šibu(e) gehört zu den Orten, die „Feinmehl" (*mundu*) liefern; s. Fadhil, Topographie, 101f.; 158 mit Lokalisierung zwischen Ṣilliawe und Zizza; Fincke, RGTC 10, 256f.; Müller, HSAO 7, 213 (mit Zweifel an der topographischen Verwertbarkeit; Lage an der Peripherie des Landes?); 226. Die Ausfertigung der Urkunde in Ṣilliawe könnte für eine Lage von Šibue in der Nähe dieser Stadt sprechen.
4, 5, 9, 13: Zu Purn-apu s. oben AdŠ 577, 594, 604.
17, 29: Abbūt-ṭābi, Sohn des Enia, ist anderweitig nicht bezeugt. *abbūtu* „Vaterschaft" wird in Nuzi oft defektiv geschrieben, s. CAD A/I, 50. Die Lesung des zweiten Namensteils als Genitiv ist durch zahlreiche syllabische Schreibungen gesichert; s. NPN 24a und AAN 25b (Beide setzen den Namen gegen die Schreibungen als *Abu-ṭābu* an.): *A-bu-ut-ta-bi* HSS 5, 30: 16; Gadd 80: 14; *A-bu-ṭá-a-bi* HSS 19, 87: 24 (SMN 2577); *A-bu*-DÙG/*ṭà-bi* JEN 47: 24; AdŠ 16: 79; 23: 47; 42: 27 und sonst. Einem Hinweis von K. Deller folgend könnte es sich um einen Kurznamen handeln, dem die Wendung *abbūta ṣabātu* („für jmd. eintreten", „Fürsprache einlegen" AHw I, 6; „to intercede", to further a person's cause" CAD Ṣ 24) zugrunde liegt.
18, 34: Qīšteja, Sohn des Tae, ist anderweitig nicht bezeugt. Zu dem Kurznamen (zu akkad. *qīštu* „Geschenk") s. CAD Q 279 mit Zitat der Stelle.
19, 36: Kēn-abī, Sohn des Nanija, ist anderweitig nicht bezeugt. Der assyrische Name ist in Nuzi-Texten mehrfach belegt (NPN 83, AAN 80), im assyrischen Raum jedoch eher selten, s. Stamm, Namengebung, 294 (Kēn-abū'a).
Mehrere Zeugen sind als Schuldner des Gutsherrn in den Getreidedarlehensurkunden (AdŠ Heft 4) genannt:
20, 32: Ari-waltia/u, Sohn des Ubāru: AdŠ 192: 2, 26f.; 250: 2 (MA.U); 251: 79 (MA.U); 253: 21 (MA.U); 23 (MA.U). Zur Bedeutung von MA.U s. AdŠ Heft 4, p. 18 mit n. 10. Zaccagnini, CHANE

9, 226, n. 6 und 7, spricht sich gegen die dort im Anschluss an Koschaker gebotene Interpretation aus („not convincing"). Es erscheint mir jedoch immer noch plausibel, dass in Solidarschuldverträgen, bei denen jeder Schuldner für die Gesamtschuld bürgt, ein oder zwei Schuldner von besonderem Prestige als „Exekutionsgaranten" bestimmt werden.
21: Ilī-šeme, Sohn des [Sîn]-šadûni.
22, 35: Apaze Sohn des [Mali]ja(?). Die Ergänzung folgt JEN 626: 10. Zu Apaze S. Malia s. HSS 5, 75: 2, 6, 13.
23, 35: Tupkia, Sohn des Adad-šar(ru/i), ist anderweitig nicht bezeugt.
24, 34: Utḫap-tae, Sohn des Katiri, ist anderweitig nicht bezeugt.
25, 33: Ar-šadûja, Sohn des Šennia, ist anderweitig nicht bezeugt.
26, 31: Kani, Sohn des [Šu]rīḫ-ilī), ist anderweitig nicht bezeugt.
37: Der Schreiber Šar-teššup (ohne Vatersnamen) ist wahrscheinlich identisch mit dem gleichnamigen Schreiber, der AdŠ 505 geschrieben hat. Der gleichnamige Schreiber Šar-teššup S. Pure(ja), dessen drei bekannte Tafeln (JEN 592: 28; 616: 35; 881: 30) alle in Šuriniwe geschrieben wurden, ist wohl nicht mit ersterem zu identifizieren.

Pai-teššup, Sohn des Ḫanaja

Nr. 606

tuppi mārūti; Ari/tal-teššup und Tarmi-teššup, die Söhne des Enna-mati, adoptieren Pai-teššup, vererben ihm einen 50 x 11 *nāru* messenden (Baum-)Garten mit Brunnen bei Nuzi und erhalten von ihm 2 ANŠE Gerste.

SMN 723; EN 9/1 25; A 26; 69 x 105 x 34; koll.; Textzustand 1996.

Vs. 1 *tup-pí ma-ru-ti*
2 *ša* ^{m}*A-tal-te-šup ù*
3 *ša* ^{m}*Tar-mi-te-šup* DUMU.MEŠ *E-en-na-ma-ti*
4 ^{m}*Pa-i-te-šup* DUMU *Ḫa-na-a+a*
5 *a-na ma-ru-ti i-te-ep-šu-*[*š*]*u-ma*
6 *ù* GIŠ.KIRI$_6$ *i+*⸢*na*⸣ *e-le-en* URU *N*[*u*]*-zi*
7 50 *na-a-ru* [*mu-r*]*a-ak-š*[*u*]
8 *ù* 11 *pé-er-ka*$_4$*-šu* PÚ *i+*⸢*na*⸣
9 ŠÀ-*bi* GIŠ.KIRI$_6$ *še-e-ri*
10 *i+na šu-pa-al* GIŠ.KIRI$_6$ *ša* ^{m}*Ḫa-iš-te-šup*
11 *i+na e-le-en* GIŠ.KIRI$_6$ *ša* ^{m}*Tar-mi-ia*
12 *i+na* KASKAL-*ni ša i+na* URU DINGIR DU-*ku i*[*k*]*-šu-ud*
13 *ki-ma* ḪA.LA-*šu a-na* ^{m}*Pa-i-te-šup*
14 *it-ta-ad-nu ù* ^{m}*Pa-i-te-šup*
15 2 ANŠE ŠE *ki-ma* NÍG.BA-*šu-nu*
16 *a-na* ^{m}*A-tal-te-šup ù* **a-na**(über Rasur)
17 ^{m}*Tar-mi-te-šup i-din*

	18	ù EME-šu-nu ša ^{m}A-tal-t[e-šu]p
	19	ù ša ^{m}Tar-mi-te-šup ⌜a⌝-[na pa-ni]
	20	ši-bu-ti an-nu-ti i[q-ta-bu(-ú)]
	21	2 ANŠE ŠE.MEŠ an-n[a-ti]
u.Rd.	22	a-ša[r] ⌜^{m}Pa⌝-i-te-š[up]
	23	⌜ni⌝-[il-te]-qè-m[i][215]
Rs.	24	šum-m[a GIŠ.KIRI$_{6}$] pa-q[í-ra-na]
	25	TUK-š[i] ⌜ù⌝[216] [š]u-nu-m[a]
	26	⌜ú⌝-za-[a]k-ku-ú šum-[ma]
	27	[GI]Š.KI[RI$_{6}$ i+na] mi-in-dá-[ti]
	28	*GA[L$^{?}$][217] ⌜ù⌝*[218] la ⌜i+na-ak-ki⌝-s[ú
	29	šu[m-m]a TUR-ir ù la ú-⌜ra⌝-ad-du-ú
	30	⌜ma⌝-an-nu ša KI.BAL-⌜tu$_{4}$ 2 MA.NA⌝ KÙ.BABBAR.MEŠ
	30a	: ⌜SA$_{5}$-la⌝
	31	tup-pu i+na EGIR-ki
	32	šu$_{11}$-du-ti i+na KÁ.GAL ša
	33	URU Zi-iz-za-e ša$_{10}$-ṭì-ir
		———————————————
	34	IGI ⌜^{d}⌝30-MA.RI DUMU Šá-ba-ia
	35	IGI Ḫi-in-ti-ia DUMU DUMU-^{d}U
	36	[IGI] W[u-u]r-te-šup
	37	[DUMU Š]a-ti-ki-tar
	38	[IGI] Ku-ni$^{!}$-ia DUMU ŠEŠ-AMA-šá
	39	[IG]I Il-li-ia DUMU DINGIR$^{!}$-ni-šu
	40	an-nu-tu$_{4}$ GIŠ.KIRI$_{6}$ ú-še-el-⌜wu⌝-ú
	41	ù ŠE.MEŠ SUM-nu
	42	IGI Še-el-la-pa-i DUMU Ik-ki-*⌜ia⌝$^{!}$-⌜ni⌝*[219]
	43	[I]GI ^{d}AK-DINGIR.RA DUB.SAR
	44	DUMU ^{d}30-nap-šèr
	45	IGI Tub-bi-ia DUMU Ḫa-aš-ḫar-pa
o.Rd.	46	NA$_{4}$ ^{m}Il-li-ia
		(Siegel Nr. 488) | (Siegel Nr. 167)
	47	NA$_{4}$ ^{md}AK-DINGIR.RA
l.Rd.	48	⌜NA$_{4}$⌝ ^{m}In-⌜ti⌝-[ia N]A$_{4}$ ^{m}Ku-ni-ia
		(Siegelabr. Nr. 489)(Siegelabr. Nr. 490)(Siegelabr. Nr. 53) | (Siegelabr. Nr. 491)
	49	[N]A$_{4}$ ^{md}30-MA.RI N[A$_{4}$] ^{m}Wu-ur-te-šup

215 Raum reicht nicht für [ù ap-la-nu-mi].

216 

217 Oder m[a-ad]?

218 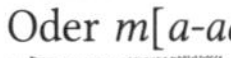

219 *...*: 

1-5 Adoptionsurkunde des Atal-teššup und des Tarmi-teššup, der Söhne des Enna-mati; Pai-teššup, den Sohn des Ḫanaja, haben sie adoptiert,

6-14 und einen (Baum-)Garten östlich von Nuzi – 50 (Ellen) ist die Länge seiner Längsseite und 11 (Ellen) seine Breite, ein Brunnen ist in der Mitte des Gartens ... , westlich des Gartens des Ḫaiš-teššup, östlich des Gartens des Tarmia, er stößt an die Straße, die nach Āl ilāni geht – haben sie als sein Erbteil dem Pai-teššup gegeben.

14-17 Und Pai-teššup hat dem Atal-teššup und dem Tarmi-teššup 2 ANŠE Gerste als ihr Geschenk gegeben.

18-23 Und eine Erklärung des Atal-teššup und des Tarmi-teššup [haben] sie vor diesen Zeugen fo[lgendermaßen abgegeben]: "Diese 2 ANŠE Gerste haben wir von Pai-teššup entgegengenommen."

24-26 Falls der Garten vindiziert werden sollte, werden sie selbst ihn (von Ansprüchen) freimachen.

26-29 Wenn der Garten in (seinem) Maß größer (als in dieser Urkunde angeben) ist, werden sie nichts abschneiden, wenn er kleiner ist, werden sie nichts hinzufügen.

30 Wer den Vertrag bricht, muss 2 Minen Silber zahlen.

31-33 Die Tafel ist nach der Information im Zizzae-Tor geschrieben.

34 Zeuge: Sîn-mari, Sohn des Šapaja,

35 Zeuge: Ḫintia, Sohn des Mār-Ištar,

36-37 [Zeuge] Wur-teššup, Sohn des Šati-kitar,

38 [Zeuge] Kunia, Sohn des Aḫ-ummī-ša,

39 [Zeug]e Illia, Sohn des Ila-nīšu.

40-41 Diese haben den Garten vermessen und die Gerste gegeben.

42 Zeuge: Šellapai, Sohn des Ikkiani,

43-44 Zeuge: ^{d}AK.DINGIR.RA, Schreiber, Sohn des Sîn-napšer,

45 Zeuge: Tuppia, Sohn des Ḫaš-ḫarpa.

46 Siegel des Illia,

47 Siegel des ^{d}AK.DINGIR.RA,

48 Siegel des Intia, Siegel des Kunia,

49 Siegel des Sîn-mari, Siegel des Wur-teššup.

2-3: Atal-teššup S. Enna-mati ist anderweitig nicht bezeugt. Sein Bruder Tarmi-teššup übergibt dem Pai-teššup, dem Verwalter des Šilwa-teššup, (zu diesem s. AdŠ 568, Anm. zu l. 6 [oben p. 93]) im Rahmen eines *mārūtu*-Vertrags (AdŠ 609, ohne Beteiligung seines Bruders Atal-teššup) einen Garten, der ebenfalls an der Straße nach Āl ilāni liegt. Wahrscheinlich handelt es sich ursprünglich um ein einziges größeres Gartengrundstück, von dem nach Bedarf Teile veräußert wurden. In Gadd 67 nimmt Tarmi-teššup ein verzinsliches Darlehen in Höhe von 10 Minen Zinn, rückzahlbar nach der Ernte, auf.
4: Pai-teššup ist hier durch den Namen seines Vaters Ḫanaja genauer bestimmt, während er in der inhaltlich ähnlichen Urkunde AdŠ 609 „Sklave des Šilwa-teššup" genannt wird.
7: *nāru/i* ist mit CAD N I, 352 „length, long side (of a field)". Die dafür beigebrachten Textstellen JEN 550: 5 und 558: 11 bestätigen diese Übersetzung. Der vorliegende Text spricht zusätzlich zu *nāru* auch von *mūrak-šu* „seine Länge" (AHw), „length" (CAD). *nāru* ist demnach nicht das genaue Äquivalent zu *mūraku* „Länge", sondern wohl eine Bezeichnung für „Längsseite".

8: Zu *pi/erku* „Breite“ (eines Grundstücks) s. AHw II, 855 und CAD P, 408 „short side“ (of a field).
8f: Zu *būrtu ina libbi kirî šēri* cf. lex. [*š*]*e-ru ša būrti* CAD Š II, 335 sub *šēru* D („mng. unkn.“).
12: Da das Gartengrundstück nach l. 6 östlich von Nuzi liegt, handelt es sich bei der Straße, die nach Āl ilāni führt, um die Straße, die Nuzi mit Āl ilāni verbindet; s. dazu Müller, HSAO 7, 192f.
32: Zu *šūdûtu* „Information“ s. AdŠ 603, Anm. zu l. 31 (oben p. 164f.).
35, 48: Ḫintia/Intia S. Mār-Ištar ist Zeuge eines *šupe'ultu*-Geschäftes in Ṣilliawe EN 9/3, 64: 12.
34, 36-39: Die übrigen Zeugen – Sîn-mari S. Šapaja, Wur-teššup S. Šati-kitar, Kunia S. Aḫ-ummi-ša, Illia S. Ila-nīšu, Šellapai S. Ikkianni – sind anderweitig nicht bezeugt.
43-44, 47: Der Schreiber ^{d}AK.DINGIR.RA S. Sîn-napšer wird hier ausdrücklich auch als Zeuge bezeichnet. Er gehört zu der 3. Generation der Schreiberschule des Apil-Sîn und seiner Nachkommen.

Nr. 606a

tuppi mārūti oder *tuppi titennūti*; zwei oder mehr Personen übergeben dem Pai-teššup ein Feld und erhalten u. a. einen Mantel.

SMN 1585 (= ERL 85); EN 10/1, 26; ohne Raumnummer; 54 (frg.) x 31 (frg.) x 23; koll.; Textzustand 2000.

Vs. (Anfang abgebrochen)
1 [ ]x[220]
2 [ ]*-te-šup*
3 [ ]*x x-*a-šu**[221]
4 [x *ta-p*]*a-*⌜*lu*⌝ x x[222]*-i-nu*
5 [*il-te-nu*]*-tu*$_4$ GÚ.È.MEŠ *a-šar*
6 [^{m}*Pa-i-t*]*e-šup ni-il-te-qè*
u.Rd. 7 [*šum-ma* A.Š]À *šá-a-šu* GAL *la*
8 [*ni-na*]*-ak-ki-is ù šum-ma*
Rs. 9 [TUR *la nu*]*-ra-ad-dá šum-ma*
10 [A.ŠÀ *pa-q*]*í-ra-na* TUK*-ši*
11 [*nu-za-ak-k*]*a*$_4$ ⌜*a-na*⌝ [^{m}*P*]*a-i-te-šup*
12 [*ni-na-an-din ma-a*]*n-nu ša*
13 [*i-bal-la-k*]*à-tu*$_4$
14 [1 MA.NA KÙ.BABBAR 1 MA.NA KÙ.S]I$_{22}$ ⌜SA$_5$⌝*-la*
(Rest zerstört)

4-6 [n] ...*inu*-[Garni]turen (und) [ei]ne Obergewandgarnitur haben wir von [Pai-t]eššup entgegengenommen.

---

220 

221 *...*: 

222 *...*: 

7-9 [Wenn] das betreffende [Fel]d größer (als in dieser Urkunde angeben) ist, werden [wir] nichts abschneiden, wenn es [kleiner ist], werden [wir] nichts hinzufügen.

9-12 Falls [das Feld vindi]ziert werden sollte, [werden wir es (von Ansprüchen) freima]chen (und) es dem Pai-teššup geben..

12-14 Wer den [Vertrag bri]cht, muss [1 Mine Silber (und) 1 Mine Gol]d zahlen.

5: Zu *ištēnūtu naḫlaptu* (GÚ.È.MEŠ) s. Zaccagnini, *Ištēnūtu*, 519-521, zu *naḫlaptu* s. auch Schneider-Ludorff, SCCNH 12, 139.
6, 11: Zu Pai-teššup s. AdŠ 568, Anm. zu l. 6 (oben p. 93).

Nr. 606b

Erklärung (*umma*) des Šeḫal-teššup, derzufolge er von der Mutter des Pai-teššup großgezogen und von Pai-teššup und seiner Mutter adoptiert(?), verheiratet und mit Feld, Haus und Hausrat ausgestattet worden sei. Er ist auf Lebenszeit des Pai-teššup diesem zum Gehorsam verpflichtet, hat ihn nach dessen Tod angemessen zu bestatten und ist danach samt seiner Familie frei.

SMN 1723; HSS XIX 106 + 6 Fragmente aus NTF P 113 (Textzusammenschluss J. Fincke); keine Raumangabe; 62 x 93 x 30; koll.; Textzustand 2000.

Vs. 1 [*um*]*-ma* [^{m}*Še-ḫal-te-šup-ma*]
2 AMA-*šu ša* ^{m}*Pa-*⸢*i*⸣*-t*[*e-šup* ÌR]
3 *ša* ^{m}*Ši-il-*WA*-te-šu*[*p* DUMU LUGAL]
4 *ur-te-eb-bá-*⸢*an-ni*⸣*-m*[*a* (*ù*)]
5 ^{m}*Pa-i-te-šup* ⸢*ù*⸣$^{?}$ [AM]A$^{?}$-*š*[*u a-na ma-ru-ti*]
6 *i-te-ep-šá-*⸢*an*⸣*-*[*n*]*i* [
7 ⸢^{f}⸣*Ḫa-lu-t*[*i a-na aš-ša-t*]*i-*⸢*ia*⸣ [-]*ri-*x[223][
8 [1+]1 ANŠE ⸢A⸣.[ŠÀ].*⸢MEŠ-_ti_⸣*[224] _i+n_[_a_]
9 ⸢1 É *ar*⸣*-pa-nu i+na* UR[U].DINGIR.M[EŠ
10 1 [_s_]_í-_⸢_a_⸣_-na-tu_$_4$ 1-_nu-tu_$_4$ ⸢GIŠ⸣.N[Á]*x x*[225][
11 *an-nu-*⸢*ti*⸣ *i+na ar-ka*$_4$*-nu* ⸢*ki*⸣*-me*[*e-nu-ma*]
12 ^{m}*Pa-i-te-šup* BA.ÚŠ *ù* [*ú-u*]*ṣ-*⸢*ṣí*⸣
13 *a-dì-i* ⸢^{m}⸣*Pa-i-te-*[*šup bal*]*-ṭu*$_4$
14 *ù* ^{m}*Še-ḫal-*[*t*]*e-šup it-ti* [*aš*]*-ša-ti-šu-ma*
15 *i-pal-la-a*[*ḫ-š*]*u e-nu-ma* ^{m}*Pa-i-te-š*[*up*]
16 BA.ÚŠ *ù* ^{m}*Še-ḫal-*[*t*]*e-šup aš-*⸢*ša*⸣*-*[*a*]*s-sú*
17 *ù an-nu-ti ša* K[A]-⸢*i*⸣ *tup-*⸢*pí*⸣

223 
224 *...*: 
225 *...*: 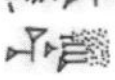

18 *i-leq-qè-ma ù i-i*[*l-la-ak a-šar ḫa-aš-ḫu*]?[226]
19 *šum-ma* ᵐ*Še-ḫal-te-šup i+na* K[A-*i*]
20 [*ša*] ⌜ᵐ⌝*P*[*a*]-⌜*i*⌝-*te-šup la i-še-e*[*m-me*]
21 [*i+na ku-u*]*r*?[227]-*ṣí* ⌜*i+na*⌝-[*an-din*]?[228]
u.Rd. 22 [
23 [
24 [*tu*]*p*?-*pí-šú* x[
Rs. 25 [*š***a* KUR *Ar-ra**[229]]-*ap*-[*ḫe*
26 *[*u*]*m*-⌜*ma* ᶠ*Ḫa-lu*⌝*[230]-[*t*]*e*-[*ma*] ᵐ*Pa*-⌜*i*⌝-[*te-šup*]
27 *a-na aš-šu-ti* ⌜*a*⌝-[*na* ᵐ]⌜*Še-ḫal*⌝-*te-šup*
28 *id-dì-n*[*a-a*]*n-ni* KÙ.BABBAR-*ma* x[
29 *id-dì-na*-[*a*]*n*-[*n*]*i-ma* [
30 *ša* KI.BAL-[*tu*$_4$
31 1 MA.NA KÙ.BAB[BAR 1 MA.NA KÙ.SI$_{22}$ SA$_5$]
32 *tu*[*p-p*]*u ina* E[GIR-*ki šu-du-ti*
33 *i+na pa-ni b*[*á-ab* É.GAL-*l*]*ì ša* URU *Nu-zi* [*ša-ṭì-ir*]
34 IGI *Tub-b*[*i-ia* DUMU *Ḫ*]*a-aš-ḫa*[*r*]-*p*[*a*][231]
35 IGI [x x x (x) DUM]U ⌜*Zi-qa*⌝-[
36 IGI [ ]*x x x*[232][
37 [ ]*x x*[233][
38 [ ]-⌜*ni*⌝
39 [ ]x[234]-*til-l*[*a*
l.Rd. 40 NA$_4$ ᵐ[*Ḫ*]*u-ti-i*[*a*
(Siegel) | (Siegel) | (Siegel)
41 NA$_4$ ᵐ*El-ḫi-ip-til-la* [NA$_4$ ᵐ*Še*]-*ḫal-te*[*šup*]

1 Folgendermaßen (sagte) Šeḫal-teššup:
2-4 Die Mutter des Pai-t[eššup, des Sklaven] des Šilwa-teššup, [Sohnes des Königs,] hat mich aufgezogen, und (dann)
5-6 hat Pai-teššup und seine Mutter(?) mich als Sohn adoptiert.
7 Ḫaluti zu meiner Ehefrau [...]
8-11 2 ANŠE Feld in [...], 1 *arpanu*-Gebäude in Āl ilāni, eine Decke, ein Bett, [...] diese später als [...].
11-12 [Sobald] Pai-teššup stirbt, wird er (Šeḫal-teššup) ausziehen.

---

226 Die reguläre Wortfolge ist *ašar ḫašḫu illik.*
227 Oder GIŠ.*kù*]*r*- wie in HSS XIX 37: 37?
228 Oder *i-na*-[*an-di-iš*] wie in HSS XIX 37: 37?
229 *...*: in EP noch erhalten.
230 *...*: In EP noch vollständig erhalten.
231 Ergänzt nach Nr. 606: 45.
232 *...*: 
233 *...*: 
234 

13-15 Solange Pai-teššup lebt, wird Šeḫal-teššup mit seiner Ehefrau ihn ehrfürchtig behandeln.
15-18 Wenn Pai-teššup stirbt, wird Šeḫal-teššup mit seiner Ehefrau die (Dinge) entsprechend dem Wortlaut der Tafel nehmen und gehen, wohin es ihm beliebt.
19-21 Wenn Šeḫal-teššup auf das Wort des Pai-teššup nicht hört, wird er (Pai-teššup) ihn in Fesseln legen [
22-23 [zerstört]
24 seiner [Ta]fel(?) [
25 des Landes Arrap[ḫe
26-28 Folgendermaßen (sagte) Ḫalute: Pai-teššup hat mich dem Šeḫal-teššup zur Ehe gegeben.
28-29 Auch Silber [ ] hat er mir gegeben und [.]
30-31 Wer den Vertrag bricht, muss 1 Mine Sil[ber und 1 Mine Gold zahlen.]
32-33 Die Tafel ist n[ach der Information vor dem Tor des Palast]es von Nuzi [geschrieben.]
34 Zeuge: Tupp[ia, Sohn des Ḫ]aš-ḫarpa,
35 Zeuge: [, Soh]n des Zika[ ],
36 Zeuge: [ ],
37 [Zeuge:],
38 [Zeuge:],
39 [Zeuge: , Sohn des -tilla].
40 Siegel des Ḫutia,
41 Siegel des Elḫip-tilla, Siegel des Šeḫal-teššup.

2: Zu Pai-teššup s. AdŠ 568, Anm. zu l. 22 (oben p. 93).
9: Zu É *arpanu* s. CAD A/II, 300 mit den Belegen HSS XIV 246: 6; 587: 4, XIX 8: 29, sowie Deller, SCCNH 1 (1981) 48 und 51 mit zwei weiteren Belegen, HSS XIX 5: 7; 20: 13. Da der Brief des Ḫeltip-apu HSS XIX 587 die Anweisung enthält, dem *arpanu*-Gebäude 2 Talente Kupfer zu entnehmen, handelt es sich um eine Art Magazin.
10: *sianatu* bezeichnet mit CAD Z 109f. eine Art von Decke aus Wolle, Ziegenhaar oder Leder. Zu Maßangaben s. Zaccagnini, SCCNH 1 (1981) 356.
25: Das Land Arrapḫe wird hier im Zusammenhang einer Verfügung genannt, in der auf die Rechtsposition von Personen aus Arrapḫe verwiesen wird; cf. ^{f}PN$_1$ ^{f}PN$_2$ *ša kī mārat Arrapḫe īpuš-ašši* AASOR 16, 42: 20-21; *šumma* ^{m}PN$_1$ ^{m}PN$_2$ *lā ipallaḫ-šu ina pî lā išemmû u kī*[(*ma*)] DUMU-*šu ša* LÚ *ša* KUR.MEŠ *Arrapḫe īpušū* s. unten AdŠ 607: 14-18; ^{m}PN 40 GÍN KÙ.BABBAR *ša* DUMU. MUNUS *Arrapḫe ana* PN *inandin* Gadd 12: 3-5; und sonst.
32: Zu *šūdûtu* „Information“ s. AdŠ 603, Anm. zu l. 31 (oben p. 164f.).
34: Zu Tuppia S. Ḫaš-ḫarpa s. AdŠ 606: 45; EN/2, 357: 13; JEN 470: 34; 872: 19.
35: Der bei weitem häufigste mit Zika... anlautende Name ist Zikaja, und der am häufigsten genannte Zikaja ist der Sohn eines Elḫip-tilla, der möglicherweise mit dem hier siegelnden Elḫip-tilla identisch ist.

Nr. 607

tuppi mārūti; Pai-teššup adoptiert Kinni, den Sohn des Alkia, und verspricht, ihn zu verheiraten. Kinni ist auf Lebenszeit des Pai-teššup diesem zum Gehorsam verpflichtet, hat ihn nach dessen Tod angemessen zu bestatten und ist danach samt seiner Familie frei.

SMN 1100; HSS XIX 39; A 14; 80 x 111 x 34; koll., starker Textverlust gegenüber EP; Textzustand nach EP.

Vs.	1	*tup-pí ma-ru-ti* [*ša*]
	2	^{m}*Pa-i-te-šup* DUMU *Ḫa-na-a+a*
	3	*ù* ^{m}*Ki-in-ni* DUMU *Al-*⸢*ki-ia*⸣
	4	*a-na ma-ru-ti i-te-pu-u*[*š*]
	5	*ki-i-ma* ḪA.LA-*šu* ^{m}*Ki-in-*[*ni*]
	6	^{m}*Pa-i-te-šup aš-ša-ta ú-*[*ša-ḫa-az*]
	7	*a-dì-i* ^{m}*Pa-i-te-šup bal-ṭ*[*ù*]
	8	^{m}*Ki-in-ni i-pal-la-a*[*ḫ*]*-šu*
	9	*e-nu-ma* ^{m}*Pa-i-te-šup i-ma-at*$^{!}$(Text: *ta*)
	10	⸢*ù*⸣ ^{m}*Ki-in-ni i-bá-ak-ki-šu*
	11	*ú-qa-ab-bar-*[*š*]*u* ⸢*ù*⸣ ⸢^{m}⸣$^{?}$⸢*Ki*⸣$^{?}$-⸢*in*⸣$^{?}$-⸢*ni*⸣$^{?}$
	12	*aš-ša-*{*at-*}*ta it-ti še-er-ri-š*[*u*]
	13	*i-leq-qè-šu-nu-ti a-šar ḫa-d*[*u*(*-ú*) *i*(*l*)]*-la-ak*
	14	[*š*]*um-ma* ^{m}*Ki-in-ni* ^{m}*Pa-i-t*[*e-šup*]
	15	*la i-pal-la-*⸢*aḫ*⸣*-šu i+na pí-*[(*i-*)*-šu*]
	16	*la i-še*$_{20}$*-em-mu-ú ù ki-*[*ma*]
	17	DUMU-*šu ša* LÚ *ša* KUR >.MEŠ< *Ar-ra-ap-ḫé*
	18	*i-pu-šu ki-na-an-na-ma*
	19	^{m}*Ki-in-ni* ^{m}*Pa-i-te-šup*
u.Rd.	20	[*i-pu-u*]*s-sú-ma* GIŠ.*ku-ur-ṣa*
	21	[*a-na* G]ÌR-*šu i-šá-ak-ka*$_{4}$*-an*
Rs.	22	[*a*]*b-bu-ta i+na* SAG.DU-*šu*$^{!}$[235]
	23	*i-šá-ak-ka*$_{4}$*-an i+na* É *ki-li i+na-an-din*
	24	*ḫu-ud-du-mu-um-ma* DÙ.MEŠ-*šu*
	25	⸢*ù*⸣ ^{m}*Pa-i-te-šup* 1 ANŠE ŠE.MEŠ 2 UDU [(...)]
	26	[*ki*]*-i-ma* NÍG.BA-*šu a-na* ^{m}*Ki-in-*[*n*]*i* [
	27	[*u*]*m-ma* ^{m}*Ki-in-ni-ma i+na*$^{!}$(EP: *ú*) *ra-ma-n*[*i-ia*]
	28	⸢*a*⸣*-na ma-ru-ti a-na* ^{m}*Pa-i-te-šup*
	29	[*a*]*t-ta-ad-na-an-ni-mì*
	30	[*ma*]*-an-nu-me-e* ⸢*i*⸣+[*n*]*a be-ri-*⸢*šu*⸣]*-nu* KI.[BAL(-)*tu*$_{4}$)]

235 

31 [1] M[A].NA KÙ.BABBAR.MEŠ 1 MA.NA KÙ.S[I$_{22}$ SA$_5$-*la*]
32 [*tup-p*]*u i+na* EGIR-*ki šu-du-ti ša* ⸢É⸣.[GAL]
33 [*i+na*] KÁ.GAL *ša Ti-iš-šá-e ša* UR[U *Nu-z*]*i*
34 [*š*]*a-ṭì-ir šum-ma* ^{m}*Ki-in-ni i-šar-ri-i*[*q*

---

35 [IGI] ^{m}*Du-ra-ri* DUMU [*Pu-ḫi*]*-ia*
36 [IGI] ^{m}*Te-ḫu-up-še-*[*ni* DUMU *Ak*]*-ku-še-e*[*n-ni*]
37 [IGI] ^{m}*Še-ḫal-te-šu*[*p* DUMU *Še-e*]*l-wu-ḫu*
38 [IGI] ^{m}*Wu-ur-te-šup* [DUMU] ⸢*E*⸣[236]*-ḫé-el-t*[*e-šup*]
39 [IGI] ^{m}*A-qa-wa-til* [DUMU] *El-le-*⸢*e*⸣
40 [x x x x x]x ⸢DUB.SAR⸣

(Siegel Nr. 493) (Siegel Nr. 492)
41 NA$_4$ ^{m}*A-qa-wa*$^{!}$*-ti*[*l*]
42 [NA$_4$ ^{m}*Ki-in-ni* DUM]U *Al-ki-ia*
o.Rd. (zerstört)
l.Rd. 43 [N]A$_4$.KIŠIB *Te-ḫ*[*u-up-še*]*-e*[*n*]-⸢*ni*⸣
[(Siegel)]

1-4 Urkunde der Adoption an Sohnes statt [des] Pai-teššup, Sohnes des Ḫanaja; Kinni, den Sohn des Alkia, hat er adoptiert.
5-6 Als sein Erbteil wird Pai-teššup den Kinni [verheiraten].
7-8 Solange Pai-teššup lebt, wird Kinni ihn respektvoll behandeln.
9-13 Wenn Pai-tešup stirbt, muss Kinni die Trauerriten durchführen und ihn begraben, und (dann) darf Kinni(?) die Ehefrau mit seinen Kindern nehmen und gehen, wohin es ihm beliebt.
14-24 Wenn Kinni den Pai-teššup nicht respektvoll behandelt (und) seine Befehle nicht befolgt -, wie man den Sohn eines Mannes von Arrapḫe behandelt, ebenso wird Pai-teššup den Kinni behandeln, ihm Fußfesseln anlegen, eine Sklavenmarke auf seinem Kopf anbringen, ihn ins Gefängnis geben und ihn ....
25-26 Und Pai-teššup [gab] dem Kinni 1 ANŠE Gerste (und) 2 Schafe [(...)] als sein Geschenk.
27-29 Folgendermaßen (sagte) Kinni: „Aus freien Stücken habe ich mich dem Pai-teššup an Sohnes statt übergeben."
30-31 Wer von ihnen den Vertrag bricht, muss eine Mine Silber (und) eine Mine Gold zahlen.
32-34 Die Tafel ist nach der Information des Pa[lastes im] Tiššae-Tor von Nuzi geschrieben.
34 Wenn Kinni sti[ehlt, ...]
35 Zeuge: Turari, Sohn des [Puḫ]ia,
36 [Zeuge:] Teḫup-šen[ni, Sohn des Ak]ku-še[nni],

236 

37 [Zeuge:] Šeḫal-teššu[p, Sohn des Še]lwuḫu,
38 [Zeuge:] Wur-teššup, [Sohn des] Eḫel-t[eššup],
39 [Zeuge:] Akawatil, [Sohn des] Elle,
40 [ ], Schreiber.
41 Siegel des Akawatil,
42 [Siegel des Kinni, Sohnes des Alkia,
43 [Siegel] des Teḫup-šenni.

Ed.: Breneman, Marriage, 229-230.

2: Zu Pai-teššup s. AdŠ 568, Anm. zu l. 22 (oben p. 93).
11: *qebēru* „begraben“, „bestatten“ hier im D-Stamm, unten AdŠ 610: 15 im G-Stamm; s. noch den Prekativ *liqebbir* HSS XIX 28: 24 sowie den hurr. Ausdruck *ina* WA-*ḫu-un-na-ša ubbal-šu* „in die.. (pl.) tragen“ HSS XIX 38: 25f. Die Endungen dieses hurr. Wortes sind die des Dativs pl. *-na=až=a*. Die Dopplung *-nn-* erklärt sich aus der hurr. Anaptyxe-Regel, derzufolge eine Gruppe von zwei Konsonanten, von denen einer /r/, /l/ oder /n/ ist, vor akzentuierter Silbe bei Antritt eines mit /r/, /l/ oder /n/ anlautenden Suffixes durch Anaptyxe getrennt wird. Der anaptyktische Vokal entspricht dem vorausgehenden und trägt den Akzent, während der folgende Vokal schwindet: **fo/uġ=ni=na=až=*a ⟹ *fo/uġ=o=n=na=až=a*. Die Bedeutung des zugrunde liegenden, anderweitig noch nicht beobachteten Nomen *fo/uġ=ni* ist nicht bekannt, jedoch steht der Ausdruck an der Stelle, an der von dem Begräbnis der die Urkunde ausstellenden Frau die Rede ist. Nach dem Kontext könnte man also an „Gräber“ denken.
17: Zur Nennung von Arrapḫe in diesem Zusammenhang s. oben AdŠ 606b, Komm. zu l. 25 (oben p. 179).
24: *ḫuttumumma epēšu*, s. auch JEN 572: 29, 31; 868: 23 (*-du-*<*mu*>-); HSS XIX 7: 43; 17: 26f.; 23: 14; 64: 28 (Emendation nach Dosch, SCCNH 2, 87); IM 6818: 29 (Lacheman, Sumer 32, p. 134). Es handelt sich um einen hurritischen Infinitiv von einer Wurzel *ḫutt-* mit Wurzelaugment *-om-*, deren Bedeutung nicht aus anderen Kontexten bekannt ist. Ein Zusammenhang mit dem urartäischen hapax legomenon unbekannter Bedeutung *ḫutumaje* (so W. Mayer, UF 12, p. 302) ist nicht nachweisbar. In den genannten Nuzi-Texten bezeichnet das Verb die Behandlung eines vertraglich Gebundenen, der gegen den Vertrag verstößt.
32: Zu *šūdûtu* „Information“ s. AdŠ 603, Anm. zu l. 31 (oben p. 164f.).
33: Zu dem Tiššae-Tor s. AdŠ 551, Anm. zu ll. 40f. (oben, p. 59).
35: Zu Turari S. Puḫia s. AdŠ 557, Anm. zu l. 25 (oben p. 76).
36, 37, 43: Teḫup-šenni S. Akku-šenni und Šeḫal-teššup S. Šelwuḫu sind anderweitig nicht bezeugt.
38: Wur-teššup S. Eḫel-teššup ist auch Zeuge für die Erklärung des Šekar-tilla S. Mušte AdŠ 9/2, 360: 20f.
39, 41: Akawatil S. Elli HSS V 8: 3, 5, 7; 19: 9, 12; 26: 4, 8, 13; 28: 7, 8, 12; 40: 5, 8, 12, 14, 15, 19; IX 27: 26; AdŠ 607: 39, 41; EN 9/2, 185: 31, 29.

Nr. 608

tuppi mārūti; Šukri-teššup, der Sohn des Ar-rumti, adoptiert Pai-teššup, vererbt ihm ein Feld von 8 *awiḫaru* in Nuzi und erhält von ihm 3,8 ANŠE Gerste.

SMN 1038; IM 50772; HSS IX 20; keine Fundortangabe; 76 x 119 x 35; koll.; Textzustand 1984.

Vs.	1	*tup-pí ma-ru-ti ša* ^{m}*Šúk-ri-te-šup*
	2	DUMU *Ar-ru-um-ti*
	3	*ù* ^{m}*Ba-i-te-šup* ÌR *ša*
	4	^{m}*Ši-il*-WA-*te-šup a-na ma-ru-ti* <*i-te-pu-uš*>
	5	*ù ki-ma* ḪA.LA-*šu* 8 GIŠ.APIN A.ŠÀ
	6	*i+na* A.GÀR URU *Nu-zi*
	7	*i+na šu-pa-al* A.ŠÀ *ša* ^{m}*Nu-la-za-ḫe*
	8	*i+na il-ta-an* A.ŠÀ *ša* ^{m}*Ti-e-eš*-WA-*nu-uḫ-ni*
	9	*i+na šad-dá-an* A.ŠÀ *ša* ^{m}*A-ri-ip-še-ri-iš*
	10	*ù i+na sú-ta-an* A.ŠÀ *ša* ^{m}*Ši-il*-WA-*te-šup*
	11	*a-na* ^{m}*Ba-i-te-šup* SUM-*din*
	12	*ù* ^{m}*Ba-i-te-šup* 3 ANŠE 1 (PI) 2 BÁN ŠE
	13	*ki-ma* NÍG.BA-*šu a-na* ^{m}*Šúk-ri-t*[*e-šup* SUM-*din*]
	14	*um-ma* ^{m}*Šúk-ri-te-šup-ma*
	15	A.ŠÀ *šá-a-šu ù* ^{m}*A-ki-ia*
	16	DUMU ^{m}*Ge-e-li-ia ki-ma* 4 UDU.MEŠ
	17	*a-na di-te-en-nu-ti ú-ka*$_4$-[*a*]*l*
	18	*ù* ^{m}*Ba-i-te-šup* 4 UDU.MEŠ
	19	[*š*]*a* KA-*i tup-pí-šu ša* ^{m}*A-ki-i*[*a*]
	20	*a-na* ^{m}*A-ki-ia ú-ta-ar-ma*
	21	*ù* A.ŠÀ *i-leq-qè*
	22	*šum-ma* A.ŠÀ *šá-a-šu i+na mi-in-dá-ti*
u.Rd.	23	*i-ra-ab-bi la a-na-ak-ki-is*
	24	*šum-ma* A.ŠÀ *pa-qí-ra-na*
	25	TUK-*ši ù* A.ŠÀ *šá-a-šu-ma*
	26	*a-za-ak-ka*$_4$-*ma a-na*
Rs.	27	^{m}*Ba-i-te-šup a-na-an-din*
	28	*il-ku ša* A.ŠÀ *a-na-ku*
	29	*na-a-ši ù* ^{m}⸢*Ba-i*⸣-*te-šup*
	30	[*l*]*a na*-⸢*a-ši*⸣ [x x (x)]-*ni*
	31	[
	32	[x x x x]*x x*[237][
	33	⸢3⸣ [ANŠE 1 (PI) 2 BÁN] ŠE *ki-ma* ⸢NÍG.BA⸣
	34	*a-šar* ^{m}[*Ba-i*]-⸢*te-šup*⸣ *e*[*l-t*]*e-qè*
	35	*ù ap-la-ku-mi* ⸢*ù*⸣ ^{m}*Ba-i-te-šup*
	36	*qa-an-na-šu i*[*m*]-*ta-š*[*ar*]
	37	*ma-an-nu* ⸢*ša i+na*⸣ *be*-⸢*ri*⸣-[*š*]*u*-[*nu*] KI.BAL-*at*
	38	⸢1⸣ MA.NA [KÙ.BABBAR 1 M]A.NA [KÙ.SI$_{22}$ S]A$_5$-*la*
	39	[IGI *Zi-i*]*q*-⸢*ni-ia*⸣ DU[MU *Šá*]-*ri*-⸢*iš*⸣-*še*
	40	I[GI *Qí-i*]*p-dá-li-li* ⸢DUMU⸣ *Šu-ru-uq-qa*
	41	IG[I *Ši-i*]*l-wa-a+a* DUMU *Túl*$^{?}$-*tu*$_4$
	42	⸢3⸣ [LÚ.MEŠ *mu*]-⸢*še-el-wu*⸣ *ša* A.ŠÀ

237 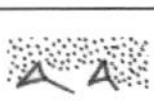

	43	⸢*ù*⸣ *na-d*[*i*]*-*⸢*na-nu ša*⸣ ŠE.MEŠ
	44	IGI *Ar-šá-a-pu* DUMU *Ip-šá-a+a*
	45	IGI *Ku-uš-ši-*⸢*ia*⸣ [DU]MU *Ḫa-na-a+a*
	46	⸢*ma-ṣar*⸣ KÁ.GA[L]
	47	IGI *Ši-ma-an-i*[*š-t*]*ar* DUB.SAR DUMU ^{d}AK-DINGIR.RA
	48	*tup-pu i+na* ⸢EGIR⸣*-ki šu-du-ti*
	49	*ina* URU *Nu-zi a-šar* KÁ.GAL *šá-ṭì-ir*
	50	NA4 ^{m}*Ku-uš-ši-ia* NA4 ^{m}*Qí-ip-dá-li-li*
o.Rd.		(Siegel Nr. 494) (Siegel Nr. 495)
l.Rd.	51	NA4 ^{m}*Zi-iq-ni-*⸢*ia* NA4 ^{m}*Šúk*⸣-[*ri-te-š*]*up* NA4 ^{m}*Ar-šá-a-pu*
		(Sglabr. Nr. 53) | (Sglabr. Nr. 496) | (Sglabr. Nr. 497) | Sglab. Nr. 498)
	52	EN-*el* A.ŠÀ NA4 ^{m}*Ši-il-w*[*a-a+a*]

1-4 Adoptionsurkunde des Šukri-teššup, Sohnes des Ar-rumti; Pai-teššup, den Sklaven des Šilwa-teššup, hat er adoptiert.

5-11 Und als sein Erbteil hat er dem Pai-teššup 8 *awiḫaru* Feld in der Gemarkung von Nuzi, westlich des Feldes des Nulazaḫe, nördlich des Feldes des Tiešwanuḫni, östlich des Feldes des Arip-šeriš und südlich des Feldes des Šilwa-teššup, gegeben.

12-13 Und Pai-teššup hat dem Šukri-teššup 3,8 ANŠE Gerste als sein Geschenk gegeben.

14-21 Folgendermaßen (sagte) Šukri-teššup: „Dieses Feld hält Akia, der Sohn des Kelia, als Nutzungspfand für vier Schafe in Besitz. Nun wird Pai-teššup die vier Schafe nach dem Wortlaut der Urkunde des Akia dem Akia zurückgeben und das Feld übernehmen.

22-23 Wenn das betreffende Feld in (seinem) Maß größer (als in dieser Urkunde angeben) ist, werde ich nichts abschneiden.

24-27 Falls das Feld vindiziert werden sollte, werde ich das betreffende Feld (von Ansprüchen) freimachen und dem Pai-teššup geben.

28-30 Die *ilku*-Verpflichtung des Feldes trage ich, und Pai-teššup trägt (sie) nicht.

30-32 [...]

33-35 3,8 ANŠE Gerste habe ich von Pai-teššup als Geschenk entgegengenommen, und ich bin (hinsichtlich meiner Ansprüche) befriedigt."

35-36 Und Pai-teššup hat seinen Gewandsaum (*über den Boden*) *geschleift*(?).

37-38 Wer von ihnen den Vertrag bricht, muss 1 Mine Silber (und) 1 Mine Gold zahlen.

39 [Zeuge: Zi]qnia, Sohn des [Ša]rišše,

40 Z[euge: Qī]p-dalīlī, Sohn des Šurukka,

41 Zeu[ge: Ši]lwaja, Sohn des Tultu,

42-43 Drei Männer, die das Feld vermessen und die Gerste übergeben haben.

44 Zeuge: Arš-apu, Sohn des Ipšaja,

45-46 Zeuge: Kuššia, Sohn des Ḫanaja, Torwächter,

47 Zeuge: Šimânni-ištar, Schreiber, Sohn des ^{d}AK.DINGIR.RA.

48-49 Die Tafel ist nach der Information in Nuzi am Stadttor geschrieben.

50 Siegel des Kuššia, Siegel des Qīp-dalīlī,
51-52 Siegel des Ziqnia, Siegel des Šukri-teššup, des Besitzers des Feldes, Siegel des Arš-apu, Siegel des Šilw[aja].

Ed.: Cassin, L'adoption, 246-248; Morrison, Šilwa-Tešup, 36-38; Saarisalo, Slaves, 18-20.

1, 13, 14, 51: Šukri-teššup S. Ar-rumti ist nach den im sog. „Haus des Zike", Raum 34, gefundenen „*rākib narkabti*-Listen" (zu diesen s. Dosch, Streitwagenfahrer), ein „Streitwagenfahrer", s. HSS XIII 6, Dosch, l.c., p.105-108, Nr. 28: 15; HSS XIII 212, Dosch, l.c., p. 109-111, Nr. 30: 13; HSS XIII 218 + SMN 1625, Dosch, l.c., p. 93-95, Nr. 21a: 33; HSS XVI 334, Dosch, l.c., p. 95, Nr. 21b: 4-5. Damit gehört Šukri-teššup der höchsten militärischen Klasse an, zu der die Söhne der Oberschicht einschließlich des Königshauses zählen. Seine persönliche ökonomische Lage scheint allerdings eher angespannt zu sein: Der vorliegenden Urkunde nach überträgt er im Rahmen eines *mārūtu*-Vertrags dem Verwalter des Šilwa-teššup ein Feld und erhält dafür Gerste. Das betreffende Feld hält jedoch ein Hirte, von dem Šukri-teššup im Rahmen eines *titennūtu*-Geschäfts dafür vier Schafe erhalten hat. Da Šukri-teššup offenkundig zur Rückzahlung nicht in der Lage ist, übernimmt dies Pai-teššup, dem der Erwerb des Feldes anscheinend wichtig ist. Da dieses Feld an ein Feld des Šilwa-teššup angrenzt (s. l. 10), ist es möglich, dass Pai-teššup im Auftrag seines Herrn handelt. Ganz ähnlich HSS V 56: hier übereignet Šukri-teššup gemäß einem *mārūtu*-Vertrag dem Kunnu S. Tarmia ein Feld und erhält im Gegenzug 9 Minen Zinn. Das Feld jedoch ist *ana titennūti* im Besitz von Ilānu S. Tajuki, der dafür 5 ANŠE Gerste, 5 Minen Wolle und 3 Minen Zinn gezahlt hat, die nun von Kunnu dem Ilānu erstattet werden.
In HSS XIX 113: 19f. und JEN 134: 13 erscheint Šukri-teššup als Zeuge.
3: Zu Pai-teššup s. AdŠ 568, Anm. zu l. 22 (oben p. 93).
15, 19, 20: Im Rahmen eines Kreditkaufs leistet Akia S. Kelia nach HSS XIX 128 eine Teilvorauszahlung an Artaja S. Puitae, der ihm zu einem festgesetzten Zeitraum einen fähigen nulluäischen Sklavenjungen (1 *ṣuḫāru wardu ša māti nulluā'e ša šina ammati u šamallû damqu*) liefern und dann die Restzahlung empfangen soll.
28: Zu *ilku* s. AdŠ 554, Anm. zu l. 19 (oben, p. 67).
36: Cf. oben Nr. 604: 32-33, Nr. 609: 29-30; zu *qanna-šu mašāru* s. AdŠ Heft 4, p. 135sq., Anm. zu ll. 7 sq.
39, 51: Ziqnia S. Šarišše ist Zeuge in JEN 128: 18, 22; HSS V 10: 18, 22; 73: 49; XIV 106: 38.
40, 50, 41, 52, 44, 51: Qīp-dalīlī S. Šurukka, Šilwaja S. Tultu und Aršapu S. Ipšaja sind anderweitig nicht bezeugt.
45, 50: Torwächter Kuššia S. Ḫanaja ist Zeuge in JEN 573: 35; HSS V 26: 27f., 32; XIX 124: 40, lk. Rand; EN 9/1, 160: 25f.; 199: 20f.; Gadd 57: 14; Donbaz, SCCNH 2, D 137: 13, 15.
47: Šimânni-ištar ist die Vollform des meist zu Šimânni verkürzten Namen. Eine weitere Vollform des Namens lautet Šimânni-adad. Als Vater wird jeweils ^{d}AK-DINGIR.RA genannt.
48: Zu *šūdûtu* „Information" s. AdŠ 603, Anm. zu l. 31 (oben p. 164f.).
49: Der Name des Tores wird hier nicht genannt, es handelt sich aber sicherlich um das Tiššae-Tor; zu diesem s. AdŠ 551, Anm. zu ll. 40f. (oben, p. 59).

Nr. 609

tuppi mārūti; Tarmi-teššup, der Sohn des Enna-mati, adoptiert Pai-teššup vererbt ihm einen 100 x 40 Ellen messenden (Baum-)Garten in Nuzi und erhält von ihm 5,5 ANŠE Gerste.

SMN 130; IM 50799; HSS IX 19; A 26; 69 x 109 x 32; nicht koll.; Textzustand nach EP.

Vs.	1	*tup-pí ma-ru-ti*
	2	*ša* ^{m}*Tar-mi-te-šup* DUMU *En-na-ma-ti*
	3	^{m}*Pa-i-te-šup* ÌR *ša* ^{m}*Ši-il*-WA-*te-šup* DUMU LUGAL
	4	*a-na ma-ru-ti i-te-pu-uš*
	5	GIŠ.KIRI$_6$ *i+na* URU *Nu-zi*
	6	1 *ma-at i+na am-ma-ti mu-ra-ak-šu*
	7	*ù* 40 *i+na am-ma-ti ru-pu-us-sú*
	8	*i+na su-ta-na-an* KASKAL *ša* URU DINGIR<.MEŠ>
	9	*i+na il-ta-na-an* GIŠ.KIRI$_6$ *ša* ^{m}*A-ri-ip-še-ri-iš*
	10	*i+na* KI.TA-*nu* GIŠ.KIRI$_6$ *ša* ^{m}*Du-ra-ar-te-šup*
	11	*ù i+na* AN.TA-*nu* GIŠ.KIRI$_6$ *ša* ^{m}*A-ri-ip-še-ri-iš-ma*
	12	^{m}*Tar-mi-te-šup ki-ma* ḪA.LA-*šu*
	13	*a-na* ^{m}*Pa-i-te-šup id-din*
	14	*ù* ^{m}*Pa-i-te-šup* 5 ANŠE 5 BÁN ŠE.MEŠ
	15	*ki-ma* NÍG.BA-*šu a-na* ^{m}*Tar-mi-te-šup id-din*
	16	*šum-ma* GIŠ.KIRI$_6$ *ša-a-šu i+na mi-in-dá-ti*
	17	*i-ra-ab-bu-ú ina* ŠÀ GIŠ.KIRI$_6$ *ša-a-šu*
	18	*la i+na-ak-ki-is ù la ú-ra-ad-dá*
	19	*šum-ma* GIŠ.KIRI$_6$ *pí-ir-qa ir-ta-ši*
	20	GIŠ.KIRI$_6$ *ša-a-šu-ma* ^{m}*Tar-mi-te-šup*
	21	*ú-za-ak-ka*$_4$*-ma a-na* ^{m}*Pa-i-te-šup*
	22	*i+na-an-din il-ku ša* GIŠ.KIRI$_6$
	23	^{m}*Tar-mi-te-šup-ma na-ši ù* ^{m}*Pa-i-te-šup la na-ši*
	24	EME-*šu ša* ^{m}*Tar-mi-te-šup a-na pa-ni*
u.Rd.	25	LÚ.MEŠ *ši-bu-ti an-nu-ti iq-ta-bi*
	26	⸢5⸣ ANŠE 5 BÁN ŠE *ki-ma* NÍG.BA-*ti*
	27	[*a-šar*] ^{m}*Pa-i-te-šup el-te-qè*
	28	[*ù a*]*p-*⸢*la-ku-mi ù*⸣ ^{m}*Pa-i-te-šup*
Rs.	29	*qa*$^{!}$*-an*$^{!}$*-na*$^{!}$*-šu a-na pa-ni* LÚ *ši-*⸢*bu-ti an-nu*⸣-[*ti*]
	30	[*i*]*m-*[*t*]*a-š*[*ar*] ⸢*ma*⸣*-an-nu ša* KI.BAL-*tu*$_4$
	31	1 MA.NA KÙ.BABBAR 1 MA.NA KÙ.SI$_{22}$ SA$_5$
	32	*tup-pí ina* EGIR *šu-du-ti*
	33	*ina* KÁ KÁ$^{!}$.GAL *Di-iš-šá-e*
	34	*ša* URU *Nu-zi ina* ITI *Ḫu-tal-ši ša-ṭì-ir*
		———————————————
	35	IGI *Ḫa-ši-ip-til-la* DUMU *Ar-ši-mi-qa*
	36	IGI *Ur-ḫi-til-la* DUMU *Ta-ḫi-ri-iš-ti*
	37	IGI *Du-ra-ar-te-šup* DUMU *A-bu-*DÙG.GA$^{!}$
	38	IGI *A-kip-še-en-ni* DUMU *Ni-nu-a-tal*
	39	4 LÚ.MEŠ *an-nu-tu*$_4$ *il-mu-ú ša* GIŠ.KIRI$_6$
	40	IGI *Du-ra-ri* DUMU *Pu-ḫi-ia*
	41	IGI *Ku-uz-zu* DUMU *A-ri-ge-el-be*

42 IGI *E-téš-še-en-ni* DUMU *Wi-ir-ri-qa*
43 IGI DINGIR-*ni-šu* DUMU *Ḫa-ma-an-na* LÚ.EN.NU.UN <KÁ>.GAL
44 IGI *Du-ra-a+a* DUMU *Ša-li-be-li*
45 IGI *A-bi*-DINGIR DUMU ^{d}AK-DINGIR.RA DUB.SAR
46 *an-nu-tu*$_{4}$ *ši-bu-tu*$_{4}$ *na-di-na-nu ša* ŠE.MEŠ
47 NA$_{4}$ ^{m}*A-bi*-DINGIR DUB.SAR
48 NA$_{4}$.KIŠIB ^{m}*Ku-uz-zu*
49 NA$_{4}$.KIŠIB ^{m}*Ḫa-ši-ip-til-la*
o.Rd. 50 NA$_{4}$.KIŠIB ^{m}*Du-ra-ar-te-šup*
51 NA$_{4}$ ^{m}*A-kip-še-en-ni*
52 NA$_{4}$ ^{m}*Ur-ḫi-til-la*
53 NA$_{4}$ ^{m}*E-téš-še-en-ni*
l.Rd. 54 NA$_{4}$.KIŠIB ^{m}*Tar-mi-te-šup* EN GIŠ.KIRI$_{6}$
55 NA$_{4}$ ^{m}DINGIR-*ni-šu*
56 NA$_{4}$ ^{m}*Du-ra-a+a*
57 NA$_{4}$ ^{m}*Du-ra-ri*

1-4 Adoptionsurkunde des Tarmi-teššup, Sohnes des Enna-mati; Pai-teššup, den Sklaven des Šilwa-teššup, Sohnes des Königs, hat er adoptiert.
5-13 Einen Garten in Nuzi – 100 Ellen ist seine Länge und 40 Ellen seine Breite, südlich der Straße nach Āl ilāni, nördlich des Gartens des Arip-šeriš, westlich des Gartens des Turar-teššup und östlich des Gartens desselben Arip-šeriš – hat Tarmi-teššup dem Pai-teššup als sein Erbteil gegeben.
14-15 Und Pai-teššup hat dem Tarmi-teššup 5,5 ANŠE Gerste als sein Geschenk gegeben.
16-18 Wenn der betreffende Garten in (seinem) Maß größer (als in dieser Urkunde angeben) ist, wird er nichts abschneiden und nichts hinzufügen.
19-22 Falls der Garten vindiziert werden sollte, wird Tarmi-teššup den betreffenden Garten (von Ansprüchen) freimachen und dem Pai-teššup geben.
22-23 Die *ilku*-Verpflichtung des Gartens trägt Tarmi-teššup, und Pai-teššup trägt (sie) nicht.
24-28 Erklärung des Tarmi-teššup; vor diesen Zeugen hat er erklärt: „5,5 ANŠE Gerste habe ich von Pai-teššup als Geschenk entgegengenommen, und ich bin (hinsichtlich meiner Ansprüche) befriedigt."
28-30 Und Pai-teššup hat seinen Gewandsaum vor diesen Zeugen (*über den Boden*) *geschleift*(?).
30-31 Wer den Vertrag bricht, muss 1 Mine Silber (und) 1 Mine Gold zahlen.
32-34 Die Tafel ist nach der Information im Durchgang des Tiššae-Tores in Nuzi im Monat Ḫutalše geschrieben.
35 Zeuge: Ḫašip-tilla, Sohn des Ar-šimika,
36 Zeuge: Urḫi-tilla, Sohn des Taḫirišti,
37 Zeuge: Turar-teššup, Sohn des Abbūt-ṭābi,
38 Zeuge: Akip-šenni, Sohn des Ninu-atal,
39 diese 4 Männer haben den Garten vermessen.
40 Zeuge: Turari, Sohn des Puḫia,

41 Zeuge: Kuzzu, Sohn des Arik-kelpe,
42 Zeuge: Eteš-šenni, Sohn des Wirrika,
43 Zeuge: Ila-nīšu, Sohn des Ḫamanna, des Torwächters,
44 Zeuge: Turaja, Sohn des Šalim-bēlī,
45 Zeuge: Abī-ilu, Sohn des ^{d}AK.DINGIR.RA, des Schreibers,
46 diese Zeugen sind die Übergeber der Gerste.
47 Siegel des Schreibers Abī-ilu,
48 Siegel des Kuzzu,
49 Siegel des Ḫašip-tilla,
50 Siegel des Turar-teššup,
51 Siegel des Akip-šenni,
52 Siegel des Urḫi-tilla,
53 Siegel des Eteš-šenni,
54 Siegel des Tarmi-teššup, des Besitzers des Gartens.
55 Siegel des Ila-nīšu,
56 Siegel des Turaja,
57 Siegel des Turari.

Lit.: Cassin, L'adoption, 248-250; Morrison, Šilwa-Tešup, 33-36; Saarisalo, Slaves,15-17.

2: Zu Tarmi-teššup S. Enna-mati s. AdŠ 606, Anm. zu ll. 2-3 (oben p. 175). Auch dort erwirbt Pai-teššup mittels eines *mārūtu*-Vertrages ein Gartengrundstück.
3: Zu Pai-teššup s. AdŠ 568, Anm. zu l. 22 (oben p. 93).
9, 11: Ein Arip-šeriš ist auch in AdŠ 552: 14 (Garten in Tašenniwe) und 608: 9 (Feld in Nuzi) Anrainer des Šilwa-teššup, allerdings fehlt in allen drei Fällen der Vatersname.
22: Zu *ilku* s. AdŠ 554, Anm. zu l. 19 (oben, p. 67).
29sq.: Cf. oben Nr. 604: 31-33, Nr. 608: 36; zu *qanna-šu mašāru* s. AdŠ Heft 4, p. 135sq., Anm. zu ll. 7 sq.
32: Zu *šūdûtu* „Information" s. AdŠ 603, Anm. zu l. 31 (oben p. 164f.).
33: Zu dem Tiššae-Tor s. AdŠ 551, Anm. zu ll. 40f. (oben, p. 59).
35, 49: Zu Ḫašip-tilla S. Ar-šimika s. HSS XIII 65: 17f., XIX 17: 36, 43; 146: 40, 51; EN 9/1, 312: 3; EN 9/2, 156: 24f.; EN 9/3, 64: 13, 25.
36, 52: Zu Urḫi-tilla S. Taḫirišti s. AdŠ 610: 34, 43 (unten p. 190).
37, 50: Zu Turar-teššup S. Abbūt-ṭābi s. AdŠ 587: 13, 15, 16, 20, 27, 35, 40 (oben p. 133); AdŠ 612: 28'f., 41' (oben p. 194).
38, 51: Akip-šenni S. Ninu-atal ist anderweitig nicht bezeugt.
40, 57: Zu Turari S. Puḫia s. AdŠ 557: 25, 36, Anm. zu l. 25 (unten p. 76); AdŠ 566: 39 (unten p. 90); AdŠ 610: 32, 40 (unten p. 191); AdŠ 636: 17, 21 (oben p. 245f.); AdŠ 637: 37, 42 (oben p. 248).
41, 48: Zu Kuzzu S. Arik-kelpe s. JEN 61: 34; EN 9/2, 29: 30.
42, 53: Eteš-šenni S. Wirrika ist anderweitig nicht bezeugt.
43, 55: Zu dem Torwächter (*maṣar abulli*, EN.NU.UN.KÁ.GAL, *abultannu*) Ila-nīšu S. Ḫamanna s. AdŠ 610: 37f., 42 (unten p. 190); JEN 9: 37, 43; 61: 39; 102: 50, 56; 192: 28, 29; 196: 35; 402: 27; AASOR 16, 93: 19; HSS V 59: 42; 60: 24; XIII 163: 24, 34; XIV 595: 22, 24 (= AdŠ 715); XIX 7: 49, 53; EN 9/2, 29: 32, 34.
44, 56: Turaja S. Šalim-bēlī ist anderweitig nicht bezeugt.
45, 37: Zu dem Schreiber Abī-ilu S. ^{d}AK.DINGIR.RA s. JEN 105: 41; AASOR 16, 65: 37; HSS IX 107: 22; XIX 21: 29, 35; EN 9/1, 123: 36; 349: 16, 20.

Nr. 610

tuppi mārūti; Tupkia, der Sohn des Šurki-tilla, adoptiert Pai-teššup, Sklave (und Verwalter) des Šilwa-teššup, vererbt ihm sein gesamtes Eigentum an Immobilien und beweglichen Gütern und erwirbt im Gegenzug einen Anspruch auf lebenslängliche Versorgung, aufmerksame Behandlung und nach seinem Tod angemessene Bestattung.

SMN 1044 + 1586; IM 50834 (= SMN 1044); HSS IX 22[238] + EN 10/1, 27; A 11; 68 x 100 x 31; koll.; Join 1987, nicht fixiert; Textzustand 1983, 1987.

Vs.	1	*tup-pí ma-ru-ti ša* ^{m}*T[u]p-ki-ia*
	2	DUMU *Šur-ki-til-la* ^{m}*Pa-⸢i⸣-te-šup* ÌR
	3	*ša* ^{m}*Ši-il-*[W]A-*t[e]-šup* DUMU LUGAL *a-na*
	4	*ma-ru-ti ⸢i⸣-t[e-p]u-uš um-ma*
	5	^{m}*Tup-ki-ia-[m]a* ^{m}*Pa-i-te-šup a-na*
	6	*ma-ru-ti ⸢e⸣-te-pu-uš mi-nu-um-m[e-e]*
	7	A.ŠÀ.MEŠ-*ia* ⸢É⸣.ḪI.A-*ia i+na* URU *Ši-ni-[na]*
	8	*mi-im-mu-ia [š]u-un-ši 1-en-ia*
	9	*ḫa-aṣ-bu ša [i]-⸢ša⸣-ti ki-ma*
	10	ḪA.LA-*šu a-na* ^{m}*Ba-i-te-⸢šup⸣ [at-ta-din(-mi)]*
	11	*a-dì-i* ^{m}*Tup-ki-ia bal-[ṭú]*
	12	*ù* ^{m}*Pa-i-te-šup* ŠE.BA *[ù lu-bu-ul-ta]*
	13	*i+na-an-din-aš-šu ù ⸢i⸣-p[al-la-aḫ-šu]*
	14	*e-nu-ma* BA.ÚŠ *i-ba-ak-[ki-šu]*
	15	*ù i-qè-eb-bé-er-š[u]*
	16	DUMU-*ra ša-na-am i+na* UG[U-*ḫi-š*]*u*
	17	*ša* ^{m}*Pa-i-te-šup la i-pu-⸢uš⸣*
	18	A.ŠÀ.MEŠ *ù* É.MEŠ *a-na ši-mi*
	19	*la i+na-an-din il-ki-šu*
	20	*ša* ^{m}*Tup-ki-ia ù* ^{m}*Tup-ki-ia-ma*
	21	*na-ši ù* ^{m}*Pa-i-te-šup*
	22	*la na-ši um-ma* ^{m}*Tup-ki-ia-ma*
u.Rd.	23	*mi-nu-um-me-e* KÙ.BABBAR *ša*
	24	DUMU.MUNUS.MEŠ-*ia i+na bá-a-bi*
	25	*ša aš-bu ù* ^{m}*Pa-i-te-šup*
Rs.	26	*ú-ša-ad-dá-an ù i-leq-qè*
	27	*ma-an-nu i+na be-ri-šu-nu ib-bala-kat*
	28	1 MA.NA KÙ.BABBAR 1 MA.NA KÙ.SI$_{22}$ SA$_{5}$-*la*

---

238 Die Abzeichnung in HSS IX 22 bietet keilschriftliche Ergänzungen, die nicht immer richtig sind.

29 *tup-pí an-ni-i i+na* EGIR-*ki šu-du-ti*
30 *i+na* ŠÀ-*bi* URU *Nu-zi i+na* KÁ.GAL
31 *Ti-iš-šá-e šá-ṭì-ir*
32 IGI *Du-ra-ri* DUMU *Pu-ḫi-ia*
33 IGI *Ta-i-te-a* DUMU *Ta-an-te-e-a*
34 IGI *Ur-ḫi-til-la* DUMU *Ta-ḫi-ri-iš-ti*
35 IGI *A-ki-ia* DUMU *Ti-ri-ku*
36 IGI *Zi-li-iḫ-ḫa-ma-an-na* DUMU *Éḫ-l*[*i*$^{?}$-
37 IGI DINGIR-TUK-*šu* DUMU *Ḫa-ma-an-na*
38 LÚ *ma-ṣar* KÁ.GAL
39 IGI ^{d}30-KUR-*ni* DUB.SA[R] ⸢DUMU *A*⸣-*mur*-LUGAL
(Siegel Nr. 507) (Siegel Nr. 508)
40 NA$_4$ ^{m}*Du-ra-ri*
41 NA$_4$ ^{m}*Ta-i-te-a*
(Siegel Nr. 506) (Siegel Nr. 509)
42 NA$_4$ ^{m}DINGIR-TUK-[*šu*] NA$_4$ ^{m}⸢*Zi*⸣-[*l*]*i*-[*iḫ-ḫa-ma-an-na*]
o.Rd. (Siegel Nr. 504)
43 NA$_4$ ^{m}*Ur-ḫi-til-la*
l.Rd. (Siegel Nr. 511) (Siegel Nr. 510)
44 NA$_4$ DUB.SAR NA$_4$ ^{m}*A-ki-ia*

1-4 Adoptionsurkunde des Tupkia, Sohnes des Šurki-tilla; Pai-teššup, den Sklaven des Šilwa-teššup, Sohnes des Königs, hat er adoptiert.
4-10 Folgendermaßen (sagte) Tupkia: „Pai-teššup habe ich adoptiert. Meine sämtlichen Felder und Häuser in Šin[ina], meine gesamte Habe (bis zu) einer Scherbe der Feuerstelle [habe ich] dem Pai-teššup als sein Erbteil gegeben."
11-13 Solange Tupkia lebt, wird Pai-teššup ihm Gerstenrationen [und Kleidung] geben, und er wird ihn res[pektvoll behandeln.]
14-15 Wenn er stirbt, wird er die Trauerriten ausführen und ihn begraben.
16-17 Einen anderen Sohn zusätzlich zu Pai-teššup wird er nicht adoptieren.
18-19 Felder und Häuser wird er nicht verkaufen.
19-22 Die *ilku*-Verpflichtung des Tupkia trägt allein Tupkia, und Pai-teššup trägt (sie) nicht.
22-26 Folgendermaßen (sagte) Tupkia: „Alles Geld meiner Töchter, die draußen wohnen, darf Pai-teššup sich herausgeben lassen, und er darf (es) an sich nehmen."
27-28 Wer von ihnen den Vertrag bricht, muss 1 Mine Silber (und) 1 Mine Gold zahlen.
29-31 Die Tafel ist nach der Information in Nuzi im Tiššae-Tor geschrieben.
32 Zeuge: Turari, Sohn des Puḫia,
33 Zeuge: Tai-tea, Sohn des Tantea,
34 Zeuge: Urḫi-tilla, Sohn des Taḫirišti,
35 Zeuge: Akia, Sohn des Tiriku,

36 Zeuge: Ziliḫ-ḫamanna, Sohn des Eḫl[i?-]
37-38 Zeuge: Ila-nīšu, Sohn des Ḫamanna, Torwächter,
39 Zeuge: Sîn-šadûni, Schreiber, Sohn des Āmur-šarra.
40 Siegel des Turari,
41 Siegel des Tai-tea
42 Siegel des Ila-nīšu, Siegel des Zili]ḫ-ḫamanna],
43 Siegel des Urḫi-tilla.

Lit.: Cassin, Adoption, 280f.; Morrison, Šilwa-Tešup, 40-42; Paradise, Inheritance, 60-63; Saarisalo, Slaves, 23-24.

1, 5, 11, 20, 22: Tupkia S. Šurki-tilla ist anderweitig nicht bezeugt.

2, 5, 10, 12, 17, 20, 21, 25: Zu Pai-teššup s. AdŠ 568, Anm. zu l. 22 (oben p. 93).

7: Zu der Stadt Šinina s. Fadhil, Topographie, 150-157; Fincke RGTC 10, 255 mit Lit.; Zur Lage (ca. 15 km südwestlich von Nuzi) s. G. Müller, HSAO 7, 100 und Faltkarte.

8-9: Für den Ausdruck „meine gesamte Habe (bis zu) einer Scherbe der Feuerstelle" (in deutscher Idiomatik heißt es „bis auf den letzten Pfennig") s. auch HSS XIX 10, 28f.: *mimma šun-šu* 1-*en* NÍG *ḫaṣabtu ša* IZI; EN 11/2, 87:9': *ḫaṣbu ša išāti*. Häufiger findet sich „*u ana* 1-*en* NÍG.MEŠ-*ia*.

18f.: Zu dem von dem Erblasser verfügten Verbot des Verkaufs von Grundbesitz aus seinem Nachlass s. Fincke, Fs. Wilhelm, 128.

19: Zu *ilku* s. AdŠ 554, Anm. zu l. 19 (oben, p. 67).

29: Zu *šūdûtu* „Information" s. AdŠ 603, Anm. zu l. 31 (oben p. 164f.).

30-31: Zu dem Tiššae-Tor s. AdŠ 551, Anm. zu ll. 40f. (oben, p. 59).

32, 40: Zu Turari S. Puḫia s. AdŠ 557, Anm. zu l. 25 (oben p. 76).

33, 41: Tai-teja S. Tan-teja ist anderweitig nicht bezeugt.

34, 43: Zu Urḫi-tilla S.Taḫirišti s. AdŠ 609: 36.

35: Zu Akia S. Tiriku s. JEN 130 :12.

36, 42: Ziliḫ-ḫamanna S. Eḫl[i?-...] ist anderweitig nicht bezeugt.

37f.: Zu dem Torwächter Ila-nīšu S. Ḫamanna s. AdŠ 609, Anm. zu l. 43, 45 (oben p. 188).

39: Zu dem Schreiber Sîn-šadûni S. Āmur-šarra s. HSS XIX 30: 31 (neue Zählung Rev. 15' nach Join, s. dazu Fincke, SCCNH 8, 280; SCCNH 10, 430-432), EN/1, 433: 31; EN/3, 20; Jank. Rs. 6.

Nr. 611

tuppi titennūti; Ḫa[...], der Sohn des Ḫanaja, gibt Pai-teššup ein Feld in der *dimtu* Šelwuḫu als Nutzungspfand auf vier Jahre.

SMN 1849(?) oder SMN 1682[239]; EN 9/1 243; keine Raumangabe; 67 x 64(frg.) x 37; Textzustand nach EN 9/1, 243 und Kollation 1987.

239 In SCCNH 2, p. 367, wird dieser Tafel mit einer Andeutung von Unsicherheit die SMN-Nr. 1849(?) zugewiesen. Lacheman jedoch zitiert sie in PNKA als SMN 1682 (s. sub H 92, 78 und T 159, 54).

Vs.	1	[*tup-p*]*í ti-t*[*e-en-nu-ti*] *ša* ^{m}*Ḫ*[*a-*[240]]
	2	DUMU *Ḫa-na-a+a* 1 ANŠE A.Š[À]
	3	*i+na* AN.ZA.GÀR *Š*[*e-el*]*-wu-ḫ*[*u*]
	4	*i+na e-le-n*[*u*] ⸢A⸣.[Š]À.MEŠ
	5	[*š*]*a* ^{m}*Ši-il-*WA-[*t*]*e-šup*
	6	⸢*i*⸣+[*n*]*a šu-*⸢*pa-al*⸣ ⸢A⸣.[ŠÀ *š*]*a*
	7	^{m}*Tar-mi-*⸢*te*⸣-[*šu*]*p i*$^{!}$*+na*$^{!}$ *il-*⸢*ta*⸣-[*n*]*a-nu*
	8	KASKAL.MEŠ-*ni ša* URU *A-be-na*[(*-aš*)]
	9	*a-na di-te-en-nu-ti* <*a-na*> 4 M[U.MEŠ-*ti*]
	10	*a-na* ^{m}*Pa-i-*[*t*]*e-šup* DUMU ⸢*Ḫa*⸣-[*na-a+a*]
	11	[*it-t*]*a-din* ⸢*ù*⸣ ^{m}*Pa-*⸢*i*⸣-[*te-šup*
	12	[x x] x[
		(Rest zerstört)
Rs.		(Anfang zerstört)
		(Siegel Nr. 513)
	13	(Siegel Nr. 512) N[A$_4$]
	14	[N]A$_4$ *Ur-ḫi-te-šup* [ ]x x
		(Siegel Nr. 514) (Siegel Nr. 515)
	15	NA$_4$ *Ni-ḫé-er-*[*te-šup* NA$_4$ *A-ri*]*-*⸢*ib-bar*⸣$^{?}$*-n*[*i*$^{?}$
		(Siegel Nr. 516)
	16	x x[
o. Rd.	17	[N]A$_4$ ⸢*A*⸣*-ki-pa-*⸢*pu*⸣
		(Siegel Nr. 517)
	18	[NA$_4$ (x)] ⸢x x x⸣ [ ]
l. Rd.	19	[NA$_4$] ⸢x x x⸣[ ]
		[ ] (Siegel Nr. 518)

1-2	*titennūti*-Urkunde des Ḫa[...], Sohnes des Ḫanaja.
2-11	Ein ANŠE Feld in der *dimtu* Šelwuḫu, östlich des Feldes des Šilwa-teššup, westlich des Feldes des Ḫui-teššup, nördlich der Straße von Abena, hat Pai-teššup, der Sohn des Ḫ[anaja], als Nutzungspfand auf vier Jahre gegeben.
11-12	Und Pa[i-teššup ...] [...]
13	Sie[gel des
14	Siegel des Urḫi-teššup, [
15	Siegel des Niḫer-[teššup, Siegel des Ari]p-parni,
17	Siegel des Akip-apu,
18	[Siegel des] ... [
19	[Siegel des ...[

3: Zu Šelwuḫu s. AdŠ 550, Anm. zu l. 1 und ll. 47-58 (oben p. 52f.), AdŠ 614, Anm. zu l. 40. Lit.: Fadhil, Topographie, 143-150; Fincke, RGTC 10, 249f.

240 Lesung nach Lacheman, PNKA, H 92, 78.

5: Silwa-teššup, der hier als Feldnachbar genannt ist, besitzt nach AdŠ 614: 13 einen Kanal, der durch ein Feld verläuft, welches Pai-teššup S. Ḫanaja gegen eine Zahlung in Form von Getreide und Vieh – wohl im Auftrag seines Herrn – erwirbt.
7: Tarmi-teššup ist als Feldnachbar auch in AdŠ 614: 11 und 12 genannt.
8: Zu Apena und der oft genannten Straße von Apena s. Fadhil, Topographie, 11-27; Fincke, RGTC 10, 28-31; G. Müller, HSAO 7, p. 318.
10: Zu Pai-teššup s. AdŠ 568, Anm. zu l. 22 (oben p. 93).
15: Niḫer-teššup ist ein Verwalter des Šilwa-teššup; er siegelt die Liste AdŠ 24 über Jahresausgaben von Gerste aus Šelwuḫu zusammen mit Ḫašip-tilla und die Liste AdŠ 25 über diverse Gerstenausgaben zusammen mit Turari. In AdŠ 260: 6 wird er neben Pai-teššup, Šilaḫi-teššup und Šūšib-šamaš als Verwalter (*ikkaru*) genannt. Er verwendet das Siegel Nr. 514, das identisch mit dem Siegel Nr. 11 ist.
Arip-parni ist wahrscheinlich identisch mit dem gleichnamigen Zeugen, Sohn des Ḫupita, in AdŠ 627: 40.

Nr. 612

tuppi titennūti; Teḫip-zizza, der Sohn des Ḫanaja, begibt sich in den Dienst des Pai-teššup und räumt diesem ein Zugriffsrecht auf ein ihm gehöriges Feld in Ḫušri anstelle der bei Arbeitsausfall vereinbarten Ausgleichszahlung sowie im Falle seines Todes oder seines Verschwindens ein.

SMN 1598; EN 9/1 265; keine Raumangabe; 84 x 108 x 34; koll.; Textzustand 1996.

Vs. 1 *tup-pí ti*$_4$*-te-en-nu-ti*
2 [*š*]*a* ^{m}⸢*Te*⸣-*ḫi-ip-zi-iz-za* DUMU *Ḫa-na-a+a*
3 ⸢*ù*⸣ *ra-ma-aš-šu i+na* [É.MEŠ]
4 *š*[*a*] ^{m}⸢*Ba*⸣-*i-te-šup* DUMU *Ḫ*[*a-na-a+a*]
5 *u*[*š-t*]*e*-⸢*ri*⸣-[*ib-š*]*u*$^?$[
6 ^{m}[
7 10$^?$[
8 *i*[*n*$^?$-
(einige Zeilen zerstört)
9' [x x x x *i*]*š-t*[*u*]
10' *ša* [x x x (x)]x *ú* [ ][241]
11' *šum-m*[*a* KIN-*šu a-n*]*a* 1 UD-*m*[*i ša*]
12' ^{m}*Ba*-⸢*i*⸣-[*te-š*]*up* ^{m}*Te-ḫi*-[*ip-z*]**i-iz-za**[242]
13' *i-zi-*[*i*]*b* 1 MA.NA URU[DU.ME]Š
14' *ú*-⸢*ri*⸣-*ḫul-šu* ⸢*a-na*⸣ UD-*mi*
15' *a-na* UD-*mi* ^{m}*Te*-⸢*ḫi-ip*⸣-*zi-iz-za*
16' *a-na* ⸢^{m}*Ba*⸣-*i-te-šup* SA$_5$.MÉŠ

241 Die erhaltenen Zeichen(reste) passen zu der folgenden Ergänzung:
9 [*ra-ma-aš-šu i*]*š-t*[*u* É.MEŠ]
10 *ša* [^{m}*Pa-i-te-šu*]*p ú-*[*uṣ-ṣí*]
242 Fehlt versehentlich in EP.

	17'	*um-m*[*a*] ^{m}*Te-ḫi-ip-*⸢*zi*⸣*-iz-za-ma*	
u.Rd.	18'	*šum-m*[*a*] *a-na-ku* BA.ÚŠ.MÉŠ	
	19'	*ḫal-qa-*⸢*ku*⸣*-mi ù*	
	20'	6 GIŠ.A[PIN A.ŠÀ]-*ia*	
Rs.	21'	*ina* URU *Ḫ*[*u-uš-r*]*i i-na*	
	22'	*e-le-e*[*n* A]N.ZA.GÀR	
	23'	*ša Ma-mi-*[*a-a*]*ḫ-ḫé*	
	24'	*a-na ia-*[*ši m*]*a-ḫi-iṣ pu-ti-ia*	
	25'	*ki-ma* [URU]DU.MÉŠ ⸢^{m}⸣*Ba-*⸢*i*⸣*-te-šup*	
	26'	*ú-ka*$_4$*-*[*a*]*l*	
	27'	IGI *A-*⸢*ki*⸣*-ia* ⸢DUMU⸣ [*Ḫ*]*u-ia*	
	28'	IGI *Du-*⸢*ra*⸣*-*[*ar*]*-te-šup*	
	29'	DUMU *A-b*[*u-ut-ṭá-b*]*i*	
	30'	[ ] ⸢x x x⸣[	
		(einige Zeilen zerstört)	
	31''	IGI [	
	32''	DUMU [	
	33''	IGI [	
	34''	ŠU [SAG.KI	
	35''	[*ša ina* DAL].BA.NA-*šu-nu* ⸢KI.BAL⸣[	
	36''	[1? GU]D SA$_5$.MÉŠ	
		(Siegel Nr. 519)	(Siegel Nr. 520)
	37''	NA$_4$.KIŠIB SAG.KI	NA$_4$ *Še-el-lu*
	38''	DUB.SAR	(Siegel Nr. 329)
	39''		NA$_4$.*KIŠIB *Še**(über Rasur)*-ḫé-el-te-šup*
o.Rd.		(Siegel Nr. 521)	
	40''	NA$_4$.KIŠIB *A-wa-še-en-ni*	
l.Rd.	41''	NA$_4$.KIŠIB *A-ki-i*[*a*	N]A$_4$.KIŠIB ⸢*Du-ra*⸣-[*ar-te-šup*]
		(Siegel Nr. 522)	(Siegel Nr. 523)

1-2 *titennūtu*-Urkunde des Teḫip-zizza, Sohnes des Ḫanaja.

3-5 Aus freien Stücken hat er sich in den Haushalt des Pai-teššup, Sohnes des Ḫ[anaja] begeben.

[...]

11-16' Wenn Teḫip-zizza die Arbeit für Pai-teššup (auch nur) einen Tag (lang) verläßt, muss Teḫip-zizza für jeden einzelnen Tag dem Pai-teššup eine Mine Kupfer als Entschädigung zahlen.

17-26' Folgendermaßen (sagte) Teḫip-zizza: "Wenn ich sterbe oder verschwunden bin, ist mein Feld von 6 *awiḫaru* (Fläche) in Ḫušri, östlich der *dimtu* Mamiaḫḫe, für mich Pfand (Ed.: "Bürge"). Anstelle des Kupfers darf Pai-teššup (es) behalten.

27' Zeuge: Akia, Sohn des Ḫuja,

28'-29' Zeuge: Tura-teššup, Sohn des Abb[ūt-ṭā]bi,

30' [Zeuge:] ... [

31"-32" Zeuge: [ ], Sohn des [
33" Zeuge: [
34" Hand des [Schreibers SAG.KI
35"-36" [Wer von ihnen] den Vertrag bricht, muss [1]$^{?}$ Rind zahlen.
37"-38" Šellu,
39" Siegel des Šeḫel-teššup,
40" Siegel des Awa-šenni,
41" Siegel des Akia, Siegel des Turar-teššup.

Lit.: Eichler, Indenture 127.

2, 12', 15', 17': Teḫip-zizza S. Ḫanaja ist anderweitig nicht bezeugt.

4: Zu Pai-teššup s. AdŠ 568, Anm. zu l. 22 (oben p. 93).

11'-13': Diese Klausel erscheint in unterschiedlicher Wortfolge, im vorligenden Fall ist sie jedoch falsch; cf. z.B.: *šumma* PN_1 KIN-*šu ša* PN_2 *ina* 1 UD-*mi izzib* AASOR 16, 61: 14-16; *šumma* KIN-*šu ša* PN_2 *ina* 1 UD-*mi* PN_1 *izzib* AASOR 16, 62: 15-17; Für weitere Belege s. CAD Š/III, 82.

14': Zu *uriḫulšu* s. Anm. zu AdŠ 557: 19 (oben p. 75).

18'-26': Zur Interpretation dieser Erklärung und zu der Verwendung des Begriffs *māḫiṣ pūti* „Bürge" für das als Pfand dienende Feld s. Zaccagnini, CHANE 9, 232f. mit n. 18.

21': Zu Ḫušri s. Fadhil, Topographie, 83-88; Fincke, RGTC 10, 109f.

22'-23': Die *dimtu ša* Mamiaḫḫe ist nur hier und in JEN 710, 5 genannt; Fadhil, Topographie, 45, Fincke, RGTC 10, 172. Fadhil lokalisiert die *dimtu* im Umland von Artiḫe und Ḫušri; so auch G. Müller, HSAO 7, 202, demzufolge sie zwischen Artiḫe und Ḫušri lag.

27', 41": Akia S. Ḫuja ist Zeuge in JEN 845: 26.

28'f., 41"**:** Turar-teššup S. Abbūt-ṭābi ist Beschuldigter in der Prozessurkunde AdŠ 587: 13, 15, 16, 20, 27, 35, 40, und Zeuge in dem *tuppi mārūti* AdŠ 609: 37.

37"f.: Der Schreiber SAG.(AN.)KI nennt nie den Namen seines Vaters. Seinen eigenen Namen schreibt er in etwa der Hälfte der Fälle SAG.AN.KI, sonst SAG.KI. Wie dieser Name ausgesprochen wurde, ist unbekannt. Von ihm sind 27 Tafeln geschrieben, die überwiegend in Raum 34 des an das Haus des Šilwa-teššup angrenzenden Hauses gefunden wurden. Daher liegt die Vermutung nahe, dass auch die hier edierte Tafel, für die keine Fundortangabe vorliegt, aus A34 stammt. Dem steht jedoch entgegen, dass die Tafel dem Majordomus des Šilwa-teššup, Pai-teššup, gehört.

37", 39": Die Namen Šellu und Šeḫel-teššup sind für mehrere Personen bezeugt, so dass eine Prosopographie nur mithilfe des Vatersnamen möglich ist.

40": Der Name Awa-šenni ist hapax legomenon.

Nr. 613

tuppi titennūti; Zirra, der Sohn des Ki[...], gibt seinen Sohn Pal-teššup dem Pai-teššup als Nutzungspfand auf zwei Jahre und erhält als Darlehen einen Satz achtspeichiger Räder.

SMN 1592 + 2 Fragmente aus SMN 1527; EN 9/1, 149 (= SMN 1592); keine Raumangabe; 68 x 94 x 31; koll.; Textzustand 1996.

Vs. 1 tup-p[í ti$_4$-te-en-nu-t]i ša
2 ^{m}Z[i]-ir-ra DUMU Ki-x[243][
3 ^{m}Pal-[t]e-šup DUMU-šu [a-na]
4 [d]i-te-en-nu-ti a-na ^{m}[Pa-i-te-šup]
5 ⸢še⸣-el-li-in-ta-⸢an⸣-[nu ša]
6 ^{m}Ši-il-WA-te-šup a+na ⸢2⸣ [MU.MEŠ-ti SUM-d]in
7 ù ^{m}Pa-i-te-šup 1-te-nu-t[u$_4$ GIŠ.m]a-gàr-ru 8-tu$_4$ SIG$_5$.MEŠ-
: -tu$_4$ eš-šu-t[u$_4$]
8 a-na ^{m}Zi-ir-ra SUM-din ⸢e⸣-[nu-ma]
9 2 MU.MEŠ-ti SA$_5$.MEŠ 1-te-n[u-tu$_4$]
10 GIŠ.ma-gàr-ru 8-tu$_4$ ^{m}Zi-i[r-ra]
11 a-na ^{m}Pa-i-te-šup ú-ta-⸢ar⸣
12 ù ^{m}Pal-te-šup DUMU-šu ú-⸢še⸣-eṣ-ṣí
13 šum-ma KIN-š[u] ša ^{m}Pa-i-te-šup
14 ^{m}Pal-te-šup ⸢i⸣-zi-ib
15 ù la DÙ-uš 1 MA.NA URUDU.M[EŠ]
16 ú-ri-ḫul-šu ina UD-mi ù UD-mi
17 ^{m}Zi-ir-ra a-na ^{m}Pa-i-te-šup SA$_5$[244]

——————————————— [245]

u.Rd. 18 ma-an-nu ša KI.BAL-tu$_4$
19 a-dì-i 2 MU.MEŠ-ti
20 ša ra-ak-sú 1 GUD SIG$_5$
21 SA$_5$

Rs. 22 IGI ^{m}Du-⸢ra-ar-te-šup⸣ ù ^{md}IŠKUR-KUR-ni
23 DUMU.M[EŠ] ⸢^{m}⸣Ma-lik-na-ṣir
24 ⸢^{m}⸣Tar-mi-til-la DUMU E-ḫé-el-[t]e-šup[246]
25 ^{m}Tub-bi-ia DUMU Ḫu-ti-ip-LUGAL
26 ^{m}Pu-ga-an-[t]a [DU]MU Ḫa-maš-šúk
27 ^{m}Ge-ra-⸢ar-til-la DUMU⸣ En-na-ma-ti
28 ^{m}[N]i-ra-ri DUM[U] ⸢Ta⸣-a+a
29 Š[U ^{m}Ḫ]a-ši-i[p-t]a-[š]e-⸢en-ni⸣ DUB.SAR
(Siegel Nr. 524)
30 [NA$_4$] ^{m}Tub-bi-⸢ia⸣
(Siegel Nr. 525) (Siegel Nr. 526)
31 NA$_4$ ^{m}Tar-mi-til-⸢la⸣ [NA$_4$ ^{m}
(Siegel Nr. 527)
32 [NA$_4$ ^{m}

o.Rd. (Siegel)
33 NA$_4$ ^{m}Pu-ga-an-[ta]

l.Rd. 33 N[A$_4$].KIŠIB DUB.SAR N[A$_4$ ^{m}Du-r]a-ar-te-⸢šup⸣

243 
244 Auf der Tafel voll erhalten, fehlt in EP.
245 Fehlt versehentlich in EP.
246 Auf der Tafel erhalten, fehlt in EP.

(Siegel Nr. 528) (Siegel Nr. 529)

34 *tup-pu ina* EGIR *šu-du-ti ina* KÁ.GAL *Ti-ša-*[*e*]

35 *ša* URU *Nu-zi šá-ṭì-ir*

1-2 *titennūtu*-Urkunde des Zirra, Sohnes des Ki[...].

3-6 Seinen Sohn Pal-teššup hat er dem [Pai-teššup], dem Verwalter des Šilwa-teššup, als Nutzungspfand auf zwei Jahre gegeben.

7-8 Und Pai-teššup hat dem Zirra einen Satz guter, neuer achtspeichiger Räder gegeben.

8-12 Wenn die zwei Jahre abgelaufen sind, darf Zirra dem Pai-teššup einen Satz achtspeichiger Räder zurückgeben und seinen Sohn Pal-teššup (aus dem Haus des Pai-teššup) herausholen.

13-17 Wenn Pal-teššup die Arbeit für Pai-teššup verlässt und (sie) nicht verrichtet, muss Zirra für jeden einzelnen Tag dem Pai-teššup eine Mine Kupfer als Entschädigung zahlen.

18-21 Wer den Vertrag bis zu(m Ablauf der) zwei vereinbarten Jahre bricht, muss ein gutes Rind zahlen.

22-23 Zeuge(n): Turar-teššup und Adad-šadûni, Söhne des Mālik-nāṣir,

24 (Zeuge): Tarmi-tilla, Sohn des Eḫel-teššup,

25 Tuppia, Sohn des Ḫutip-šarri,

26 Pukanta, Sohn des Ḫamaššuk,

27 Kerar-tilla, Sohn des Enna-mati,

28 N]irari, Sohn des Taja,

29 Hand des Schreibers Ḫašip-tašenni.

30 [Siegel des] Tuppia,

31 Siegel des Tarmi-tilla, [Siegel des]

32 [Siegel des],

33 Siegel des Pukan[ta],

33 Siegel des Schreibers, Siegel des Turar-teššup.

34-35 Die Urkunde ist nach der Information im Tiššae-Tor von Nuzi geschrieben.

2, 8, 10, 17: Zirra, Sohn des Ki..., ist anderweitig nicht bezeugt.
4f., 7, 11, 12, 17: Zu Pai-teššup s. AdŠ 568, Anm. zu l. 22 (oben p. 93).
5: Zu *šellintannu* s. AdŠ 568, Anm. zu l. 6 (oben p. 93).
7, 10: Unzweifelhaft -*tu*₄, nicht ANŠE; anders Eichler, Indenture, 112f., Nr. 9. Cf. z. B. *iltēnūtu magarrū šeššātu* (sechsspeichig) HSS XV 167, 15. In Analogie dazu **samānātu* „achtspeichig"?
16: Zu *uriḫulšu* s. AdŠ 557, Anm. zu l. 19 (oben p. 75). Für *ištēnūtu* „ein Paar" s. Zaccagnini, *Ištēnūtu, tāpalu* and *ṣimittu* (im Druck).
22f., 33: Turar-teššup S. Mālik-nāṣir erscheint in HSS V 100: 4, 15 als Käufer einer Sklavin. In HSS XVI 233 nimmt er von dem *tamkāru* Ḫašip-tilla 18 Homer Gerste des Palastes entgegen. Er ist Zeuge bei Geschäften des Tarmi-tilla S. Šurki-tilla (4. Generation der Familie des Teḫip-tilla; JEN 27, 151, 402). Sein Bruder Adad-šadûni ist Zeuge für die (weitgehend nicht erhaltene) Erklärung des Ḫanie S. Šukria EN 9/2, 358: 11, 13.
24, 31: Tarmi-tilla S. Eḫel-teššup siegelt HSS V 26: 24, 31 (aus Raum A 34). In HSS XVI 83: 29f. erscheint er als Partner einer *šutāpūtu*-Kooperation; dazu s. AdŠ 144, Anm. (AdŠ Heft 3, p. 205f.) und Fincke, Beiträge 2, 44f. mit Lit.

25, 30: Tuppia S. Ḫutip-šarri ist anderweitig nicht bezeugt.

26, 33: Pukanta S. Ḫamaššuk ist wahrscheinlich auch in Gadd 57: 17 genannt: *Pu-ku-an-ta* DUMU *Ḫa-ma-*⸢*šu*⸣?-⸢*uk*⸣?. Wenn diese Identifikation richtig ist, muss die vorliegende Urkunde in die frühe Phase der Tätigkeit Pai-teššups für Šilwa-teššup fallen, da der in Gadd 57: 5 genannte (und auch sonst gut bezeugte) Puḫi-šenni S. Zike bereits in AdŠ 656: 31 (HSS IX 96), einer Tafel aus dem Archiv des Prinzen und wohl nachmaligen Königs Ḫišmi-teššup, erscheint.

27: Kerar-tilla S. Enna-mati, wird mehrfach als Zeuge genannt, so in JEN 105: 35, einer Tafel aus der Zeit der 3. durch eigene Urkunden bezeugten Generation der Familie, in der Teḫip-tilla die 2. Generation und sein Vater Puḫi-šenni die 1. Generation repräsentiert. In JEN 27: 25, 32 und JEN 294: 33, 36, erscheint er als Zeuge für Tarmi-tilla S. Šurki-tilla aus der 4. Generation derselben Familie. Grosso modo in dieselbe Zeit gehört der Beleg HSS V 39: 23 (aus Raum A 34).

28: Nirari S. Taja wird in HSS V 40: 28 (aus Raum A 34) als Schreiber bezeichnet. Er hat die Tafel AdŠ 617 (s. unten p. 205f.) sowie HSS XIX 10: 45, 50; 96: 25, 28; EN 9/1, 160: 27; 381: 12 geschrieben.

29: Der Schreiber Ḫašip-tašenni ist nur hier und in YBC 5128 (SCCNH 1, 432, Nr. 27, l. e.) belegt.

34: Zu dem Tiššae-Tor s. AdŠ 551, Anm. zu ll. 40f. (oben, p. 59).

Nr. 614

Erklärung (*lišān-šu*) des Šanḫarua, Sohnes des [...]inni, aus Apenaš, derzufolge er von Pai-teššup u.a. Gerste, Weizen und Schafe in Empfang genommen und ihm 2 ANŠE Feld in Šelwuḫu übergeben habe.

SMN 1635 + SMN 1588* (= ERL 54); EN 9/1 148 (= SMN 1635), EN 10/1 29 (= SMN 1588*); 66 x 106 x 34; koll.; Textzustand 1996.

Vs. 1 [EME-šu ša ^{m}Ša]-an-ḫa-ru-a
2 [DUMU x x-i]n-ni ša URU A-b[e-na-aš]
3 [i+na pa-ni] LÚ.MEŠ IGI.MEŠ an-nu-t[i]
4 [ki-na-a]n-na iq-ta-bi
5 [n ANŠ]E ŠE.MEŠ 3 ANŠE GIG 8[+1
6 [x (x)]x x ⸢10 UDU⸣.[ME] ša
7 [^{m}Pa-i]-te-šup DUMU Ḫ[a-na]-⸢a⸣+a el-[te-qè-mi]
8 [ù a-n]a-ku 2 ANŠ[E] ⸢A.ŠÀ i⸣-[n]a ⸢AN⸣.[ZA.GÀR]
9 [Še-e]l-wu-ḫu i+na iš-[ta-an
10 ⸢KASKAL⸣.[M]EŠ ša URU ⸢A⸣-be-na-a[š *i+na e-le-nu*[247]]
11 A.ŠÀ ša ^{m}Tar-mi-te-šu[p] š[a *ú-ga_5*[248]-ri ...]
12 i+na iš-ta-an A.ŠÀ ⸢ša⸣ ^{m}Tar-m[i-te-šup-ma]
13 ⸢a-tap-pu ša⸣ ^{m}Ši-il-WA-te-šu[p]

247, 248 Nach alter Transliteration von E.R. Lacheman; seitdem abgebrochen (frischer Bruch).

14 ⸢*a*⸣-*na* 2-*šu ik*-⸢*ki*⸣-*sú i-na š*[*u*[249]-*pa-al*]
15 [A.Š]À [*š*]*a* ^{m}⸢*Ti*⸣[250]-*ši*-⸢*in*⸣-*ta-e* ⸢*šum-ma*⸣
16 [A.ŠÀ GAL *l*]*a* ⸢*i*⸣+[*n*]*a-a*[*k*]-*ki-is šum-ma* A.ŠÀ TUR
17 [*la ú-ra-a*]*d-dá šum*-⸢*ma*⸣ A.ŠÀ ⸢*pí*⸣-*i*[*r-qa*]
18 [*ir-ta-ši*] ^{m}*Ša-an*-[*ḫ*]*a-ru-a* [*ú-za-ak-ka*$_4$-*ma*]
19 [*a-na* ^{m}]*P*[*a*]-⸢*i*⸣-*te-šup* ⸢*i*⸣+*na-an*-[*din*
20 [*i+na*] A.⸢ŠÀ *ša-a-šu* ^{m}⸣*Ša-an*-[*ḫa-ru-a*
21 [*ni-i*]*k-sà la i+na-a*[*k-ki-is*
22 [*a-na m*]*a-am-ma* ⸢*la i*⸣+[*na-an-din*
23 [^{m}*Ša*]-⸢*an-ḫa*⸣-*r*[*u-a*
u.Rd. 24-26 (abgebrochen)
Rs. 27 [
28 [*ù*] ⸢A⸣.ŠÀ-*šu i-l*[*e-eq-qè*]
29 [*tup*]-*pu i-na* EGIR-⸢*ki*⸣
30 [*š*]*u-du-ti ša* É.GAL[
31 [IGI] *Ša-qa-ra-ak-ti* DUM[U
32 [IGI *Š*]*e-eḫ*-⸢*li*⸣-[
33 [IGI] ⸢*Ni/Ir*⸣-[
34 [IGI
35 [IGI
36 [IGI
37 ⸢IGI⸣[
38 IGI *Ku*-x[
39 IGI *En-na*-[
40 ŠU ^{m}*E-ni-i*[*p*$^{?}$-*til-la* DUB.SAR]
41 DUMU *Ú-ta*-[*an-ti(l)*$^{?}$]
(Siegel)
42 [NA$_4$ ^{m}x-*n*]*a-i*[*a*$^{?}$
(Rest zerstört)
l.Rd. 43 [ ]x x x *na* [
[ ] (Siegel)

1-4 [Erklärung des Ša]nḫarua, [Sohnes des ...]inni, aus Ap[enaš; vor] diesen Zeugen hat er folgendermaßen erklärt:

5-7 „[n ANŠ]E Gerste, 3 ANŠE Weizen, 9 [...] ... (und) 10 Schafe des Pai-teššup, Sohnes des Ḫanaja, habe ich entgegengenommen.

8-15 Und ich <habe dem Pai-teššup> 2 ANŠE Feld in der *d*[*imtu*] Šelwuḫu nördlich der Straße von Apenaš, [östlich] des Feldes des Tarmi-teššup de[r Feldflur ...], nördlich des Feldes des[selben] Tarmi-teššup – der Kanal des Šilwa-teššup zerschneidet es in zwei Hälften –, [westlich] des Feldes des Tišin-tae - <gegeben>."

---

249 

250 

15-17 Wenn das Feld in (seinem) Maß größer (als in dieser Urkunde angeben) ist, wird er nichts abschneiden, wenn es kleiner ist, wird er nichts hinzufügen.

17-19 Falls das Feld vindiziert werden sollte, wird er es (von Ansprüchen) freimachen und dem Pai-teššup übergeben.

20-22 Von diesem Feld wird Šanḫarua nichts abschneiden und irgendeinem anderen geben.

23 [...Š]anḫar[ua ...]
[Sobald Šanḫarua n ANŠE Gerste, 3 ANŠE Weizen, 9 ... (und) 10 Schafe dem Pai-teššup zurückgibt,]

28 darf er sein Feld (wieder in Besitz) nehmen.

29-30 Die Urkunde ist nach der Information des Palastes [(...) geschrieben].

31 [Zeuge] Šakarakti, Sohn des [

32 [Zeuge: Š]eḫli-[

33 [Zeuge] ⌜Ni/Ir⌝-[

34-37 [weitere Zeugen]

38 Zeuge: Ku[-

39 Zeuge: Enna-[

40-41 Hand des [Schreibers] Eni[p$^{?}$-tilla], Sohn des Uta-[antil]$^{?}$

42 [Siegel des -n]ai[a$^{?}$.

1, 18, 20, 23: Šanḫarua ist anderweitig nicht bezeugt. Der Name ist von Šanḫara „Babylonien" (s. RlA 12, 11f.) abgeleitet; s. auch den PN Šanḫaraja „Babylonier" JEN 642: 22; 864: 18; HSS XIII 161: 40.

2, 10: Zu Apena s. AdŠ 611, Anm. zu l. 8.

7, 19: Zu Pai-teššup s. AdŠ 568, Anm. zu l. 22 (oben p. 93).

9: Zu Šelwuḫu s. AdŠ 550, Anm. zu l. 1 und ll. 47-58 (oben p. 52f.).

11, 12, 13: zu dem Feldnachbarn Tarmi-teššup sowie dem Kanal s. AdŠ 611, Anm. zu l. 7 bzw. 5 (oben p. 193).

15: Tišin-tae: Weder der Name noch die Person sind anderweitig bekannt.

30: Zu *šūdûtu* „Information" s. AdŠ 603, Anm. zu l. 31 (oben p. 264f.).

31: Šakarakti ist ein kassitischer Kurzname, der in dem kassitisch-akkadischen Glossar (s. Balkan, Kassitenstudien, 3f.) mit *napšaru* (für *napšuru*, s. AHw II, 741 „Verzeihung") übersetzt wird. Für zwei weitere Belege s. Šak. S. Ḫapuka AdŠ 246: 9, 19 und Šak. S. Kapuka AdŠ 520: 1. (Vielleicht beziehen sich die Vatersnamen auf ein und dieselbe Person. Ein *ḫ~k*-Wechsel ist phonetisch nicht unwahrscheinlich, jedoch in Namen aus Nuzi-Texten m. W. nicht beobachtet worden.) Die meisten Belege für den Namen Šak. beziehen sich auf eine Person (S. des Artirwe), die bereits in Urkunden des Teḫip-tilla S. Puḫi-šenni als Zeuge erscheint und daher nicht mit dem Šak. der vorliegenden Urkunde identisch sein kann. Die Vollform ist in Texten aus dem kassitenzeitlichen Babylonien gut bezeugt. Als zweites Glied des Namens steht hier regelmäßig ein Göttername, und zwar zumeist der des kass. Sonnengottes Šurija; s. Balkan, l.c., 78-80.

40: Der Schreiber Enip-tilla übt sein Amt im Stadttor von Zizza aus, s. AdŠ 632: 18f., 26 (unten p. 236), HSS XIX 62: 45; 140: 30; EN 10/2 66: Rs. 10'; fragm.: EN 10/1 26: 34'. Der vorliegende Text ist der einzige, der den Vatersnamen nennt. Der Ort der Ausfertigung der Urkunde ist nicht erhalten, doch ist in l. 9 von einem Feld in dem nahe Zizza gelegenen Ort Šelwuḫu die Rede, so dass es wahrscheinlich ist, dass auch diese Urkunde in Zizza ausgefertigt wurde.

Nr. 615

tuppi mārtūti u kallūti; Pai-teššup und seine Ehefrau Zam-menni übergeben ihre Tochter Ḫinzure mit dem Rechtsstatus einer Tochter und Schwiegertochter dem Ḫašip-tilla, dem Sohn des Urḫia, der sie mit einem Sklaven von ihm verheiraten und den Brautpreis in Empfang nehmen darf.

SMN 1089; EN 9/3 271; A 14; 64 x 90 x 35; koll.; Textzustand 1996.

Vs.	a	[*tup-pí ma-ar-tu-ti ù kal-lu-ti*]
	b	[*ša* ^{m}*Pa-i-te-šup*]
	c	[*ù ša* ^{f}*Za-am-mi-in-ni*]
	1	[*ù* ^{f}*Ḫi-in-zu-r*]*i* DUMU.MU[NUS-*sú*]
	2	[*a-na ma-ar-tu*]*-ti ù* ⸢*a*⸣*-n*[*a kal-lu-ti*]
	3	[*a-na* ^{m}*Ḫa-ši-i*]*p-til-la* DUMU *U*[*r-ḫi-ia it-ta-ad-nu*]
	4	[*ù* ^{m}*Ḫa-ši-i*]*p-til-la* 3 UDU 1 M[ÁŠ$^{?}$[251]
	5	[n MA.NA] ZABAR *ù* 3 MA.N[A URUDU]$^{?}$
	6	[x x x x]x[252].MEŠ *a-na* ^{m}*Pa-i-te-šu*[*p ù*]
	7	[*a-na* ^{f}*Za-am-m*]*i-in-ni it-ta-di*[*n*
	8	[*ù* ^{m}*Ḫa-ši-ip-t*]*il-la* ^{f}*Ḫi-in-zu-r*[*i*] ⸢*a*⸣*-na aš-šu-ti*
	9	[*a-na* x x *i+n*]*a-an-din ù* 40 <GÍN> KÙ.BABBAR.MEŠ-*šu*
	10	[*ša* ^{f}*Ḫi-in-zu-ri*] ⸢*i*⸣*-leq-qè šum-ma* 1 *mu-us-sà*
	11	[*ša* ^{f}*Ḫi-in-zu-r*]*i* BA.ÚŠ ⸢*a*⸣-[*na ša*]*-ni-ti*
	12	[*mu-ti i+na-an-din* x x x x x (x)]-BE *ù*
	13	[x x x x x x x x x x (x x)-*t*]*a*$^{?}$*-šu*
	14	[x x x x x x x x x x x (x x)]-BE
		(Rest der Vs. weggebrochen)
Rs.		(Anfang der Rs. weggebrochen)
	15	⸢*ù a+na*⸣ 4 TA.A.[AN
	16	*ù re-*⸢*eḫ-tù* KÙ.BABBAR.MEŠ *i+na*⸣ [*qa-an-ni-šu*]
	17	*ša* ^{f}*Ḫi-in-zu-ri ra-k*[*i-is*
	18	*šum-ma* ^{f}*Ḫi-in-zu-ri pí-*[*ir-qa ir-ta-ši*]
	19	^{m}*Pa-i-te-šup* >*ú*< *ù* ⸢f⸣*Z*[*a-a*]*m-*⸢*mi*⸣*-i*[*n-ni*]
	20	*ú-za-ak-ku*$^{!}$(Text *ka*$_{4}$)*-ma a-na* ^{m}⸢*Ḫa*⸣*-ši-ip-til-l*[*a inandinū*]
	21	*ša* KI.BAL-*tu*$_{4}$ 1 ⸢MA⸣.NA KÙ.BABBAR.MEŠ
	22	1 MA.NA KÙ.SI$_{22}$ SA$_{5}$.MEŠ
	23	IGI *I-la-a-ni* DUMU *Ta-a-ú-ki*
	24	IGI *Ma-an-n*[*i*]*-ia* DUMU *Du-ul-duq-qa*

251 

252 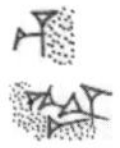

25 IGI *Du-r*[*a*]*-ri* DUMU *Ip-šá-ḫa-lu*
26 IGI ⸢*Mu*⸣*-ut-ta* ⸢DUMU⸣ *Ze-en-ni*
27 IGI *Ar-ta-a+a* DUMU *Pu-i-ta-e*
28 IGI *Te-ḫi-ib-bar-ni* DUMU *Dul-bi-ia*
29 IGI *Zi-ge* DUMU *Ḫa-na-a+a*
30 IGI *A-mu-mi-te-šup* DUMU ^{d}30*-na-din-*MU DUB.SA[R
31 IGI *Še-en-na-a+a* DUMU *Ḫa-al-še-e*[*n-ni*]
(Siegel Nr. 531) | (Siegel Nr. 532)
32 [NA4 ^{m}*M*]*a-an-ni-ia* NA4 ^{m}*Zi-g*[*e*
33 [NA4] ^{m}*Te*⸣*-ḫi-i*[*b-bar-ni*]
o.Rd. (Siegel)
l.Rd. 34 [NA4] ^{m}*Ar-ta-a+a* NA4⸣ DUB.SA[R
(Siegel Nr. 533) | (Siegel Nr. 534)

a-c [Urkunde der Adoption als Tochter und Schwiegertochter des Pai-teššup ... und der Zammenni (...)].[?]
1-3 [Ihre] Tochter Ḫinzuri [haben sie] zur Stellung einer Tochter und Schwiegertochter dem Ḫašip-tilla, dem Sohn des U[rḫia] gegeben.
4-7 Und Ḫašip-tilla hat 3 Schafe, 1 B[öckchen][?], [x Mi]nen Bronze und 3 Minen [Kupfer[?] ...].. dem Pai-teššup und der Zammenni gegeben.
8-10 Und Ḫašip-tilla wird die Ḫinzuri mit [...] verheiraten und die 40 Sekel Silber der Ḫinzure (für sich) nehmen.
10-12 Wenn der erste Mann [der Ḫinzuri] stirbt, wird er sie einem anderen [Ehemann geben].
[...]
15 und für je vier [
16-17 Und das übrige Silber „ist in den Gewandsaum der Ḫinzure gebunden".
18-20 Falls Ḫinzuri vindiziert werden sollte, werden Pai-teššup und Zammenni (sie von Ansprüchen) freimachen und dem Ḫašip-tilla [übergeben].
21-22 Wer den Vertrag bricht, muss eine Mine Silber (und) eine Mine Gold zahlen.
23 Zeuge: Ilāni, Sohn des Tajuki,
24 Zeuge: Mannia, Sohn des Tultukka,
25 Zeuge: Turari, Sohn des Ipšaḫalu,
26 Zeuge: Mutta, Sohn des Zenni,
27 Zeuge: Ar-taja, Sohn des Pui-tae,
28 Zeuge: Teḫip-parni, Sohn des Tulpia,
29 Zeuge: Zike, Sohn des Ḫanaja,
30 Zeuge: Amumi-teššup, Sohn des Sîn-nādin-šumi, Schreiber,
31 Zeuge: Šennaja, Sohn des Ḫal-šen[ni],
32 [Siegel des M]annia, Siegel des Zike,
33 [Siegel des] Teḫip-[parni],
34 [Siegel des] Artaja, Siegel des Schreibers.

Die Zuordnung der Urkunde zum Archiv des Šilwa-teššup ist nur in der Fundortangabe (Raum 14) begründet. Ist diese richtig, so bleibt gleichwohl die Frage offen, ob der hier genannte Pai-teššup mit dem wohlbekannten Verwalter des Gutes identisch ist; zu diesem s. AdŠ 568, Anm. zu l. 6 (oben p. 93). Die Erwähnung des Ilānu, Sohnes des Tajuki, unter den Zeugen zeigt, dass die Urkunde in eine frühe Phase des Gutes des Šilwa-teššup datiert.

[a], 2: Da von dem Schreiber Amumi-teššup S. Sîn-nādin-šumi keine Beurkundung eines weiteren Rechtsgeschäfts dieser Art vorliegt, bleibt offen, ob er die nur in Nuzi gelegentlich bezeugte Form *kallatūtu* oder die korrekte Form *kallūtu* verwendet. Zu Adoptionen von Frauen *ana mārtūti u kall(at)ūti* s. Fincke, SCCNH 19, 131-140 mit Lit.

[c], 7, 19: Zamminni, Ehefrau des Pai-teššup, ist anderweitig nicht bezeugt. Eine weitere Trägerin des Namens ist mit einem Sklaven verheiratet (AASOR XVI 39: 2, 4, 10, 13, 20), eine andere ist dagegen nach dem Kontext eher als sozial hochrangig einzuschätzen (HSS XIII 165: 29).

3: Die Ergänzung des Vatersnamen beruht auf AdŠ 618: 14-18 (unten p. 203) sowie auf der häufigen Nennung des Ḫašip-tilla S. Urḫia als Zeuge in Urkunden aus dem Archiv des Ilānu S. Tajuki: HSS V 82: 37, 45; 89: 37, 44; HSS IX 106: 34, 48; HSS IX 156+NTF M8B: 6, 16, s. Wilhelm, SCCNH 1, 347; Justel, J., Or 88, 279; Istanbul D 137: 12. s. Donbaz, SCCNH 2, 69-72.

9: Erg. ŠEŠ oder ÌR.

16-17: Zu dem Rechtsritus *ina qanni rakāsu* s. AdŠ 603, Anm. zu ll. 19-21 (oben p. 164).

23: Zu Ilānu S. Tajuki und seiner Familie s. Dosch, Room 34, 6f., 122-141.

24: Mannia S. Tultukka erscheint in dem *tuppi tamgurti* HSS V 99: 2, 5 als Partner des Ilānu S. Tajuka und in zahlreichen Urkunden desselben als Zeuge: HSS V 16: 21, 31; 18: 36; 98: 15; IX 97: 33, 42; 102: 34, 41; 105: 34f., 41; 110: 1f. (Bruder des Naip-tilla), 5, 13, 20, 22; 155: rev. 1 (alle aus A 34).

25: Turari S. Ipšaḫalu ist Zeuge in HSS V 16: 27, 30; 23: 15; 85: 27, 33; 87: 34, 44; EN 9/3, 271: „22". In AdŠ 191: 4, 24 ist er Mitglied einer Schuldnergemeinschaft, die von Šilwa-teššup ein verzinsliches Gerstendarlehen entgegennimmt.

26: Mutta S. Zenni ist Zeuge in HSS V 18: 38, 45; 22: 20, 25; 33: 26, 33; 79: 39, 43; 81: 33, 39; 85: 28, 35; HSS IX 103: 35, 42; 157: 26; EN 9/3, 271: „23".

27: Artaja S. Pui-tae handelt nach HSS XIX 127 (s. Wilhelm, BaghM 7, 206f.) mit Edelmetallen. Aus dem dort festgelegten Zahlungstermin (Tag des *essisi*-Festes von Āl-ilāni) darf man schließen, dass Artaja in Āl-ilāni wohnte. Hiefür spricht auch HSS XIII 240: 10f., demzufolge er als Besitzer eines von insgesamt 32 Brunnen, darunter 7 Brunnen des Königs, genannt wird; der Name der Innenstadt von Āl-ilāni erscheint in l. 24 in der Kurzform ŠÀ URU (so auch z.B. HSS XIV, 111: 5, 7, 18, 24, jeweils *lìb-bi* URU; s. Fincke, RGTC 10, 13). In EN 9/1, 183: 32 und 43 sowie in EN 9/3 271: „24", „31" tritt Artaja als Zeuge auf.

28: Teḫip-parni S. Tulpia ist anderweitig nicht bezeugt.

29: Zu Zike S. Ḫanaja s. HSS V 37: 24, 27; IX 101: 40, 52.

30: Zu dem Schreiber Amumi-teššup S. Sîn-nādin-šumi s. AdŠ 586, Anm. zu l. 36 (oben p. 130).

31: Šennaja S. Ḫal-šenni: HSS V 89: 35, 43; IX 106: 35, 44; 157: Rs. 4; AdŠ 216: 1, 18 (?); EN 9/3, 271: 28.

Nr. 616

Erklärung (*umma*) des Wantia, Sohnes des Kulianni, derzufolge er dem Pai-teššup, dem Sklaven des Šilwa-teššup, ein *tarbû*-Feld in Tilpašte von 1 *awiḫaru* Fläche als Geschenk (*maganni*) übergeben hat.

SMN 925; HSS IX 30; A 11; 58 x 49 x 23; koll.; Textzustand 1986.

Vs.	1	*um-ma* ^{m}*Wa-an-*⸢*ti-ia-ma*⸣
	2	DUMU *Ku-li-a-an-ni*
	3	1 GIŠ.APIN A.ŠÀ *tar-bé-e*
	4	*ina* URU *Ti-il-pa-aš-te*
	5	*a-na ma-ga*$_5$*-an-na a-na*
	6	^{m}*Pa-i-te-šup* ÌR *ša*
	7	^{m}*Ši-il-*WA*-te-šup* SUM-*nu*
u.Rd.		(Siegel Nr. 535)
	8	NA$_4$ ^{m}⸢*Ip*⸣*-šá-ḫa-lu* DUB.SAR
Rs.		(Siegel Nr. 536)
	9	NA$_4$ ^{m}*Wa-an-ti-ia* EN-*lu* A.ŠÀ
		(Siegel Nr. 537)
	10	NA$_4$ ^{m}*Za-ap-zu* DUMU *Wa-an-ti-ia*
		(Siegel Nr. 537)
	11	NA$_4$ ^{m}*Ge-ek-**x x*[253][
	12	DUM[U

1-2	Folgendermaßen (sagte) Wantia, der Sohn des Kulianni:
3-7	"1 *awiḫaru tarbû*-Feld in Tilpašte ist als Geschenk dem Pai-teššup, dem Sklaven des Šilwa-teššup, gegeben."
8	Siegel des Schreibers Ipšaḫalu.
9	Siegel des Wantia, des Besitzers des Feldes.
10	Siegel des Zapzu, Sohnes des Wantia.
11-12	Siegel des Kek..., des Sohn[es des ...]

Lit.: Morrison, Šilwa-Tešup, „41" (= 43g).

1f., 9: Wantia S. Kulianni ist anderweitig nicht bezeugt.
3: Für Belege zu A.ŠÀ *tarbê* / *tabrê* s. CAD T, 32 sub *tabrû* 1b, mit der Deutung „a type of landed property". *tarbû* / *tabrû* kann auch das Getreide bezeichnen: ŠE.MEŠ *tabrê*, l.c. sub *tabrû* 1a. Zu den mA Belegen kann jetzt ein weiterer aus Dūr-Katlimmu hinzugefügt werden: 6 ANŠE ŠE PN *ša ta-ab-ri*, Salah, Rationenlisten, 132f., Nr. 27: 4. Versuche einer spezifischeren Interpretation haben noch nicht zu einem gesicherten Ergebnis geführt (Lacheman, Evidences, 533 mit n. 51: „choice ... field" und n. 55 mit Bezug auf Bezold, Glossar, 93a: fat, luxurius"; Lewy, Or 28, 18f., n. 4: „excess from the preceding year's crop which was laid in stock to be on hand in cases of emergency"; Cassin, RA 46, 73-75: „tabrie peut être de l'orge dont on sert comme fourrage"; AHw III, 1299 „etwa Futtergerste").
4: Zu URU Til-pašte s. Fincke, RGTC 10 294f. („Bebauter Tell"). Der zweite Teil des Namens besteht aus hurr. *pa-* „bauen" mit der Wurzelerweiterung *-Všt-*, nach *a*-haltiger Silbe *-ašt-*; s. Wilhelm, Xenia 21, 55.
5: Für *maganni* „Geschenk" s. AdŠ 554, Anm. zu l. 14 (oben p. 67). Der *a*-Auslaut ist die Endung des hurr. Essiv-Destinativs, hier in der Bedeutung „als".
6: Zu Pai-teššup s. AdŠ 568, Anm. zu l. 22 (oben p. 93).

---

253 *...*:

8: Der Schreiber Ipšaḫalu nennt den Namen seines Vaters nie; s. JEN 402: 36; HSS V 28: 22, 26; XIX 75: 31, 33; EN 9/2, 322: 19; EN 9/3, 169: 27; 249: 19.
10: Zu Zapzu S. Wantia s. EN 9/1, 5: 45, 55.

Nr. 617

Erklärung (*umma*) der Šawaja, der Ehefrau des Akawatil, derzufolge sie Bronze und Bronzegegenstände im Gewicht von insgesamt 127,5 Minen ihrem Sohn Tamar-tae geschenkt habe. Sie setzt eine Strafzahlung von 3 Talenten Bronze für den Fall einer Vindikation der Bronze(gegenstände) durch ihre übrigen Söhne fest und übergibt die Bronze(gegenstände) dem Pai-teššup mit der Verpflichtung zur späteren Aushändigung an Tamar-tae; sie werden in einem Vorratshaus deponiert, welches Šawaja selbst unterhält.

SMN 239; IM 50843; HSS IX 29; A 23; 70 x 87 x 31; koll.; Textzustand 1983.

Vs.	1	*um-ma* ^{f}*Ša-wa-a+a-ma*
	2	*aš-*⸢*ša*⸣*-at* ⸢*ša*⸣ ^{m}*A-qa-wa-til*
	3	1-*en ru-uq-qú ša* 30 [M]A.NA ZABAR
	4	90 MA.NA ZABAR
	5	3 *n*[*é*]*-em-*⸢*sí-tu*$_4$⸣ *ša* 7 MA.NA 30 GÍN(„SU“) ZABAR
	6	*i-n*[*a*] *k*[*i-i*]*t-ri a-na ma-ri-ia*
	7	*a-n*[*a*] ^{m}*T*[*a*]*-mar-ta-e*
	8	*at-ta-din ma-an-nu-um-me-e*
	9	*i+na* ŠÀ-*bi* DUMU.MEŠ-*ia*
	10	>*i+na*< *aš-šum an-nu-ti* ZABAR
	11	[*i+n*]*a* EGIR *ša* ^{m}*Ta-mar-ta-e*
	12	⸢*i*⸣*-ša*$_{10}$*-as-*[*s*]*í* 3 GUN ZABAR
	13	⸢*a*⸣*-na* ^{m}*Ta-mar-ta-e*
	14	SA$_5$ *an-nu-tu*$_4$
u.Rd.	15	*a-na* ŠU ^{m}*Pa-i-te-šup* LÚ *še-el-li-ta-nu ša* ^{m}*Ši-il-*WA*-te-šup*
	16	⸢*na*⸣*-ad-nu a-na*
Rs.	17	⸢^{m}⸣*Ta-mar-ta-e i+na-an-din*
	18	[*a*]*n-nu-tu*$_4$ *i+na* É-*it na-aq-qa-am-ti*
	19	[*ša*] ^{f}*Šá-wa-a+a ú-ka*$_4$*-al-lu* GAR-*nu*
		(Siegel Nr. 538)
	20	NA$_4$.⸢KIŠIB⸣ ^{f}*Ša-wa-a+a*
		(Siegel Nr. 539)
	21	NA$_4$.KIŠIB *Ú-ru-ge*$^{!}$
		(Siegel Nr. 53)

	22	NA4.⌜KIŠIB⌝ *Pa-*⌜*i*⌝*-te-šup*
o.Rd.		(Siegel Nr. 540)
	23	NA4.KIŠIB *Ni-ra-ri* ⌜DUMU *Ta-a*⌝*+a* DUB.S[AR]

1-2 Folgendermaßen (sagte) Šawaja, die Ehefrau des Akawatil:
3-8 „Einen Kessel aus 30 Minen Bronze, 90 Minen Bronze (und) eine Waschschüssel von 7,5 Minen Bronze habe ich meinem Sohn Tamar-tae als Geschenk gegeben.
8-14 Wer auch immer von meinen Söhnen wegen dieser Bronze gegen Tamar-tae klagt, muss dem Tamar-tae 3 Talente Bronze zahlen."
14-17 Diese (Bronzegegenstände) sind dem Pai-teššup, dem Verwalter des Šilwa-teššup, übergeben, (und) er wird sie dem Tamar-tae geben.
18-19 Diese (Bronzegegenstände) sind in dem Vorratshaus, welches Šawaja unterhält, niedergelegt.
20 Siegel der Šawaja.
21 Siegel des Uruke.
22 Siegel des Pai-teššup.
23 Siegel des Schreibers Nirari, Sohnes des Taja.

Lit.: Morrison, Šilwa-Tešup, „40"-„41" (=43f-g); Saarisalo, Slaves, 27-28; Shaffer, Kitru, 188, n. 25.

1, 19, 20: Šawaja ist die Ehefrau des Akawatil, der wohl identisch mit einem gleichnamigen Mitglied einer Gemeinschaft von Schuldnern des Šilwa-teššup und Sohn eines Elli ist (AdŠ 253).
6: Zu *kitri, kite/irri* (alle Belege Gen. nach *ina*) s. CAD K, 468 kitru B „preferential share"; Koschaker, ZA 48, 189-191, n. 53; Shaffer, *kitru*; Paradise, Inheritance, 249-253.
7, 11, 13, 17: Tamar-tae steht anscheinend noch im Kindesalter, und ihre Mutter will sicherstellen, dass ihre älteren Söhne nicht das für Tamar-tae bestimmte Legat veruntreuen. Sie setzt daher den Verwalter des Šilwa-teššup, Pai-teššup, als Treuhänder ein; zu diesem s. AdŠ 568, Anm. zu l. 6 (oben p. 93). Die Bronzegefäße haben einen Silberwert von 20-27 Sekeln und sind vielleicht als Teil eines künftigen Brautpreises gedacht. In Hinsicht auf die für ihren jüngsten Sohn bestimmten Wertgegenstände ist Šawajas Vertrauen in Pai-teššup offenkundig größer als das in ihre älteren Söhne. Falls sie identisch mit der gleichnamigen Frau ist, die von AdŠ 1 bis AdŠ 60 in den Rationenlisten für die in Nuzi wohnenden Frauen genannt ist, wäre dies ein wichtiger Hinweis auf den Status dieser Frauen.
21: Uruke, der wohl als Zeuge fungiert, ist anderweitig nicht belegt.
23: Der Schreiber Nirari S.Taja gehört der 3. Generation der auf Apil-Sîn zurückgehenden Schreiberschule an. Weitere Belege sind: HSS V 40: 28; XIX 10: 45, 49; 96: 25, 28; AASOR XVI 94: 18; EN 9/1, 160: 27; 381: 12.

Nr. 618

Quittung(?); die Kleinviehhirten Ḫašip-tilla und Tarmia, die Söhne des Urḫia, bestätigen eine (unklare) Vereinbarung über vier genauer beschriebene Schafe des Pai-teššup.

SMN 805; HSS XVI 252; A 14; 63 x 80 x 24; koll.; Textzustand 1996.

Vs.	1	[1 UDU]x[
	2	⸢*ù*⸣ [x x]*x x*[254][
	3	1 UDU.⸢MUNUS GEŠTU⸣-*šu ša* ZA[G
	4	⸢*i*⸣+*na* ⸢*pa*⸣-*ni-šu ni-i-ru* [
	5	1 ⸢UDU⸣.[N]ITA GEŠTU.MEŠ-*šu*
	6	*ki*-⸢*la*⸣-*al-li-šu-nu-ma*
	7	*ap-pá-šu-nu na-ši-ik* [
	8	1 UDU.MUNUS GEŠT[U]-*šu ša* ZAG [
	9	[GE]ŠTU-*šu š*[*a* G]ÙB *ni-i-r*[*u*
	10	⸢4⸣ UDU.MEŠ *an-nu-tu*$_4$ *š*[*a*]
	11	⸢^{m}*Ba*⸣-*i*-⸢*te*⸣-*šup* Ì[R *ša*]
	12	^{m}*Š*[*i-i*]*l*-WA-*te*-[*šup* (DUMU LUGAL)]
	13	*iš-tu ši-ma* [
u.Rd.	14	*ša* É.MEŠ *ša* [^{m}*Ḫa-ši-ip-til-la*]
Rs.	15	*ù ša* ^{m}*Tar*(über Rasur)-*m*[*i-ia*]
	16	DUMU.MEŠ ⸢*Ur*⸣-*ḫi-i*[*a*
	17	*a*-⸢*na* ^{m}*Ḫa*⸣-*ši-i*[*p-til-la*]
	18	⸢*ù a-na*⸣ ^{m}*Tar-m*[*i-ia*
	19	x[255][
	20	x[256][
	21	x[257][
	22	x[258][
		(Zeilen 23-26 zerstört)
	27	*ša* x[259][
		(Rest zerstört)
l.Rd.	28	NA$_4$ ⸢^{m}⸣*Ḫ*[*a-ši-i*]*p-til*-[*la*]
		(Spur eines Siegels)
	29	[x x] *⸢x x⸣*[260]

1-2 [1 ... Schaf; ...]

254 

255 

256 

257 

258

259 

260 *...*: 

3-4 1 weibliches Schaf; sein rechtes Ohr [hat] vorn ein *nīru*-Zeichen.
5-7 1 männliches Schaf; die Spitze seiner beiden Ohren ist ...
8-9 1 weibliches Schaf; sein rechtes Ohr [...], sein linkes Ohr [hat] ein *nīru*-Zeichen.
10-16 Diese 4 Schafe des Pai-teššup, des Sklaven des Šilwa-teššup, [...] aus ...[...] des Hauses des [Ḫašip-tilla] und des Tarm[ia], der Söhne des Urḫi[a ...]
17-20 dem Ḫaši[p-tilla] und dem Tarm[ia ...]
21-27 [...]
27 Siegel des Ḫašip-tilla
28 ...[...]

Ed.: Morrison, Šilwa-Tešup, 292.

4, 9: CAD N/2, 265, bestimmt *nīru* als „a mark for the identification of animals“ und zitiert außer der vorliegenden Stelle noch HSS V 15 (A 34), HSS XV 303 (L 1) und HSS XVI 321 (S 151); s. auch Zaccagnini, Pferde, 25, und Schneider-Ludorff, SCCNH 12, 153.
11: Zu Pai-teššup s. AdŠ 568, Anm. zu l. 6 (oben p. 93).
14-18, 28: Zu Ḫašip-tilla und Tarmia, SS. Urḫia s. AdŠ 615. Anm. zu l. 3.

Sonstige Bedienstete

Nr. 619

Erklärung (*umma*) des Nuriae, derzufolge er dem Ḫašip-apu, dem *šakin māti* des Šilwa-teššup, den vereinbarten, aber noch ausstehenden Brautpreis für seine Schwiegertochter zu einem bestimmten Zeitpunkt übergeben werde.

SMN 95; HSS IX 42; A 23; 52 x 50 x 21; koll.; Textzustand 1996.

Vs. 1 *um-ma* ^{m}*Nu-ri-*⸢*a*⸣*-e-ma*
2 *a-ni-na* ANŠE.K[UR.R]A
3 *KÙ.BABBAR-*šá**[261] *ša* ^{f}*M*[*e-e*]*n-*⸢*nu*⸣*-ni*[262]
4 *kál-la-ti-ia*
5 *ša i+na tup-pí ša-*⸢*aṭ*⸣(über Rasur)[263]*-ru*
6 *ù-la ad-din*
7 *ù i+na-an-na*
8 1 ANŠE.[K]UR.RA *dám-qú*
u.Rd. 9 *lu-ú* ⸢*a*⸣*-ta-nu*

---

261 Über Rasur (); s. CAD S, 329.
262 Die Lesung gegen die Edition in HSS IX folgt E. R. Lacheman, PNKA.
263 

Rs. 10 *lu-ú* [NI]TA
11 *i+na* ITI *Ḫi-in-zu-ri-we*
12 *a-na* ᵐ*Ḫa-ši-ba-pu*
13 GAR.KUR *ša* ᵐ*Ši-il*-WA-*te-šup*
14 *a-na-an-din*
(Siegel Nr. 541)
15 NA4 ᵐ*Nu-ri-a-e*

1 Folgendermaßen (erklärt) Nuriae:
2-14 „Ein Pferd, das früher als Brautpreis für Mennuni, meine Schwiegertochter, in einer Urkunde verzeichnet war, habe ich (noch) nicht übergeben; und nunmehr werde ich im Monat Ḫinzuriwe dem Ḫašip-apu, dem *šakin māti* des Šilwa-teššup ein gutes Pferd – Stute oder Hengst – geben.“
15 Siegel des Nuriae.

Lit.: Morrison, Šilwa-Tešup, 51f.

1, 2, 15: Nuriae und seine Schwiegertochter Mennuni sind anderweitig nicht bezeugt.

2: Für *anina*-Konstruktionen in Nuzi-Texten s. G. Wilhelm, AOAT 9 (1970) 79-81. Gegenüber der dort gebotenen Übersetzung von l. 3 (ebenso CAD K 81, 3’) bietet CAD S, 329, 4’, eine plausiblere, hier übernommene Lesung, wobei allerdings in l. 4 mit CAD K 81 sub 3' „daughter-in-law“ statt „bride“ vorzuziehen ist.

6: Für *ula* „nicht“ in Nuzi-Texten s. AHw 1407 s. v., 4 (*ú-la* JEN 87, 21), derselbe Kontext auch in HSS V 55, 22. In Ergänzung von AHw und CAD s. noch *ula* „nein!“ zur Verstärkung eines negierten Aussagesatzes: *ú-la-a-mi ina dīni la allak-mi* HSS V 49, 22; *ú-la-mi … lā elqe-mi* AASOR XVI 6, 55; *ù-la-mi lā šibāku-mi* AASOR XVI 73, 19; *lā ú-la-mi lā awātu-mi* AASOR XVI 4, 9-10.

12f.: Zu Ḫašip-apu s. AdŠ 578, n. zu l. 1. (oben p. 110) sowie AdŠ Heft 3, Nr. 87, Anm. zu l. 2 (HSS IX 42 = AdŠ 619, HSS XIII 265 = AdŠ 520, HSS XIII 252 = AdŠ 489, HSS IX 21 = AdŠ 622, HSS XIII 354 = AdŠ 512, HSS XIV 565 = AdŠ 564).

Nr. 620

Erklärung (*umma*) des Ḫašip-tilla, derzufolge er sich auf zehn Jahre in den Dienst des Zilip-erwe, des Sklaven des Šilwa-teššup, begibt und von diesem Kleidungsstücke erhält, die er im Falle seines Ausscheidens aus dem Haushalt des Zilip-erwe zurückgeben muss.

SMN 913; IM 50812; HSS IX 152 (nur Umschrift); A 15; 69 x 114 x 31; koll.; Textzustand 1985.

Vs. 1 [*um-ma* ᵐ*Ḫa-š*]*i-pa-pu-ma*
2 [DUMU] (…-*ni* rad.)

	3	[x] *x x x x [x]x*[264]
	4	⸢1⸣ ⸢TÚG⸣[265] *eš-šu* *⸢x⸣ x[ ]x [x x]x*[266][
	5	⸢15⸣ *i+na a*[*m-m*]*a-ti mu-r*[*a-a*]*k-*[*šu*]
	6	5 *i+na am-m*[*a*]*-ti ru-pu-us-sú*
	7	*ù il-te-en-*⸢*nu*⸣*-tu*$_4$ *na-aḫ-la*[267]*-pa-tu*$_4$
	8	*ša* 2 *ku-ut-ge-*[*t*]*e eš-šu*
	9	*a-šar* ^{m}*Zi-li-be-er-*WA
	10	ÌR *ša* ^{m}*Ši-il-*WA*-te-šup*
	11	*el-te-qè-mi ù a-na* 10(über Rasur) M[U.MEŠ]
	12	^{m}*Zi-li-be-er-*WA (Rasur)
	13	*a*(über Rasur)*-pal-la-aḫ-šu-mi*
	14	*šum-ma a-na-ku i+na* 1 UD-*mi* *KIN! *ez-z*[*i-i*]*b**[268]
	15	1 MA.NA URUDU.MEŠ *a-na* UD-*mi*
	16	*ù a-na* UD-*mi ú-ri-ḫul-šá*
	17	*a-na* ^{m}*Zi-li-be-er-*[W]A
	18	*ú-ma-al-la-*⸢*mi*⸣
	19	*im-ma-ti-me-e a-na-ku*
	20	*iš-tu* É *ša* ^{m}*Zi-li-be-er-*WA
	21	*ú-še-eṣ-ṣí* ⸢TÚG⸣*-šu*
	22	*ù na-aḫ-la-pa-tu*$_4$*-šu*
	23	*a-na* ^{m}*Zi-li-be-er-*WA
u.Rd.	24	*a-na-an-din-mi*
	25	*ù ú-uṣ-ṣí-mi*
Rs.	26	*tup-pu i+na* EGIR-*ki šu-du-ti*
	27	*ša* É.GAL-*lì i+na*
	28	*a-bu-ul-li ša* URU
	29	*Zi-iz-za a-na* ⸢*pa*⸣*-ni*
	30	^{m}*Pur-na-t*[*a* D]UMU *Ḫa-ma-aš-šúk*
	31	LÚ *a-bu-ul-t*[*a*]*-an-*⸢*ni*⸣ *ša-ṭì-ir*
	32	IGI *Te-ḫi-*⸢*ia*⸣ DUMU *Ma-**⸢*ku-ia*⸣*[269]
	33	IGI *Ḫa-nu-qa-*⸢*a*⸣*+a* ⸢DUMU *A-kip*⸣*-te-*⸢*ia*⸣
	34	IGI *Še-ḫal-te-*⸢*šup*⸣ DUMU ⸢*Ḫu*⸣*-ti-i*[*a*]
	35	IGI *Aš-tar-til-la* DUMU *⸢*Ḫa-ni-ù*⸣*[270]
	36	IGI ⸢*Te-eš-šu-ia*⸣
	37	ŠU ^{md}30-S[UM-*n*]*a* ⸢DUB⸣.SAR-*rù*

264 *...*: 

265 

266 

267 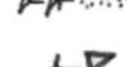, so auch in l. 13.

268 *...*: 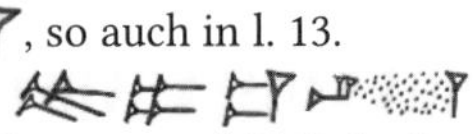

269 *...*: Lesung nach E. R. Lacheman, PNKA sub Tehiia, 27.

270 *...*: 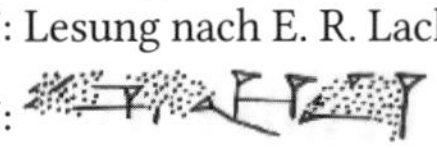

		(Siegel Nr. 542)	(Siegel Nr. 543)
	38	NA4 ^{m}[x]x[x]	[NA4 ^{m}*Ḫa-n*] *u-qa-a+a*
		(Siegel Nr. 544)	(Siegel Nr. 545)
	39	[NA4 ^{m}	N]A4 ^{m}*Še-*⸢*ḫal-te*⸣*-šup*
o.Rd.		(Siegel Nr. 546)	
	40	[NA4 ^{md}30-SU]M-*na*	
l.Rd.		(Siegel Nr. 547)	(Siegel Nr. 548)
	41	NA4 ^{m}*Pur-n*[*a*[271]*-ta*	N]A4 ⸢^{m}⸣*Ḫa-ši-pa-pu*

1-2 [Folgendermaßen (sagte) Ḫaš]ip-apu, [...]:
3-11 "[...], ein neues Gewand?, ... - 15 Ellen ist seine Länge, 5 Ellen seine Breite - und eine Garnitur neuer Mäntel von 2 *kutuktu* (Gewicht) habe ich von Zilip-erwe, dem Sklaven des Šilwa-teššup, entgegengenommen,
11-13 und für 10 Jahre werde ich dem Zilip-erwe respektvoll dienen.
14-18 Wenn ich die Arbeit (auch nur) einen Tag (lang) [verlasse]?, zahle ich für jeden einzelnen Tag dem Zilip-erwe eine Mine Kupfer als Entschädigung.
19-25 Sobald ich aus dem Haushalt des Zilip-erwe ausscheiden will, werde ich dem Zilip-erwe sein Gewand und seine Mäntel geben und hinausgehen."
26-31 Die Tafel ist nach der Information des Palastes im Stadttor von Zizza vor dem Torwächter Purnata, dem Sohn des Ḫamaš-šuk, geschrieben.
32 Zeuge: Teḫia, Sohn des Makuja,
33 Zeuge: Ḫanukaja, Sohn des Akip-teja,
34 Zeuge: Šeḫal-teššup, Sohn des Ḫutia,
35 Zeuge: Aštar-tilla, Sohn des Ḫaniu,
36 Zeuge: Teššuja.
37 Hand des Schreibers Sîn-iddina.
38 Siegel des [ ], [Siegel des Ḫan]ukaja,
39 [Siegel des], [Siegel des Šeḫal-teššup,
40 [Siegel des Sîn-idd]ina,
41 Siegel des Purn[ata, Siegel des Ḫašip-apu.

Lit.: Morrison, Šilwa-Tešup, 94f.; Deller, WdO 9, 298f.

Der Vertrag ist, obwohl nicht so bezeichnet, seiner rechtlichen Struktur nach ein *titennūtu*-Vertrag, bei dem die Gewänder, die Ḫašip-tilla erhält, ein Darlehen sind, für das die Arbeitsleistung des Ḫašip-tilla das Nutzungspfand ist.
1, 41: Ḫašip-tilla ohne Vatersnamen ist nicht genauer zu prosographieren.
3: Die Lesung, die der Übersetzung von Morrison, l.c („city of Apenaš"), zugrunde liegt, bewährt sich nach Kollation nicht.
4: Der Lesungsvorschlag von Zaccagnini, SCCNH 1, 350, bewährt sich nach Kollation nicht.
9, 12, 17, 20, 23: Zilip-erwe ist nach den Rationenlisten ein zum Haushalt von Zizza gehöriger Sklave: AdŠ 31: 2; 32: 81; 56: 10; 155: 10. Dazu passt es, dass die vorliegende Urkunde im Stadttor von Zizza geschrieben wurde.
26: Zu *šūdûtu* „Information" s. AdŠ 603, Anm. zu l. 31 (oben p. 164f.).

---

271 

30-31, 41: Der Torwächter Purnata, Sohn des Ḫamaššuk, ist als Zeuge in den gleichfalls in Zizza, jedoch von einem anderen Schreiber (Enib-tilla) abgefassten Urkunden HSS XIX 140 und EN 9/2, 66 genannt.

32: zu Teḫia S. Makuja s. auch HSS XIX 140: 26.

33-35, 38-39: Ḫanukaja S. Akip-teja, Šeḫal-teššup S. Ḫutia und Aštar-tilla, Sohn des Ḫaniu, sind anderweitig nicht bezeugt.

35: Zu dem Namen Ḫaniu cf. *Ḫa-ni-ù* HSS V 7: 42; 77: 3; IX 103: 2; XIX 70: 3, 26; zur Schreibung mit *-ù* s. noch *Ki-ik-ki-ù* HSS V 2: 18, *Ka-ni-ù* HSS XVI 360: 11. Zahlreiche weitere auf *-iu* auslautende Namen (Aniu, Atiu, Entiu, Ḫašiu, Ikkiu, Kariu, Kuziu, Metkiu, Zikiu) zeigen die Auslautschreibung *-i-ú*.

37: Der Schreiber Sîn-iddina ist ohne Vatersnamen schwer zu identifizieren, da es mehrere Schreiber dieses Namens gibt. NPN p. 120 zitiert den Namen unter SIN-... HSS IX 152: rev 12; eine Kollation der nur in Umschrift publizierten Tafel war offenkundig nicht möglich.

Nr. 621

Erklärung (*lišān-šu*) des Šekaja, Sohnes des Urḫia, derzufolge er 7 ANŠE Gerste von Šūšib-šamaš, dem Sklaven des Šilwa-teššup, in Paḫḫarašwe erhalten hat. Als Tauschäquivalent muss er dieselbe Menge Gerste in Kipri liefern. Bei Nichterfüllung wird eine Vereinbarung rückgängig gemacht, derzufolge Šūšib-šamaš von Šekaja ein Rind (als Nutzungspfand) gegen ein Darlehen von 9 ANŠE Gerste erhalten hatte.

SMN 741; HSS IX 14; A 30; 61 x 72 x 24; koll.; Textzustand 1986.

Vs.	1	EME-*šu ša* ^{m}*Še-qa-a+a* ⸢DUMU⸣ *Ur-ḫi-ia*
	2	*a-na pa-ni* LÚ.MEŠ *ši-bu-ti*
	3	*an-nu-ti ki-am-ma iq-ta-bi*
	4	7(über Rasur) ANŠE ŠE.MEŠ *a-šar*
	5	^{m}*Šu-ši-ib-*^{d}UTU ÌR *ša*
	6	^{m}*Ši-il-*WA-*te-šup i+na*
	7	URU *Pa-ḫa-ra-aš-we pu*(über Rasur)*-ḫ[u-q]a-ar-re*
	8	*é[l]-te-qè-mi*
	9	⸢7⸣ [A]NŠE ŠE.⸢MEŠ ^{m}⸣*Še-qa-a+*⸢*a*⸣
	10	DUMU *Ur-ḫi-ia pu-ḫi-iz-za-a[r-š]u*
	11	*i+na* URU *Kip-[r]i a-na*
	12	^{m}*Šu-ši-ib-*^{d}UTU SUM-*na*
	13	*šum-ma* 7 ANŠE ŠE.MEŠ
u.Rd.	14	^{m}*Še-qa-a+a i+na*
	15	URU *Kip-ri la i+na-an-din*
Rs.	16	^{m}*Šu-ši-ib-*^{d}UTU GUD-*šu*
	17	*ša* ^{m}*Še-qa-a+a ú-tar-*⸢*ma*⸣
	18	16 ANŠE ŠE.MEŠ ^{m}*Šu-*⸢*ši-ib*⸣-^{d}UTU
	19	*a-šar* ^{m}*Še-qa-a+a*

20 *i+na* URU *Pa-ḫa-ra-aš-w*[*e*]
21 *i-leq-qè-e*

---

22 *i+na* GIŠ.BÁN *ša* ᵐ*Ši-il*-W[A-*t*]*e-šup*
(Siegel Nr. 184)
23 NA$_4$ *Še-qa-a+a* DUMU *Ur-ḫi-ia*
(Siegel Nr. 191)
24 IGI NA$_4$ *Šá-du-ge-wi* DUMU ⸢*In-te-er*⸣*-ta*
o. Rd. 25 IGI NA$_4$ *Ur-ḫi-te* DUMU *Qa-na-a+a*
(Siegel Nr. 549)
l. Rd. 26 IGI NA$_4$ *Še-ḫal-te-šup* DUB.SAR-*rù*
(Siegel Nr. 29)

1-3 Erklärung des Šekaja, Sohnes des Urḫia; vor diesen Zeugen erklärte er folgendermaßen:
4-8 „7 ANŠE Gerste habe ich von Šūšib-šamaš, dem Sklaven des Šilwa-teššup, in Paḫḫarrašwe zum Tausch entgegengenommen."
9-12 7 ANŠE Gerste wird Šekaja, der Sohn des Urḫia, als das entsprechende Tauschäquivalent in Kipri dem Šūšib-šamaš geben.
13-21 Wenn Šekaja die 7 ANŠE Gerste in Kipri nicht gibt, wird Šūšib-šamaš das Rind des Šekaja zurückgeben, und 16 ANŠE Gerste wird Šūšib-šamaš von Šekaja in Paḫḫarrašwe nehmen.
22 Mit dem *sūtu*-Maß des Šilwa-teššup.
23 Siegel des Šekaja, Sohnes des Urḫia,
24 Zeuge, Siegel des Šatu-kewi, Sohnes des Interta,
25 Zeuge, Siegel des Urḫi-te, Sohnes des Kanaja,
26 Zeuge, Siegel des Schreibers Šeḫal-teššup.

Lit.: Andrews, Exchange, 36f.; Fadhil, Topographie, 148; Morrison, Šilwa-Tešup, 27f.; Saarisalo, Slaves, 11-12.

1, 9, 14, 17, 19, 23: Šekaja S. Urḫia ist ein Kleinviehhirt, der nach den folgenden Urkunden für Šilwa-teššup arbeitet: AdŠ 299: 9, 12 (HSS IX 49); 300: 8, 11 (HSS IX 138); 301: 8, [11] (HSS XIII 379); 302: 7, 9 (HSS IX 51); 340: 6, 8 (HSS XIV 613).

3: CAD K, p. 328 sub b) zitiert die vorliegende Stelle für in Nuzi seltenes *kīam-ma* „folgendermaßen" statt des üblichen und sehr häufig bezeugten *kīam* vor einer Form von *qabû*; s. auch HSS V 19: 3; XIX 114: 4, 19.

5, 12, 16, 18: Zu Šūšib-šamaš s. AdŠ 597, Anm. zu l. 6-7 (oben p. 151).

7, 20: Zu Paḫḫarrašwe s. Fadhil, Topographie, 128-136; Fincke, RGTC 10, 211-213, zum Ortsnamen s. auch AdŠ 555, Anm. zu ll. 1-3, 11-15, 17 (oben p. 70).

7: Die Form *pu-ḫu-qa-ar-re* enthält eine hurritische Kasusendung mit der Bedeutung eines Direktivs oder Terminativs; nach einer Deutung lautet die Kasusendung *-ne/i*, nach einer anderen *-e*, welches auf den sog. Relator *-ne-* folgt. In analytischer Umschrift lautet die Form nach der letzteren Interpretation *puġ=ugar=*(*i*)*=r*(*e*)(<*ne*)*=e*. Das Wort geht auf akk. *pūḫu* „Ersatz, Stellvertreter" zurück und enthält, wie schon W. von Soden, Fs. Baumgartner, 292f., gesehen hat, das hurritische Suffix der Reziprozität *-ugar-*.

10: *pu-ḫi-iz-za-ar-* ist ebenso wie *puġugari* aus akk. *pūḫu* entlehnt, es handelt sich aber nicht um eine lautliche Variante (so CAD P, 484b), sondern um eine Bildung mit der hurr. Kollektivendung *-zari*; zu dieser s. M. Salvini, RA 82 (1988) 62; zur entsprechenden Deutung von *puḫizzari* s. J. Fincke, SCCNH 7 (1995) 18, n. 33.
11, 15: Zu dem Ort Kipri s. Fincke, RGTC 10, 146-147; für „eine Lage im Nordwesten von Nuzi" s. G. Müller, HSAO 7, 80; 196.
18: Die 16 ANŠE Gerste umfassen die 7 ANŠE, die Šekaja nach dem Wortlaut der vorliegenden Urkunde in Paḫḫarašwe entgegengenommen hat, sowie den Differenzbetrag von 9 ANŠE, den Šekaja anscheinend als Darlehen gegen Gestellung eines Nutzungspfands in Form eines Rindes erhalten hatte. Im Falle der Nichteinhaltung der Verpflichtung aus der vorliegenden Urkunde wird also nicht nur das dieser Urkunde zugrunde liegende Rechtsgeschäft rückgängig gemacht, sondern auch ein diesem vorausgegangenes Geschäft, das seiner rechtlichen Struktur nach ein *titennūtu*-Vertrag ist. Die Einbeziehung dieses älteren Geschäftes in den vorliegenden Vertrag hat anscheinend die Funktion einer Klausel über eine Konventionalstrafe, so dass anzunehmen ist, dass Šekaja das Darlehen nicht oder nur mit Schwierigkeiten zurückzuzahlen in der Lage war.
24-26: Für die Zusammenziehung der Zeugenliste mit den entsprechenden Siegelbeischriften cf. AdŠ Nr. 553: 17-23; 561: 12-19; 625: 10-14; EN 10/1, 55, 8'; X/2, 127, 1'.
24: Šatu-kewi S. Interta, der hier als Zeuge auftritt, ist nach AdŠ 317: 10, 20 (HSS XVI 240) ein Kleinviehhirt. Nach AdŠ 253: 76 empfängt er als Mitglied einer Solidargemeinschaft ein Gerstendarlehen.
25: Urḫi-te S. Kanaja ist anderweitig nicht bezeugt.
26: Zu dem Schreiber Šeḫal-teššup, der den Namen seines Vater nicht nennt, s. AdŠ Heft 4, p. 116, letzter Absatz. Er hat auch die folgenden Tafeln geschrieben: HSS V 19: 26, AdŠ 152: 77; 192: 21; 254: 36. Der letztgenannten Tafel zufolge hat er auch die Mengenangaben überprüft(?).

Nr. 622

tuppi mārūti; Biria-zana, der Sohn des Pai-tilla, adoptiert Kuba-sa, den Sklaven des Šilwa-teššup, gibt ihm ein 92,5 Ellen im Umfang messendes Anwesen in Nuzi mitsamt *nakkatu*-Gebäuden und erhält einen Esel, ein Kleid, ein Filzstück, 10 Minen Zinn, eine Mine Bronze und 4 BÁN Gerste als Geschenk.

SMN 992; IM 50771; HSS IX 21; A 13; 81 x 125 x 33; koll.; Textzustand 1984.

Vs.	1	*tup-pí ma-ru-ti ša*
	2	^{m}*Bi-ri-a-za-na* DUMU *Pa-i-til-la*
	3	^{m}*Ku-ú-ba-a-sa* ÌR ^{m}*Ši-il*-WA-*te-*[*šup* <DUMU> LUGAL[272]]
	4	*a-na ma-ru-ti i-te-pu-uš*
	5	*ki-ma* ḪA.LA-*šu* É.ḪI.A.MEŠ *i+na* ŠÀ-*bi* U[RU *Nu-z*]*i* ⌜*it-ti*⌝
	6	*na-ak-ka*$_{4}$*-ti-šu-nu* 92 *i+na* ⌜*am*⌝-*ma-t*[*i*]
	7	*ù ma-la ú-ṭì mi-in-dá-sú-nu*
	8	*ḫu-up-pal-la* ^{m}*Bi-ri-a-za-na*

272 EP bietet noch ein beschädigtes LUGAL, das bei Kollation 1984 nicht mehr vorhanden war.

9 a-na ^{m}Ku-ú-ba-sa it-ta-din
10 ⸢ù⸣ ^{m}Ku-ú-ba-a-sa 1 ANŠE 1 TÚG
11 1 sí-a-na-tu$_{4}$ ⸢10⸣ MA.NA AN.NA 1 MA.NA Z[ABAR]
12 4 BÁN ⸢ŠE ki⸣-ma NÍG.BA-šu a-na ^{m}Bi-ri-a-za-na
13 it-ta-din šum-ma É.ḪI.A.MEŠ pí-ir-qa
14 ir-ta-šu-ú É.ḪI.A.MEŠ ša-šu-nu-ma ^{m}Bi-ri-a-za-na
15 ú-za-ak-ka$_{4}$-ma a-na ^{m}Ku-ba-a-sa
16 i+na-an-din ù É.ḪI.A.MEŠ ša-a-šu-nu
17 ⸢i⸣+na il-ta-n[a-n]u É.ḪI.A.MEŠ ša ^{m}I-ri-ri-ti[l-la]
18 [DUMU T]u-⸢li⸣-ia i+na e-le-ni na-ak-ka$_{4}$-ti
19 [ša] ^{m}Bi-ri-a-za-na-ma
20 [i+na] sú-ta-nu BÀD i+na šu-pa-al É.⸢ḪI.A.MEŠ⸣
21 [ša ^{m}]⸢A⸣-ri-wa-al-ti-ú
u.Rd. 22 [il-k]u ša É.MEŠ ^{m}Bi-ri-a-za-na-ma
23 [na-a]-ši ù ^{m}Ku-ú-ba-a-sa
Rs. 24 [la na]-a-ši EME-šu ša
25 [^{m}]Bi-ri-a-za-na a-na pa-ni ⸢LÚ IGI.MEŠ⸣
26 [a]n-nu-ti iq-ta-bi [NÍG.BA-ia]
27 ša pí-i ⸢tup⸣-pí [an]-⸢ni⸣-[(ti/i)]
28 a-šar ^{m}Ku-⸢ú-ba-sa al-te-qè-mi⸣
29 ù ap-⸢la-ku⸣-mi
30 ša ⸢KI.BAL⸣ 1 MA.NA KÙ.BABBAR 1 MA.⸢NA⸣ [KÙ.S]I$_{22}$ SA$_{5}$
31 tup-⸢pu⸣ EGIR-ki šu-du$_{4}$-ti
32 i+na ⸢pa⸣-ni ⸢KÁ⸣.GAL *Zi-iz-za*(über Rasur)-a-e <ša> URU ⸢Nu⸣-zi
33 ⸢šá-ṭì⸣-ir

---

34 IGI ⸢Ḫa⸣-ši-pa-pu DUMU ⸢Ta-ḫi⸣-ri-iš-t[i]
35 IGI [Qar]-ra-te [DUMU
36 ⸢IGI Zi⸣-ge DUMU Ši-ir-wi-⸢ia⸣
37 I[GI Eḫ-l]i-pa-⸢pu⸣ DUMU Ur-ḫi-⸢te⸣-[šup]
38 [IGI T]a-i-[q]a DUMU I-na-ap-[te ma-ṣar] KÁ.GAL
39 I[GI Ḫa-n]a-a+a DUMU Dá-a+a-ni
40 ŠU [x x x]-⸢te-šup DUB.SAR⸣
41 DUMU [
[(Siegel)]
42 NA$_{4}$ ^{m}Qar-ra-te
o.Rd. 43 (Siegel Nr. 550) | [N]A$_{4}$ ^{m}Bi-ri-a-za-na
44 NA$_{4}$ ^{m}Ta-i-qa | (Siegel Nr. 551)
l.Rd. 45 NA$_{4}$ ^{m}Ḫa-na-a+a
(Sglabr. Nr. 274) | (Sglabr. Nr. 451) | Sglabr. Nr. 274) | (Sglabr. Nr. 552)
46 [NA$_{4}$ ^{m}Zi]-ge NA$_{4}$ ^{m}Eḫ-li-pa-pu NA$_{4}$.KIŠIB DUB.SAR

1-2	Adoptionsurkunde des Biria-zana, Sohnes des Pai-tilla.
3-4	Den Kuba-sa, den Sklaven des Šilwa-teššup, Sohnes des Königs, adoptierte er als Sohn.
5-9	Als sein Erbteil hat Biria-zana dem Kuba-sa ein Anwesen in Nuzi mitsamt den zugehörigen *nakkatu*-Gebäuden, 92 Ellen und eine Halbelle ist sein Umfang, gegeben.
10-13	Und Kuba-sa hat dem Biria-zana einen Esel, ein Kleid, eine Filzdecke, 10 Minen Zinn, eine Mine Bronze (und) 4 BÁN Gerste als sein Geschenk gegeben.
13-16	Falls das Anwesen vindiziert werden sollte, muss Biria-zana das betreffende Anwesen (von Ansprüchen) freimachen und (es) dem Kuba-sa übergeben.
16-21	Das betreffende Anwesen (liegt) nördlich des Anwesens des Iriri-tilla, Sohnes des Tulia, östlich der *nakkatu*-Gebäude des Biria-zana selbst, südlich der Stadtmauer, westlich des Anwesens des Ariwaltiu.
22-24	Die *ilku*-Verpflichtung des Anwesens trägt allein Biria-zana, und Kuba-sa trägt (sie) nicht.
24-26	Erklärung des Biria-zana; vor diesen Zeugen hat er erklärt:
26-29	„[Mein Geschenk] gemäß dem Wortlaut dieser Urkunde habe ich von Kuba-sa entgegengenommen, und ich bin (hinsichtlich meiner Ansprüche) befriedigt."
30	Wer den Vertrag bricht, muss eine Mine Silber (und) eine Mine Gold zahlen.
31-33	Die Tafel ist nach der Information vor dem Zizzae-Tor <von> Nuzi geschrieben.
34	Zeuge: Ḫašip-apu, Sohn des Taḫirišti,
35	Zeuge: [Kar]rate [, Sohn des]
36	Zeuge: Zike, Sohn des Širwia,
37	Zeuge: [Eḫl]ip-apu, Sohn des Urḫi-teššup,
38	[Zeuge:] Torwächter Taika, Sohn des Inap-te,
39	Zeuge: Ḫan]aja, Sohn des Dajjāni.
40-41	Hand des Schreibers [ ]-teššup, Sohnes des [ ].
42	Siegel des Karrate,
43	Siegel des Biria-zana,
44	[Siegel des Taika,
45	Siegel des Ḫanaja,
46	[Siegel des Zi]ke, Siegel des Eḫlip-apu, Siegel des Schreibers.

Lit.: Saarisalo, Slaves, 20-22: . Morrison, Šilwa-Tešup, 38ff.

2, 8, 12, 14, 19, 22, 25: Zu Biria-zana S. Pai-tilla s. auch AASOR 16, 94:1 [Korrektur nach NPN p. 115]; Bira-zzi/ana S. Pai-tilla HSS V 6: 3, 6, 8, 11, 13, 15, 17, 22, 25, und Bira-zala S. Pai-tilla HSS XIII 18: 4, 14. Für die Identität der Namensträger s. bereits Abrahami/Lion, 61 RAI, 24. Dass der Name einer Person in drei Varianten erscheint, wobei der Schreiber von HSS V 6 in nur 14 Zeilen (3-17) viermal die Schreibweise ändert, ist auffällig. Zu beachten ist auch der *n*/*l*-Wechsel. Der Name ist nicht hurritisch. Purves, NPN p. 194 und 245, weist ihn dem Onomastikon indo-arischer Herkunft zu; s. dazu die bei Mayrhofer, Indo-Arier, 141, und Mayrhofer, Arier, 78f. gesammelte Lit.

3, 9, 10, 15, 23, 28: Zu Kuba-sa s. Vorbemerkung zu AdŠ Heft 2, Nr. 2, § 1, l. 2, und Anm. zu AdŠ Heft 3, 72: 13 und 19. Der kassitische Name Kuba-saḫ erscheint in Nuzi-Texten nur vereinzelt in der Form mit auslautendem *-ḫ* (AdŠ Heft 2, Nr. 6: 104); öfter wird stattdessen der Vokal *-a* gelängt (*saḫ* > *sā*). Im vorliegenden Fall wird allerdings der Inlaut oder der Auslaut von Kuba plene geschrieben. Fast(?) alle Belege beziehen sich auf einen Sklaven im Haushalt des Šilwa-teššup in Nuzi: Heft 2, 6: 104; 27: 13; 28: 4; 34: 19; 40: 1; 49: 1; 50: 5; Heft 3, 74: 14; 80: 5; 98: 6; 113: 34; 122: 36; 126: 24, 26; 130: 21; Heft 4, 193: 10; Heft 5, 463: 12 (HSS XV 196); 464: 5, 7, 10, 27 (HSS XV 195); 467: 6, 13 (HSS XV 199); 468: 4, 6 (HSS XV 333); 469: 5, 9 (HSS XV 198); 475: 12, 20 (HSS XIII 227=XV 207); 476: 8, 18 (HSS XV 208); 510: 13, 14 (HSS XIII 283 = Nuziana II, p. 171).
6, 18: Zu *nakkatu* s. AHw II 722 und CAD N/1, 186 mit Belegen und übereinstimmender Übersetzung „eine Art Land" bzw. „a type of real estate", was Deller, Or 56, 193, als „vorsichtig formuliert" charakterisiert. Der in CAD N/1, 186 als SMN 3483 zitierte Text ist inzwischen als EN 9/2 46 ediert. Für einen weiteren Beleg s. Lacheman & Owen, SCCNH 1, 381, YBC 5138: 8. Ein *nakkatu* kann – wie im vorliegenden Text – zu einem in der Stadt gelegenen Haus(komplex) gehören: É.ḪI.A.MEŠ *ina libbi Nuzi itti nakkati-šunu* (l. 6). Das Wort kann einen Garten innerhalb eines Ortes bezeichnen: *kirâ nakkata ina* URU *Atakal* JEN 66: 5. Ein als Bauland geeignetes *nakkatu*-Feld kann – sicherlich ortsnah (cf. Gadd, RA 23, Nr. 50: 11 *tarbaṣu* ... *pani abulli* „vor dem Stadttor") – auf einer Viehweide (*tarbaṣu*) liegen: *eqlu nakkatu paiḫu ina libbi tarbaṣi* HSS XIX 5: 23f. Es kann aber auch außerhalb der Siedlungen und der zugehörigen Feldflur liegen: *eqla nakkata paiḫa ina ṣērīti* EN IX/2, 46: 6-8 (für *paiḫu* „Baugrundstück" s. Wilhelm, Beiträge, 573, sub *pa-*, *paiğe,* für *ṣērītu* in Nuzi s. Zaccagnini, Landscape, 32–39). Maßangaben für *nakkatu*-Immobilien sind selten und schließen im vorliegenden Text die Gebäude, zu denen die *nakkatu*-Flächen gehören, mit ein (92½ Ellen). Für eine weitere Maßangabe s. HSS XIX 5: 23 (37 *ammatu* Länge, 8 *ammatu* Breite, d.h. ca. 18,5m x 4m, also ein sehr schmales, aber langes Grundstück). Hinsichtlich der Größe von *nakkatu*-Flächen weist Deller, Or 56, 193, darauf hin, dass diese „niemals in ANŠE und GIŠ.APIN vermessen" werden. Laut AHw 722 ist das Wort *nakkatu* unbekannter Herkunft, CAD N/1 äußert sich zur sprachlichen Herkunft nicht, verweist aber darauf, dass es nur in Nuzi-Texten bezeugt ist. Verf. erwägt, dass das Wort eine hurritische -(*a*)*di/e*-Bildung zu der Wurzel *nakk-* „frei-, loslassen" ist, s. Wilhelm, Kumme und *Kumar, 316 (= StBoT 64, 251). Eine bestimmte Bedeutung für ein Grundstück lässt sich daraus allerdings nicht ohne weiteres gewinnen (etwa „ungenutzt"??).
8: Zu *ḫuppalla* s. AdŠ 550, Anm. zu l. 48, etc. (oben p. 53).
17: Iriri-tilla S. Tulia ist nach der Untersuchung von Dosch, Streitwagenfahrer, 196, ein „Streitwagenfahrer" (*rākib narkabti*) und "Befehlshaber der Linken". Alle Listen der Militärverwaltung aus dem Palast von Nuzi, die ihn nennen, stammen aus der Zeit der 4.-5. Generation der Familie des Teḫip-tilla S. Puḫi-šenni. Belege: Dosch, Streitwagenfahrer, Nr. 46: AO 15.543: 17; Nr. 48: HSS XV 36: 33, beide mit Nennung des Vatersnamen Tulia, alle weiteren Belege ohne diesen: Nr. 49: HSS XV 34: 28; Nr. 56: HSS XV 26+: 9; Nr. 57: HSS XV 40: 22; Nr. 59: HSS XV 14: 26; Nr. 64: HSS XV 12: 9.
22: Zu *ilku* s. AdŠ 554, Anm. zu l. 19 (oben, p. 67).
31: Zu *šūdûtu* „Information" s. AdŠ 603, Anm. zu l. 31 (oben p. 164f.).
32: Zu dem Zizzae-Tor s. AdŠ 551, Anm. zu ll. 40f. (oben, p. 59).
34: Zu Ḫašip-apu S. Taḫirišti s. AdŠ 578, Anm. zu l. 1 (oben p. 110).
35, 42: Karrate kann ohne Vatersnamen und Siegel nicht identifiziert werden.
36, 46: Zike S. Širwia ist ein Weber im Dienst des Palastes, s. HSS XIII 33: 16; XIV 539: 2; JEN 314: 9.
37, 46: Zu Eḫlip-apu S. Urḫi-teššup s. AdŠ 107: 13; 193: 5; 558: 24, 34; 637: 35, 42.
38, 44: Der Torwächter Taika S. Inapte ist anderweitig nicht bezeugt.
39, 45: Zu Ḫanaja S. Dajjāni s. HSS XVI 407: 10; 435: 9.

Nr. 623

Erklärung (*lišān-šu*) des Kai-tilla, des ...-teššup und des Tarmia, der Söhne des Enni..., derzufolge sie den Kai-tilla, den Sklaven des Šilwa-teššup, adoptiert und ihm einen Garten vor dem *ēqu*-Tor in Āl ilāni mit einem Umfang von 140 Ellen als „Erbteil“ gegeben und 5 ANŠE Gerste „als Geschenk“ erhalten haben.

SMN 568; HSS XIV 568; keine Raumangabe; 89 x 69 x 29; koll.; Textzustand 1996.

Vs.	1	[EME]-*šu*-**nu*.MEŠ*(über Rasur) ⸢*ša* ^{m}*Qa*⸣-*i-te-š*[*up š*]*a*
	2	[^{m}x x]-*te-šup* ⸢*ù ša*⸣ ^{m}*Tar-mi-*[*i*]*a* DUMU *[*E*]*n-n*[*i*-x *[273] x]
	3	[*a-na p*]*a-ni ši-bu-ti*.MEŠ *iq*-⸢*ta*⸣-*bu*-⸢*ú*⸣
	4	[^{m}*Q*]*a-i-til-la* ÌR *ša* ^{m}*Ši*-⸢*il*⸣-WA-*te-šup* DUMU LUGAL
	5	⸢*a-na*⸣ *ma-ru-ti ni-te-*[*p*]*u*(über Rasur)-*uš* GIŠ.KIRI$_6$.MEŠ
	6	*i+na a-ṣé-e* KÁ.GAL ⸢*e*⸣-*qí i-na le*(über Rasur)-*et*
	7	GIŠ.KIRI$_6$ *ša* ^{m}*Tar-mi-te-šup* 1 *ma-at* 40 *i+na am-ma-ti*
	8	*li-wi-is-sú i+na ḫu-up-pal-li ša* GIŠ.KIRI$_6$
	9	⸢*a*⸣-*na* ^{m}*Qa-i-til-la ni-it-ta-din ù ni-nu*
	10	5 ANŠE ŠE *ki-ma* NÍG.BA.MEŠ-⸢*ni*⸣ *a-šar* ^{m}*Qa-i-til-la*
	11	*ni-il-te-qè il-ku ša* GIŠ.KIRI$_6$ *ni-nu-ma*
	12	*na-ša-nu šum-ma* GIŠ.KIRI$_6$ [*u*]*p-ta-aq-qa*<-*ar*>
	13	*nu-za-ak-ka*$_4$-*ma a-na* ^{m}*Qa-i-til-la ni-na-an-din*
u.Rd.	14	*ma-*[*a*]*n-nu ša* KI.BAL.MEŠ-*tu* 1 MA.NA ⸢KÙ.BABBAR⸣
	15	⸢1⸣ MA.NA KÙ.SI$_{22}$ *ú-ma-al-la*
	16	[*t*]*up-pu ina* EGIR.MEŠ *šu-du-ut* É.GAL *i-na* URU DINGIR.MEŠ
Rs.	17	[*a-š*]*ar* KÁ.GAL *e-qí ša-ṭì-ir*
	18	[I]GI ⸢*Du-ra-ri* DUMU⸣ *Ta*-⸢*e*⸣ IGI *Ḫa-ši-ia*
	19	DUMU ⸢*Ar-nu-ur-ḫé* IGI ⸣ *Ḫu-bi-ta* [DU]MU *Ip-šá*-⸢*ḫa-lu*⸣
	20	⸢*an-nu-tù ša* GIŠ.KIRI$_6$⸣ *mu-šel*$_4$-*wu-ú*
	21	⸢IGI *Ta-i-te-šup* DUMU *I*⸣-*ri-ia* [
	22	⸢IGI *A-ri-ip-a*⸣-*bu-ul-li* DUMU *Ar-nu*-⸢*ur*⸣-*ḫé*
	23	⸢IGI *Na-i-še-en-ni*⸣ DUMU *Te-šup*-⸢*a*⸣-*tal*
	24	⸢IGI *El-ḫi-ip-til-la*⸣ DUB.SAR DUMU *Wu-ur-ru-ku-un-ni*
	25[274]	NA$_4$ ^{m}⸢*Ta-i-te*⸣-[*šup*]
		[(Siegel)]
	26	NA$_4$ ⸢^{m}⸣[*Ḫu*]-⸢*bi*⸣-*t*[*a*]
		[(Siegel)

273 *...*: 

274 Z. 25-28 quer zur Schriftrichtung auf der unteren Hälfte der Rs.

	27	NA$_4$ ^{m}*Du-*⸢*ra*⸣*-ri*
		(Siegel Nr. 553)
	28	NA$_4$ ^{m}*Ḫa-ši-ia*
		(Siegel Nr. 554)
o.Rd.	29	NA$_4$ ^{m}*A-ri-pa-*⸢*bu-ul-li*⸣ ⸢NA$_4$ ^{m}*Na-i*⸣*-*[*še-en-ni*]
		[(Siegel)] [(Siegel)] [(Siegel)]
	30	[NA$_4$] ⸢^{m}*El*⸣*-*[*ḫi*]*-ip-til-*⸢*la*⸣ [DUB.SA]R
l.Rd.		(Siegel Nr. 555) (Siegel Nr. 555)
	31	[N]A$_4$ *Tar-mi-ia* [N]A$_4$ *Qa-i-t*]*e-š*[*up*]

1-3 Erklärungen des Kai-teššup, des ...-teššup und des Tarmia, der Söhne des Enna...; vor Zeugen haben sie erklärt:
4-5 „Kai-tilla, den Sklaven des Šilwa-teššup, Sohnes des Königs, haben wir adoptiert.
5-9 Einen Garten am Ausgang des *ēqu*-Tores neben dem Garten des Tarmi-teššup – 140 Ellen ist sein Umfang im *ḫuppallu* des Gartens – haben wir dem Kai-tilla gegeben,
9-11 und wir haben 5 ANŠE Gerste als unser Geschenk von Kai-tilla entgegengenommen.
11-12 Die *ilku*-Verpflichtung des Gartens tragen allein wir.
12-13 Falls der Garten vindiziert werden sollte, werden wir (ihn von Ansprüchen) freimachen und (ihn) dem Kai-tilla geben.“
14-15 Wer den Vertrag bricht, muss eine Mine Silber (und) eine Mine Gold zahlen.
16-17 Die Tafel ist nach der Information des Palastes in Āl ilāni bei dem *ēqu*-Tor geschrieben.
18-19 Zeuge: Turari, Sohn des Tae, Zeuge: Ḫašia, Sohn des Arnurḫe,
19 Zeuge: Ḫupita, Sohn des Ipšaḫalu,
20 Diese sind die Vermesser des Gartens.
21 Zeuge: Tai-teššup, Sohn des Iria,
22 Zeuge: Arip-abulli, Sohn des Arn-urḫe,
23 Zeuge: Nai-šenni, Sohn des Teššup-atal,
24 Zeuge: Schreiber Elḫip-tilla, Sohn des Wurrukunni,
25 Siegel des Tai-teššup,
26 Siegel des Ḫubita,
27 Siegel des Turari,
28 Siegel des Ḫašia,
29 Siegel des Arip-abulli, Siegel des Nai-šenni,
30 Siegel des Schreibers Elḫip-tilla,
31 Siegel des Tarmia, Siegel des Kai-Teššup.

Lit.: Morrison, Šilwa-Tešup, 215.

1-2, 31: Kai-teššup, ...-teššup und Tarmia S. Enni-[sind anderweitig nicht nachzuweisen.
4, 9, 10, 13: Zu Kai-tilla, Sklave des Šilwa-teššup, s. auch AdŠ Heft 2, Nr. 47: 5 mit p. 164, 2. Absatz.
5: Das Pluralzeichen bezieht sich hier – wie oft bei Immobilienangaben – auf die Zusammengesetztheit der Immobilie, also die Bäume, die einen Garten bilden, die Zimmer, aus denen ein

Haus besteht, etc. Eine Übersetzung als Plural („Gärten“) wäre angesichts der Fläche, um die es geht (wenig mehr als 300 m^{2}), unangemessen.
6, 17: Für das Tor KÁ.GAL *ēqi* s. Fincke, RGTC 10, 14 und 37 mit den vorliegenden beiden Belegen sowie weiteren, stark beschädigten: FLP 1282: 7, ed. Young, AOAT 22, 233. *ēqu* ist wohl mit dem gleichlautenden assyrischen Kultobjekt (oft in *bīt ēqi*) zu verbinden; zu diesem s. Schwemer, Wettergottgestalten, 601f., n. 4864. Es handelt sich daher wahrscheinlich um ein innerstädtisches (Tempel-?)Tor.
8: Zu *ḫuppalli* s. AdŠ 550, Anm. zu l. 48, etc. (oben p. 53).
11: Zu *ilku* s. AdŠ 554, Anm. zu l. 19 (oben, p. 67).
16: Zu *šūdûtu* „Information“ s. AdŠ 603, Anm. zu l. 31 (oben p. 164f.).
18, 27: Turari S. Tae ist anderweitig nicht bezeugt.
18f., 28: Zu Ḫašia S. Arn-urḫe s. AdŠ 250: 23.
19, 21, 22, 23: Ḫupita S. Ipša-ḫalu, Tai-teššup S. Iria, Arip-abulli S. Arnu-urḫe und Nai-šenni S. Teššup-atal sind anderweitig nicht bezeugt.
24, 30: Zu dem Schreiber Elḫip-tilla S. Wurrukunni s. AdŠ 556, Anm. zu l. 13f. (oben, p. 73).

Nr. 624

Erklärung (*lišān-šu*) des Ḫutia, Sohnes des Ar-tirwi, mit der er anerkennt, dem Kuppatia, dem Sohn des Ariḫ-ḫamanna, zehn Stück Kleinvieh[275] zu schulden, und verspricht, diese im Monat Ulūlu zu liefern.

SMN 321; HSS XIII 321; A 23; 75 x 100 x 35; koll.; Textzustand 1996.

Vs.	1	EME$_{x}$(KA+ME)-*šu* [*ša*] ^{m}*Ḫu-ti-i*[*a*]
	2	DUMU *Ar-t*[*i*]-**ir-we**(über Rasur ... LUGAL) *a-na pa-n*[*i*]
	3	LÚ.MEŠ *ši-bu-ti*.MEŠ *iq-ta-*[*bi*]
	4	10 UDU.MEŠ *dám*-GA *ša* ^{m}*Ku-up-pu-*[*ti-i*]*a*
	5	DUMU *A-ri-ḫa-ma-an-na i+na* UG[U]-⸢*ḫi*⸣-*ia*
	6	*a-ši-ib i+na* ITI-*ḫi Ú-lu-li*
	7	10 UDU.MEŠ *dám*-GA ^{m}*Ḫu-ti-ia*
	8	*a-na* ^{m}*Ku-up-pu-ti-ia i-na-an-din*
	9	⸢*šum*⸣-*ma* 10 UDU.MEŠ *i-na* ITI-*ḫi Ú-lu-li*
	10	[^{m}]*Ḫ*[*u*]-*ti-ia a-na* ^{m}*Ku-up-pu-t*[*i*]-*ia*
	11	[*l*]*a i-na-an-din*
	12	[*i*]+*na* UGU-*ḫi*<-*šu*> *ša* ^{m}*Ḫu-ti-ia*
	13	[2? UD]U.MEŠ *bá-aq-nu ù ga*$_{5}$-⸢*zu*⸣ [[276]
	14	⸢*ù* ^{m}⸣[*Ḫ*]*u-ti-ia-m*[*a*
	15	[UDU.MEŠ *šá*]-⸢*a*⸣-*šu-ma š*[*a*$^{?}$

275 UDU wird als Oberbegriff für Schafe und Ziegen verwendet. Aus l. 13 geht hervor, dass es sich hier um Schafe (*baqnu* „gerauft“) und Ziegen (*gazzu*) „geschoren“ handelt. S. z.B. auch AdŠ 400 (HSS XVI 241), wo 16 Schafe und 8 Ziegen als 24 UDU.MEŠ addiert werden.
276 [*ašbū*]?

	16	[x x (x)]-ú-*⸢um-mi⸣*[277](-)[
	17	[x x]x[278] ši [
u.Rd.	18	[tup-p]u i-[na [279]
	19	[i+*n]a$^{?}$ x x*[280][
	20	[x (x)]*x x*[281][
Rs.	21	[ša-ṭ]ì-ir
		(eine Zeile unbeschrieben)
	22	[IGI Ta]-e DUMU ⸢A⸣-ar-ta-⸢e⸣
	23	[IGI I]p-šá-ḫa-lu DUM[U] P[u-
	24	[IGI T]a-e DUMU ⸢Ar⸣-te-[e[282]-a]
	25	[IGI A-ri]-i[b-b]ar-ni DU[MU Muš$^{??}$]-t[e$^{?}$[283]-ia$^{?}$]
	26	[IGI x x] *x x*[284][
	27	[DUMU (x)]x[285]-te-⸢e⸣-a
	28	[IGI A-k]ip-[ta]-še-en-⸢ni⸣
	29	[DUMU A]-ka[p-še]-en-ni
	30	[IGI] T[a]-⸢a⸣+a DUMU Ar-te-eš-še
	31	[ŠU E]ḫ-li-pa-pu ⸢DUB⸣.SAR-rù
		(Siegel Nr. 556) | (Siegel Nr. 557)
	32	[NA$_4$ DUB].SAR-rù NA$_4$ ^{m}Ta-⸢e⸣
		(Siegel Nr. 558) | [ ]
	33	[NA$_4$]
o.Rd.		(Siegel Nr. 559) | (Siegel Nr. 560)
	34	NA$_4$ Ta-e NA$_4$ ^{m}A-kip-[ta-še-en-ni]
l.Rd.		[(Siegel)]
	35	[(Siegel)] NA$_4$ ^{m}Ip-šá-ḫa-lu
	36	[NA$_4$ -a]n$^{?}$[286]-ni

1-3 Erklärung des Ḫutia, Sohnes des Ar-tirwi; vor Zeugen hat er erklärt:

4-6 „Ich schulde dem Kuppatia, Sohn des Ariḫ-ḫamanna, zehn gute Stück Kleinvieh."

6-8 Im Monat Ulūlu (August./Sept.) wird Ḫutia dem Kuppatia zehn gute Stück Kleinvieh geben.

---

277 *...*: 

278 

279 [EGIR šu-du-ti (...)]?

280 *...*: 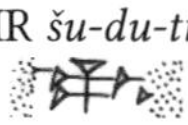 ; bá-a[b?

281 *...*: 

282 In EP noch erhalten.

283 

284 *...*: 

285 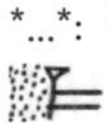

286 

9-13 Wenn Ḫutia im Monat Ulūlu dem Kuppatia nicht zehn Stück Kleinvieh gibt, schuldet Ḫutia (außerdem) [2?] Stück Kleinvieh, (ein) gerauftes (Schaf) und eine geschorene (Ziege).
14-17 und allein Ḫutia [... die betreffenden Sch]afe [...] ... [...] ... [...].
18-21 Die Tafel ist in/na[ch ...] in? [...] in [...] geschrieben.
22 [Zeuge: Ta]e, Sohn des Ar-tae,
23 [Zeuge: I]pša-ḫalu, Sohn des P[u...],
24 [Zeuge: T]ae, Sohn des Ar-te[ja],
25 [Zeuge: Ar]ip-parni, So[hn des Muš]-t[eja],
26-27 [Zeuge: ...]...[..., Sohn des ...]-teja,
28-29 [Zeuge: Ak]ip-[ta]šenni, [Sohn des A]ka[p-š]enni,
30 [Zeuge:] Taja, Sohn des Ar-tešše.
31 [Hand des E]ḫlip-apu, Schreiber.
32 [Siegel des Sch]reibers, Siegel des Tae,
33 [Siegel des ...],
34 Siegel des Tae, Siegel des Akip-[tašenni],
35 [ ] Siegel des Ipša-ḫalu,
36 [Siegel des ... -a]nni.

Lit.: Morrison, Šilwa-Tešup, Part 1, p.150-151.

1f., 7, 10, 12, 14: Ḫutia S. Ar-tirwi ist nur hier und in der zu demselben Vorgang gehörigen Erklärung des Kuppatia AdŠ 625: 3 bezeugt.

4f., 8, 10: Kuppatia S. Ariḫ-ḫamanna ist ein Kleinviehhirte im Dienste des Šilwa-teššup. Mit AdŠ 386 (HSS XIII 280) und AdŠ 390 (HSS XVI 258) erkennt er Fehlbeträge an. Nach AdŠ 247 nehmen er und Adad-rabi S. Tauka 2 ANŠE Gerste auf Borg von Šilwa-teššup. In AdŠ 184: 8 erscheint er ohne Vatersnamen in einer Reihe von 10 „Hirten des Šilwa-teššup“, die im Monat Ḫiari (April/Mai) je 3 BÁN Gerste, die reguläre Gerstenration für erwachene Sklaven, erhalten haben. Ob sich auch weitere Belege für (einen) Sklaven desselben Namens, aber ohne ausdrückliche Bezugnahme auf die Tätigkeit als Hirte (AdŠ 54: 2, 5, 7; 59: 17), auf den Hirten beziehen, ist zweifelhaft. Der Kupatia, der nach AdŠ 217:15, 17 als Mitglied einer fünfköpfigen Schuldnergemeinschaft ein Darlehen von 2 ANŠE Gerste empfängt, ist zweifellos kein Hirte. Es darf aber vermutet werden, dass der Hirte Kuppatia S. Ariḫ-ḫamanna in ein engeres Dienstverhältnis gegenüber Šilwa-teššup getreten ist und der vorliegenden sowie der folgenden Urkunde gemäß dessen Interessen gegenüber dem Hirten Ḫutia S. Ar-tirwe vertrat.

4, 7: *dám*-GA: GA darf hier (trotz der Möglichkeit einer Verletzung der Numeruskongruenz) nicht als *qá* transkribiert werden, weil der Akkusativ außerhalb der Urkundensprache weitgehend aufgegeben ist und das Zeichen GA für *ga, kà, qá* wenig verwendet wird. Es handelt sich vielmehr um eine ungewöhnliche, gemischt syllabisch-logographische Schreibung (*damqu*, SIG$_5$.GA, für letztere mit Bezug auf Schafe s. z.B. RA 23, 3: 12; 48: 13; HSS V 33: 39; 89: 18).

13: Die Singularformen können fehlerhaft sein oder darauf hinweisen, dass jeweils nur ein Tier gerauft bzw. geschoren ist.

24: Tae S. Ar-teja ist Zeuge im Testament des Ḫambizi S. Ar-šaduja HSS XIX 46: 57 und in dem *tuppi šupe'ulti* EN 9/2, 76: 26.

25: Ob der Arip-parni S. Muš-teja in der Urkunde über einen Feldertausch JEN 619 (l. 2) aus der Zeit des Enna-mati S. Teḫip-tilla mit dem Arip-parni der vorliegenden Urkunde identisch ist, ist nicht sicher.

Die übrigen Zeugen sind anderweitig nicht oder nicht sicher belegt.

31: Der Schreiber Eḫlip-apu nennt den Namen seines Vaters nicht. Dasselbe gilt für den oder die gleichnamigen Schreiber, die die Urkunden HSS XIX 88 (in Ḫuraṣina seḫru), JEN 150, 475 und 485 geschrieben haben.

Nr. 625

Erklärung (*umma*) des Kuppatia, Sohnes des Ariḫ-ḫamanna, derzufolge er dem Ḫutia, dem Sohn des Ar-tirwi, zehn Stück Kleinvieh[287] zur Hütung übergeben hatte, die nun dem Šilwa-teššup zum verweben (ihres Vlieses) zurückgegeben wurden.

SMN 97; IM 50832; HSS IX 31; A 23; 58 x 49 x 22; koll. Textzustand 1983.

Vs.	1	[*um-ma*] ^{m}*Ku-up-pa-ti-ia-ma*
	2	[DUMU] ⸢*A*⸣-*ri-ḫa-ma-an-na*
	3	10 UDU.MEŠ-*ia a-na* ^{m}*Ḫu-ti-ia a-na re-i-e*
	4	*ad-dì-mi i+na-an-na-ma*
	5	*a-na ša-du-e a-na* ŠU
	6	^{m}*Ši-il*-WA-*te-šup*
	7	*it-ta-din it-ti* [*bu-qú*?-*m*]*i-šu*
	8	*ù it-ti* SÍG.MEŠ-[*šu*]
u.Rd.	9	*ú-šá-ad-a*
Rs.		(Siegel Nr. 561)
	10	IGI [288] NA$_4$ *En-na-ma-ti*
	11	DUMU *Zu-ia*
		(Siegel Nr. 399)
	12	IGI NA$_4$ *Ut-ḫáp-ta-e* DUMU *Si-sa-at-na*
		(Siegel Nr. 562)
	13	[IGI N]A$_4$ *Ḫu-um-pa-be* DUMU *Tup-ki-til-la*
o.Rd.		(Siegel Nr.563
	14	[IGI NA$_4$] *Šá-du-ge-wi*
	15	[D]UMU *In-ti-ir-ta-a*

1-2 Folgendermaßen (erklärte) Kuppatia, der Sohn des Ariḫ-ḫamanna:
3-4 „Zehn Stück Kleinvieh von mir hatte ich dem Ḫutia zum Hüten gegeben.
4-7 Jetzt aber hat er sie zum Weben dem Šilwa-teššup übergeben.
7-9 Mit dem zugehörigen Haar und mit der zugehörigen Wolle wird er weben.
10-11 Zeuge, Siegel des Enna-mati, Sohnes des Zuja.
12 Zeuge, Siegel des Utḫap-tae, Sohnes des Sisatna.
13 Zeuge, Siegel des Ḫumpape, Sohnes des Tupki-tilla.
14-15 [Zeuge, Siegel] des Šatu-kewi, Sohnes des Interta.

287 S. oben n. 275.
288 IGI nach links ausgerückt, wohl Nachtrag.

Lit.: Morrison, Šilwa-Tešup, Pt 1, p. „41"f. (= 43g, h).

1-2: Zu Kuppatia, der Sohn des Ariḫ-ḫamanna s. AdŠ 624, n. zu ll. 4f. (dort Kupputia).

3: Für den Kleinviehhirten Ḫutia s. AdŠ 624, n. zu ll. 1f.

5, 9: Morrison, l.c., lässt *ša*-DU-*e* und *ú-ša*-AD-*a* unübersetzt sowie ohne Kommentar. CAD Š/III, 59 bietet „ten sheep entrusted for pasturing *itti* [*kalūm*]*išu u itti* SÍG.MEŠ-[*šu*] *ú-ša-ad-a*, lässt also ll. 4-7a aus und übersetzt ll. 7b-9 „he will collect (them) with their (text: its) lambs and wool". Dabei wird die Verbalform *ú-ša*-AD-*a* in syllabischer Umschrift belassen, so dass es unklar bleibt, um welches – hier mit „collect" übersetztes – Verb es sich handeln soll. Die beiden Formen *ša*-DU-*e* und *ú-ša*-AD-*a* sind offenkundig Formen eines und desselben Verbs. *ša*-DU-*e* ist ein Infinitiv G im Genitiv nach *ina*. *ú-ša*-AD-*a* weist eine „gebrochene" Schreibung auf, die für Doppelkonsonanz steht (s. dazu Wilhelm, Beiträge, 601 sub „Gebrochene" Schreibungen). Es handelt sich demnach um die 3. Ps. Sg. D des Verbs *šatû* B (CAD Š/II, 217f.), das in Mari sowohl im G- wie auch im D-Stamm „weben" (von Gewändern) bedeutet.

7: Die Ergänzung [*kalūm*]*i-šu* „ihre(!) Lämmer" ist auf dem Hintergrund der hier gewonnenen Lesungen zweifelhaft. Es ist gut möglich, dass es sich um das frühere Schurgut der zehn Schafe handelt, das Ḫutia zusammen mit der Wolle bzw. dem Haar der gefallenen oder zu schlachtenden Schafe verweben soll.

10-14: Für die Zusammenziehung der Zeugenliste mit den entsprechenden Siegelbeischriften cf. AdŠ Nr. 553: 17-23; 561: 12-19; 621: 24-26; EN 10/1, 55, 8'; 10/2, 127, 1'.

Zu IGI NA4 s. oben Nr. 621, Anm. zu ll. 24-26.

10-11: Zu Enna-mati S. Zuja s. Anm. zu AdŠ 556: 10 (oben p. 72) und 561: 19 (oben p. 83).

12: Utḫap-tae S. Sisatna ist auch Zeuge in AdŠ 642: 21 (unten p. 258).

13: Ḫumpape S. Tupki-tilla ist auch Zeuge in AdŠ 566: 25 (oben p. 89) und 604: 46 (oben p. 168).

14-15: Šatu-kewi S. Interta ist nach AdŠ 317 (HSS XVI 240): 10 Kleinviehhirte; s. auch Anm. zu AdŠ 144: 1-2.

SONSTIGE TAFELN

Nr. 626

tuppi šupe''ulti; Tauschurkunde aus dem Archiv des Šar-teja, Sohnes des Puḫum-enni; dieser tauscht zwei Felder im Gesamtumfang von 5,5 *awiḫaru* in Tašenniwe gegen ein Feld des Tallia, Sohnes des Tauka, in Ikiru von gleicher Größe. Tallia erhält von Šar-teja einen Ausgleich der Wertdifferenz in Höhe von 13 Minen Zinn, 4 Minen Bronze und 1 ANŠE Gerste.

SMN 869; IM 50813; HSS IX 144; keine Raumangabe; 71 x 106 x 32; koll.; Textzustand 1996.

Vs.	1	*tup-pí šu-pè-ul-ti* (Rasur)
	2	*ša* ᵐ*Tal-li-ia* DUMU *Ta-ú-qa*
	3	*ù ša* ᵐ*Šá-ar-te-e-a* DUMU ᶠ*Pu-ḫu-mé-en-ni*
	4	*i+na be*(über Rasur)*-ri-šu-nu* *A.ŠÀ *ki-ma**(über Rasur) A.ŠÀ *uš-pè-i-lu*
	5	*ù* ᵐ*Tal-li-a* 4 GIŠ.APIN A.ŠÀ *iš-tu*

6 A.GÀR URU *Ta-še-en-ni-we i+na šu-pa-al*
7 A.ŠÀ *ša* ^{m}*Ni-nu-a-tal i+na e-le-nu* A.ŠÀ
8 *ša* ^{m}*Ši-il-*WA*-te-šup i+*[*n*]*a il-*⸢*ta*⸣*-na-nu*
9 A.ŠÀ *ša* ^{m}*Šá-ar-te-e-a šá-nu-ú aš-lu*
10 1 GIŠ.APIN *ku-ma-nu* A.ŠÀ *ina e-le-nu*
11 A.ŠÀ *ša* ^{m}*Ši-il-*WA*-te-šup*
12 *i+na šu-pá-al* A.ŠÀ *ša* $^{\langle m\rangle}$*Mu-šu-ia*
13 ŠU.NÍGIN-*ma* 5 GIŠ.APIN *ku-ma-nu* A.ŠÀ
14 *a-na* ^{m}*Šá-*ar-te-e-a**(über Rasur) SUM
15 *ù* ^{m}*Šá-ar-te-e-a* 5 GIŠ.APIN *ku-ma-nu* A.ŠÀ
16 *uš-tu* URU *I-ki-ru i+na le-et* A.ŠÀ
17 *ša* ^{m}*Zi-qa-*⸢*i*⸣<*a*>$^{?}$/⸢*ra*⸣ *i+na šu-pá-al* KASKAL *ša*
18 URU *DINGIR.MEŠ*(über Rasur) *a-na* ^{m}*Tal-li-a* SUM
19 *ù* ^{m}*Šá-*⸢*ar*⸣*-te-e-a* 13 MA.NA AN.NA
20 4 MA.NA ZABAR 1 ANŠE ŠE *ú-ta*
21 *a-na* ^{m}*Tal-li-a* SUM *il-ku ša* A.ŠÀ
22 *ša* URU *Ta-še-en-ni-we* ^{m}⸢*Tal*⸣*-li-a*
23 *na-ši il-ku ša* A.ŠÀ *ša* URU *I-*⸢*ki*⸣*-rù*
u.Rd. 24 ^{m}*Šá-ar-te-e-a na-ši*
25 *šum-ma* A.ŠÀ *ša* URU *Ta-še-en-ni-we*
26 *pí-ir-qa* TUK ^{m}*Tal-li-a* A.ŠÀ *šá-šu-ma*
Rs. 27 *ú-za-ka*$_{4}$ *a-na* ^{m}*Šá-ar-te-e-a*
28 *i+na-an-din šum-ma* A.ŠÀ *ša* URU *I-ki-rù*
29 *pí-ir-qa* TUK-*ši* ^{m}*Šá-ar-te-e-a*
30 *ú-za-ka*$_{4}$ *a-na* ^{m}*Tal-li-a i+na-an-di-in*
31 *ša ma-an-nim-me-e* A.ŠÀ-*šu* GAL
32 *la i+na-ki-is la ú-ra-ad-dá*
33 *ša* KI.BAL-*tu* 1 MA.NA KÙ.BABBAR 1 MA.NA KÙ.SI$_{22}$ [S]A$_{5}$-*la*
34 IGI ^{m}*Un-ku-ri* DUMU DINGIR-*la-a+a*
35 IGI ^{m}*Ti-wi-ir-ra* DUMU *Še-na-a+a*
36 IGI ^{m}*Zi-qa-du* DUMU *Tal-li-a*
37 IGI ^{m}*A-kip*-LUGAL DUMU *Ḫa-ip*-LUGAL
38 IGI ^{m}*Zi-ge* DUMU *A-ma-an-te*
39 IGI ^{m}*Muš-te-e-a* DUMU *It-ḫi-ip*-LU[GAL]
40 IGI ^{m}*Ut-ḫáp-ta-e* DUMU *E-wi-id-du*
41 IGI ^{m}*Ut-ḫáp-ta-e* DUMU LUGAL-*ri-a*
42 *an-nu-ti šá* A.ŠÀ *il-mu-ú* KÙ.BABBAR *ú-ta* SUM
43 NA$_{4}$ ^{m}*Ut-ḫáp-ta-e*
(Siegel Nr. 564)
44 *tup-pu ina* EGIR *šu-du-ti a-šar*
45 KÁ.GAL *ina* URU *Ta-še-ni-we*
46 *šaṭ-rat*
47 NA$_{4}$ ^{m}*A-kip*-LUGAL
(Siegel Nr. 566)
[NA$_{4}$ ^{m}*Zi-ge*]
(Siegel Nr. 567)

o.Rd.	48	NA4 ᵐ*Un-ku-ri*	NA4 ᵐ*Ti-wi-ir-ra*		
		(Siegel Nr. 568)	(Siegel Nr. 569)		

Rs. (rechte Seite zwischen Z. 35 und 41 senkrecht zur Schriftrichtung)

		(Siegel Nr. 565)			
	49	NA4 ᵐ*Ut-ḫáp-*[*t*]*a-e*			
l.Rd.	50	NA4 ᵐ*Tal-li-a*	NA4 ᵐ*Zi-qa-du*	NA4 ᵐ*Mu*[*š*]*-t*[*e-e-a*]	
		(Sglabr. Nr. 570)	(Sglabr. Nr. 570)	(Sglabr. Nr. 570)	(Sglabr. Nr. 571)
	51	[N]A4 ᵐ*Ar-*⸢*te-šup*⸣ [LÚ]? DUB.SAR-*rù*			

1-3 Tauschurkunde des Tallia, Sohnes des Tauka, und des Šar-teja, Sohnes der Puḫum-enni.

4 Feld gegen Feld haben sie miteinander getauscht.

5-14 Und Tallia hat dem Šar-teja 4 *awiḫaru* Feld aus der Feldflur von Tašenniwe westlich des Feldes des Ninu-atal, östlich des Feldes des Šilwa-teššup, nördlich des Feldes des Šar-teja, (und) einen anderen Acker von 1 *awiḫaru* und 1 *kumānu* Feld östlich des Feldes des Šilwa-teššup, westlich des Feldes des Mušuja, insgesamt 5 *awiḫaru* und 1 *kumānu* Feld, gegeben.

15-18 Und Šar-teja hat dem Tallia 5 *awiḫaru* und 1 *kumānu* Feld aus Ikiru, neben dem Feld des Zikaja/Zikara, westlich der Straße von Āl ilāni, gegeben.

19-21 Und Šar-teja hat dem Tallia 13 Minen Zinn, 4 Minen Bronze (und) 1 ANŠE Gerste als Ausgleichszahlung gegeben.

21-24 Die *ilku*-Verpflichtung des Feldes von Tašenniwe trägt Tallia, (und) die *ilku*-Verpflichtung des Feldes von Ikiru trägt Šar-teja.

25-30 Falls das Feld von Tašenniwe vindiziert werden sollte, muss Tallia das betreffende Feld (von Ansprüchen) freimachen (und) dem Šar-teja übergeben. Falls das Feld von Ikiru vindiziert werden sollte, muss Šar-teja das betreffende Feld (von Ansprüchen) freimachen (und) dem Tallia übergeben.

31-32 Wessen Feld größer (als in dieser Urkunde angegeben) ist, darf nichts abschneiden (und) nichts hinzufügen.

33 Wer den Vertrag bricht, muss eine Mine Silber (und) eine Mine Gold zahlen.

34 Zeuge: Unkuri, Sohn des Ilaja,

35 Zeuge: Tiwirra, Sohn des Šennaja,

36 Zeuge: Zikatu, Sohn des Tallia,

37 Zeuge: Akip-šarri, Sohn des Ḫaip-šarri,

38 Zeuge: Zike, Sohn des Amante,

39 Zeuge: Muš-teja, Sohn des Itḫip-šarri,

40 Zeuge: Utḫap-tae, Sohn des Ewittu,

41 Zeuge: Utḫap-tae, Sohn des Šarria,

42 Diese (sind es), die das Feld vermessen (und) das Ausgleichsgeld gegeben haben.

43 Siegel des Utḫap-tae.

44-46 Die Tafel ist nach der Information am Stadttor in Tašenniwe geschrieben.

47 Siegel des Akip-šarri, [Siegel des Zike],

48 Siegel des Unkuri, Siegel des Tiwirra,

49 Siegel des Utḫap-tae,
50 Siegel des Tallia, Siegel des Zikatu, Siegel des Muš-teja,
51 Siegel des Schreibers Ar-teššup.

Lit: Andrews, Exchange, 44-47; Morrison, Šilwa-Tešup, 90f.

2, 5, 18, 21, 22, 26, 30, 50: Tallia S. Tauka, erscheint in AdŠ 208: 2 und 224: 8 (Heft 4, p. 58, 77f.) als Mitglied von Schuldnergemeinschaften, die in Tašenniwe Gerste als verzinsliches Darlehen von Šilwa-teššup entgegennehmen. Nach der vorliegenden Urkunde besitzt er in der Feldflur (*ugaru*) von Tašenniwe zwei Felder von insgesamt 5,5 ANŠE Fläche, die an Felder des Šilwa-teššup angrenzen. Diese Felder tauscht er mit Šar-teja gegen ein Feld gleicher Größe an der Straße von Ikiru nach Āl ilāni. Letzteres ist aber anscheinend nicht gleichwertig, denn Šarteja leistet eine erhebliche Ausgleichszahlung. Die mit den Grundstücken verbundenen *ilku*-Verpflichtungen bleiben von dem Tausch unberührt.
3, 9, 14, 15, 19, 24, 27, 29: Šar-teja wird ungewöhnlicherweise mit dem Namen seiner Mutter Puḫum-enni genannt; s. auch AdŠ 637: 33 (unten p. 247).
12: Der Feldnachbar Mušuja ist nur hier und in AdŠ 627: 9 bezeugt.
16, 23, 28: Ikiru wird nur hier, in AdŠ 627: 12 (unten p. 228) und wohl auch in HSS XVI 205: 1 (URU *I-ki-*[*ru*$^{?}$]) genannt; Der Ort liegt nach ll. 16-18 nahe der Straße nach Āl ilāni: s. Fincke, RGTC 10, 114; G. Müller, HSAO 7, 202.
21: Zu *ilku* s. AdŠ 554, Anm. zu l. 19 (oben, p. 67).
44: Zu *šūdûtu* „Information" s. AdŠ 603, Anm. zu l. 31 (unten p. 164f.).
34, 48: Unkuri S. Ilaja, s. AdŠ 627: 40 mit der Namensvariante Inkuri.
35, 48: Tiwirra S. Šennaja. Nach AdŠ Heft 4, 204: 1, 16, 21; 209: 6, 23 nimmt er als Mitglied von Schuldnergemeinschaften in Tašenniwe unverzinsliche Gerstendarlehen von Šilwa-teššup entgegen. In AdŠ 627: 36, 42 (unten p. 228f.) erscheint er als Zeuge.
36, 50: Zikatu S. Tallia s. AdŠ 627: 1, 10, 16, 17, 19, 24, 31, 43 (unten p. 228f.). Zu dem Namen cf. *Zi-qa-du* EN 9/2,16: 23 und SU$_6$-^{d}IŠKUR HSS XIX 73: 29.
37, 47: Akip-šarri S. Ḫaip-šarri, s. AdŠ Heft 4, 206: 6; 214: 3, 20; 220: 3, 19, 22. Er nimmt als Mitglied von Schuldnergemeinschaften in Tašenniwe Gerstendarlehen von Šilwa-teššup entgegen.
38, 47: Zike S. Amante ist anderweitig nicht bezeugt.
39, 50: Muš-teja S. Itḫip-šarri nimmt nach AdŠ Heft 4, 209: 9 als Mitglied einer Schuldnergemeinschaft in Tašenniwe ein unverzinsliches Gerstendarlehen von Šilwa-teššup entgegen.
40, 49: Utḫap-tae S. Ewittu und Utḫap-tae S. Šarria **(41)** sind anderweitig nicht bezeugt.

Nr. 627

tuppi šupe''ulti; Feldertausch; Zikatu, der Sohn des Tallia, gibt Šarteja, dem Sohn der Puḫum-enni$^{?}$, drei Felder in Tašenniwe mit einer Gesamtfläche von 1,5 ANŠE, von denen zwei an Felder des Šilwa-teššup angrenzen, und erhält ein Feld in Ikiru mit einer Fläche von 0,8 ANŠE sowie eine Ausgleichszahlung.

SMN 372 + SMN 1164; HSS XIII 372; keine Raumangabe; 81 x ca. 120 x 33; Anschluss von SMN 1164 durch J. Fincke nach einem seinerzeit im Besitz D. I. Owens befindlichen Gipsabguss E. R. Lachemans. Original 2000 wiedergefunden, Join vollzogen; koll.; Textzustand 2000.

Vs.	1	*tup-pí* **šu-pè-ul-ti ša**(über Rasur) ^{m}*Zi-qa-du* DUMU *Tal-li-ia ù ša*
	2	*^{m}*Šá-ar-<te->e-a**(über Rasur) 8 GIŠ.APIN A.ŠÀ.MEŠ
	3	*i+*⸢*na*⸣ *il-**⸢*ta-an*⸣*(über Rasur) A.ŠÀ *ša* ^{m}*Ši-il-*WA*-te-šup*
	4	*i+na šu-pa-al* A.ŠÀ.MEŠ *ša* <^{m}>*Ni-nu-a-tal*
	5	4 GIŠ.⸢APIN⸣ A.ŠÀ.MEŠ *i-na il-ta-*⸢*an*⸣(über Rasur) A.ŠÀ
	6	*ša* ^{m}*Tal-li-ia i+na šu-ta-an*$^{!}$(Text: A) A.ŠÀ
	7	*ša* ^{m}*Ši-il-*WA*-te-šup*
	8	⸢3⸣ GIŠ.<APIN> *i+na e-le-en* A.ŠÀ *ša*
	9	^{m}(über Rasur)*Mu-šu-ia i+na šu-***pa-al* A.ŠÀ*(über Rasur)
	10	*ša* ^{m}*Tal-li*(über Rasur)*-ia* ŠU.NÍGIN 1 ANŠ[E] ⸢3⸣[(+2)] GIŠ.AP]IN ⸢A.ŠÀ⸣.MEŠ <^{m}*Zi-qa-du*>
	11	**a-na* <^{m}>*Šá-ar-te**(über Rasur)*-ia* SU[M] ⸢*ù*⸣ <^{m}>*Šá-ar*⸣*-*[*t*]*e-ia*
	12	8 GIŠ.APIN A.Š[À].MEŠ *i+na* URU *I-ki-ru*
	13	*i+na* ⸢*šu-ta*⸣*-nu* A.ŠÀ *ša* <^{m}> *Ta-***pu-ra**(über Rasur)
	14	⸢*i*⸣*+*[*n*]*a e-le-en* A.ŠÀ *ša* >^{m}<É.GAL
	15	⸢*i*⸣*+na* **šu-pa-al* KASKAL*(mit gesplittertem Griffel)*-ni*(über Rasur) *ša* URU *Tar-be-en-ni-na-aš-we*
	16	⸢*a*⸣*-na* ^{m}*Zi-qa-du* SUM [*š*]*um-ma* A.ŠÀ.MEŠ *ša* URU *I-ki-ru*
	17	*pí-ir-qa ir-ta-ši ù* <^{m}>*Šá-ar-te-ia ú-za-ak-<*ka_{4}*->ma a-na* ^{m}*Zi-qa-d*[*u* SUM]
	18	[*š*]*um-ma* A.ŠÀ *ša* URU *Ta-še-ni-we pí-ir-qa i*[*r*]*-*⸢*ta*⸣*-ši*
	19	⸢*ù*⸣ ^{m}*Zi-qa-du ú-za-ak-<*ka_{4}*->ma a-na* ^{m}⸢*Šá*⸣*-ar-te-i*[*a* SUM]
	20	[*ù*] ^{m}*Šá-ar-te-ia* 1 ⸢ANŠE⸣.[K]UR.[R]A MU[NUS$^{?}$ *tu*$^{?}$*-um*$^{?}$*-n*]*a-ar-p*[*u*]
u.Rd.	21	[x x].MEŠ 20 MA.N[A
	22	[x A]NŠE 1 (PI) 2 BÁN ŠE.MEŠ [
	23	[x x]x[289]*-du* KÙ.BABBAR*-šu* [
Rs.	24	[*a*]*-na* $^{\mathrm{m!}}$*Zi-qa-du* S[UM
	25	[*m*]*a-an-nu-um-me-*⸢*e*⸣ ⸢*i*⸣*+na* [ŠÀ*-bi-šu-nu*]
	26	[*š*]*a* KI.BAL*-la-ak-*ka_{4}*-t*[*ù*]
	27	[1 MA.N]A KÙ.BABBAR 1 MA.NA KÙ.S[I_{22}]
	28	[*ú-m*]*a-al-*⸢*la*⸣
	29	*il-k*[*u*] *ša* ⸢A.ŠÀ⸣*-šu*
	30	^{m}*Šá-a*[*r-t*]*e-e-a na-ši*
	31	*il-ku* ⸢*ša*⸣ A.ŠÀ*-šu* ^{m}*Zi-*⸢*qa*⸣*-du na-ši*
	32	*IGI ^{m}*Tal-li-ia* DUMU *Ta-ú-qa**(über Rasur)
	33	IGI *A-ri-ib-bar-n*[*i* D]UMU *Ḫu-bi-ta*
	34	IGI *Tar-mi-ia* DUMU *Ge-el-te-ia*
	35	IGI *In-ku-ri* DUMU *I-la-a+*[*a*]
	36	IGI *Ti-wi-ir-ra* DUMU *Še-en-na-*[*a+a*]
	37	IGI *Eḫ-li-pa-pu* DUMU *Ar-ta*
	38	ŠU *A-kip-ta-še-en-ni* DUB.SAR*-rù*
	39	*an-nu-tù* IGI A.ŠÀ *ú-še-el-wu-ú ù* KÙ.BABBAR*-šu* SUM
		(Siegel Nr. 568) (Siegel Nr. 572)

---

289 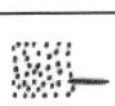

	40	NA4 *In-ku-ri*	NA4 *A-ri-ib-bar-ni*	
		(Siegel Nr. 573)	(Siegel Nr. 574)	
	41	NA4 *Tar-mi-ia*	NA4 *Tal-li-ia*	
o.Rd.	42	NA4 *Ti-wi-ir-ra*	(Siegel Nr. 575)	
	43	(Siegel Nr. 568)	NA4 *Zi-qa-du*	
l.Rd.		[(Siegel)] (	Siegel Nr. 576)	(Siegel Nr. 577)
	44	[NA4]	NA4 *Eḫ-li-p*[*a-p*]*u*	NA4 *Šá-ar-te-ia*

1-2 Tauschurkunde des Zikatu, Sohnes des Tallia, und des Šar-teja.
2-11 8 *awiḫaru* Feld nördlich des Feldes des Šilwa-teššup, westlich des Feldes des Ninu-atal (sowie) 4 *awiḫaru* Feld nördlich des Feldes des Tallia, südlich des Feldes des Šilwa-teššup, und 3 *awiḫaru* Feld östlich des Feldes des Mušuja, westlich des Feldes des Tallia, insgesamt 1 ANŠE 5 *awiḫaru* Feld, hat Zikatu dem Šar-teja gegeben,
11-16 und Šar-teja hat 8 *awiḫaru* Feld in Ikiru südlich des Feldes des Tapura, östlich des Feldes des Palastes, westlich der Straße von Tarpenninašwe dem Zikatu gegeben.
16-17 Falls das Feld von Ikiru vindiziert werden sollte, muss Šar-teja das betreffende Feld (von Ansprüchen) freimachen (und) dem Zikatu übergeben.
18-19 Falls das Feld von Tašenniwe vindiziert werden sollte, muss Zikatu das betreffende Feld (von Ansprüchen) freimachen (und) dem Šar-teja übergeben.
20-24 Und Šar-teja hat dem Zikatu eine vier?jährige Stute, [...], 20 Minen [.... (und) x] ANŠE, 8 BÁN Gerste als Ausgleichszahlung („sein Silber") gegeben.
25-28 Wer vo[n ihnen] den Vertrag bricht, muss eine Mine Silber (und) eine Mine Gold zahlen.
29-30 Die *ilku*-Verpflichtung seines Feldes trägt Šar-teja.
31 Die *ilku*-Verpflichtung seines Feldes trägt Zikatu.
32 Zeuge: Tallia, Sohn des Tauka,
33 Zeuge: Arip-parn[i, S]ohn des Ḫupita,
34 Zeuge: Tarmia, Sohn des Kel-teja,
35 Zeuge: Inkuri, Sohn des Ilaj[a],
36 Zeuge: Tiwirra, Sohn des Šenna[ja],
37 Zeuge: Eḫlip-apu, Sohn des Arta,
38 Hand des Schreibers Akip-tašenni.
39 Diese Zeugen haben das Feld vermessen und das Silber übergeben.
40 Siegel des Inkuri, Siegel des Arip-parni,
41 Siegel des Tarmia, Siegel des Tallia,
42 Siegel des Tiwirra,
43 Siegel des Zikatu,
44 [Siegel des], Siegel des Eḫlip-[ap]u, Siegel des Šar-teja.

Lit.: Andrews, Exchange, 49-51.

1, 10, 17, 19, 24, 31, 43: Zu Zikatu s. AdŠ 626, Anm. zu l. 36 (oben p. 227), und zu seinem Vater Tallia S. Tauka ibid. Anm. zu l. 2 (oben p. 227).
2, 11, 16, 17, 19, 20, 30, 44: Zu Šar-teja s. AdŠ 626, Anm. zu l. 2 und 3 (oben p. 227).

9: Der Feldnachbar Mušuja ist nur hier und in AdŠ 626: 12 bezeugt.
12, 16: Zu Ikiru s. AdŠ 626, Anm. zu ll. 16ff. (oben p. 230).
15: Der Ort Tarpenninašwe liegt nach AdŠ 626, Anm. zu l. 16 (oben p. 227) nahe der Straße nach Āl ilāni. Der Name des Ortes ist ein hurr. Genitiv pl. (*=na=aš=fe*) von dem Lexem unbekannter Bedeutung *tarbenni.* Möglicherweise handelt es sich um eine Variante von hurr. *tarmanni* „Quelle", was zu einem plausiblen Ortsnamen „(Ort) der Quellen" führte. Einen weiteren Beleg bietet Fincke, RGTC 10, 280: URU *Ta-ar-bi-*⸢*en*⸣-[HSS XV 76: 17.
20: Zu den Altersbezeichnungen auf *-arbu* in Nuzi-Texte s. Wegner, Hurritisch, 81. Im vorliegenden Fall kommen wegen des Auslauts *-n* nur *šin-* (2) und *tumn-* (4) infrage.
32, 41: Zu Tallia S. Tauka s. AdŠ 626, Anm. zu l. 2 (oben p. 227).
33, 40: Zu Arip-parni S. Ḫupita s. AdŠ 611: 15 (oben p. 192)
34, 41: Zu Tarmia S. Kel-teja s. AdŠ Heft 4, Nr. 207: 6; dort empfängt er als Mitglied einer Schuldnergemeinschaft ein zinsloses, aber mit einer Arbeitsverpflichtung verbundenes Darlehen von 1 ANŠE Gerste.
35, 40: Zu Inkuri S. Ilaja s. AdŠ 626: 34 (oben p. 225) mit der Namensvariante Unkuri.
36, 42: Tiwirra S. Šennaja gehört derselben Schuldnergemeinschaft an wie Tarmia S. Kel-teja (l. 34).
37, 44: Eḫlip-apu S. Arta ist nach AdŠ 358 (HSS XVI 245) und AdŠ 359 (HSS XIV 530) ein Kleinviehhirt.
38: Ein Schreiber mit dem sehr verbreiteten Namen Akip-tašenni ohne Patronym.

Nr. 628

Erklärung (*umma*) von Sklaven aus Ṣilliawe über Feld(erträge), die „man zurückgehalten hat".

SMN 370; HSS XIII 370; A 26; 61 x 78 x 25; koll.; Textzustand 1986.

Vs. 1 ⸢*um*⸣*-ma* ^{m}*Ú-na-te-*[*ma*]
2 *iš-tù* ŠÀ*-bi* [x ANŠE] ⸢A⸣.ŠÀ.MEŠ
3 7 ANŠE ⸢A⸣.ŠÀ.MEŠ [*ik-ta-lu*]
4 *um-ma* *[^{m}*T*]*a-a*[*n*]-x[*[290]
5 *iš-t*[*ù*] ŠÀ*-bi* ⸢20⸣ [ANŠ]E A.ŠÀ.MEŠ
6 4 ANŠE A.ŠÀ.MEŠ *ik-ta-lu*

---

7 *um-ma* ^{m}*Pu-ḫi-i-ma*
8 5 GIŠ.APIN A.ŠÀ.MEŠ
9 *ik-ta-lu*
10 *um-ma* ^{m}*A-ri-ip-*LUGAL*-ma*
11 8 ANŠE A.ŠÀ.MEŠ *ik-ta-lu*
12 ⸢*um*⸣*-ma* ^{m}LUGAL*-ri-ia*<*-ma*>
13 [x A]NŠE A.ŠÀ.MEŠ
14 [*ik-t*]*a-lu*

---

290 

Rs. 15 5 LÚ.MEŠ *ša* A.ŠÀ.MEŠ-*šu-nu*
16 *ik*(über Rasur)-*ta-lu*
17 *ša* URU *Ṣíl-lí-a*<*we*>
(Rest unbeschrieben)

1-3 Folgendermaßen (sagte) Unate: „Von den [n ANŠE] Feld(ertrag) hält man 7 ANŠE Feld(ertrag) zurück."
4-6 Folgendermaßen (sagte) Tan[...]: „Von den 20 ANŠE Feld(ertrag) hält man 4 ANŠE Feld(ertrag) zurück."
7-9 Folgendermaßen (sagte) Puḫi: „Man hält 5 ANŠE Feld(ertrag) zurück."
10-11 Folgendermaßen (sagte) Arip-šarri: „Man hält 8 ANŠE Feld(ertrag) zurück."
12-14 Folgendermaßen (sagte) Šarria: „Man hält [n] ANŠE Feld(ertrag) zurück."
15-17 5 Männer, deren Feld(erträge) man zurückhält, aus Ṣillia(we).

Lit.: Morrison, Šilwa-Tešup, 171.

1: Unate erscheint auch in der Liste über Personal aus Ṣilliawe AdŠ Heft 1, Nr. 61: 9.
3, 6, 9, 11, 16: *kalû* mit dem Objekt „n ANŠE A.ŠÀ" („n Eselslasten Feldertrag") findet sich oft in Urkunden über Pseudoadoptionen (*tuppi mārūti*) und Immobilienantichrese (*tuppi titennūti*), s. Zaccagnini, Land Tenure, 89. Dementsprechend sind die 5 Männer für die Aufsicht über Felder zuständig, die – wohl durch *titennūtu*-Verträge – in den Besitz Šilwa-teššups gekommen sind. Die namentlich nicht genannten ursprünglichen Besitzer der Felder, die zu deren Bewirtschaftung und zur Ablieferung der Ernte verpflichtet sind, haben nach Aussage der Aufseher einen Teil der Ernte unterschlagen.
4, 7, 10, 12: Die hier ohne Vatersnamen genannten Personen sind anderweitig nicht nachzuweisen. Sie gehören wohl ebenso wie Unate zum Personal Šilwa-teššups in Ṣilliawe.

Nr. 629

Quittung mit Lieferungsversprechen; Šinta-buriaš, der Sohn des Nan-teššup, quittiert den Empfang eines Sekels Gold von Šatu-tae, dem Sohn des Nul-teššup, und verspricht die Lieferung von vier Schafen.

SMN 876; IM 95056; HSS XIX 129; A 14; 55 x 82 x 26; koll.; Textzustand 1986.

Vs. 1 1 GÍN(„SU") KÙ.SI$_{22}$
2 *ša* ^{m}*Ša*$^{!}$(Text: *ta*)-*du-ta-e*
3 DUMU *Nu-ul-te-šup* >*a-na*<
4 ^{m}*Ši-in-ta-pu-ri-aš*
5 DUMU *Na-an-te-šup il-qè*
6 *ù* 2 UDU NITA 2 UDU MUNUS *ša* 3-TA.AN *ba-aq-nu*
7 *a-na* $^{\langle m\rangle}$*Ša-du-ta*<*-e*> *i+na-an-din-nu*
8 *šum-ma la i+na-din i+na* UGU-*ḫi*
9 $^{\langle m\rangle}$*Ši-in-ta-bu-ri-aš*
10 *it-ta-al-du ù*
11 *ba-aq-nu*

		(Siegel Nr. 578)
u.Rd.	12	NA$_4$ ^{m}*Ḫu-ut-te-šup*
	13	DUMU *Eḫ-li-te-šup* DUB.S[A]R
Rs.		(Siegel Nr. 579)
	14	NA$_4$ *Du-ug-ge-na-tal*
	15	DUMU *A-kip-ta-še-en-ni*
		(Siegel Nr. 580)
	16	NA$_4$.KIŠIB *Ši-in-ta-bu-<ri->a-aš*
	17	DUMU *Na-an-te-šup*
		(Siegel Nr. 581)
	18	NA$_4$.KIŠIB ^{d}30-*ga$_5$-mi-il*
	19	DUMU ^{d}30-ZAG
l.Rd.		(Siegel Nr. 581)
	20	NA$_4$.KIŠIB ⸢m⸣[x x][291]-*uk-ku-un-ni-en*
	21	⸢DUMU⸣ *Ni-il-li-ka$_4$-du$_4$*

1-5	1 Sekel Gold des Šatu-tae, Sohnes des Nul-teššup, hat Šinta-buriaš, der Sohn des Nan-teššup, entgegengenommen,
6-7	und 2 männliche Schafe (und) 2 weibliche Schafe, welche dreimal gerauft sind, wird er (Text: „werden sie“) dem Šatu-tae geben.
8-11	Wenn er (die Schafe) nicht gibt, werden sie zu Lasten des Šinta-buriaš gebären und gerauft werden.
12-13	Siegel des Schreibers Ḫut-teššup, Sohnes des Eḫli-teššup,
14-15	Siegel des Tukken-atal, Sohnes des Akip-tašenni,
16-17	Siegel des Šinta-bu<ri>aš, Sohnes des Nan-teššup,
18-19	Siegel des Sîn-gamil, Sohnes des Sîn-imittī,
20-21	Siegel des ...ukkunnin, Sohnes des Nillik-ad(d)u.

2f., 7: Zu Šatu-tae, Sohn des Nul-teššup, (auch Hypokoristikon Šatuja) cf. unten AdŠ 630: 1, 4, 14, 20, 24, 27 und AdŠ 631: 3, 6, 10.
4f., 9, 16f.: Šinta-buriaš, Sohn des Nan-teššup, ist nur hier bezeugt; für seinen kassitischen Namen s. Balkan, Kassitenstudien, 180.
12f.: Zu dem Schreiber Ḫut-teššup S. Eḫli-teššup s. auch HSS XV 113: 5f., XIX 129: 12f.; ohne Vatersnamen: EN 9/2, 292: 17; 505: 16, l.e.
14: Zu Tukken-atal S. Akip-tašenni s. oben AdŠ 552: 1 (dort ohne Assimilation Tupken-).
18: Sîn-gamil S. Sîn-imittī ist anderweitig nicht bezeugt.
21: Den Namen *Ni-il-li-ka$_4$-du$_4$* trägt in AdŠ 5: 3 eine Frau, er ist also geschlechtsneutral. Beide Belege sind in AAN, p.100 gebucht; die dort gebotene Umschrift, ebenso wie die in AdŠ Heft 2, p. 45, gibt keinen Hinweis auf die Bedeutung des Namens. Da anlautendes /*l*/ im hurr. Sprachraum regelmäßig durch /*n*/ ersetzt wird, kann der Name als Lillika-Ad(d)u „der Wettergott möge kommen!“ gedeutet werden. Ein solcher Wunschname ist in einer auf Getreideanbau basierenden Gesellschaft in Zeiten der Dürre plausibel, und er lässt auch die geschlechtsneutrale Verwendung zu.

291 Lacheman, PNKA, sub N 157 bietet die Lesung wurrukunni. Für die Lesung *Wu*-ur-*ru*- reicht der Raum nach Lachemans Autographie allerdings nicht aus.

Nr. 630

Prozessurkunde; Šatu-tae, der Sohn des Nul-teššup, gegen Wur-teššup, den Sohn des Urḫi-teššup, welcher von dem Kläger in fremdem Auftrag einen Streitwagen entliehen und trotz Aufforderung noch nach drei Monaten nicht zurückgegeben hatte.

SMN 940; AASOR XVI 70; A 14; 85 x 134 x 38; nicht koll., nach EP.

Vs.	1	^{m}*Ša-tu-ta-e* DUMU *Nu-ul-te-šup*
	2	*it-ti* ^{m}*Wu-ur-te-šup* DUMU *Ur-ḫi-te-šup*
	3	*i-na di-ni a-na pa-ni* DI.KUD.MEŠ *i-te-lu-ma*
	4	*um-ma* ^{m}*Ša-tu-ta-e* ^{m}*Wu-ur-te-šup*
	5	*it-tal-ka*$_4$*-am-ma um-ma šu-ma*
	6	*um-ma lu* ^{m}*Ip-ša-ḫa-lu* GIŠ.GIGIR-*ka bi-la-am-ma-mi ù*
	7	*a-na* URU DINGIR.MEŠ *lu-ul-lik-mi*
	8	*ù* GIŠ.GIGIR *il-te-qè-ma ù iš-tu*$_4$
	9	3 ITI-*ḫi*.MEŠ *ú-ka*$_4$*-al ù i-na-an-na*
	10	GIŠ.GIGIR-*ia i-ri-iš-ma la* SUM-*din*
	11	*ù* DI.KUD.MEŠ ^{m}*Wu-ur-te-šup iš-ta-lu-uš*
	12	*um-ma* ^{m}*Wu-ur-te-šup an-ni-mi*
	13	^{m}*Ip-ša-ḫa-*[*lu iš*]*-tap-ra-an-ni-ma*
	14	*ù* GIŠ.GIGIR *a-*[*šar*] ^{m}*Ša-du-ta-e*
	15	*él-te-qè-mi ù* DI.KUD.MEŠ (Rasur)
	16	[*a*]*-šar* ^{m}*Wu-ur-te-šup iš-ta-lu-uš* GIŠ.GIGIR *ša te-el-qú-ú a-ni-na-mi*
	17	*um-ma* ^{m}*Wu-ur-te-šup* GIŠ.GIGIR
	18	*i-na* URU *An-zu-gal-li a-ši-ib*
	19	*ki-i* EME(über Rasur)-*šu-ma ša* ^{m}*Wu-ur-te-šup*
	20	^{m}*Ša-tu-ta-e i-na di-ni*
	21	*il-te-e-ma ù* DI.KUD.MEŠ
	22	*a-na* ^{m}*Wu-ur-te-šup iq-ta-bu-ú*
	23	*a-lik-ma-mi ki-*[*me*]*-e* GIŠ.GIGIR *ša*
	24	*a-šar* ^{m}*Ša-tu-ta-e te-el-qú-ú*
	25	*ma-ši-*[*il*] *ù ki-na-an-na*
	26	GIŠ.GIGIR [*ša*] *maš-lu a-na*
	27	^{m}*Ša-tu-ta-e te-er-mi*
Rs.	28	NA$_4$(.KIŠIB) ^{m}*Tu-r*[*a-r*]*i* DI.KUD
	29	DUMU [ ]
	30	NA$_4$(.KIŠIB) ^{m}*Na-an-na*.KI-[x] DAḪ DI.KUD
	31	DUMU BÀD-^{d}*En-*[*l*]*íl*
	32	NA$_4$(.KIŠIB) ^{m}*Ti-e-eš-*WA*-nu-uḫ-ni* DI.KUD
	33	DUMU *Ki-bi-ia*
	34	ŠU ^{m}*A-ki-ia* DUB.SAR

1-3 Šatu-tae, der Sohn des Nul-teššup, trat mit Wur-teššup, dem Sohn des Urḫi-teššup, zum Prozess vor die Richter.

4-10 Folgendermaßen (sagte) Šatu-tae: „Wur-teššup kam zu mir, (und) folgendermaßen (sagte) er: »So (sagt) fürwahr Ipšaḫalu: 'Bring mir deinen Streitwagen, ich möchte nach Āl ilāni fahren.'« Und er nahm den Streitwagen und hat ihn seit drei Monaten behalten. Und jetzt habe ich meinen Streitwagen eingefordert, aber er hat (ihn mir) nicht gegeben."

11 Und die Richter fragten den Wur-teššup.

12-15 Folgendermaßen (sagte) Wur-teššup: „Ja! Ipšaḫalu schickte mich, und ich habe den Streitwagen von Šatu-tae entgegengenommen."

15-16 Und die Richter fragten Wur-teššup: „Wo ist der Streitwagen, den du genommen hast?"

17-18 Folgendermaßen (sagte) Wur-teššup: „Der Streitwagen ist in Anzukalli."

19-21 Auf Grund der eigenen Aussage des Wur-teššup siegte Šatu-tae im Prozess.

21-27 Und die Richter sagten zu Wur-teššup: „Geh! Wie der Streitwagen aussieht, den du von Šatu-tae genommen hast, einen Streitwagen, der so aussieht, gib dem Šatu-tae zurück!"

28-29 Siegel des Richters Turari, Sohnes des [...],

30-31 Siegel des Richters Nanna.ki.á.daḫ, Sohnes des Dūr-Enlil,

32-33 Siegel des Richters Tieš-wanuḫni, Sohnes des Kipia,

34 Hand des Schreibers Akia.

Lit.: Kendall, Warfare (1975) 360.

1, 4, 14, 20, 24, 27: Zu Šatu-tae, Sohn des Nul-teššup, cf. Nr. 629 und 631. Er ist auch mehrfach in den „*rākib narkabti*-Listen" (s. Dosch, Streitwagenfahrer) genannt: HSS XV 34: 11 (Nr. 49), HSS XVI 331: 15 (Dosch, Nr. 45).

2, 4, 11, 12, 16, 17, 19, 22: Wur-teššup, Sohn des Urḫi-teššup, ist nur hier bezeugt. Er beruft sich auf die Anweisung eines Ipšaḫalu (s. gleich), die jedoch von den Richtern nicht beachtet wird.

10: 3. Ps. statt richtig *ēriš*; ebenso auch HSS IX 108: 9. Für *ēteriš* 1. ps. s. AdŠ 578: 18 (oben p. 108).

13: Ipšaḫalu kann nicht identifiziert werden, da die „*rākib narkabti*-Listen" mehrere Personen dieses Namens aufweisen (s. Dosch, l.c., p. 196).

16: Zu *anīna* in Nuzi s. Wbb. und Wilhelm, AOAT 9, 79-81.

30ff.: Die Richter Nanna.ki-á.daḫ S. Dūr-Enlil und Tieš-wanuḫni S. Kipia sind anderweitig nicht bezeugt.

34: Für den Schreiber mit dem häufig vorkommenden Kurznamen Akia (ohne Vatersnamen) können keine weiteren Belege namhaft gemacht werden.

Nr. 631

Memorandum über die Deponierung von Tontafeln des Ṷarrazzana, Sohnes des Akip-tašenni, bei Šatu-tae (Šatuja) und die Entnahme einer der Tontafeln durch Ṷarazzana.

SMN 200; HSS XIII 200; A 14; 52 x 47 x 20; koll.; Textzustand 1996.

Vs. 1 *tup-⸢pá-na⸣-tu$_4$*[292]
2 ša ^{m}Ú-a-ra-az-za-na DUMU A-kip-ta-še-en-ni
3 a-na ^{m}Ša-du-ia aš-bu
4 ⸢ù⸣ i+na-an-na
5 [1 t]up-pu ^{m}Ú-a-ra-az-za-na
6 [a-šar] ⸢^{m}⸣[Š]a-du-ta-e
7 [il-te-q]è-mi
u.Rd. 8 [ù re]-*ḫu-t[u$_4$]*[293]
9 [tup-pá-n]a-tu$_4$
Rs. 10 [a-n]a ^{m}Ša-du-ta-e
11 [a]š-bu
12 [t]up-pu taḫ-ḫi-t[u$_4$][294]
o.Rd. (Siegel Nr. 578)

1-3 Tontafeln des U̯arazzana, Sohnes des Akip-tašenni, liegen bei Šatuja.
4-7 Und jetzt hat U̯arazzana eine Tontafel von Šatu-tae genommen,
8-11 und die übrigen Tontafeln liegen (weiterhin) bei Šatu-tae.
12 Memorandum.

1, 9: Die Form *tuppānātu* ist wohl eine fehlerhafte Bildung statt *tuppātu*, für letzteres s. unten AdŠ 634: 3.
2, 5: U̯arazzana, Sohn des Akip-tašenni, ist nur hier bezeugt. Auch sein Name ist sonst nicht belegt und in seiner Sprachzugehörigkeit unbestimmt. Für weitere Namen auf -*z*(*z*)*ana* in Texten aus Nuzi s. Aššuzzana, NPN p. 38, und AAN, p. 35; Piria-z(z)ana NPN, p. 115; AAN, p. 109.
3, 6, 10: Zu Šatu-tae (mit Hypokoristikon Šatuja), Sohn des Nul-teššup, cf. oben Nr. 629 und 630.
12: Fehler für *tuppi taḫsilti* (mB aus *taḫsisti*); für diese und weitere abweichende Formen s. CAD, T, p. 53, b) 2´ und 3´.

Nr. 632

Erklärung (*lišān-šu*)(?) des Kiteni, Sohnes des Nutkupa, derzufolge er seine Tochter A/Uššuanašši mit der Rechtsstellung einer Tochter und künftigen Ehefrau der Urišelli, der Tochter des Nirpi-atal, übergibt, welche sie mit ihrem (Halb-)Bruder, Elḫipšarri, verheiraten wird.

SMN 909; IM 96238; HSS XIX 76; A 13; 62 x 98 x 29; koll.; Textzustand 1986.

292 
293 *...*: 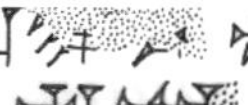
294 

Vs.	1	[EME-*šu ša*(?) ^{m}*Ki-te-ni* DUMU *Nu-ut-ku-pa*][295]
	2	[DUMU.MUNUS-*ia* ^{f}*Aš/Uš-šu-a-na-aš-ši a-na*]
	3	[DUM]U.MUNUS-⌜*ti*⌝ *a-na* DA[M-*šu-ti*] (Rasur)
	4	⌜*a*⌝-*na* ^{f}*Ú-ri-še-e*[*l-li*]
	5	[D]UMU.MUNUS *Ni*$^{!}$(Text IR)-*ir-bi-a-ta*[*l i*]*t-ti tup-pí-šu-ma*
	6	*⌜*ù*⌝ *it-ti* A.ŠÀ *ša pí-i tup-pí ad-din-mi**(über Rasur) (A rad.)
	7	*ù* ^{f}*Ú-ri-še-el-*[*li*]
	8	^{f}*Aš-šu-a-na-aš-*⌜*ši a-na*⌝
	9	DAM-*šu-ti a-na* ^{m}*El-ḫi-ip*-LUGAL
	10	DUMU *Ni-ir-bi-a-tal i+na-an-din*
	11	*ù* KÙ.BABBAR.MEŠ-*šu i-le-eq-qè*
	12	*šum-ma* ^{f}*Uš-šu-a-na-aš-ši*
	13	*pí-ir-qa ir-ta-ši ù*
	14	^{m}*Ki*$^{!}$(Text: DI)[296]-*te-ni ú-za-ak-ka*$_{4}$
	15	*ša* KI.BAL-*tu*$_{4}$ 1 MA.NA KÙ.[BABBAR]
	16	1 MA.NA KÙ.SIG$_{22}$ *ú-ma-al-l*[*a*]
	17	*tup-pu i+na* EGIR-*ki šu-d*[*u-t*]*i*
	18	*ša* É.GAL-*lì i+na a-bu-u*[*l-l*]*ì*
	19	*ša* URU *Zi-iz-za*
	20	*ša-ṭì-ir*
Rs.	21	IGI *Ge-lum-a-tal* DUMU *Ta-e-na*
	22	IGI *Pa-i-til-la* DUMU *E-ge-ge*
	23	IGI *Na-ú-ṣú-ur* DUMU *Ku-uš-ši-i*[*a*]
	24	IGI *Še-en-na-til*(über Rasur) DUMU *El-ḫi-ip*-L[UGAL]
	25	IGI *Še-ḫé-el-te-šup* DUMU *Ši-il*-W[A-
	26	ŠU ^{m}*E-ni-ip-til-la* DUB.SAR-*rù*
		(Siegel Nr. 582)
	27	NA$_{4}$ ^{m}*Ki*$^{!}$-*te-ni*
		(Siegel Nr. 583)
	28	NA$_{4}$ ^{m}*Še-ḫé-el-te-šup*
o.Rd.		(zerstört)
l.Rd.	29	(Siegel Nr. 585) [*NA$_{4}$ ^{m}*Na**[297]-*ú-ṣu-ur*]
	30	NA$_{4}$ ^{m}*Še-en-na-til* (Siegel Nr. 584)

1 [Erklärung$^{?}$ des Kiteni, Sohnes des Nutkupa.]

2-6 [„Meine Tochter A/Ušuanašši] habe ich der Uriš-elli, der Tochter des Nirpiatal, als Tochter und mit dem Recht, sie zu verheiraten (lit. 'zur Tochterschaft und Gattinnenschaft'), zusammen mit ihrer Urkunde und dem Feld gemäß dem Wortlaut (dieser Urkunde) übergeben.“

---

295 Ergänzung des Namens auf Grund der Identifikation des Siegels durch D. Stein.

296 ; die Autographie HSS XIX, pl. 118, bietet KI.

297 *...*: In EP noch teilweise erhalten.

7-11 Und Uriš-elli darf die Aššuanaši zur Ehe dem Elḫip-šarri, dem Sohn des Nirpi-atal, geben und ihren Brautpreis (lit. ʿihr Silber') entgegennehmen.
12-14 Falls Uššuanašši vindiziert werden sollte, wird Kiteni (sie von Ansprüchen) freimachen.
15-16 Wer den Vertrag bricht, muss eine Mine Silber (und) eine Mine Gold zahlen.
17-20 Die Urkunde ist nach der Information des Palastes im Stadttor von Zizza geschrieben.
21 Zeuge: Kelum-atal, Sohn des Taena,
22 Zeuge: Pai-tilla, Sohn des Ekeke,
23 Zeuge: Na-uṣur, Sohn des Kuššia,
24 Zeuge: Šenn-atil, Sohn des Elḫip-šarri,
25 Zeuge: Šeḫel-teššup, Sohn des Šilw[a-]
26 Hand des Schreibers Enip-tilla.
27 Siegel des Kiteni,
28 Siegel des Šeḫel-teššup,
29 Siegel des Nâ-uṣur,
30 Siegel des Šenn-atil.

Lit.: Breneman, Marriage, 63-64.

1, 14, 27: Zu Kiteni S. Nutkupa, s. HSS XIX 62: 3, 13, 17, 22, 26. Diese ebenfalls von Enip-tilla in Zizza geschriebene Urkunde wurde in Raum A 30, also in einem Raum, der unmittelbar an das Haus des Šilwa-teššup angrenzt, gefunden. Es handelt sich um einen Bruderschaftsvertrag zwischen Niḫri-teššup S. Tarmia und Kiteni S. Nutkupa, in dem Niḫri-teššup seinen von Šellapai S. Ar-šarri ererbten Besitz dem Kiteni überträgt und mit diesem eine Teilung dieses Besitzes zu gleichen Teilen bestimmt. Im Falle des Todes eines der beiden erbt der Überlebende dessen Anteil.
4, 7: Uriš-elli, Tochter des Nirpi-atal, ist auch in der folgenden Urkunde (AdŠ 633) bezeugt. Nirpi-atal hatte drei Kinder: Eine Tochter, Uriš-elli, die wahrscheinlich das älteste Kind war, einen Sohn, Muš-teššup, der zur Zeit der Ausstellung der Urkunde AdŠ 633 Vater einer noch nicht heiratsfähigen Tochter, Ḫalu-teni, war, und einen wahrscheinlich noch in der Adoleszenz stehenden Sohn, Elḫip-tilla.
Zum Zeitpunkt der Ausstellung der beiden Urkunden war Nirpi-atal sicherlich bereits verstorben.
Uriš-elli adoptiert die Ḫalu-teni, die zu diesem Zeitpunkt noch nicht heiratsfähige Tochter ihres Bruders Muš-teššup, um diese später mit ihrem Bruder Elḫip-tilla zu verheiraten. (AdŠ 633).
2, 8, 12: Der Name A/Uššuanaši ist sonst nicht belegt und in seiner Sprachzugehörigkeit unbestimmt.
3, 9: Die Schreibung DAM-*šu-ti* ist ungewöhnlich. Fast immer wird die syllabische Schreibung gewählt, gelegentlich die Schreibung DAM-*ti*.
17: Zu *šūdûtu* „Information" s. AdŠ 603, Anm. zu l. 31 (oben p. 164f.).
18-19: Zu dem Tiššae-Tor s. AdŠ 551, Anm. zu ll. 40f. (oben, p. 59).
21, 22: Kelum-atal, Sohn des Taena, und Pai-tilla, Sohn des Ekeke, sind anderweitig nicht bezeugt.
23, 29: Zu der Annahme, dass der Name *na-ú*-ZU-*ur* akkadisch zu deuten ist, s. E. Cassin und J.-J. Glassner, AAN, 99, die ihn NAUṢUR umschreiben. Den dort genannten beiden Belegen HSS XIX 76: 23 und 118: 32 hat A. Fadhil (SCCNH 1, 1981, 368) einen weiteren Beleg aus dem in Tall

al-Faḫḫār gefundenen *tuppi mārūti* IM 70764 (Rs. 15) hinzufügen können. Wegen des „ungeklärten Na-" hält er eine akkadische Deutung des Namens für zweifelhaft. Nimmt man jedoch hier den hurritischen Anlautwechsel *l* > *n* an, ergibt sich ein plausibler, allerdings m. W. anderweitig nicht bezeugter Name La'â-uṣur „Schütze den Schwachen!"; s. AHw, 540 und CAD L, 114 (*la'û*, mit Hinweis auf den in Mari belegten Namen *La-ú-um*).

24, 30: Šenn-atil, Sohn des Elḫip-šarri,

25, 28: Šeḫel-teššup, Sohn des Šilw[a-]

26: Zu dem Schreiber Enip-tilla s. AdŠ 614, Anm. zu l. 40 (oben p. 200).

Nr. 633

tuppi mārtūti; Muš-teššup, Sohn des Nirpi-atal, übergibt seine Tochter Ḫalu-teni mit der Rechtsstellung einer Tochter seiner (Halb-)Schwester Uriš-elli, die sie später verheiraten und ihrem Bruder 15 Sekel Silber aus dem Brautpreis zahlen wird.

SMN 1147; HSS XIX 94; keine Raumangabe; 64 x 76 x 29; koll.; Textzustand wegen stärkeren Textverlusts nach EP.

Vs.	1	*tup-pí* DUMU.MUNUS-*ti ša* ^{m}**Mu-u*[*š**[298]*-te-šup*]
	2	DUMU *Ni-ir-bi-a-tal* DUMU.MUNU[S-*sú*]
	3	^{f}*Ḫa-lu-te-ni a-na* DUMU.MUNU[S-*ti*]
	4	*a-na* ^{f}*Ú-ri-še-el-l*[*i*]
	5	DUMU.MUNUS *Ni-ir-bi-a-tal-m*[*a it-ta-din*]
	6	*um-ma* ^{f}*Ú-ri-še-el-l*[*i-ma*]
	7	*e-nu-ma* ^{f}*Ḫa-lu-te-ni*
	8	*a-na* LÚ *i-*ka_4*-aš-ša-ad*! [
	9	15 <GÍN> KÙ.BABBAR.MEŠ *ki-ma te-er-ḫa-t*[*i*[299]*-ša*]
	10	*ù* ^{f}*Ú-ri-še-el-li*
	11	*a-na* ^{m}*M*[*u*]*-uš-te-šup i+na-an-din*
		(Rest unbeschrieben)
Rs.	12	[x x]x x[
	13	[x x]x x[
	14	⸢x⸣ ^{m}*Ir*-x[
		(2 Zeilen unbeschrieben)
	15	ŠU ^{md}UTU-EN [DU]B.SAR [
	16	DUMU *Ú-ta-*⸢AN⸣.GAL
		(Siegel Nr. 586) (Siegel Nr. 587)
	17	NA_4 ^{m}*A-kap*!*-ta*!*-e* NA_4 ^{md}UTU-EN
		(Siegel Nr. 588) (Siegel Nr. 589)
	18	NA_4 ^{m}*Mu-uš-te-š*[*up*]

298 *...*: 

299 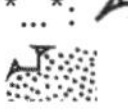

o.Rd. (Siegel Nr. 590)
19 NA$_4$ ^{m}*Ta-ú-qa*
l.Rd. 20 [ ]x (Siegel Nr. 591)
21 [N]A$_4$ ^{m}*Še-qar-til-la*

1-2 Urkunde einer Adoption an Tochter statt des Muš-teššup, Sohnes des Nirpi-atal.
2-5 Seine Tochter Ḫalu-teni hat er zur Rechtsstellung einer Tochter der Uris-elli, der Tochter desselben Nirpi-atal, [gegeben].
6-11 Folgendermaßen (erklärte) Uriš-elli: „Sobald Ḫalu-teni verheiratet ist, wird Uriš-elli 15 Sekel Silber als ihren Brautpreis dem Muš-teššup geben."
12-13 [ ] ... [
14 [ ]Ir...[
15-16 Hand des Schreibers Šamaš-bēlī, Sohnes des Uta-AN.GAL.
17 Siegel des Akap-tae, Siegel des Šamaš-bēlī,
18 Siegel des Muš-teššup,
19 Siegel des Tauka,
20 [ ]
21 [Sie]gel des Šekar-tilla.

Lit.: Breneman, Marriage, 103-104.

1, 11, 18: Muš-teššup S. Nirpi-atal ist anderweitig nicht bezeugt.

4, 6, 10: Zu Uriš-elli und ihrem Vater Nirpi-atal s. AdŠ 632, Anm. zu l. 4 (oben p. 237).

3, 7: Ḫalu-teni, Tochter des Muš-teššup, ist anderweitig nicht bezeugt.

15f., 17: Der Schreiber Šamaš-bēlī ist anderweitig nicht bezeugt. Uta-AN.GAL, der Vater des Šamaš-bēlī, hat JEN 333 geschrieben, das Protokoll eines Prozesses, den Šurki-tilla S. Teḫip-tilla führte (3. Generation).

19, 21: Die Namen Tauka und Šekar-tilla sind mit mehreren unterschiedlichen Vatersnamen assoziiert.

Nr. 634

Erklärung (*lišān-šu*) des Nanip-šarri, des Sohnes des Ar-tešše, aus dem Archiv des Akit-tirwi, des Sohnes des Šelḫi-tilla. Nanip-šarri löst im Einvernehmen mit seinem Schwiegervater(?) Akit-tirwi die Eheverträge bezüglich seiner Ehefrau Nūru-māti und einen weiteren mit Akit-tirwi geschlossenen Vertrag auf und verstößt seine Ehefrau.

SMN 697; IM 95055; HSS XIX 135; A 14; 78 x 68 x 28; koll.; Textzustand 1986.

Vs. 1 EME$^{!}$-*šu ša* ^{m}*Na-ni-ip*-LUGAL DUMU *Ar-te-še*
2 *a-na pa-ni* IGI .MEŠ-*ti iq-ta-bi*
3 *a-ni-na tup-pa-tu*$_4$ *ša ri-ik-sí*
4 *ša* ^{f}*Nu-ru-ma-a-ti*
5 *ù ša* ^{m}*A-ki-it-ti-ir-we* ⸢DUMU⸣ [*Š*]*e-el-ḫi-til-la*

	6	ša ni-il-ṭù-ru ù ša-ni-[tu$_{4}$ t]up-pu	
	7	ša <a-na> ^{m}A-ki-te-er-bi ša-aṭ-⌜ru⌝	
	8	an-nu-tu$_{4}$ tup-pu eḫ-te$_{9}$-pé-ši-na-ti	
	9	um-ma ^{m}Na-ni-ip-LUGAL-ma	
	10	ù ⌜^{f}⌝Nu-ru-ma-a-tu$_{4}$ DAM-ti-a	
	11	e-⌜te⌝-zi-ib-ši ù	
	12	sí-is-sí-ik-ta	
	13	ib-ta-ta-aq	
u.Rd.	14	am-ma-am i+na EGIR-ki	
	15	am-ma-am la i-ša$_{x}$(ZA)-as-sí	
Rs.	16	ma-nu-mé-e ina be-ri-šu-[nu]	
	17	KI.⌜BAL⌝ 1 MA.[N]A ⌜KÙ.BABBAR⌝ 1 MA.[NA KÙ.]SIG$_{22}$	
	18	ú-ma-⌜al⌝-la tup-p[u]	
	19	ina EG[IR]-ki šu-du<-ti> ina ⌜KÁ⌝.GAL ⌜ša⌝ Di-šá<-e šá>-te-er$^{!}$(NI)	
		———————————	
	20	IGI Te-ḫi-pa-pu DUMU Ši-[m]i-qa-tal	
	21	IGI Ḫa-ši-p[a-p]u DUMU Šú[k]-ri-ba-pu	
	22	IGI Ši-mi-qa-[t]al ⌜DUMU Zi⌝-li<-ip>-LUGAL	
	23	IGI Zi-ge DUMU ⌜Ak-ku-le⌝-en-ni	
	24	IGI Ḫa-ši-na-bar DUMU ⌜A-kip⌝-til-la	
	25	IGI A-g[e-b]a-[p]u DUMU Te-šu-ia	
	26	IGI Ḫi-[ir]-r[i-z]u a-bu-ul-da-nu	
	27	ŠU Ṣ[íl]-lí-EN DUB.SAR	
	28	NA$_{4}$ ⌜Ḫa-ši⌝-na-bar	NA$_{4}$ Zi-ge
		(Siegel Nr. 592)	(Siegel Nr. 592)
o.Rd.	29	⌜NA$_{4}$ Na-ni-ip-LUGAL⌝	
		(Siegel Nr. 593)	(Siegel Nr. 593)
	30		NA$_{4}$ Ḫa-ši-pa-pu
l.Rd.	31	NA$_{4}$ Te-ḫi-pa-pu	
		(Siegel Nr. 594)	(Siegel Nr. 594)
	32		NA$_{4}$ Ši-mi-qa-tal

1	Erklärung des Nanip-šarri, Sohnes des Ar-tešše.
2-8	Vor Zeugen hat er erklärt: „Die Heiratsurkunden der Nūru-mātu und des Akit-tirwi, Sohnes des Šelḫi-tilla, die wir früher geschrieben haben, und eine andere Tafel, die für Akit-tirwi geschrieben ist, diese Tafeln zerbreche ich hiermit.“
9-13	Folgendermaßen (erklärte) Nanip-šarri (weiterhin): „Und meine Gattin Nūru-mātu verstoße ich hiermit, und ich schneide hiermit den Gewandsaum ab.“
14-15	Keiner wird den anderen verklagen.
16-18	Wer auch immer von ihnen (den Vertrag) bricht, muss eine Mine Silber (und) eine Mine Gold zahlen.
18-19	Die Tafel ist nach der Proklamation im Tiššae-Tor geschrieben.
20	Zeuge: Teḫip-apu, Sohn des Šimika-atal,

21 Zeuge: Ḫašip-apu, Sohn des Šukrip-apu,
22 Zeuge: Šimika-atal, Sohn des Zilip-šarri,
23 Zeuge: Zike, Sohn des Akkul-enni,
24 Zeuge: Ḫaši-napar, Sohn des Akip-tilla,
25 Zeuge: Akip-apu, Sohn des Tešuja,
26 Zeuge: der Torwächter Ḫirrizu.
27 Hand des Schreibers Ṣillī-bēlī.
28 Siegel des Ḫaši-nawar, Siegel des Zike,
29 Siegel des Nanip-šarri,
30 Siegel des Ḫašip-apu,
31 Siegel des Teḫip-apu,
32 Siegel des Šimika-atal.

Lit.: Breneman, Marriage, 251-253.

1, 9, 29: Nanip-šarri S. Ar-tešše ist Zeuge in AASOR 16, 55: 49, 57; HSS XIX 43: 34, 40.
4, 10: Nūru-māti ist anderweitig nicht bezeugt. Ihren Namen („Licht des Landes") tragen zwei weitere Frauen: HSS XIII 352: 64; XIX 86: 3, 7, 13, 16, 17, 19.
5, 7: Akit-tirwi S. Šelḫi-tilla ist anderweitig nicht bezeugt.
19: Zu *šūdûtu* „Information" s. AdŠ 603, Anm. zu l. 31 (oben p. 164f.). Zu dem Tiššae-Tor s. AdŠ 551, Anm. zu: 40f. (oben p. 59).
20-25: Die Zeugen Teḫip-apu S. Šimika-atal **(20, 31)**, Ḫašip-apu S. Šukrip-apu **(21)**, Šimika-atal S. Zilip-šarri **(22, 32)**, Ḫaši-nawar S. Akip-tilla **(24, 28)**, Akip-apu, Sohn des Tešuja **(25)**, sind anderweitig nicht bezeugt.
23, 28: Der Name des Zeugen Zike mit demselben Vatersnamen Akkul-enni erscheint auch als der eines Zeugen in dem *tuppi martūti u kallatūti* JEN 15: 26. Da es sich hierbei aber um eine Urkunde des Teḫip-tilla S. Puḫi-šenni handelt, liegt der seltene Fall einer Namens- mit Vatersnamensgleichheit vor, die allerdings im vorliegenden Fall nicht verwundert, weil beide Namen, Zike und Akkul-enni, sehr oft belegt sind.
26f.: Der Torwächter Ḫirrizu und der Schreiber Ṣillī-bēlī sind anderweitig nicht bezeugt.

Nr. 635

tuppi mārūti. Arip-papni, Sklave des Šilwa-teššup, adoptiert Šekar-tilla, den er aus einem anderen Land ins Land Arrapḫe gebracht hat, als Sohn. Dieser wird auf die Dauer der Lebenszeit seines Adoptivvaters und dessen Ehefrau zum Gehorsam verpflichtet. Arip-papni verpflichtet sich, Šekar-tilla zu verheiraten. Nach dem Tod seiner Adoptiveltern darf Šekar-tilla den Haushalt nicht verlassen, sondern muss zusammen mit den Söhnen des Arip-papni wohnen und zusammen mit ihnen die *ilku*-Verpflichtung tragen. Eine Erbteilung wird bis zur Volljährigkeit ebenso ausgeschlossen wie die Aufteilung erworbener Güter. Während der Minderjährigkeit der Söhne hat die – offensichtlich schon ältere – Tochter des Arip-papni, Ukkije, die väterliche Gewalt über ihre unmündigen Brüder und über Šekar-tilla inne. Nach dem Tod des Arip-papni und dem Tod des Šekar-tilla sollen deren Söhne zunächst weiterhin ohne Erbteilung gemeinsam wirtschaften. Erst wenn die Söhne erwachsen sind, sollen sie die Erbteilung in der Weise vornehmen, dass der älteste Sohn des Arip-papni zwei Anteile, seine jüngeren Brüder und die Söhne des Šekar-tilla je ein Erbteil erhalten.

SMN 655; HSS XIX 37; A 30; 69 x 111 x 37; koll.; Textzustand 1986.

Vs.	1	[*tup-pí* DU]MU-*ti š*[*a* ^{m}*A-ri*]-*ip-pa-ap-ni*
	2	[ÌR ^{m}*Š*]*i-i*[*l-wa-te-šup*]
	3	[^{m}*Š*]*e-qar-til-*[*la*]
	4	[*a-na* DUMU]-*ti* DÙ-[*uš a-d*]*ì-i*
	5	^{m}*A-r*[*i*]-*i*[*p-pa*]-⸢*ap*⸣-[*ni ù*] ^{f}*Ša-a-šu-re* DAM-*sú*
	6	TI.⸢LA *ù*⸣ ^{m}*Še-q*[*ar-til-la i-pal*]-*làḫ-šu-nu-ti*
	7	*e-nu-ma* ^{m}*A-ri-*⸢*ip*⸣-*p*[*a-a*]*p-ni* BA.ÚŠ
	8	⸢*ù*⸣ ^{f}*Ša-a-šu-re* D[A]M-*sú i-pal-làḫ-šu*
	9	⸢*e-nu*⸣-*ma ki-lal-li-šu-n*[*u*]-*ma im-tù-tù*
	10	*ù* ^{m}*Še-qar-til-la iš-*⸢*tu*⸣ É
	11	^{m}*A-ri-ip-pa-ap-ni ul ú-uṣ-ṣí*
	12	*it-ti* DUMU.MEŠ *A-ri-ip-pa-ap-ni-ma*
	13	*a-ši-ib il-*ka_4 *it-ti-šu-nu-ma na-ši*
	14	*ù šu-mi* ḪA.LA *la i-qáb-bu-ú*
	15	*ma-am-ma sí-ki-il-ta la* TUK
	16	*e-nu-ma* >DUMU.MEŠ< *A-ri-ip-pa-ap-ni*
	17	*ù* ^{m}*Še-qar-til-la im-tù-tù*
	18	*ù* DUMU.MEŠ-*šu-nu šu-mi* ḪA.LA
	19	*la i-qáb-bu-ú e-nu-ma*
	20	DUMU.MEŠ-*šu-nu zi-iq-na-šu-nu*
	21	*i-il-lu-ú ù šur-ru-*[*um-ma*]
	22	DUM[U.M]EŠ *A-ri-ip-pa-ap-ni*
	23	*i-zu-uz-zu* DUMU-*šu ša*
	24	^{m}*A-ri-ip-pa-ap-ni* GAL
u.Rd.	25	2-*šu* ḪA.LA *i-*⸢*leq-qè*⸣
	26	*ù* D[UMU].M[EŠ] ⸢*Še*⸣-*qa*[*r-ti*]*l-*[*la*]
	27	*it-*⸢*ti*⸣ [DUM]U.MEŠ *A-r*[*i*]-⸢*ip*⸣-[*pa-ap-ni*]
Rs.	28	*re-ḫu-ti* ḪA.LA
	29	*i-leq*$^{!}$*-qú-ú ù* ^{m}*A-ri-*[*ip-pa-ap-ni*]
	30	^{m}⸢*Še-qar*⸣-*til-la* DAM *ú-šá-aḫ-ḫa-*[(*as-*)*sú*]
	31	*um-ma* ^{m}*A-ri-ip-pa-ap-ni-m*[*a*]
	32	⸢*e*⸣-*nu-*[*m*]*a a-na-*⸢*ku ù*⸣ DAM-*ia* BA.Ú[Š]
	33	*ù* ⸢^{f}*Uk-ki*⸣-*e* DUMU.MUNUS-*ia*
	34	*a-na a-*⸢*bu*⸣-*ti a-na* DUMU.MEŠ-*ia ù*
	35	*a-na* ^{m}*Še-qar-til-la e-te-pu-uš*
	36	*ma-an-nu ša ina* KA ^{f}*Uk-ki-e*
	37	[*l*]*a i-še-em-mu-ú ina* GIŠ.*kùr-ṣí*
	38	*i+na-an-dì-iš um-ma* ^{m}*Še-qar-til-la-ma*

39 *a-na-ku* ^{m}⌜*A*⌝*-ri-ip-pa-ap-ni iš-tu*
40 KUR ⌜*ša*⌝*-ni-ti a-ku-qa-ru-um-ma*
41 DÙ-[*š*]*a-an-ni-mi ù a-na*
42 DUMU-*ti* DÙ-*ša-*⌜*an*⌝*-ni-mi*
43 *ma-*[*an*]*-nu ša* KI.B[A]L-*tù*
44 1 MA.NA KÙ.BABBAR 1 MA.N[A K]Ù.SI$_{22}$ SA$_5$
45 IGI *Túl-pí-še-en-*⌜*ni*⌝ DUMU *Ku-li*
46 IGI *Tup-ki-til-la* DUMU *Si-sat-na*
47 IGI *A-qa-wa-til>-la<* DUMU *Še-en-ni*
48 IGI *Pa-i-te-šup*
49 DUMU *I-ri-ri-a-tal*
50 [IG]I *A-qa-a+a* DUMU *Ak*$^{!}$*-ku-t*[*e*]*-i*[*a*]
51 [IGI *At-t*]*i-lam-mu* DUMU *A-kap-*⌜*še*⌝*-en-ni*
52 [ŠU x x]-*te-*[*šu*]*p* DUB.SAR
53 [*tup-pí ina* EGIR-*ki š*]*u-du-ti* ⌜*ina*⌝ KÁ.GAL
54 [*ša* URU x x x *š*]*a-ṭi-ir*

o. Rd. (Siegel Nr. 595)
55 [NA$_4$ ^{m}]⌜*A-qa-a*⌝+*a*

l. Rd. (Siegel Nr. 596) (Siegel Nr. 598)
56 NA$_4$ ^{m}*Túl-pí-še-en-ni* NA$_4$ ^{m}DUB.SAR
(Siegel Nr. 597) (Siegel Nr. 599)
57 NA$_4$ ^{m}*Z*[*i-*x x x]x [N]A$_4$ ^{m}*A-q*[*a-wa-til*]

1-2 Adoptio[nsurkunde] de[s Ar]ip-papni, [des Sklaven des Š]i[lwa-teššup.]

3-4 [Den Š]ekar-til[la, ...], ha[t er] als Sohn adoptiert.

4-6 Solange Arip-papni und seine Ehefrau Šašure leben, wird Šekar-tilla sie respektvoll behandeln.

7-8 Wenn Arip-papni stirbt, wird er (Šekar-tilla) dessen Ehefrau Šašure respektvoll behandeln.

9-13 Wenn sie beide sterben, darf Šekar-tilla aus dem Haushalt des Arip-papni nicht ausscheiden; mit den Söhnen des Arip-papni bleibt er wohnen.

13-15 Die *ilku*-Verpflichtung trägt er zusammen mit ihnen, und sie dürfen nicht sagen: „Das ist mein Erbteil!“ Niemand bekommt erworbenes Gut.

16-19 Wenn >die Söhne des< Arip-papni und Šekar-tilla sterben, dürfen ihre Söhne nicht sagen: „Das ist mein Erbteil!“.

19-23 Wenn ihren Söhnen der Bart sprießt, teilen die Söhne des Arip-papni sofort (das Erbe).

23-29 Der (älteste) Sohn des Arip-papni (gilt als der) älteste (von allen); er nimmt ein doppeltes Erbteil, und die Söhne des Šekar-tilla nehmen zusammen mit den (anderen) Söhnen des Arip-papni die übrigen Erbteile.

29-30 Und Arip-papni wird den Šekar-tilla verheiraten.

31-38	Folgendermaßen (erklärte) Arip-papni: „Auf den Fall, dass ich und meine Ehefrau sterben, habe ich meine Tochter Ukkije in die väterliche Gewalt gegenüber meinen Söhnen und Šekar-tilla eingesetzt. Wer nicht den Befehlen der Ukkije folgt, den wird man in Fesseln werfen."
38-42	Folgendermaßen (erklärte) Šekar-tilla: „(Was) mich (betrifft, so) hat Arip-papni mich aus einem anderen Land hergebracht und als Sohn adoptiert."
43-44	Wer den Vertrag bricht, muss eine Mine Silber (und) eine Mine Gold zahlen.
45	Zeuge: Tulpi-šenni, Sohn des Kuli,
46	Zeuge: Tupki-tilla, Sohn des Sisatna,
47	Zeuge: Aka-watil, Sohn des Šenni,
48-49	Zeuge: Pai-teššup, Sohn des Iriri-atal,
50	Zeuge: Akaja, Sohn des Akkuj[a],
51	[Zeuge: Att]i-lammu, Sohn des Akap-šenni,
52	[Hand des] Schreibers [x x]-teššup.
53-54	Die Tafel ist nach der Information im Stadttor von [...] geschrieben.
55	[Siegel des] Akaja,
56	Siegel des Tulpi-šenni, Siegel des Schreibers,
57	Siegel des Z[i-x x x]x, Siegel des Aka[watil].

Lit: Breneman, Marriage, 230-231; Paradise, Inheritance, 125-129.

1: Arip-papni, der hier ebenso wie in AdŠ 636 und 637 (unten, p. 345) ohne Vatersnamen genannt wird, ist sehr wahrscheinlich identisch mit dem gleichnamigen Sklaven in Šilwa-teššups Haushalt in Nuzi und Empfänger von Gerstenrationen nach AdŠ Heft 2, 6: 113, 14: 91, 16: 80, 26: 53, 32: 64, 34: 12, 49: 6, 54: 10; nach Heft 3, 149: 6-11 erhält er Emmer und Gerste für die Rinderfütterung. Mehrfach siegelt er mit dem Siegel Nr. 53, das sonst vor allem von dem Verwalter Pai-teššup verwendet wird; s. Stein, AdŠ Heft 9, 132. Nach Adš Heft 4, 201: 13-20 nimmt er ein verzinsliches Darlehen von 1 ANŠE Gerste des Šilwa-teššup entgegen.
Im vorliegenden Text (AdŠ 635) sind die Anfänge der ersten Zeilen abgebrochen, sie können aber mit Rückgriff auf AdŠ 637 (HSS XIX 17 l. 2) ergänzt werden, da dort nach einem teilweise erhaltenen Zeichen ebenfalls Arip-papni genannt wird. Allerdings ist das nach dem Namen Arip-papni unter Schraffur gebotene Zeichen nicht, wie zu erwarten, [Ì]R, sondern eher IGI, was nach dem Kontext jedoch ausgeschlossen werden kann. Speiser, JCS 17, p. 65, liest D[UMU] und übersetzt entsprechend p. 70 „son". Da das Zeichen nach der Edition mit einem senkrechten, auf einem waagerechten Keil stehenden Keil beginnt, ist auch diese Lesung abzulehnen, zumal ein Sohn des Šilwa-teššup namens Arip-papni sonst nicht bezeugt ist. Da nur Raum für ein Zeichen zur Verfügung steht, ist [Ì]R! die plausibelste Lesung.
3: Da Šekar-tilla von Arip-papni aus einem anderen Land (l. 40) hergebracht wurde, ist fraglich, ob in dem Bruch der Vatersname zu ergänzen ist oder eine Personenbezeichnung.
12: Die drei erbberechtigten Söhne sind nach dem Testament AdŠ 637: 3-5 und 10-11 Akip-tašenni, Tur-šenni und Wul-teššup.
13: Zu *ilku* s. AdŠ 554, Anm. zu l. 19 (oben, p. 67).
14-15: Das Verbot der Erbteilung bezieht sich nur auf den Zeitraum bis zur Pubertät (s. ll. 19-23).
16: DUMU.MEŠ ist hier – wohl veranlasst durch l. 12 – versehentlich in den Text geraten. Es geht hier nicht um die Enkel des Arip-papni, sondern um seine Söhne im Falle des Todes des Šekar-tilla.

40f.: *ag=ugar=umma epēšu* ist in Nuzi-Texten mit der Bedeutung „zurückbringen", „auslösen" bezeugt; für Belege s. CAD A/1, 284. Zu JEN 636, 15 s. auch Eichler, Sistership, 48f. Das Verb ist im Mit.-Brief zweimal in der Jussivform *ag=ugar=ašt=i=en* belegt (Mit. II 58 und 86) und bringt dort den Wunsch Tušrattas zum Ausdruck, der Pharao möge dem mittanischen Botschafter die Genehmigung zur Rückreise erteilen („abfertigen", „losschicken" o.ä.). Zur Wurzel *ag-* und ihren Ableitungen s. de Martino & Giorgieri, LHL 1; Richter, BGH, 4-6.
41f.: Hier liegt eine Subjekt-Objekt Verwechslung vor; statt *īpuš-anni* „er ... mich" muss es heißen *ēpus-su* „ich ... ihn"); s. Wilhelm, AOAT 9, 61 (korr. *lapsus calami* sub a': Subjektbezug!).
45-57: Die Zeugen Tulpi-šenni S. Kuli (**45, 56**), Tupki-tilla S. Sisatna (**46**), Aka-watil S. Šenni (**47, 57**), Pai-teššup S. Iriri-atal (**48-49**), Akaja S. Akkuja (**50, 55**) und Atti-lammu S. Akap-šenni (**51**) sind anderweitig nicht bezeugt.
53: Zu *šūdûtu* „Information" s. AdŠ 603, Anm. zu l. 31 (oben p. 164f.).

Nr. 636

Erklärung (*lišān-šu*) des Ḫašip-tilla, Sohnes des Kudukka, derzufolge er sich von seiner Ehefrau Pinke, einer Tochter des Arip-papni, trennt. Er verzichtet auf eine Klage gegen Arip-papni.

SMN 968; IM 95042; HSS XIX 136; A 13; 60 x 90 x 30; koll.; Textzustand 1986.

Vs.	1	EME-*šu ša* ^{m}*Ḫa-⸢ši-ip⸣-til-la*
	2	DUMU *Ku-duq-qa a-na ⸢pa⸣-ni ši-bu-ti*
	3	*ki-am iq-ta-bi* ^{f}*Bi-in-ge*
	4	DUMU.MUNUS *a-šar*$^{!}$(Text: *na*) ^{m}*A-ri-⸢ip⸣-pa-ap-ni*
	5	*a-na aš-šu-ti el-⸢te⸣-qè*
	6	*ù i+na-an-na ⸢e⸣-te-zi-ib-mi*
	7	*ù sí-is-sí-[i]k-ta-šu*
	8	*ab-ta-qa-an š[um]-ma*
	9	^{m}*Ḫa-ši-ip-til-l[a a]š-š[u]m*
	10	^{f}*Bi-in-ge ⸢ina⸣* [E]GIR
	11	^{m}*A-ri-⸢ip⸣-pa-ap-⸢ni⸣*
	12	*i-ša*$_{10}$*-as-sí* ⸢1 MA⸣.NA KÙ.B[ABBAR]
	13	1 MA.NA KÙ.SIG$_{22}$ *a-na* x(Rasur)
	14	^{m}*A-ri-ip-p[a-a]p-ni [ú-ma-al-la]*
	15	*tup-pu ina* EGIR-⸢*ki*⸣ <*šu-du-ti*> *ina* ⸢URU⸣ [
	16	*ša-ṭì-ir*
		(2 Zeilen unbeschrieben)
	17	[IGI] ⸢^{m}⸣*Du-ra-ri* DUMU *P[u-ḫi-ia]*
	18	[IGI ^{m}*x]x x x[x x]x*[300][
u.Rd.	19	[x] x x [

300 *...*:

Rs. (bis zu 5 Zeilen zerstört)
(3 Zeilen unbeschrieben)
(Siegel Nr. 600)
20 [NA$_4$ ^{m}]*Ši-ma-an-ni* DU[B.SAR
(Siegel Nr. 364)
21 [NA$_4$ ^{m}*D*]*u-ra-ri*[301]
(Siegel Nr. 601)
22 NA$_4$ ^{m}*A-kip-ta-še-*[*e*]*n-ni*
(Siegel Nr. 603) (Siegel Nr. 602)
o.Rd. 23 NA$_4$ *Zi-ge* [ ]

1-2 Erklärung des Ḫašip-tilla, Sohnes des Kudukka.
2-3 Vor Zeugen erklärte er folgendermaßen:
3-8 „Pinke, die Tochter des Arip-papni, habe ich zur Ehe genommen, und nunmehr habe ich (sie) verlassen und ihren Gewandsaum abgeschnitten."
8-14 Wenn Ḫašip-tilla wegen der Pinke Arip-papni verklagt, muss er dem Arip-papni eine Mine Silber (und) eine Mine Gold zahlen.
15-16 Die Tafel ist nach < der Information > in [...] geschrieben.
17 [Zeuge:] Turari, Sohn des P[uḫia]
18 [Zeuge:] ...
19 [x] x x [
20 [Zeuge] des Schreibers Šimânni
21 [Zeuge: T]urari[302]
22 Zeuge: Akip-tašenni
23 Zeuge: Zike [ ]

Lit.: Breneman, Marriage, 249-250.

1, 9: Ḫašip-tilla S. Kutukka ist anderweitig nicht bezeugt.

3, 10: Der Name Pinke ist nur hier belegt, seine sprachliche Herkunft ist ungewiss.

4, 11, 14: Zu Arip-papni s. AdŠ 635, Anm. zu l. 1 (oben p. 244). Die Urkunde gehört zweifellos zu seinem Archiv, da sie ihn gegen weitere Ansprüche seines ehemaligen Schwiegersohns schützt, und zwar wohl insbesondere gegen die Forderung auf Rückzahlung des Brautpreises.

15: Zu *šūdûtu* „Information" s. AdŠ 603, Anm. zu l. 31 (oben p. 164f.).

17, 21: Zu Turari S. Puḫia s. AdŠ 557, Anm. zu l. 25 (oben p. 76).

20: Der Schreiber Šimânni, Sohn des ^{d}AK.DINGIR.RA, Anm. zu l. (s. oben p. 246), übte sein Amt im Tiššae-Tor von Nuzi aus, wo demnach wahrscheinlich auch die vorliegende Urkunde geschrieben wurde.

301 um 90° gedreht.
302 um 90° gedreht.

Nr. 637

tuppi šīmti; Testament des Arip-papni, des Sklaven des Šilwa-teššup. Er setzt seine drei Söhne Akip-tašenni, Turri-šeni und Nul-teššup als gleichrangige Erben ein, enterbt seine übrigen Söhne und überträgt die väterliche Gewalt auf seine Tochter Ukkije bis zu deren Tod.

SMN 1072; HSS XIX 17; keine Raumangabe; 78 x 114 x 37; nicht koll.; Textzustand nach EP.

Vs. 1 *tup-pí ši-im-ti* [*ša*]
2 ^{m}*A-ri-ib-ba-ap-ni* Ì[R ^{m}*Ši*]-*il*-WA-*te*-[*šup*]
3 *ši-im-ta a-na* ^{m}*A-kip*-[*ta-še-en*]-*ni*
4 *a-na* ^{m}*Tu*$_4$-*ur*-[*ri-še-ni ù*] *a-na*
5 ^{m}*Wu*(über Rasur)-⸢*ul*⸣-*te*-[*šup i-ši-i*]*m-mu-ú-uš-šu-nu-ti*
6 *um-ma* ^{m}*A*$^{!}$-*ri-i*[*b-ba-ap*]-*ni-ma*
7 *mi-nu-um-me-e* ⸢A⸣.[ŠÀ].MEŠ-*ti-ia*
8 É.ḪI.A.MEŠ-*ti*-[*i*]*a mar-ši-ti-ia*
9 *ma-na-ḫa-t*[*i-i*]*a m*[*i-i*]*m*-⸢*mu šu-un*⸣-*šu-ia*
10 *ù* 1-*en* ⸢NÍG⸣.MEŠ-*ia a*-[*na* ^{m}*A*]-*kip-ta-še-en-ni*
11 *a-na* ^{m}⸢*Tu*$_4$-*ur*⸣-*ri-še*-[*ni ù a-na* ^{m}*W*]*u-ul-t*[*e*]-⸢*šup*⸣
12 *at-ta-ad-nu* ⸢*i+na*⸣ Š[À-*b*]*i*$^{!}$
13 DUMU.MEŠ-*ia* GAL-*m*[*a*] *i*[*a*]-⸢*a*⸣-*nu*
14 *um-ma* ^{m}*A-ri-ib-ba-a*[*p-n*]*i-ma*
15 ^{f}*Uk-ki-i-e* DUMU.MUNUS-*ti-ia*
16 *a-na ab-bu-ti a-na* A.ŠÀ.MEŠ-*ia*
17 *a-na* É.ḪI.A.MEŠ-*ia mi-im-mu šu-un-šu-ia*
18 *a-na* DUMU.MEŠ-*ia ù a-na* 1-*en* NÍG.MEŠ-*ia*
19 *ni-te-pu*-[*u*]*š-mi*
20 *a-du-ú* ^{f}*Uk-ki-i-e*
u.Rd. 21 *bal-ṭu*$_4$ 3 DUMU.MEŠ-*ia*
22 *an-nu-tu*$_4$ *i-pal-la-aḫ-šu-nu-ti*
23 *šum-ma* 3 DUMU.MEŠ-*ia*
Rs. 24 *i+na pí ša* ^{f}*Uk-ki-i-e*
25 *la i-še-em-me* ⸢^{f}⸣*U*[*k-k*]*i-i-e*
26 *ki-ma* DUMU-*šu ḫu-ud*-⸢*du*⸣-
27 -*m*[*u*]-*um-ma* DÙ.MEŠ-*uš*
28 *um-ma* ^{m}*A-ri-ib-ba-ap-ni*
29 *DUMU.MEŠ-*ia**(über Rasur) *ša-nu*-⸢*ú*⸣
30 *a-na* A.ŠÀ.MEŠ-*ia* É.MEŠ-*ia ù*
31 *mi-im-mu šu-un-šu-ia la i-sé-em-me-ḫu*
32 IGI *Ši-il*-WA-*t*[*e*]-*š*[*up*] DU[MU LUGA]L
33 IGI *Ša-ar-te*-⸢*e*⸣-[*a* DUM]U ⸢^{f}⸣*P*[*u-ḫu-me*]-*en-ni*$^{!}$

34 IGI ÌR-*dì-ia* DUMU *I*!-[*r*]*i-i*[*š-k*]*è-nu*
35 I[GI] *Eḫ-li-pa-pu* DUMU *Ur-*[*ḫi-t*]*e-šup*
36 [IGI *Ḫ*]*a-ši-ip-til-la* DUMU ⸢*Ar*⸣*-ši-m*[*i*]*-qa*
37 IGI *Du-ra-ri* DUMU *Pu-ḫi-ia*
38 IGI *Nu-ul-te-šup* DUB.SAR
39 DUMU ⸢LUGAL⸣-AD.GI.GI

(Siegel Nr. 258)
40 NA4 ^{m}[*Ši*]*-il*-WA-*te-šup* D[UMU LU]GAL
o.Rd. (Siegel Nr. 604)
41 NA4 DUB.SAR
(Siegel Nr. 3) (Siegel Nr. 371)
42 NA4 ^{m}*Du-ra-ri* NA4 ^{m}⸢*Eḫ*⸣-[*li-pa*]*-pu*
l.Rd. (Siegel Nr. 500) (Siegel Nr. 605) (Siegel Nr. 606)
43 NA4 ^{m}*Ḫ*[*a-ši-i*]*p-til-la* NA4 ^{m}*Ša-a*[*r-te*]*-e-a* NA4 ^{m}ÌR-*dì-ia*

1-2 Testament des Arip-papni, des Sklaven des Šilwa-teššup.
3-5 Eine Verfügung traf er für Akip-tašenni, für Turri-šenni und für Wul-teššup.
6-12 Folgendermaßen (erklärte) Arip-papni: „Meine sämtlichen Felder, Häuser, ererbter und erworbener Besitz, alles, was mir gehört, bis zur kleinsten Sache übergebe ich hiermit dem Akip-tašenni, dem Turri-šenni und dem Wul-teššup.
12-13 Unter meinen Söhnen soll keiner die Rechtsposition des Erstgeborenen haben.“
14-19 Folgendermaßen (erklärte) Arip-papni (weiterhin): "Meiner Tochter Ukkije geben wir hiermit väterliche Gewalt über meine Felder, meine Häuser, alles, was mir gehört, über meine Söhne, und bis zur kleinsten Sache.
20-22 Solange Ukkije lebt, müssen diese meine drei Söhne sie respektvoll behandeln.
23-27 Wenn meine drei Söhne den Befehlen der Ukkije nicht folgen, darf Ukkije sie! wie ihren (eigenen) Sohn einschließen.“
28-31 Folgendermaßen (erklärte) Arip-papni (weiterhin): „Meine anderen Söhne werden an meinen Feldern, meinen Häusern und allem, was ich besitze, keinen Anteil erhalten.“
32 Zeuge: Šilwa-teššup, Sohn des Königs,
33 Zeuge: Šar-tej[a, Sohn der] P[uḫu-me]nni,
34 Zeuge: Wardia, Sohn des Īriš-kēnu,
35 Zeuge: Eḫlip-apu, Sohn des Urḫi-teššup,
36 Zeuge: Ḫašip-tilla, Sohn des Ar-šimika,
37 Zeuge: Turari, Sohn des Puḫia,
38-39 Zeuge: Schreiber Nul-teššup, Sohn des Lugal-adgigi/Šarru-muštāl),
40 Siegel des Šilwa-teššup, Sohnes des Königs,
41 Siegel des Schreibers,
42 Siegel des Turari, Siegel des Eḫlip-apu,
43 Siegel des Ḫašip-tilla, Siegel des Šar-teja, Siegel des Wardia.

Lit.: Speiser, JCS 17, 65-71; Paradise, Inheritance, 67-70.

2: Speiser, JCS 17, 65, l. 2 liest das halbzerstörte Zeichen nach dem Personennamen als D[UMU und bestimmt damit Arip-papni als Sohn eines Šilwa-teššup, ohne zu diskutieren, ob es sich hierbei um den Sohn des Königs handelt, der in der Zeugenliste genannt ist, oder um eine andere Person gleichen Namens. Die Kopie in HSS XIX 17: 2 bietet den ersten Teil des Zeichens unter Schraffur, beginnend mit einem senkrechten Keil auf einem waagerechten Keil, über dem noch nach rechts eingerückt der Anfang eines waagerechten Keils zu sehen ist. Den folgenden Raum füllt [^{m}*Ši-*] aus, so dass mit nur einem Zeichen zu rechnen ist. In AdŠ 635: 1f. ist das Zeichen ganz abgebrochen.
26f.: *ḫudumumma epēšu* beschreibt die Bestrafung ungehorsamer Söhne, wobei die Art der Bestrafung unklar bleibt. Formal handelt es sich um den in Nuzi häufig bezeugten hurritischen Infinitiv auf *-umme* im Essiv (*-a*). Die Bedeutung der Wurzel *ḫutt-* mit Wurzelerweiterung *-om-* ist unbekannt. Für Lit. s. Speiser, JCS 17, 68f., Cassin, RA 57, 116 („enfermer"), sowie Richter, BGH, 177f.
32: Šilwa-teššup, Sohn des Königs, führt die Liste der Zeugen an.
33, 43: Zu ^{m}Šar-teja S. ^{f}Puḫum-enni s. AdŠ 626, Anm. zu l. 3 (oben p. 227).
34, 43: Zu Wardia S. Ir'iš-kēnu s. auch HSS XIII 329: 20.
35: Zu Eḫlip-apu S. Urḫi-teššup s. AdŠ 558, Anm. zu ll. 23f. (oben p. 78).
36, 43: Zu Ḫašip-tilla S. Ar-šimika s. AdŠ 609, Anm. zu l. 35, 49 (oben p. 188).
37, 42: Zu Turari S. Puḫia s. AdŠ 557, Anm. zu l. 25 (oben p. 76).
38f.: Der Schreiber Nul-teššup S. Lugal-adgigi/Šarru-muštāl ist anderweitig nicht mit Sicherheit nachzuweisen; infrage kommt der in HSS XIX 147: 29 genannte Schreiber, dessen Vatersname nur bruchstückhaft erhalten ist.

Nr. 638

tuppi mārūti; Šeḫal-teššup, Sohn des Maršan und Verwalter des Šilwa-teššup, adoptiert den Tirwin-iki, den Sohn des Zike, und bestimmt ihm als Erbteil den Brautpreis einer Frau. Tirwin-iki und seine Ehefrau haben dem Šeḫal-teššup auf die Dauer von dessen Lebenszeit zu dienen und erlangen nach seinem Tod die Freiheit.

SMN 1161; HSS XIX 40; A 14; 79 x 97 x 32; koll. 1996; wegen Textverlusts Textzustand nach EP.

Vs. 1 *tup-pí ma-ru-ti ša* ^{m}*Ti-ir-wi-ni-ki* DUMU *Zi-g*[*e*]
2 *ù* ^{m}*Še-ḫal-te-šup* DUMU *Mar-ša-an*
3 *a-na* ⸢*ma-ru*⸣*-ti i-te-pu-uš*
4 *ù ki-ma* ḪA.LA-*šu*
5 DAM *ú-ša-aḫ-ḫa-as-sú*
6 *a-dì* ^{m}*Še-ḫal-te-šup bal-ṭu*$_{4}$
7 *ù* ^{m}*Ti-ir-wi-ni-ki it-ti* DAM-*šu-ma*
8 *i-pal-la-ḫu-šu-*⸢*ma*⸣
9 *e-nu-ma* ^{m}*Še-ḫal-te-šup* ⸢*i*⸣*-ma-at*
10 ⸢*ù* ^{m}*Ti*⸣*-ir-wi-*⸢*ni*⸣*-*[*k*]*i* DAM-*sú še-*[*er*]*-*⸢*ri*⸣*-*[*š*]*u*
11 *i-*⸢*leq*⸣*-qè a-šar ḫa-du i-*[*il-la-ak*]

	12	*e-nu-ma* ⸢DUMU-*šu*⸣ *ša* ^{m}*Še-ḫal-t*[*e-šup*]	
	13	*it-ti* GIŠ.⸢APIN⸣[303] *i-la-*⸢*ku*⸣	
	14	^{m}[*T*]*i-ir-*⸢*wi-ni*⸣*-ki a-š*[*ar*] ⸢ŠÀ⸣*-bi-šu*	
	15	*i-la-*[*k*]*u*	
	16	[*ma*]*-an-nu ša i+na be-ri-šu-nu*	
u.Rd.	17	[*i-bala*]*-ka*$_4$*-tù* 1 MA.NA KÙ.BABBAR.MEŠ	
	18	[1 MA.N]A KÙ.SIG$_{22}$ *ú-ma-al-la*	
Rs.	19	IG[I *Še-qar-te-šup* DUMU *Wa*]*-an-tar-ki-in-tar*	
	20	IGI *Ša-*[*du-ge-*WA DUMU (x-)*n*]*u-ti-ru*	
	21	IGI *Pa-*[*i-til-la* DUMU] *Še-en-nu-ni*	
	22	IGI *Du-*[*ra-ri* DUMU] *Ta-an-ta-a+a*	
	23	IGI *Tar-*[*mi-ia* DUMU] *Te-ḫi-ip-til-l*[*a*][304]	
	24	IGI *Mu-*[*ut-ta* DUM]U ^{d}30-NÍG.B[A]	
	25	IGI ⸢*Zi*⸣*-l*[*íp-šèr*]*-*⸢*ta*⸣ DUMU <*Ma*>*-šar-ta-*[*nu*]	
	26	ŠU ^{m}*Ḫa-ši-ia*	
		(Siegel Nr. 607)	(Siegel Nr. 608)
	27	NA$_4$ ^{m}*Pa-i-til-la*	NA$_4$ ^{m}*Ti-ir-wi-ni-ki*
		(Siegel Nr. 609)	(Siegel Nr. 610)
	28	NA$_4$ ^{m}*Tar-m*[*i-ia*]	NA$_4$ ^{m}*Še-qar-te-šup*
o.Rd.	29	(Siegel Nr. 611)	[N]A$_4$ ^{m}*Du-ra-ri*
	30	NA$_4$ ^{m}*Zi-líp-šèr-ta*	(Siegel Nr. 612)
l.Rd.		(Siegel Nr. 614)	(Siegel Nr. 613)
	31	NA$_4$ ^{m}*Šatu-ge-*WA	NA$_4$ ^{m}*Mu-ut-t*[*a*]

1 Adoptionsurkunde des Tirwin-iki, Sohnes des Zike.
2-3 Šeḫal-teššup, der Sohn des Maršan, hat ihn als Sohn adoptiert,
4-5 und sein Erbteil ist der Brautpreis für die Frau, die Šeḫal-teššup ihm zur Ehe geben wird.
6-8 Solange Šeḫal-teššup lebt, wird Tirwin-iki ihn zusammen mit seiner Ehefrau respektvoll behandeln,
9-11 und wenn Šeḫal-teššup stirbt, darf Tirwin-iki seine Ehefrau und seine Kinder nehmen und gehen, wohin es ihm beliebt.
12-15 Wenn der/ein Sohn des Šeḫal-teššup mit dem Pflug geht, darf Tirwin-iki gehen, wohin es ihm beliebt.
16-18 Wer von ihnen den Vertrag bricht, muss eine Mine Silber (und) eine Mine Gold zahlen.
19 Zeuge: Šekar-teššup, Sohn des Wantar-kintar,
20 Zeuge: Šatu-kewa, Sohn des [...n]utiru,
21 Zeuge: Pai-tilla, Sohn des] Šennuni,
22 Zeuge: Turari, Sohn des Tantaja,

303 

304 

23	Zeuge: Tarmia, Sohn des Teḫip-tilla,	
24	Zeuge: Mutta, Sohn des Sîn-iqīša,	
25	Zeuge: Zilip-šerta, Sohn des Mašartanu.	
26	Hand des Ḫašia.	
27	Siegel des Pai-tilla,	Siegel des Tirwin-iki,
28	Siegel des Tarmia,	Siegel des Šekar-teššup,
29		Siegel des Turari,
30	Siegel des Zilip-šerta,	
31	Siegel des Šatu-kewa,	Siegel des Mutta.

Ed.: Breneman, Marriage, 220-221;

1, 7, 10, 14, 27: Tirwin-iki, Sohnes des Zike, ist anderweitig nicht bezeugt.
2, 6, 9, 12: Šeḫal-teššup S. Maršan erscheint in AdŠ Heft 4, Nr. 192: 5 zusammen mit seinem (wohl älteren) Bruder als Mitglied einer Schuldnergemeinschaft; die Tilgung von Kapital und Zinsen soll in Ṣilliawe erfolgen.
4-5: wörtl.: „Als sein Erbteil wird er ihn eine Ehefrau heiraten lassen."
13: Breneman, Marriage Tablets, p. 220, Nr. 99, transkribiert *it-ti* [GIŠ.ŠAR(?)] (ohne Übersetzung). Lion, Adoption d'hommes, 558 n. 66, liest „<1$^{?}$> ANŠE$^{?}$ x" und übersetzt: „il partira avec <1$^{?}$> ANŠE x (de champ)". Die Kollation bestätigt Lachemans Autographie des fraglichen Zeichens, das demnach APIN zu lesen ist. Damit gewinnen wir einen bisher unbekannten Ausdruck für den Eintritt eines Jungen in das Erwachsenenalter: *itti epinni alāku* „mit dem Pflug gehen". Zu dem Ausdruck *enūma ... ziqna-šunu illû* „sobald ihr Bart sprießt"; s. AdŠ 635: 19-21.
19, 28: Šekar-teššup S. Wantar-kintar erscheint an letzter Stelle in der Personenliste JEN 514: 23f. Zu dieser s. Dosch-Deller, SCCNH 1 (1981), 105.
20, 31; 21, 27; 22, 29; 24, 31: Šatu-kewa S. [...n]utiru, Pai-tilla S. Šennuni, Turari S. Tantaja und Mutta S. Sîn-iqīša sind anderweitig nicht bezeugt.
23, 28: Zu Tarmia S. Teḫip-tilla nennt Lacheman, PNKA, SMN 2389: 2, 5, 12, 14 als weitere Belege. Die Edition der stark beschädigten Tafel als EN 11/1 (SCCNH 15, 210) Nr. 5 weist nur (noch) zwei sichere Belege für Tarmia auf: 5, 14.
25, 30: Zu Zilip-šerta S. Mašartanu s. HSS 13, 212: 29 (nach Edition aus Raum A 34).
26: Der Schreiber Ḫašia hat auch AdŠ 557 (oben p. 74) geschrieben.

Nr. 639

tuppi šīmti; Testament des Ḫupitaja, Sohnes des Ḫašia; er überträgt seiner Ehefrau Uššenaja die väterliche Gewalt auf Lebenszeit, setzt seinen Sohn Nirar-tilla in die Rechte eines Erstgeborenen mit doppeltem Erbteil ein und weist seinem Sohn Atamra die Stellung eines jüngeren Sohnes mit einfachem Erbteil zu. Außerdem trifft er eine Regelung für den Fall der Wiederverheiratung seiner Ehefrau und die Behandlung von deren Adoptivtochter.

SMN 1094; HSS XIX 6; A 14; 79 x 103 x 37; koll. 1996; wegen Textverlusts Textzustand nach EP.

Vs. 1 tup-pí ši-im-ti ⌜ša⌝ Ḫ[u-bi-ta-a+a]

2 DUMU Ḫa-ši-ia a+na DAM-š[u] ⌜^{f}⌝[Uš-še-na-a]+a

3 ù a+na DUMU.MEŠ-⌜šu⌝ ši-im-[ta]

4 i-ši-im um-ma ^{m}Ḫu-b[i-ta-a+a-ma]

5 D[A]M-ti ^{f}Uš-še-na-⌜a⌝+[a a-na ab-bu-t]i]

6 i-te-pu-uš mi-nu-um-[me-e]

7 A.ŠÀ.⌜MEŠ⌝ É.MEŠ mar-š[i-tu mi-i]m-m[u]

8 šum-šu 1-en NÍG ^{m}Ni-[ra-ar-til]-la

9 ra-bu ù 2-šu ḪA.[LA i-le-e]q-[qè]

10 ù ^{m}At-ta-am-ra [te-er-d]e$_{4}$-⌜nu⌝

11 a-di ^{f}Uš-še-na-a+a [ba]l-ṭu$_{4}$

12 ^{m}Ni-ra-ar-til-la ù ^{m}At-ta-am-⌜ra⌝

13 i-pal-la-aḫ-šu ⌜ù a⌝-di-i

14 ^{f}Uš-še-na-a+a <bal-ṭu$_{4}$> ù [šu-m]a ḪA.LA

15 la i-qá-ab-bu šu[m-m]a

16 ⌜^{m}Ni⌝-ra-ar-til-la ⌜ù ^{m}At⌝-ta-am-⌜ra⌝

17 [i]na pí-i ^{f}Uš-š[e-na]-a+a

u.Rd. 18 ú-ul i-še-em-[mu-ú i+n]a ku$^{!}$-ur$^{!}$-ṣí

19 ⌜i⌝-na-an-du-⌜ú⌝ [ù ki-ir]-bá-na

Rs. 20 [la] i-ḫ[e-ep-pè šum-ma]

21 [^{f}U]š-še-⌜na-a⌝+[a a-na aš-šu-t]i [aš-bu]

22 <ù iš-tu É ša> [^{m}Ḫ]u-⌜bi⌝-ta-a+⌜a⌝ [ú]-u[ṣ-ṣ]í qa-a[n-na]-šu

23 ⌜i⌝-na-aš-ša-ak-⌜ma⌝ ù [ú]-⌜uṣ-ṣí⌝

24 ù ^{f}Ši-ma-⌜al⌝-ti a+na ⌜ma⌝-ar-[tu-t]i

25 a+na ^{f}Uš-še-na-a+a S[UM-nu] ⌜a+na DAM⌝-ti

26 ⌜i+na⌝-an-dì-šu ù [(40 GÍN) KÙ.BABBAR-šu i]$^{?}$-leq$^{?}$-[qè]$^{?}$

27 ù a-di ^{f}U[š-še-na-a+a ba]l$^{?}$-t[u$_{4}$$^{?}$

28 ù ^{f}I-zi-k[u x x x]x[

29 ù ⌜DUMU$^{!}$.MUNUS⌝-sú [x x]x[

30 ⌜x⌝ aš$^{?}$-šu$^{?}$-ta [x x x (x)] ⌜i⌝-le[q-qè]

---

31 IGI x x-ma x[x x -r]u-ki

32 IGI Ut-⌜ḫáp⌝-[t]a-e DUMU [Pa]l-te-eš-šup

33 IGI Ut-⌜ḫáp⌝-t[a]-e [DUM]U Na-a[n]-te-eš-šup

34 IGI Ḫa-ši-[i]p-til-l[a DUMU] Ki-iz-zi-ia

35 IGI Ar-ḫ[a-m]a-[na [DUM]U Ḫa-ip-LUGAL

36 IGI Eḫ-lu-t[i] D[UM]U [Š]a-aš-ta-bi-a-šu

37 ŠU Pu-re-e-a [DUB.SAR]

(Siegel Nr. 615)

o.Rd. 38 NA$_{4}$.KIŠIB Ḫ[u-bi-ta-a+a]

(Siegel Nr. 616)

39 NA$_{4}$.KIŠIB Ar-ḫa-<ma->a[n-na]

l.Rd. 40 [NA$_{4}$.KIŠIB] Ut-ḫap-ta-e NA$_{4}$.KI[ŠIB] E[ḫ]-lu-ti

(Siegel Nr. 616) (Siegel Nr. 616)

1-2 Testament des Ḫupitaja, Sohnes des Ḫašia.

2-4 Für seine Ehefrau Uššenaja und für seine Kinder traf er testamentarische Bestimmungen.

4 Folgendermaßen (erklärte) Ḫupitaja:

5-6 „Meine Ehefrau Uššenaja mache ich hiermit zu(r Inhaberin) väterlicher Gewalt.

6-10 (Was meine) sämtlichen Felder, Häuser, (meine) gesamte Habe, überhaupt alles bis zum kleinsten Gegenstand (betrifft, so (hat) Nirar-tilla (die Stellung) des ältesten Sohnes und nimmt zwei Erbteile, und Atamra (hat die Rechtsstellung) eines jüngeren Sohnes.

11-13 Solange Uššenaja lebt, werden Nirar-tilla und Atamra sie respektvoll behandeln.

13-15 Und solange Uššenaja <lebt>, ist von Erbteil(en) nicht die Rede.

15-20 Wenn Nirar-tilla und Atamra den Befehlen der Uššenaja nicht folgen, darf sie (sie) in Fußfesseln werfen, aber den „Lehmklumpen“ darf sie nicht zerbrechen.

20-23 Wenn Uššenaja eine Ehe eingehen will und <aus dem Haushalt des> Ḫupitaja ausscheiden will, muss sie ihren Gewandsaum abbeißen und darf (dann aus dem Haushalt) ausscheiden.

24-26 Und Šimalti ist für Uššenaja als Tochter adoptiert; sie (Uššenaja) darf sie (Šimalti) verheiraten und ihren Brautpreis (in Höhe von 40 Sekeln Silber) entgegennehmen.

27-30 Und solange Uššenaja lebt[?], [...] Izik[u ...] und ihre Tochter ... darf sie nehmen ...“

31 Zeuge: ...ma [...-r]uki,

32 Zeuge: Utḫap-tae, Sohn des Pal-teššup,

33 Zeuge: Utḫap-tae, Sohn des Nan-teššup,

34 Zeuge: Ḫašip-tilla Sohn des Kizzia,

35 Zeuge: Ar-ḫamana Sohn des Ḫaip-šarri,

36 Zeuge: Eḫluti, Sohn des Šaštapiašu,

37 Hand des Schreibers Pureja,

38 Siegel des Ḫupitaja,

39 Siegel des Ar-ḫamanna,

40 Siegel des Utḫap-tae, Siegel des Eḫluti.

Lit.: Breneman, Marriage, 239-240; Paradise, Inheritance, 113-116.

1-2, 38: Zu dem Richter Ḫupitaja S. Ḫašia (JEN 671: 32) s. Justel, SMEA 53, 158. Er erscheint als Zeuge in den Urkunden JEN 881: 20 und JEN 174 (ll. 7 und 17). Die letztere wurde für Ennamati S. Teḫiptilla, ausgestellt und von dem Schreiber Iškur-an.dùl geschrieben. Unter den Zeugen befindet sich auch der Schreiber Waqar-bēlī S. Taja. Dieser gehört der 3. Generation der Schule des Apil-Sîn an, während Iškur-an.dùl zur 4. Generation gehört. Außerdem ist er in dem *tuppi mārūti* (mit *šutapūtu*-Vertrag) HSS XIX 41 bezeugt.

6: richtig: *ētepuš*.

8, 12, 16: Nirar(i)-tilla S. Ḫupitaja ist Zeuge in JEN 83: 36; 435: 45, 48; 592: 23, 32; 616: 34, 38.

19: Zu dem Rechtsritus bei Enterbung *kirbāna ḫepû* „einen Klumpen zerschlagen" (Belege: CAD K, 403) s. Cassin, Symboles, 108-120; Cassin, L'Adoption, 39 n. 1; Cassin, RA 57, 117; Lewy H., Or 10, 217 n. 3; Paradise, Inheritance, 31; Malul, Symbolism, 80ff.; Zaccagnini, HdO 72/1, 594, 603.
23: CAD N/1, 174b erklärt die Verwendung von *nas/šāku* „(ab)beißen" als Verwechslung („confusion") mit *nakāsu* „abschneiden". Es ist allerdings auffällig, dass in der Wendung *qanna-šu nakāsu / našāku* überwiegend *naš/sāku* verwendet wird: *i-na-sak-ma* HSS V 67: 42; ⸢*i*⸣-*n*[*a-aš*]-*š*[*a-ak-ma*] HSS XIX 2: 62; *i-na-ás-sa-ak-ma* HSS XIX 7: 47; *i-na-aš-šá-ak-ma* HSS XIX 19: 54. In anderen Zusammenhängen, insbesondere in den zahlreichen Belegen für das „abschneiden" von Feldern, Gärten etc., werden die beiden Verben nicht verwechselt. Wilcke, ZA 66, 216-218, übersetzt die einschlägigen Stellen daher zu Recht „ ... wird sie ihren Gewandsaum abbeißen und (aus dem Haus) hinausgehen".
27f.: Iziku ist nur hier belegt; sie soll der Uššenaja, der Ehefrau des Ḫupitaja, bis zu deren Tod dienen.
32, 40: Zu Utḫap-tae S. Pal-teššup s. JEN 85: 33, 40; JEN 219: 22, 28.
33: Zu Utḫap-tae S. Nan-teššup s. JEN 83: 41, 44; JEN 592: 25, 30.
34: Ḫašip-tilla S. Kizzia ist anderweitig nicht bezeugt.
35, 39: Zu Ar-ḫamana S. Ḫaip-šarri s. JEN 666: 42.
36, 40: Zu Eḫluti S. Šaštapiašu s. JEN 83: 38; JEN 514: 22; JEN 602: 32, 37; JEN 616: 3, 10, 11, 38; JEN 859: 14.
37: Der Schreiber Pureja ist anderweitig nicht bezeugt.

Nr. 640

tuppi šupe"ulti; Urḫi-tilla, der Sohn des Aštar-tilla, und Ḫašia, der Sohn des Alki-tilla, tauschen Häuser, von denen eines in Āl ilāni neben einem Haus des Šilwa-teššup liegt.

SMN 731 (+) SMN 997; HSS XIX 35 (+) EN 9/3, 482; A 26; 66 x ca. 110 x 31; koll., indirekter Join aus inhaltlichen und paläographischen Gründen sehr wahrscheinlich; Textzustand 1996.

Vs. 1 [*tup-pí š*]*u-*[*p*]*è-*⸢*ul*⸣*-ti ša*
2 [^{m}*Ur-ḫ*]*i-til-la* DUMU *Aš-tar-til-la*
3 ⸢*ù*⸣ ^{m}*Ḫa-ši-ia* DUMU *Al-ki-te-šup*
4 [*i+na* DA]L.BA.NA-*šu-nu* É.MEŠ *k*[*i*]-⸢*ma* É⸣.M[EŠ]
5 [*uš-pè*]-⸢*i*⸣*-lu-šu-nu-ti*
6 [É.MEŠ *i+n*]*a*[305] ŠÀ URU DINGIR *i+na* **i*[*l-ta-n*]*a-an**[306]
7 [*ù i+na šu-p*]*a-*⸢*al*⸣ É.MEŠ *ša* ^{m}⸢*Š*[*i*[307]*-il*]-WA-*te-šu*[*p*]
8 [*i+na su-ta-n*]*a-an* É.MEŠ *ša* ^{m}*W*[*a-an-t*]*i-ia*
9 [DUMU *Al-ki-til-la*] *ù i+na* AN.TA [

305 Oder *š*]*a* nach Nr. 554: 3.
306 *...*: 
307 

10 [KASKAL ša Nu-ul-ta-aḫ]?-ḫé i+na KASKAL i[k-šu-ud][308]
11 [i+na am-m]a-ti r[u?-pu?-us?-s]ú?-nu
12 [ ]x[it-ta-d]in
13-16 (zerstört)
17 ⸢1 ša⸣-[
18 a-na *x x x*[309][
19 a-na ^{m}Ur-ḫi-til-⸢la⸣ i[t-ta-din
20 ù ^{m}Ḫa-ši-ia 3 AN[ŠE
21 i+na UGU É.MEŠ ša ^{m}[
22 a-na ^{m}Ur-ḫi-til-la i[t-ta-din
23 il-ka ša É.MEŠ š[a ^{m}Ur-ḫi-til-la]
24 ^{m}Ur-ḫi-til-la-ma na-ši [^{m}Ḫ]a-š[i-ia la na-š]i
25 il-ka ša É.MEŠ ša ^{m}Ḫ[a-ši-ia]
u.Rd. 26 ^{m}Ḫa-ši-ia-ma na-ši ^{m}Ur-ḫ[i-til-la]
27 la na-ši šum-ma É.MEŠ ša ^{m}[Ur-ḫi-til-la]
28 pá-qí-ra-na TUK-⸢ši⸣ É.MEŠ ša-a-š[u-nu-ma]
Rs. 29 ^{m}Ur-ḫi-til-la ⸢ú⸣-za-ak-ka_4-m[a]
30 a-na ^{m}Ḫa-ši-⸢ia i⸣+na-an-di[n šum-ma]
31 É.MEŠ ša ^{m}[Ḫa]-ši-ia p[á-qí-ra-na TUK-ši]
32 É.MEŠ ša-a-šu-nu-ma ^{m}Ḫ[a-ši-ia ú-za-ak-ka_4-ma]
33 a-na ^{m}Ur-ḫi-til-la i+na-a[n-din]
34 ša ma-an-ni-im-me-e [É.MEŠ]
35 ma-ad la i+na-ak-⸢ki⸣-[is
36 mi-iṣ ù -⸢la ú⸣-[ra-ad-dá
37 ⸢ša ^{m}Ḫa-ši⸣?-[
38-41 (zerstört)
42 [ ]x x[
43 [IGI ^{m} x x x (x) DUMU] Ip-šá-ḫ[a?-lu?]
44 [IGI ^{m}]x x x
45 [IGI ^{m} DUMU A]l?-ki-til-la
46 [IGI ^{m} DUMU] Ar-t[a-e?]
47 [IGI ^{m}]-qa
(Rest zerstört)
l. Rd. 48 NA_4 DUB.SAR NA_4 Ur-ḫi-til-l[a
[Siegel Siegel
49 EN É.MEŠ

1-3 Tauschurkunde des Urḫi-tilla, Sohnes des Aštar-tilla, und des Ḫašia, Sohnes des Alki-teššup.

4-5 Untereinander haben sie Haus gegen Haus getauscht.

---

308 Erg. nach Nr. 604: 10.

309 *...*: 

6-12 Ein Anwesen in der Innenstadt von Āl ilāni nördlich und westlich des Anwesens des Šilwa-teššup, nördlich des Anwesens des [Want]ia, [Sohnes des Alki-tilla], und östlich [der Straße von Nultaḫ]ḫe -, es stößt an die Straße, [x Ell]en ist seine B[reite?, ... gab Urḫi-tilla dem Ḫašia].
13-19 [Und Ḫašia] g[ab ...], ein *ša*[...] zur/als [...] dem Urḫi-tilla.
20-22 Und Ḫašia g[ab] dem Urḫi-tilla über das bet[reffende] Anwesen hinaus 3 AN[ŠE Gerste? (...) (als Wertdifferenz).
23-27 Die *ilku*-Verpflichtung des Anwesens des Urḫi-tilla trägt allein Urḫi-tilla, und Ḫašia trägt (sie) nicht; die *ilku*-Verpflichtung des Anwesens des Ḫašia trägt allein Ḫašia, und Urḫi-tilla trägt (sie) nicht.
27-33 Falls das Anwesen des Urḫi-tilla vindiziert werden sollte, wird Urḫi-tilla das betreffende Anwesen (von Ansprüchen) freimachen und dem Ḫašia geben; falls das Anwesen des Ḫašia vindiziert werden sollte, wird Ḫašia das betreffende Anwesen (von Ansprüchen) freimachen und dem Urḫi-tilla geben.
34-36 Wessen [Anwesen] größer (als die Maßangaben dieser Urkunde) ist, der darf nichts abschneiden, (wessen Anwesen) kleiner ist, der darf nichts hinzufügen.
36-37 [...] des Ḫaši[a(?)
38-42 ...[...]werden sollte
43 [Zeuge: ... Sohn des] Ipša-ḫ[alu(?)]
44 Zeuge:]...
45 [Zeuge: ... Sohn des A]lki-tilla,
46 [Zeuge: ... Sohn des] Ar-t[ae(?)]
47 [Zeuge: ...]ka
48 Siegel des Schreibers, Siegel des Urḫi-tilla,
49 des Besitzers des Anwesens.

Ed.: Andrews, Exchange, 58-59; Maidman, 179f., Nr. 78.

2, 19, 22, 23, 24, 26, 27, 29, 33, 48: Zu Urḫi-tilla S. Aštar-tilla s. AdŠ 584, Anm. zu l. 2 (oben, p. 125).
3, 20, 24, 25, 26, 30, 31, 32: Zu Ḫašia S. Alki-teššup s. AdŠ 551, Anm. zu l. 45 (oben, p. 60).
8: Zu Wantia S. Alki-tilla s. AdŠ 554: 7, Anm. zu l. 2 (oben, p. 67).
10: Zu der N/Multaḫḫe-Straße s. AdŠ 554, Anm. zu l. 8 (oben, p. 67).
23: Zu *ilku* cf. AdŠ 554, Anm. zu l. 19 (oben, p. 67).

Nr. 641

Gesiegelte Notiz über Felder aus *titennu*- und *mārūtu*-Verträgen des Urḫi-zizza, Sohnes des (A)pil-amurri, in Zizza.

SMN 171; HSS XIII 171; A 26; 70 x 56 x 27; koll.; Textzustand 1996.

Vs. 1 41(über Rasur) ANŠE A.ŠÀ.MEŠ (Rasur)
2 *ti-te-en-nu*
3 13 ANŠE 8 GIŠ.APIN A.ŠÀ

4 *ša ma-ru-ti*
5 *ša* ^{m}*Ur-ḫi-zi-iz-za*
6 DUMU *Pí-la-a-mur-ri*
7 *ina* URU *Zi-iz-za*
Rs. (quer geschrieben)
(Siegel Nr. 302)
8 NA4 ^{m}*Ú-nap-ta-e*
(Siegel Nr. 296)
9 NA4 ^{m}*Ḫu-ti*

1-7 41 ANŠE Feld als Nutzungspfand (und) 13,8 ANŠE Feld aus Adoption, gehörig dem Urḫi-zizza, dem Sohn des (A)pil-amurri, in Zizza.
8-9 Siegel des Unap-tae, Siegel des Ḫuti.

2: zu *titennu* cf. AdŠ 602, Anm. zu l. 8 (oben, p. 160).
5: Der Name Urḫi-zizza ist sonst m.W. nicht belegt.
6: Der Name Apil-amurri (s. auch IBILA-^{d}MAR.TU AASOR 16, 95: 1, 19; 96: 1; Gadd, RA 23, 71: 7) schließt sich an die altbabylonische Namengebung an; s. Stamm, Namengebung, 39f.

Nr. 642

Urkunde unklaren Typs (Feldertausch?) mit Erklärungen (*umma*), darunter einer solchen des Ar-teja über Felder in Tašenniwe.

SMN 357; HSS XIII 357; A 26; 83 x 113 x 38; koll.; Textzustand 1996.

Vs. (Anfang zerstört)
1 [ ]x[310][
2 [*š*]*a* AN.Z[A].G[ÀR
3 [*-i*]*a-ma at-ta-*⌜*din*⌝*-šu-nu-ti*
(2 Zeilen unbeschrieben)
4 [*um-ma* ^{m}]⌜*Ar*⌝*-te-ia-ma* 5 GIŠ.A[PIN
5 [A.ŠÀ.MEŠ *i+na*] URU *Ta-še-ni-we š*[*a*
6 [DU]MU *Ta-ú-ka š*[*a*
7 [ ] 1 ANŠE 6 GIŠ.A[PIN
8 [*i+na* U]RU *Ta-še-ni-w*[*e*
9 [ ]⌜*A*⌝*-ri-li-ia š*[*a*
10 [GIŠ].APIN 1 *ku-ma-*[*nu*
11 [A.ŠÀ *a*]*n-ni-t*[*i*
12 [ ]x[311]*-at* [

---

310 

311 

13 [ ] *d*[*u*
(Rest zerstört)

Rs. (Anfang zerstört)

14 [*ma-an-nu i*]+*na be-r*[*i-šu-nu ibbalakkatu*]
15 [1 MA.NA KÙ.BABBA]R 1 MA.NA ⌜KÙ.SI$_{22}$⌝
16 [*ú-ma-a*]*l-la tup-pu an-nu-ú*
17 [*i*+*na* EGI]R-*ki šu-du-ti eš-ši*
18 [*i*+*na* K]Á.GAL-*lì i*+*na*
19 [URU *T*]*a-še-ni-we ša-aṭ-ra-a*[*t*]

---

20 [IGI ^{m}*Ḫa-š*]*i-ia* DUMU *Al-ki-te-š*[*up*]
21 [IGI ^{m}*Ut-ḫáp-t*]*a-e* DUMU *Si-sa-at-n*[*a*]
22 [IGI ^{m}*Ši*$^{?}$-*bi*$^{?}$-L]UGAL ⌜DUMU *Ut*⌝-*ḫáp-ta-e* LÚ *ḫa-z*[*a-an-nu*]
23 [IGI [*Ḫu-um-***p*]*a-b*[*i*]*[312] DUMU *Tup-ki-til-la*
24 [IGI ^{m}*En-na-m*]*a-ti* DUMU *Zu-ia*
25 [IGI ^{m}x x x]x[313] DUMU *Pa-az-z*[*i*]
26 [IGI ^{m}x x x]x[314] DUMU *Ḫa-ši-ia*
27 [IGI ^{m} x x x (x)]x[315] DUMU *Ge-li-i*[*p-*
28 [IGI ^{m} x x x (x) DUMU] *Te-ḫi-i*[*p-*
29 [ŠU ^{m}*Ḫu-ti-ia* DUB].SAR [D]UMU ^{d}UTU-[MA.AN.SUM]$^{?}$
(Siegel)
(Rest zerstört)

[...]
1-3 [„...] der *dimtu* [...]... habe ich gegeben.“
4-13 [Folgendermaßen (erklärte)]$^{?}$ Ar-teja: „5 *awiḫaru* [Feld in] Tašenniwe [... des Feldes des ...], Sohnes des Tauka, [...], 1 ANŠE 6 *awiḫaru* [Feld in] Tašenniwe [... des Feldes des ...] Arilia [... x] *awiḫaru* (und) 1 *kumanu* [Feld ...], dieses [Feld ...]“
[...]
14-16 Wer von ihnen den Vertrag bricht, muss eine Mine Silber (und) eine Mine Gold zahlen.
16-19 Diese Tafel ist nach der neuen Information im Stadttor in Tašenniwe geschrieben.
20 [Zeuge: Ḫaš]ia, Sohn des Alki-teššup,
21 [Zeuge: Utḫap-t]ae, Sohn des Sisatna,
22 [Zeuge] „Bürger[meister“ Šipiš]-šarri, Sohn des Utḫap-tae,
23 [Zeuge: [Ḫump]abi, Sohn des Tupki-tilla,
24 [Zeuge: Enna-m]ati, Sohn des Zuja,

---

312 *...*: 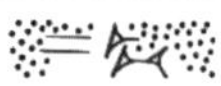

313 

314 

315 

25 [Zeuge: ...], Sohn des Pazz[i],
26 [Zeuge: ...], Sohn des Ḫašia,
27 [Zeuge: ...], Sohn des Keli[p-
28 [Zeuge: ... , Sohn des] Teḫi[p-
29 [Hand des Schr]eibers [Ḫutia], Sohnes des Utu-mansum.

17: Zu *šūdûtu eššu* „neue Information“ s. AdŠ 603, Anm. zu l. 31 (oben p. 164f.).
20: Zu Ḫašia S. Alki-teššup s. AdŠ 551, Anm. zu l. 45 (oben, p. 60).
21: Zu Utḫap-tae S. Sisatna s. AdŠ 625: 12 (oben p. 12).
22: Zu Šipiš-šarri S. Utḫap-tae s. AdŠ 554: 36, 38 (oben p. 66).
23: Zu Ḫumpapi S. Tupkia s. AdŠ 625, Anm. zu l. 13 (oben p. 224).
24: Zu Enna-m]ati S. Zuja s. AdŠ 556, Anm. zu l. 10 (oben, p. 72).
25: Zu NN S. Pazzi s. AdŠ 604, Anm. zu l. 38 (oben, p. 169).
29: Zu Ḫutia S. Utu-mansum s. JEN II 140: 23, 25; JEN III 327: 34; JEN IV 347: 33; 380: 29f. JEN VI 622: 30, 35; JEN 701: 26; HSS V 47, 45; HSS XIII 93 (AdŠ 664): 20; HSS XIII 215 (AdŠ 666): 25, 34; HSS XIII 325 (AdŠ 669): 39.

Nr. 643

Memorandum über die Zeugenschaft von 9 Männern in einer wegen Textverlusts nicht mehr zu bestimmenden Angelegenheit.

SMN 644; HSS XIV 644; A 23; 65 x 85 x 31; koll.; Textzustand 1996.

Vs. 1 ^{m}⸢*Ki-bi*⸣*[316]-[
2 ^{m}*En-na-*[
3 ^{m}*Ḫu-ti-p*[*a-pu*
4 ^{m}*Šúk-ri-i*[*a*
5 ^{m}*Wa-an-ti-t*[*e-šup*
6 ^{m}*Nu-ul-za-ḫi* DU[MU
7 ^{m}*Ni-iḫ-ri-*[x x x x]-*e*
8 ^{m}*Zi-il-te-*[*šup*
9 ^{m}*Pu-i-ta-*[*e*
10 *ša* ^{m}*Še-*x[317][
11 (radiert)
(eine Zeile unbeschrieben)
12 9 LÚ.ME[Š *an-nu-ti*]
13 ⸢*ši-bu*⸣-[*ti*
u.Rd. 14 [*k*]*i-i-m*[*e-e*

316 *...*: 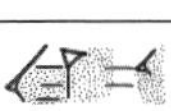
317 

	15	[*i*]*t*-x[318][
Rs.	16	*uš*-x[319][
	17	*tup-pí ta-a*[*ḫ-sí-il-ti*
		(Rest unbeschrieben)

1-10 Kibi-[...Sohn des ...], Enna-[..., Sohn des ...], Ḫutip-[apu, Sohn des ...], Šukria [Sohn des ...], Wanti-te[ššup, Sohn des ...], Nulzaḫi, So[hn des ...], Niḫri[(...), Sohn des ...]e, Zil-te[ššup, Sohn des ...], Pui-ta[e, der ...] des Še...[...]

12-16 [Diese] 9 Männer sind Zeug[en ...], dass [...].

17 Memorandum.

Nr. 644

Aussage von drei Feldnachbarn betreffs des Besitzrechtes der Ehefrau des Akip-tašenni an einem strittigen Feld.

SMN 1158; EN 9/3, 89; A 26; 60 x 55 x 26; koll.; Textzustand 1996.

Vs.	1	9 ANŠE 4 GIŠ.APIN A.ŠÀ(über Rasur)
	2	*i+na e-*⸢*le-en* A.ŠÀ⸣
	3	*ša* ^{m}*Ar-te-šup* ⸢*i*⸣[+*n*]*a iš-t*[*a-na-an*]
	4	A.ŠÀ *ša* ^{m}*It-ḫi-p*[*a*]*-pu*
	5	*i+na šu-pa-al* A.⸢ŠÀ⸣ [*š*]*a*
	6	^{m}*A-ri-pa-a-pu i+na š*[*u*]*-t*[*a-***a-an**[320]
	7	KASKAL-*ni ša* URU *A-bi-na-*⸢*aš*⸣
	8	*um-ma šu-nu-ma* A.ŠÀ *an-nu-ú*
	9	^{m}*A-kip-ta-še-*⸢*en-ni*⸣
	10	*a-na* ^{f}*Pu-ḫa-du aš-***š*[*a-t*]*i-*[*šu*]*[321]
u.Rd.	11	[*i*]*t-ta-di*[*n-mi*] ⸢*ù*⸣
Rs.	12	<*a-na*> [*A*]*r*(über Rasur)[322]*-zi-i-i*[*p*$^{?}$[323]*-ni*$^{?}$]
	13	*ù la it-t*[*a-din-mi*]

1-7 9 ANŠE 4 *awiḫaru* Feld östlich des Feldes des Ar-teššup, nördlich des Feldes des Itḫip-apu, westlich des Feldes des Arip-apu, südlich des Weges von Apena.

318 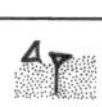

319 

320 In EP noch teilweise erhalten.

321 *...*: In EP noch vollständig erhalten.

322 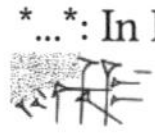

323 

8-13 Folgendermaßen (erklären) sie: „Dieses Feld hat Akip-tašenni seiner Ehefrau Puḫattu gegeben, und dem Ar-zipni hat er (es) nicht gegeben."

7: Zu der Straße nach Apenaš s. auch AdŠ 549: 7 (oben p. 41). Apenaš ist durch Straßen mit Nuzi, Zizza und Unapšewe verbunden; s. Fincke, RGTC 10, 28-32; Müller G., HSAO 7, 188-198.
9: Ar-zipni, der Sohn des wohl verstorbenen Akip-tašenni, hat offensichtlich Erbansprüche auf ein Feld des Akip-tašenni erhoben, welches dieser jedoch nach dem Zeugnis von drei Feldnachbarn seiner Ehefrau vererbt hat. Ein weiterer Belege für Ar-zipni stammt aus dem Palast: HSS XIII 8: 9, 11, 17, 19, 25, [27], 31.
10: Der Name Puḫādu/Puḫattu ist nur hier belegt. Der *u*-Auslaut legt nahe, dass es sich um akk. *puḫādu* oder fem. *puḫattu* „Lamm" handelt, für das aber die Wbb. nur sehr geringen Gebrauch als Personenname nachweisen können; s. CAD P 479: PN DUMU *Pu-ḫad-di* (KAJ 73, 17f.).

Nr. 644a

tuppi titennūti; Kazuḫḫe, der Sohn des Zike, übergibt dem Turar-teššup, dem Sohn des Tur-šenni, ein Feld als Nutzungspfand.

SMN 1176; EN 9/3, 232; A 11; 68 x 98 x 25 (frg.); koll.; Textzustand 1996.

Vs. 1 *tup-pí di-te-en-nu-ti ša*
2 ⌜^{m}*Du-ra-ar-te*⌝*-šup* DUMU *Du-ur-še-en-ni*
3 [*ù* ^{m}*Ga-zu-uḫ*]*-ḫé* DUMU *Zi-ge*
4 [x x x x (x) *i+n*]*a* URU *Nu-zi*
5 [ ]*x-*ta**[324]*-ia*
6 [*Ni*]*-ir-ḫi-til-la*
7 [*Gi*$^{?}$*-m*]*il*$^{?}$[325]*-li*
8 [*-b*]*i-ia-ma*
9 [^{m}*G*]*a-zu-uḫ-ḫé*
10 [ ].MEŠ*-ti*
11 [S]UM*-din-nu*
12 [ ]
13 [ ] ^{m}*Du-ra-*⌜*ar-te*⌝*-š*[*up*]
14 [ ]x[326]
15 [*-t*]*i*
16 [ ]x[327].MEŠ
17 [^{m}*Ga*]*-zu-uḫ-ḫé*
18 [ ]*-ma*

---

324 *...*: 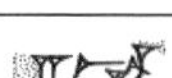
325 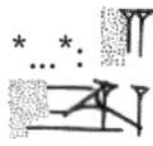
326 
327 

	19	[ ]
	20	[ ]
	21	[ ]⸢*ù*⸣ *Ga-zu-uḫ-ḫé*
	22	[ ]
u.Rd.	23	[*šu*]*m*-⸢*ma*⸣ A.ŠÀ *ma-a+a-ru*
	24	*ù la i-leq-qú-ú*
	25	[*i*]*na* ŠÀ-*bi* A.ŠÀ *šá-a-šu*
Rs.	26	[*n*]*i-ik-sà la i+na-ak-ki-sú*
	27	[*ma-a*]*n-nu ša* KI.BAL-*tu*$_4$
	28	[*a-d*]*ì-i* 6 MU.MEŠ-*ti* 1 GUD SA$_5$
	29	[IGI *A*]*š-tar-til*-⸢*la*⸣ DUMU *Du-ra*-⸢*ri*⸣
	30	[IGI *A*]*r-ta-ḫu-bi* DUMU ⸢*Mil*⸣*-ki-ia*
	31	[IGI *Te*]*-ḫi-ip*-LUGAL DUMU *Zi-ga-an-ta*
	32	[IGI *Za*]*-pa-ki* DUMU *A-ta-a+a*
	33	[IGI *Ḫ*]*a-ši-ip-ta-še-en-ni* [DU]B.SAR
		(Siegel) (Siegel)
	34	[N]A$_4$ ^{m}*Te-ḫi-ip*-LUGAL NA$_4$ ⸢^{m}*Aš*⸣-[*ta*]*r*-[*t*]*il-la*
		(Siegel)
	35	NA$_4$ ^{m}*Ar-ta-ḫu-bi*
		(Siegel)
	36	NA$_4$ ^{m}*Za-pa-ki*
o.Rd.	37	NA$_4$ ^{m}*Ḫa-ši-ip-ta-še-en-ni*
		(Siegel)
l.Rd.	38	[*tup-pí i+na* EGIR-*ki*] *šu-du-ti*
	39	[*i+na* KÁ.GAL *Ti-š*]*á-e*
	40	[*ša-ṭ*]*ì-ir*

1-2	*titennūtu*-Urkunde des Turar-teššup, Sohnes des Tur-šenni.
3-12	Kazuḫḫe, der Sohn des Zike, hat [dem Turar-teššup ein Feld? i]n Nuzi, [...] gegeben.
13-18	[Und] Turar-teššup [gab dem Ka]zuḫḫe [...].
19-22	[...] und Kazuḫḫe [...]
23-24	Wenn das Feld gepflügt ist, darf er es nicht nehmen.
25-26	Von dem betreffenden Feld darf man kein Stück abschneiden.
27-28	Wer den Vertrag bricht, muss 6 Jahre lang (jährlich) ein Rind zahlen.
29	Zeuge: Aštar-tilla, Sohn des Turari,
30	Zeuge: Arta-ḫupi, Sohn des Milkia,
31	Zeuge: Teḫip-šarri, Sohn des Zikanta,
32	Zeuge: Zapaki, Sohn des Ataja,
33	Zeuge: Schreiber Ḫašip-tašenni,
34	Siegel des Teḫip-šarri, Siegel des Aštar-tilla,
35	Siegel des Arta-ḫupi,
36	Siegel des Zapaki,

37 Siegel des Ḫašip-tašenni.
38-40 [Die Tafel ist nach] der Information [im Tiš]ae-Tor [geschr]ieben.

Turar-teššup S. Tur-šenni (**2, 13**) und Kazuḫḫe S. Zike (**3, 9, 17, 21**) sind anderweitig nicht bezeugt.
29, 34: Zu Aštar-tilla S. Turari s. AdŠ 599: 1f., 17 (oben, p. 153); HSS XVI 324: 24; XIX 146: 41, 51; EN 9/3, 232: 25, 30.
Die Zeugen Arta-ḫupi S. Milkia[328] (**30, 35**), Teḫip-šarri S. Zikanta (**31, 34**), Zapaki S. Ataja (**32, 36**) sind anderweitig nicht bezeugt.
39-40: Zu dem Tiššae-Tor s. AdŠ 551, Anm. zu ll. 40f. (oben, p. 59).

[328] Korr. entsprechend AdŠ Heft 4, p. 99, Nr. 245, Zeile 12.